Rotraud A. Perner

Die Hausapotheke für die Seele

Rotraud A. Perner

Die Hausapotheke für die Seele

Erste Hilfe von Angst bis Zorn

Deuticke

1 2 3 4 5 09 08 07 06 05

ISBN 3-552-06004-9

Umschlaggestaltung: Studio Hollinger, Wien, unter Verwendung
von Fotos von © Ranald Mackechnie/photonica
Satz: Eva Kaltenbrunner-Dorfinger, Wien
Druck und Bindung: Ebner & Spiegel, Ulm
Printed in Germany

Einleitung

Seelenleiden zu heilen
vermag der Verstand nicht,
die Vernunft wenig,
die Zeit viel,
entschlossene Tätigkeit alles.
Johann Wolfgang von Goethe

Sie kennen das: Eigentlich könnte Ihr Leben rundum zufrieden stellend sein, wenn – ja wenn nicht irgendwer oder irgendwas oder auch nur die berühmte Laus, die über die Leber läuft, Gefühle auslöste, die sie nicht leiden können (leiden im Sinne von mögen). Wenn Sie jemand fragt: »Wie geht es Ihnen?«, und Sie antworten: »So lala« oder: »So leidlich«, dann meinen Sie ja nicht das lang andauernde, kaum erträgliche Leiden, sondern die vielen kleinen Enttäuschungen, Unannehmlichkeiten, Verletzungen, die Ihnen vorübergehend ein klein wenig oder auch ziemlich viel Lebenslust nehmen und die auf die Dauer auch ernsthaft kränken, krank machen können – wenn man sie nicht »verdaut« und »ausdrückt«.

»So oder so ist das Leben«, begann der Refrain eines Liedes, das im vorigen Jahrhundert vor allem durch Zarah Leander Berühmtheit erlangte. Und weiter hieß es: »So oder so ist es gut ...« Es empfahl schicksalsergebenes Dulden. Auch eine Form von Leiden. Mir gefällt besser: So oder so macht man's gut. Schließlich hängt es weitgehend von unseren Augenblicksentscheidungen ab, ob eine Situation zur Katastrophe wird – oder ob man sie halbwegs gesund durchstehen kann. →*Coping*-Strategien heißt das sozialpsychologische Fachwort für diese Fähigkeit, problemlösend zu handeln. Wer viele davon beherrscht, bewältigt ohne großen Verlust an Immunkräften auch schwierigste →*Stress*-Situationen, wer hingegen wenige kennt, erscheint oft (ungerechtfertigt) als Versager.

Das sei eine Folge vernachlässigender Erziehung, unken dann manche Besserwisser, und auch diejenigen, die sich als Opfer ignoranter Eltern ausgeben, lassen es bei dieser Diagnose bewenden. Sie bleiben damit in Abhängigkeit von einer als übermächtig fantasierten Autorität und lernen kaum etwas Eigenes dazu. Dabei bringt es die Generationenfolge notgedrungen mit sich, dass die späteren Generationen über mehr Wissen verfügen als die vorangegangenen –

außer sie verweigern Nachdenken, Überprüfen, Einsicht und glauben stur daran, dass Älter-Sein auch Klüger-Sein bedeuten müsse.

Als kleine Kinder orientieren wir uns fast nur an unseren Bezugspersonen, und das sind üblicherweise die Eltern. Wenn aber diese sich wiederum unkritisch nach dem richten, was ihnen ihre Bezugspersonen in der frühesten Kindheit gesagt und vorgelebt haben, dann bekommen wir Verhaltensmodelle und Lebensweisen angeboten, die im »Dritten Reich« propagiert wurden oder in den revolutionären Sechzigerjahren oder in der Hippiezeit der Siebziger – aber nicht im Hier und Jetzt.

Wir alle lernen am Vorbild, üben in Nachahmung und wiederholen, wenn wir Erfolg haben, beispielsweise wenn wir gelobt werden. In der Transaktionsanalyse – einer psychotherapeutischen Schule, die sich wunderbar eignet, um »Machtspiele« zu enttarnen, heißen diese Zuwendungen »strokes«, zu Deutsch »Streicheleinheiten«. Diese Übersetzung greift allerdings zu kurz: »stroke« bedeutet im Englischen nicht nur die zärtlich-sanfte Berührung, sondern auch den heftigen Schlag (und Schlaganfall). An kleinen Kindern kann man gut beobachten, wie sie versuchen, sich ihre »strokes« zu organisieren, wenn es nicht im guten geht, dann im Bösen; Hauptsache, jemand reagiert auf sie. Und viele Erziehungspersonen begehen den Fehler, nur auf die Ungehörigkeiten zu reagieren, nicht aber auf lobenswerte Erfolge. Später ist es dann meist auch nicht wesentlich anders. Das Modell wird übernommen, ohne viel nachzudenken, dass das Gegenüber auf diese Weise nicht erfährt, was man von ihm möchte, sondern nur, dass es heruntergemacht wird. Irgendwann macht man sich dann selber herunter und glaubt, man wäre vom Urteil anderer unabhängig. Dabei hat man sich nur deren Urteil zu Eigen gemacht.

Je mehr Erfahrungen und Verhaltenstechniken wir uns aneignen, desto mehr verinnerlichen wir Sinneseindrücke samt den zugehörigen Gefühlen und jeweiligen äußeren Auslösern unserer inneren Reaktionen in unseren Zellen, und je heftiger diese Gefühle uns beeindrucken, beispielsweise ein »Schreck«, desto fester sitzt dieser »Eindruck« im Gehirn, im Bindegewebe, in den Knochen – wo auch immer.

Hätten wir immer psychologisch gut ausgebildete und verständnisvolle Bezugspersonen um uns, die uns erklären, was gerade geschehen ist und wie man am besten damit umgehen und es in Zukunft verhindern kann, würden wir uns wohl viele seelische Narben ersparen. Aber diese idealen Schutzengel in Menschengestalt gibt es kaum, und die professionellen Nothelfer sind auch nicht rund um die Uhr verfügbar, sondern nur während ihrer Amtsstunden. Außerdem kosten sie nicht gerade wenig (immerhin müssen sie die Kosten ihrer teuren Ausbildung hereinbringen, aufpassen, dass sie ihre Heilkraft nicht verlieren, darauf achten, dass sie sich nicht »auspowern« – übrigens eine wichtige →*Coping*-Strategie! – und genügend Zeit und Geld haben, für die Regeneration dieser speziellen Arbeitskraft zu sorgen).

Bei vielen Personen herrscht die Sichtweise vor, seelische Regungen, Rührung, Erschütterung, Verzweiflung, Niedergeschlagenheit und so fort, müsse man

- erstens allein bewältigen,
- zweitens verbergen und
- drittens durch seelisches und in der Folge auch körperliches Stillhalten »an sich abprallen lassen«.

Das ist keine gesundheitsfördernde →*Coping*-Strategie! Ganz im Gegenteil: Sie macht starr, stur, unbeweglich, einsam und geistig wie körperlich unrege.

Von Charles Darwin stammt die Formulierung vom »survival of the fittest«, vom Überleben des Anpassungsfähigsten. Fit bedeutet ja vor allem, dass etwas passt, ein Anzug etwa oder eben eine Verhaltensweise, und nicht nur körperlich wohl trainiert zu sein. So ist es in diesem Zusammenhang auch nicht gemeint – auch wenn es durchaus Situationen gibt, in denen eine gute körperliche Kondition lebensrettend sein kann.

Aber wie sieht es mit der seelischen Kondition aus? Wie angepasst sind wir beispielsweise an eine traurige Situation? Können wir mit Trauer reagieren, mit Weinen, mit Klagen? Halten wir nicht eher krampfhaft das Würgen im Hals zurück, bis unser abgeschnürter Hals nur mehr eine gepresste Stimme herauslässt? Und holen wir uns nicht dann, wenn wir die unterdrückten Tränen brauchen würden, um nur ja nicht herzlos zu erscheinen, bei Begräbnissen etwa, »herzbewegende« Musik als Schleusenöffner?

Haben Sie schon einmal darüber nachgedacht, weshalb Musik so hilfreich ist, bestimmte Gefühle abzurufen? Weil die Partien in unserem Gehirn, in denen diese Ursache-Wirkung-Kette eingespeichert ist, üblicherweise nicht in den Situationen geprägt wurden, in denen wir unsere Stillhaltetechniken verankert haben; weil Situationen also, in denen Stillhalten eingeübt wurde, und jene, in denen Musik das Herz öffnet, nicht dieselben sind. Oder anders formuliert: Die erworbenen Neurosignaturen laufen immer wieder in gleichen oder ähnlichen Auslösesituationen ab, ob man will oder nicht – bis etwas geschieht, das sie löscht und neue einprägt.

Was man gelernt hat, kann man jedoch verlernen und Neues, anderes, Besseres erlernen. Üblicherweise geschieht das in einer Psychotherapie; aber auch ein markantes Erlebnis, eine Beobachtung, »nur« eine Filmszene oder ein Gedicht können den Anstoß zur Veränderung geben. Für Josef Hartmann, einen ehemaligen Zögling des Hollabrunner Knabenseminars, war es die Lektüre des »Buchs der Schande« (Burkett/Bruni 1995), das ihn aus der jahrzehntelangen Depression aufrüttelte und befähigte, die nötige Aggression aufzubringen, seinen ehemaligen Lehrer, den damaligen Erzbischof von Wien, Kardinal Groër, sexueller Übergriffe zu zeihen.

Es muss irgendetwas eintreten, damit diese »Altlasten« in Bewegung kommen, erst dann kann man sie orten und entsorgen. Im Märchen vom Schneewittchen ist es ein Fehler des liebenden Prinzen, der den gläsernen Sarg mit der totgeglaubten Geliebten heimführen will: Er stolpert, »stößt an«, durch diesen »Anstoß« kommt der »Kotzbrocken« – das vergiftete Apfelstück, das die neidische Stiefmutter Schneewittchen zu essen gegeben hat – hoch, und die scheintote – »depressive« – Königstochter wird wieder lebendig. Ebenso zielen alle tiefenpsychologisch orientierten Psychotherapien darauf, Zeit und Raum – und Anstoß – zu geben, damit solche alten Kotzbrocken hochkommen, ausgespuckt, erbrochen oder verdaut und ausgeschieden werden können. Der Anstoß kann ein schmerzlicher sein, aber auch ein liebevoller, so wie im Märchen vom Dornröschen: Dort ist es ein Kuss.

In der Realität ist es aber meist nicht so einfach, die passende Stelle für die nötige »Seelenmassage« zu finden. Doch weil es eine gute Chance gibt, selbst diese Schlüsselposition zu entdecken, will ich in diesem Buch einige der effizientesten »Psychotechniken« demonstrieren, die unbesorgt in Eigentherapie angewendet werden können. Damit meine ich nicht Autosuggestionen, wie sie der französische Apotheker Emile Coué (1857–1926) empfohlen hat. »Es geht mir von Tag zu Tag besser« reicht nicht, das eigene leib-seelisch-geistige Wohlbefinden zu steigern. Es blendet nur Warnsignale aus und führt letztlich zur Selbstverdummung.[1] Auch unkritisches »Positivdenken« bringt nicht mehr

Überblick, sondern nur eine Ausschaltung von Teilen des Gesichtsfeldes. Es gilt nämlich immer, das Konflikthafte im Außen- wie im Innenleben zu erkennen und wie in einer gelungenen Mediation[2] zu einer Balance, zu einer Einigung zu führen. Das ist immer ein Prozess – und Prozesse brauchen Zeit. Aber wenn man einmal die Methode verstanden hat, kann man zumindest die innerliche Kriegsstimmung – die Kampf- oder Fluchtbereitschaft – zu einem selbstsicher-gelassenen Verhandlungsmut wandeln.

Solche Selbsthilfemethoden können und sollen allerdings keine professionelle Psychotherapie ersetzen. Sie sind lediglich als Erste-Hilfe-Maßnahmen gedacht, wenn niemand Kompetenter da ist, der oder die helfen könnte – oder wenn die notorischen Verursacher seelischer Unfälle mit Personenschaden Fahrerflucht begangen haben und man selbst für die eigene Erstversorgung Handlungen setzen muss. Sie sind aber auch gedacht als Modell, wie man das seelische Pannendreieck aufstellt oder gar die Warnblinkanlage einschaltet, wie man sich selbst abschleppt und notdürftig wieder fahrtauglich machen kann – um dann in einer passenden »Seelenwerkstatt« eine fachkundige Reparatur oder auch »nur« Generalüberholung zu genießen.

1 Sein »ça passe, ça passe« (»Das geht vorbei, das geht vorbei«) hingegen finde ich extrem hilfreich. Im Schmerz oder in der Verzweiflung verliert man meist den Zukunftsblick, die Vision. Wesentlich besser erscheint mir die Weiterentwicklung durch den Arzt E. Jolowitz, der erst eine medizinisch umfassende Diagnose erstellte und danach seine Patienten anleitete, passende Autosuggestionen zu finden.

2 Mediation ist eine Methode, Konfliktpartnern Hilfe für außergerichtliche Konfliktlösungen anzubieten, die für alle Beteiligten befriedigend sind.

Wirkstoffe

Eine wohl sortierte Hausapotheke enthält üblicherweise neben allerlei Verbandsmaterial Mittel gegen Kopf- und Halsschmerzen, Husten, verdorbenen Magen, Blasenkatarrh, Verstopfung oder Durchfall, Venenschmerzen, Insektenstiche sowie Augen- und Nasentropfen.

In der Hausapotheke für die Seele sollte daher auf jeden Fall Hilfe gegen Kopfzerbrechen, den »dicken Hals« – →*Wut* – und gegen →*Empörung* zu finden sein; wir sollten Brechmittel gegen →*Kotzbrocken* vorrätig haben, aber auch Medizin gegen Brechmittel selbst! Sie sollte Hilfen zur →*Entsorgung* der von »toxischen« Menschen immer wieder verabreichten Giftdosen bieten, damit diese nicht zu lange im Körper verbleiben, aber auch nicht schmerzhaft durchsausen und lebenswichtige Nährstoffe mitreißen. Sie sollte →*Entlastung* von zu viel – meist gestauter sexueller – →*Energie* im Unterleib bieten und von unerwünschten »Eingebungen« penetranter Menschen befreien. Und sie sollte helfen, mehr Einblick, Durchblick und Überblick zu erlangen – ohne dann »die Nase voll« zu haben.

Dass sich dieses oder jenes Gelegenheitsmedikament ansammelt, wissen wir nur zu gut – weniger allerdings, dass die Hausapotheke regelmäßig auf die Ablaufdaten der darin enthaltenen Heilmittel überprüft und allenfalls ausgemistet werden sollte. Auch die Hausapotheke für die Seele gehört von Zeit zu Zeit kontrolliert. Es kommen ja auch in der Seelenheilkunde immer wieder neue »Produkte« auf den Markt. Und genau darauf ist zu achten: Nicht alles, was angeboten, beworben, vermarktet wird, ist auch heilsam. Manches dient nur der Ablenkung und Schmerzlinderung oder gar Betäubung, ohne den zugrunde liegenden »Krankheitsherd« in Erwägung zu ziehen. In meiner »Hausapotheke« soll sehr wohl auch auf die häufigsten Krankheitsverursacher hingewiesen werden. Denn was nützt die beste Wirkung für einen Heilungsprozess, wenn die Krankheitserreger fröhlich weiterwirken dürfen?

Grundsätzlich kann gesagt werden:

Am Anfang ist Erziehung (Miller 1980/81): Was wir in den ersten – grob umrissen, sechs – Lebensjahren erfahren, formt unsere Neurosignaturen[1] und damit weitgehend unseren Zugang zu neuen Erfahrungen: vertrauensvoll oder misstrauisch, wagemutig oder risikoscheu, chaotisch-kreativ oder prinzipientreu-ordnungsabhängig, gesellig oder selbstgenügsam. An dem in frühester Kindheit erworbenen →*Lebensstil* halten wir lange fest. Es gehört zu den großen Lebensaufgaben, die Mitte zwischen diesen Extrempositionen zu finden. In manchen Lebensphasen jedoch schwankt, zittert oder schleudert man, hin und her gerissen: in der →*Pubertät,* in der →*Quarterlife-Crisis,* im →*Klimakterium* – oder wenn man →*verliebt* ist. Jede dieser Krisen bedeutet aber auch die Chance, Neues zu erwerben, dazuzulernen.

Wir lernen primär an Vor-Bildern – das sind zuallererst die nächsten Verwandten –, ahmen sie nach, desto mehr, je mehr Erfolg wir damit haben. Das heißt aber nicht, dass wir uns bei Misserfolg nach brauchbareren Modellen umsehen! Ganz im Gegenteil: Wie Paul Watzlawick (Watzlawick 1986) so amüsant nachgewiesen hat, versuchen wir es üblicherweise mit einer Erhöhung der Dosis. »Mehr vom selben« statt »Einfach was anderes«. Vieles, was krank macht, wurzelt im Mangel an geeigneten Strategien: nichts Passendes gelernt, falsch gelernt, schlechte Lehrmeister/innen imitiert, das Lernen überhaupt vermiest bekommen …

Miesmacherei, Angstmache, Abwertung, Spott, Hohn, Zynismus – diese Liste erhebt keinen Anspruch auf Vollständigkeit – sind gesundheitsschädigend. Nicht nur für die Opfer dieser »perversen« (Hirigoyen 2002) Kommunikationsformen, sondern auch für die Täter/innen! Denn wer andere auf diese Weise klein zu machen versucht, macht sich selbst zur Waffe: Er schneidet, schießt oder schlägt, vergiftet, verbrennt, entnervt und versucht derart, die Seele anderer zu morden. Wenn dieser Prozess lang genug dauert, wird auch der Körper der so Attackierten Schaden leiden (wenn sie nicht sofort mit Schutzmaßnahmen gegen diese →*Kaktusmenschen* beginnen).

In unserer so genannten zivilisierten westlichen Welt genießt das kognitive Denken Vorrang vor dem Gefühl – damit auch vor dem Mitgefühl –, der körperlichen Befindlichkeit und der Intuition, der »Ahnung«, dem »sechsten Sinn«. Das fördert zwar Autoritätsgläubigkeit und Gehorsam, nicht aber Selbst-Bewusst-

1 Als Neurosignaturen werden die Verschaltungsmuster der chemisch-physikalisch geprägten Nervenbahnen im Gehirn bezeichnet. Der Göttinger Neurobiologe Gerald Hüther vergleicht sie in seinem Buch »Biologie der Angst – Wie aus Stress Gefühle werden«, Sammlung Vandenhoek, Göttingen 2001, mit einem ausgebreiteten Netzwerk von Straßen, die auf den Gipfel eines Hügels zuführen und verkümmern, wenn sie nicht genutzt werden, oder die vielfach erst gar nicht angelegt werden.

heit und Autonomie: Man tut, was sich »gehört«, und schenkt sein »Gehör« nicht der eigenen inneren Stimme. Aber genau die hält zu uns! So frage ich oft meine Klient/innen: »Zu wem wollen Sie halten – zu sich oder zu den anderen?« Wirklich »ganz bei sich« – und daher ohne Energieverlust aus unnötiger Zurückhaltung – ist aber, wer sein Denken *und* Fühlen, sein Körperempfinden *und* seine Intuition in →*Balance* hält. Zu lange und zu extrem nur in einer dieser Wahrnehmungs- und Lebensformen zu verharren, lässt die anderen verkümmern und das schädigt die ganzheitliche (Körper, Seele und Geist in Einheit) Gesundheit.

Seitdem man dank der Computertechnik das lebende Gehirn in Aktion beobachten kann, hat man festgestellt, dass bei Frauen die beiden Gehirnhälften besser integriert sind. Der so genannte Balken, der beide Gehirnhemisphären verbindet, ist bei ihnen stärker vernetzt, was unter anderem eine Erklärung für die oft verspottete »weibliche Intuition« liefert: Während Buben in der traditionellen geschlechtsspezifischen Erziehung zum »starken«, sprich durch keinerlei Gefühlsregung verunsicherten Heldenmann trainiert (und bei Abweichung oft als »Muttersöhnchen« verhöhnt) wurden, wurden Mädchen emotionale Sehnsüchte wie auch Gefühlsausbrüche, quasi als Ausgleich für die real erlebte Männergewalt, »erlaubt«, nicht aberzogen. Sie durften ihre rechte – »analoge«, fantasievolle, kreative – Gehirnhälfte stärker einsetzen als Männer, von denen vor allem der Einsatz der linken – »digitalen«, logischen, technischen – Gehirnhälfte gefordert wurde.

Die Zeiten, in denen auch Männer, zumindest sozial höher gestellte, Tagebuch und Gedichte schreiben, komponieren, aquarellieren oder gar tanzen durften, endeten mit dem Ersten Weltkrieg. Der Zweite brachte das Ideal des gnadenlosen Kämpfers für Reich und Führer – zäh wie Leder, hart wie Kruppstahl, flink wie Windhunde – und der ewig schwangeren und dem Führer Kinder gebärenden Heldenmutter mit Mutterkreuz. Das hat sich geändert. Ein sichtbares Beispiel: In den Siebzigerjahren des 20. Jahrhunderts gab es noch Proteste der Eltern und Großeltern gegen die jungen Männer, die sich im Gefolge des Musicals »Hair« und der Hippie-Bewegung die Haare lang wachsen ließen. In den Neunzigern jedoch banden bereits ältliche Männer ihr schütteres, dafür aber überschulterlanges Haar, kunstvoll über der Glatze verteilt, zu Pferdeschwänzen zusammen, während immer mehr Frauen auf klassische Weibchen-Attribute verzichteten: Sie nehmen zu viel Zeit, die die mehrfach belastete Beruf-

Haushalt-Kinder-Fortbildung-Fitness-Karrierefrau nicht mehr hat. (Eine Partnerperson habe ich bewusst weggelassen – wie viele dieser Frauen auch.) Das hat man dank der Computertechnik nämlich ebenfalls festgestellt: dass Frauen bei der Lösung bestimmter Aufgaben andere Gehirnpartien benutzen als Männer und dass sie mehrere Aufgaben gleichzeitig bewältigen können. Training? Oder biologisches Kalkül von Mutter Natur? Immerhin müssen die meisten Frauen mehrere Menschen, und zwar widerborstige, weil – noch – nicht »erzogene«, »managen«. Dass sie das auch für Führungsaufgaben qualifiziert, hat sich allerdings in den oberen Etagen noch immer nicht herumgesprochen …

Wir beginnen unser Leben liegend. Unser Stützapparat, das Rückgrat, ist noch nicht stark genug, den übergroßen Kopf zu halten. Mit zunehmender Erstarkung unserer Muskulatur beginnen wir, die Welt um uns zu be-greifen, um sie dann krabbelnd zu erforschen: Wir verlassen uns auf Geruch und Geschmack, Betasten und die folgende Gefühlsreaktion. Wenn unsere Muskeln – und dazu gehören auch unsere Stimmbänder – unserem Willen gehorchen, »erschaffen« wir unsere Welt: Wir geben den Erscheinungsformen Namen und unterscheiden sie so, wir teilen, wie Gott in der Bibel. Und wir ur-teilen. Wir teilen in angenehm und unangenehm und hören die Urteile anderer. Und die bewerten in richtig und falsch.

Da – »aus pädagogischen Gründen« – beides meist verbunden wird, lernen wir, auf die Urteile anderer (samt Lob und Strafe) zu horchen: zu ge-horchen. Je mehr wir in die Höhe wachsen und Überblick gewinnen, desto mehr können wir nun von der primären gefühlsmäßigen und der sekundären aufhorchenden und zuhörenden Wahrnehmung der Welt um uns zum Zuschauen und damit zum kritischen Blick gelangen. Nicht alle tun es. Auch wenn unsere Form von schulischer Erziehung die visuelle Wahrnehmung fördert, bleiben viele bei der gefühlsmäßigen oder richten sich nach dem, was sich gehört – was sie meinen, dass sie von anderen als Bewertung zu hören bekommen werden.

Jede dieser Zugangsformen zur Erkundung und Beantwortung von Außen- oder Innenreizen birgt eine spezifische Gefahr von Gesundheitsverlust in sich. Wer sich alles gleich zu Herzen, zu Rückgrat, zu Haut – was immer das bevorzugte Organ für psychosomatische Symptome ist – nimmt, hat verabsäumt, alternative Reaktionsmuster zu »erspähen«. Beispielsweise, indem er sie sich von anderen »abschaut«. Umgekehrt wird jemand, der immer nur distanziert beobachtet und keinen Tropfen Emotion verlieren mag, früher oder später vereinsamen und mangels hingebungsvollem Energieaustausch mit anderen zur Gewalt gegen andere – oder gegen sich selbst – neigen, beispielsweise durch ein Suchtverhalten (Suche nach emotionalem Kick). Was geschieht, wenn man nicht auf die eigenen Körpersignale und die innere Stimme hört, habe ich aufgezeigt: Man folgt Fremdsuggestionen, anstatt sich nach den eigenen Zielen zu richten und die dazu passenden Autosuggestionen und »Drehbücher« zu entwickeln. Es geht also darum, einen Ausgleich zwischen den verschiedenen Wahrnehmungsformen zu finden, je nach Herausforderung die passende zu wählen oder so zu sich zu finden, dass man im Mittelpunkt – im Zentrum seines Selbst – ruhen kann.

Pathogen ist alles, was krank macht und Krankheit fördert, salutogen, was gesund macht und Gesundheit fördert. Letzteres wird meist nur als Propaganda für gesunde Ernährung, ausreichend Bewegung und Obsorge für genügend Entspannung verstanden. Selbst wenn die Weltgesundheitsorganisation auffordert, für seelische Gesundheit zu sorgen, bleibt es bei medialen Appellen; konkrete Anleitungen fehlen. Meine Forschungen im Rahmen des Instituts für Stressprophylaxe und →*Salutogenese*[2] haben mir deutlich gezeigt: Es ist nicht primär Zeit- oder Leistungsdruck, der seelische Gesundheit gefährdet oder zerstört, sondern das Unverständnis und die Kommunikationsverweigerung derjenigen, die bestimmte Inhalte oder Formen von Leistung erzwingen – oder verweigern! – wollen. →*Salutogenese* heißt aus meiner Sicht, nicht nur Information über physische Nährstoffe und Gifte sowie entgiftende Bewegungsabläufe zu besitzen, sondern auch über seelische.

Sehen wir uns also die üblichen Medikamente in der »physischen« Hausapotheke an und formulieren wir das »psychische« Pendant dazu!

Wenn Sie einen Beipackzettel nach seinem Aufbau kontrollieren, finden Sie beispielsweise:

- *Eigenschaften und Wirksamkeit:* Die Eigenschaften der nachfolgend angebotenen »ersten Hilfen« sind jedenfalls eine Verlagerung der aktuellen Aufmerksamkeit vom Beziehungsmuster auf eine andere Reaktion als die gewohnte und damit größere Konzentration auf sich selbst. Sie stärken seeli-

2 Salutogenese kann als Gesamtheit individueller wie auch kollektiver Faktoren, die Gesundheit bewirken, fördern und wiederherstellen, verstanden werden; so auch die Körper, Seele und Geist umfassenden Verhaltensweisen, die helfen, selbst unter schwierigsten physischen, psychischen oder sozialen Bedingungen mehr oder weniger gesund zu bleiben.

sche, geistige *und* körperliche Selbst-Bewusstheit und sind damit zumindest für sich selbst salutogen.

- *Anwendungsgebiete:* Sie sollten in solchen Situationen angewendet werden, in denen man sich entweder hilflos fühlt, verzweifelt ist oder Gefahr läuft, gewalttätig zu »explodieren«. Damit sie nicht erst dann erarbeitet werden müssen, ist es hilfreich, sie vorab zu trainieren. Suchen Sie sich ein stilles Plätzchen, geben Sie sich Zeit zur Entspannung und suchen Sie dann in Ihrer Erinnerung nach passenden Situationen, versetzen Sie sich gefühlsmäßig wieder in die seinerzeitige Emotion und vollziehen sie dann die empfohlenen Schritte.
- *Art der Anwendung:* Wenn Sie die Empfehlungen ausprobieren, sollten Sie sich nicht gleich einen Strich durch die Rechnung machen, indem Sie sich von vornherein durch ausgeprägtes Negativdenken jede Chance auf Erfolg absprechen. Versetzen Sie sich in einen Zustand neugieriger Offenheit für eine neue Erfahrung. Bedenken Sie: Wenn Sie einen Teufel an die Wand malen, ist er da – also malen Sie einen Engel! Das heißt: Dieselbe Energie, die Sie aufwenden, um sich und anderen zu beweisen, dass etwas nicht geht, können Sie auch einsetzen, um herauszufinden, wie etwas gehen könnte.
- *Dosierung:* Sie kann unbedenklich wiederholt und gesteigert werden. Wenn aber ein bestimmter Rhythmus angegeben wird, ist dieser unbedingt einzuhalten (weil bei zu schneller Nachahmung sonst der Kreislauf negativ reagieren könnte).
- *Gegenanzeigen:* nicht unter Drogeneinfluss, keine bewusstseinsverändernden Medikamente, kleine Alkoholvergiftung (Frauen mehr als ein achtel, Männer mehr als ein viertel Liter Wein oder die entsprechende Dosis Bier oder Schnaps innerhalb der vorangegangenen Stunde), mittlere Nikotinvergiftung (mehr als drei Zigaretten in der vorangegangenen Stunde), mehr als drei Tassen Kaffee, mehr als ein halber Liter starker Tee. Nicht bei Übermüdung üben! Da die Übungen die »seelische Organisation« verändern, sollte diese womöglich nicht durch andere »Krücken« gestützt werden, damit die Eigenkontrolle nicht vermindert wird.
- *Nebenwirkungen:* Je selbst-bewusster Sie werden, desto eher kann es zu Konflikten mit Personen kommen, die Ihnen gegenüber →*Machtstreben* oder Machtmissbrauch üben. In solchen Fällen bieten sich als erste Hilfe die Grundsätze der →*Mediation*.

- *Wechselwirkungen:* Wenn Sie bereits zu den selbstfürsorglichen Menschen gehören, die sich gelegentlich oder regelmäßig die Wohltat einer Psychotherapie gönnen, kann es durchaus optimierend wirken, Ihre Erfahrungen mit dem oder der Psychotherapeuten/in Ihrer Wahl noch einmal nachzuarbeiten. Alle empfohlenen Übungen entstammen traditionellen psychotherapeutischen Methoden, sind aber nur als erste Hilfe gedacht; sie können keine Langzeittherapie ersetzen, wohl aber im »Leben draußen« ergänzen. Sollte Ihr/e Therapeut/in hingegen unwirsch reagieren, sollten Sie in Ihrer Seelentiefe nachspüren, ob Sie sich auch respektiert fühlen oder ob Sie sich nicht plötzlich in einer Situation wiederfinden, die Sie aus Ihrer Kindheit kennen: wenn Papa und Mama miteinander konkurrierten ... Dann haben Sie die Chance, Ihr seinerzeit eingelerntes Verhalten durch ein neues, erwachseneres zu ersetzen.
- *Gewöhnungseffekte:* Wie bei allem, das einem gut tut, besteht die Gefahr, dass man davon nicht genug bekommen kann. Wenn Sie also bei sich Suchttendenzen orten, lesen und üben Sie, was unter →*Süchte* angemerkt ist.
- *Besondere Warnhinweise zur sicheren Anwendung:* Achten Sie bitte immer auf Ihre Intuition. Wenn Sie bei sich innere Widerstände bemerken, lassen Sie es bleiben! Das sollte ein Grundprinzip Ihres Lebens werden: Abwehr kann ein Warnsystem sein, das Ihnen signalisiert: Das passt nicht für dich oder: Das passt jetzt nicht, du brauchst noch Zeit, oder: Die Situation ist nicht reif, nicht passend, nicht geschützt genug, oder: Du brauchst mehr Information ... So wie es im Strafprozess heißt (oder zumindest heißen sollte): »Im Zweifel für den Angeklagten«, soll es für Sie immer heißen: »Im Zweifel für mich, so wie ich derzeit – noch – bin.« In dieser Formulierung lässt sich das auch gut anderen gegenüber vertreten, die einen vielleicht ungeduldig »ermutigen« wollen!
- *Verfallsdatum beachten:* Wie schon angemerkt, haben wir alle die Chance, von Tag zu Tag liebevoller, liebenswerter, klüger, kompetenter und damit hoffentlich auch gesünder zu werden: salutogen für uns selbst wie auch für andere. Wenn Sie also ein Verhalten nicht mehr benötigen, um sich zu schützen – lassen Sie es los! »Wer etwas loslässt, hat die Hände frei für Neues«, lautet eine chinesische Weisheit. Und eine andere betont: »Du steigst nie in denselben Fluss.« Jeder Tag, jede Stunde, jede Minute bringt etwas Neues, wir müssen es nur wahrnehmen.

Erste Hilfe von A bis Z

ABHÄNGIGKEIT

Im Gegensatz zu manchen Tieren beginnen wir Menschen unser Leben in Abhängigkeit von Pflegepersonen. Wir sind nach neun Monaten im Mutterleib noch nicht »komplett«, ohne fremde Hilfe nicht überlebensfähig. Nicht einmal den Kopf können wir selbstständig halten; wir brauchen jemanden, der ihn abstützt, so sehr fehlt uns noch unsere »Struktur«. Unsere Bewegungen sind ungezielt und ungeordnet, unsere Laute ungeformt, unsere Entleerungsvorgänge ungeregelt; nur wenn wir Hunger oder Durst haben, reicht unser Verhaltensrepertoire aus, uns so bemerkbar zu machen, dass wir in ausreichender Zeit bekommen, was wir brauchen – vorausgesetzt die anwesenden potenziellen Bezugspersonen wissen unsere Signale zu deuten und passend zu beantworten. Stillen – »still machen« – sollte ja sättigen, satt machen, und nicht »zum Verstummen bringen«, wie es manche entmenschte Eltern verstehen, die ihre Säuglinge schütteln, schlagen oder gar ersticken, weil sie Hilferufe nicht ertragen können – sie könnten nur zu leicht Erinnerungen an eigene Hilflosigkeit wachrufen.

Diese frühkindliche Hilflosigkeit, die wir wohl alle mehr oder weniger verborgen in uns tragen, gehört zu den Gefühlen, die immer mitschwingen, wenn wir meinen, ohne jemanden oder etwas nicht leben zu können. (Ein alternatives Gefühl wäre Selbstsicherheit, etwas gegen Hilflosigkeit tun zu können, oder aber Vertrauen, die passende Hilfe zu finden.) Im existenziellen Bereich stimmt das oft, etwa wenn in einer Region ein einziger Arbeitgeber »herrscht«. Im emotionalen Bereich allerdings besteht die Gefahr, sich an einen Menschen zu hängen und dann dieses Gefühl mit Liebe zu verwechseln. »Ich kann ohne dich nicht leben« besagt jedoch nur, dass man die Macht der Selbstbestimmung aufgegeben und an jemand anderen delegiert hat, dass man sich zum hilflosen Baby macht, meist in der Hoffnung, auch so versorgt zu werden. Dann allerdings verwechselt (oder ersetzt) man Fürsorge mit (beziehungsweise durch) Liebe.

Körperlich helfen gegen derartige Abhängigkeitsgefühle alle Bewegungen, die

- aus Kleinheit zu Größe verhelfen: sich zuerst klein machen und dann bewusst aufrichten, oder
- darauf achten, wie man sich gerade hält und dann vor allem den Nacken strecken und dabei tief einatmen und die eigene Kraft – die »Eigenmacht« – spüren, oder

A

- stehend oder sitzend die Arme seitlich weit ausbreiten und dabei denken, wie man links und rechts nach Helfer/innen, Freund/innen, Nachbar/innen greifen kann,
- sich eventuell noch neigen und dehnen, um diese Sicherheit zu verstärken.

Damit vollzieht man neuerlich den Entwicklungsschritt, den das kraftlos im Bettchen liegende Baby schafft, wenn es erstmals seine Arme freudig seiner Bezugsperson entgegenstreckt (anstatt nur richtungslos herumzufuchteln). Es muss jemand schon sehr verbittert sein, um auf dieses »Liebesangebot« nicht herzlich zu reagieren. Immerhin sehen alle Kleinkinder – und auch Jungtiere – »herzig« aus. Kindchenschema heißt das in der Fachsprache, und der Sinn ist, Zu-Neigung auszulösen und damit die Kleinen vor Aggression zu schützen.

Von Erwachsenen hingegen darf erwartet werden, dass sie es psychisch aushalten, wenn ihre sehnsuchtsvoll entgegengestreckten Arme abgewehrt (→*Abwehr)* werden – mit einer höflichen Erklärung, weshalb man nicht umarmt werden möchte oder zurück umarmen will. Etwas nicht zu goutieren, berechtigt nicht zu rüpelhaftem Benehmen!

Mental hingegen bietet sich als erste Hilfe gegen schmerzlich empfundene Abhängigkeit folgende Visualisierungsübung an:

- Setzen Sie sich entspannt hin und lassen Sie die Arme locker auf den Oberschenkeln ruhen.
- Schließen Sie die Augen und stellen Sie sich vor Ihrem geistigen Auge vor, wie Sie von der anderen Person abhängen: Wie sind Sie an diesen Menschen »gebunden«, »gefesselt«, »gekettet«? Wie sieht die »Bindung« konkret aus?
- Achten Sie darauf, aus welchem Material das Bindemittel ist.
- Und nun stellen Sie sich vor, Sie wären in einem Trickfilm und würden diese Bindung so lösen, wie es diesem Material entspricht.
- Lassen Sie sich dabei die nötige Zeit. Damit Sie nicht zu schnell werden,
- achten Sie auf Ihre Gefühle und Körperempfindungen – Sie sollen ja entspannt bleiben. Sollte Ihnen nichts Passendes einfallen, stellen Sie sich vor, dass Sie den geistigen Film auf Ihrem geistigen Videorecorder stoppen und später, bei günstiger Gelegenheit, wieder in Gang setzen. Wann das sein wird, entscheiden Sie.
- Bevor Sie sich wieder Ihrer Normalbeschäftigung widmen, dehnen und

strecken Sie sich, atmen ein paar Mal kräftig durch und wenden Ihre Aufmerksamkeit wieder dem Hier und Jetzt zu.

Bedenken Sie: Wer liebt, ist vom anderen begeistert, freut sich, dass es ihn oder sie gibt, und vermeidet alles, was dem anderen Unbehagen, Belastung, Stress bereiten könnte. Er lässt los – auch wenn ihm dabei das sehnsuchtsvolle Herz wehtut.

ABWEHR

In der Sprache der Psychoanalyse bedeutet Abwehr, dass man Gedanken, Gefühle, Handlungsimpulse nicht bewusst wahrnehmen mag. Man findet unbewusst einen Weg, sich mit diesem »Seelenmaterial« nicht auseinander setzen zu müssen. Die so »zensurierten« Inhalte hingegen finden immer wieder einen Weg, sich dennoch bemerkbar zu machen: Sie platzen als Fehlhandlungen – als »Freud'sche« Versprecher, Verschreiber, Vergesslichkeit, Ungeschicklichkeit – in wohl geplante Handlungsabläufe, tauchen in Traumbildern auf oder finden als psychosomatisches Symptom Aufmerksamkeit.

Die klassischen abgewehrten Seeleninhalte sind aggressiven oder sexuellen Inhalts: Es passt nicht ins ideale Selbstbild, sich als rachsüchtigen Gewalttäter oder als ungezügelten Lustmolch zu erkennen. Heutzutage bekommt man aber auch als zurückhaltender »Gutmensch« oder zölibatärer Asket wenig Beifall, im Gegensatz zu vergangenen Jahrhunderten, wo von einem reifen Menschen die Fähigkeit zu gelassenem Triebverzicht und insbesondere sexueller Enthaltsamkeit erwartet wurde. Zumindest in der kontrollierenden Öffentlichkeit.

Heute kontrolliert die Öffentlichkeit kaum mehr, und in den Medien werden nicht humanistische Tugenden vorgeführt, sondern eher das Gegenteil: Enthemmung, Kriminalität, Psychoterror und das gesamte Spektrum des menschlichen Gruselkabinetts. Was man tun kann, damit es gar nicht so weit kommt, fehlt – und genau dem dienen die vielen Abwehrformen, von der Verleugnung und Verdrängung bis zur kulturell hoch angesehenen Sublimierung.

In meinem Buch »Die Tao-Frau« (Perner 1997/a) habe ich die gängigen Abwehrformen aufgelistet:

- Nichtwahrnehmung dessen, was nicht bewusstseinsfähig ist (Verdrängung),
- Rückfall in frühere Entwicklungsphasen (Regression),
- Symptombildungen (Reaktionsbildung, Ich-Einschränkung: Man kann etwas einfach nicht, obwohl nichts Organisches dagegenspräche),
- Isolierung (das, was abgewehrt wird, wird mit einem »Komplex« aus dem Alltagsverhalten herausgelöst),
- Ungeschehenmachen (indem man beispielsweise alles zerstört, was man sich eigentlich sehr wünscht, weil der Wunsch eben nicht zugelassen werden darf),
- Verleugnung der Realität, Verneinung mit Hilfe der Fantasie (abstruse Erklärungen, wie sie bei Alkoholkranken häufig vorkommen),
- Abspaltung eigener Anteile und Verlegung nach außen beziehungsweise auf jemand anderen (Projektion, projektive Identifizierung; dazu zählt etwa, der Partnerperson die – unbewusste eigene – Neigung zum Seitensprung zu unterstellen),
- Verinnerlichung, Verlegung von (zum Beispiel aggressiven) Anteilen von jemand anderem nach innen (Introjektion, findet man oft bei Kindern),
- Identifikation mit dem Aggressor (man tut anderen an, was einem angetan wurde, zum Beispiel »gesunde Ohrfeigen« austeilen),
- Objektspaltung (in Gut und Böse, zum Beispiel Madonna oder Hure),
- Idealisierung (man nimmt bei jemandem oder etwas, etwa einer politischen Partei, nur Edles und Gutes wahr),
- Wendung gegen die eigene Person (zum Beispiel wehren demonstrative »Opfer« ihre Wut ab),
- allmächtige Kontrolle des Objekts (etwa als Versuch, Hilflosigkeitsgefühlen zu entkommen),
- Rationalisierung (alles wird sachlich erklärt, die eigene emotionale Betroffenheit abgewehrt),
- Verkehrung ins Gegenteil; dazu zählen auch Altruismus (immer nur für andere, nur ja nicht für sich) oder das Helfersyndrom,
- Sublimierung (das, was Angst macht, wird in künstlerischer Form oder in Form der Berufswahl bewältigt).

In der psychoanalytischen Arbeit zählt man darauf, dass durch immer mehr Bewusstheit und Akzeptanz der eigenen Gefühlsregungen – und damit der Bereitschaft, ihnen andere als unbedachte Handlungen folgen zu lassen – Abwehr unnötig wird. Was aber tun, wenn man nicht die Gelegenheit, die Zeit und vor allem auch das Geld hat, sich die Wohltat einer Psychoanalyse zu gönnen?

Körperlich begleitet immer eine physische Veränderung den Abwehrvorgang. Das soll nicht heißen, dass man selbst oder jemand anderer das wahrnimmt, man kann aber versuchen, über die genaue Beobachtung eines Erinnerungsvorgangs Hinweise zu erlangen.

- Erinnern Sie sich an ein Erlebnis, das Sie rückwirkend als extrem unangenehm bewerten.
- Versuchen Sie nun, sich auch an das begleitende Gefühl zu erinnern: Welche seelische Reaktion haben Sie gefühlt?
- Was haben Sie gleichzeitig wo an körperlicher Veränderung bemerkt? Muskelanspannung? Oder ein Erschlaffen der Muskulatur? Verengung oder Erweiterung von Blutgefäßen? Veränderung des Atems? Kribbeln? Schmerzen? Ein mulmiges Gefühl? Was auch immer, merken Sie sich, was Sie wo gespürt haben, und
- achten Sie darauf, wann es das nächste Mal wieder auftaucht.
- Dann sollten Sie versuchen, das Gegenteil zu tun: entspannen, etwa durch ein paar Übungen aus dem klassischen autogenen Training, tief und ruhig atmen und überlegen, was Ihr Körper noch brauchen würde, um in seinen Idealzustand zu gelangen.
- Dabei achten Sie darauf, welche Gedanken auftauchen. Diese registrieren Sie bloß und bestätigen sich: »Jetzt reagiere ich mit diesen Muskeln/Gefühlen/Gedanken …« – Sie werden merken, dass damit das auslösende Problem in Ihrer Wahrnehmung bereits zu schrumpfen beginnt.

Mental werden Sie ein bestimmtes Gedankenmuster bei sich feststellen, dem eine Bewertung innewohnt: Entweder haben Sie ein Bild von sich selbst, das Sie verteidigen – möglicherweise bestreiten Sie, dass es etwas gibt, auch wenn alle anderen Beweise dafür aufbringen, oder Sie haben sich ein Bild von jemandem oder etwas gemacht, das Sie keinesfalls aufgeben wollen. Die Heftigkeit dieser Ihrer »Kampfstimmung« macht deutlich, wie sehr Sie sich wehren. Was Ihnen egal ist, weil es mit Ihnen nichts Wesentliches zu tun hat und wovor Sie sich daher nicht schützen müssen, regt Sie auch nicht auf. Diese »Erregung« bedeutet ziemlich viel Energieaufwand und Energieverlust. Holen Sie sich doch Ihre Energie zurück!

Ihr innerer Zensor meint es ja nur gut mit Ihnen; er will Sie beschützen und daher die »Gefahr« ausblenden. Das hat in der Ur-Szene – damals, als die Neurosignatur gebildet wurde – wahrscheinlich Ihrem Wissensstand und Ihren Verhaltensmöglichkeiten entsprochen. Aber jetzt, als erwachsene und gegenüber damals wissendere Person, brauchen Sie dieses alte Verhalten vielleicht gar nicht mehr.

Wenn Sie also merken, dass Ihnen bei bestimmten Themen oder Verhaltensweisen das Blut zu Kopf steigt – ob aus Scham oder aus Zorn –, fragen Sie sich:

- Was konkret ist es, das mich irritiert/stört/wütend macht?
- Ist es etwas, das ich auch habe und das ich bei mir nicht mag?
- Oder ist es etwas, das ich möchte, aber nicht darf/durfte?
- Oder taucht irgendwo eine Angst auf, dass ich aus der sozialen Gemeinschaft fallen könnte, wenn ich nicht deutlich »dagegen« bin?
- Oder fühle ich mich nicht wertgeschätzt?
- Oder erregt es bei mir körperliche Empfindungen, die meine Beherrschung gefährden? Zum Beispiel sexuelle? Macht sich mein Körper paarungsbereit? Oder kampfbereit? (Dazu zähle ich auch die körpersprachlichen Signale.)

Wenn Sie sich erlauben, sich selbst wertzuschätzen – »Aha, das also ist mir fremd/allzu vertraut/unangenehm/peinlich ...« – und erkennen: »Das ist meine jetzige Reaktion, aber fällt mir vielleicht eine bessere ein?«, wenn Sie sich Zeit lassen, zu überlegen, ob Sie »cool«, »gelassen«, »tolerant« – wie auch immer es Ihre Kräfte schont – reagieren wollen und stattdessen Position beziehen: »Ich finde das nicht richtig« oder »Das ist nicht mein Stil!«, können Sie auch die Distanz schaffen, die Sie für Ihre Sicherheit brauchen (und gleichzeitig Kampftöne vermeiden, von denen Sie nicht wissen, wie sie beantwortet werden).

ALTERN

Wir tun es unvermeidlich von Tag zu Tag. Und dennoch gibt es eine Art magischer Zeitpunkte, an denen wir eine Altersphase abschließen und in eine neue treten. Manche davon sind sogar juristisch besonders betont: Man bekommt Berechtigungen verliehen, die Lizenz, eine staatlich oder kirchlich abgesegnete Lebenspartnerschaft einzugehen oder eine politische Partei zu wählen – beides kann einem schon kurz darauf wieder Leid tun! – oder ein Kraftfahrzeug zu lenken und damit anderen Leid anzutun, oder die verschiedenen Sorten der legalen Drogen Nikotin und Alkohol zu konsumieren und sich damit selbst Leid zuzufügen.

Traditionell wird der Übergang von einer Lebensphase zur anderen mit Ritualen betont: der Übertritt vom unmündigen Kind zum mündigen Minderjährigen etwa durch Firmung und Konfirmation, die Erlangung der Wahlberechtigung durch Staatsbürger(innen?)feiern, Heirat, Kindstaufe – aber dann? Manche feiern auch ihre Scheidung, aber meist nur mit Fressen oder Saufen, und beides ist nicht geeignet, das Ereignis psychisch zu verankern. Das erklärt auch, weswegen die nunmehr Getrennten oft große Schwierigkeiten haben, einander loszulassen (oder auch den alten Groll, dass der oder die andere nicht so ist, wie man ihn oder sie sich gewünscht hat).

Dass Übergangsriten – »rites de passage« (van Gennep 1986) – den Sinn haben, den Abschluss einer Lebensperiode gegenüber der nächsten zu markieren, und zwar möglichst positiv, scheint klar. Dennoch bekommen nur wenige Mädchen zur Feier ihrer ersten Menstruation die Glückwünsche, die das Frauwerden begleiten sollten.[1] Ganz im Gegenteil, vielfach wird dem Mädchen dieser Reifungsschritt vermiest: »O Gott, jetzt geht das bei dir auch schon los!« Oder es wird alles unternommen, dass sich die junge Frau nur ja ihrer Tage schämt. Im Englischen gibt es sogar die Bezeichnung »der Fluch« (the curse) für den Eintritt der Fruchtbarkeit …

Dass auch die erste Pollution eines Knaben und damit sein Eintritt ins Mannesalter gebührend gefeiert würde, würde vielen wohl noch fremder vorkommen. Dabei wäre dies vielleicht der erste Schritt dazu, dass Männer sich ihrer Fortpflanzungskraft bewusst werden und damit verantwortlich umgehen lernen, statt alle Fragen der Empfängnisverhütung an ihre Partnerinnen abzuschieben. Meist löst erst die Alimentationsforderung der ungewollt Geschwängerten ein Bewusstsein von Ursache und Wirkung, nämlich Geschlechtsreife und reifem Tragen von Verantwortung, aus. Dass viele dann versuchen, der Vaterrolle zu entkommen, ist nur zu bekannt.

1 Luise Francia rät in ihrem Buch »Drachenzeit«, Verlag Frauenoffensive, München 1987, dazu, auf verschiedenste Arten Menstruationsfeste zu feiern und dazu beispielsweise die Farbe Rot meditativ einzusetzen.

Auch die Jahrzehntwenden lösen ähnliche Abwehr- und Vermeidungstendenzen aus. Wird der Übergang vom Teen zum Twen noch gefeiert, haben viele mit dem Eintritt in die Dreißiger schon Probleme. Jetzt wird es Ernst! →*Quarterlife-Crisis* (siehe dort)! »Trau keinem über dreißig!« hieß es in den wilden Siebzigerjahren des 20. Jahrhunderts; ich sehe in diesem Slogan aus der Studentenbewegung einen Vorboten des beginnenden Jugendwahns. Andere Parolen dieser Protestbewegung lauteten: »Wer zweimal mit derselben pennt, gehört schon zum Establishment« oder: »Unter den Talaren der Muff von tausend Jahren«. Sie alle zielten darauf,

- Aufmerksamkeit und Gefallen an der Wiederholung zu erregen,
- sich selbst auf Einigkeit und Mut zu programmieren,
- damit die eigene Gruppe als bedeutsam und stark, vielleicht auch gefährlich, zu »verkaufen«,
- die Angst vor älteren, – noch – bedeutsameren, stärkeren, gefährlicheren Personen zu bewältigen,
- die üblichen Grenzen des Respekts gegenüber anderen – nicht nur Älteren, sondern auch Frauen – zu verletzen (eine Art Kriegserklärung), beziehungsweise neu zu definieren, sozusagen als Waffenstillstandsangebot.

Plötzlich selbst zu diesen Misstrauenswürdigen, Etablierten, Talarträgern zu gehören, kann durchaus Angst auslösen: Angst, nun mit den eigenen Waffen geschlagen zu werden, Angst vor dem Herausfallen aus der Bezugsgruppe mit deren Privilegien, Angst vor Isolation.

Viele Menschen denken beim Eintritt in eine neue Altersphase nur an den Verlust, an das, was nicht mehr geht, was man nicht mehr kann/darf/soll, und →*trauern* diesen Erscheinungsformen nach, statt dieselbe Portion Energie darauf zu verwenden, neue zu entwickeln. Ob und wie lange man trauert, hängt auch davon ab, wie wertvoll das Loszulassende gegenüber dem zu Gewinnenden eingeschätzt wird – und diese Bewertung läuft bei den meisten Menschen unbewusst ab! Wenn man diesen Wechsel aber bewusst wahrnimmt, wird er zu einem Entscheidungsprozess: Dann entscheide ich mich selbst, ob ich etwas hoch bewerten, festhalten, museal verehren – oder als Teil meiner Biographie verinnerlichen und mich neuen Erfahrungen zuwenden will.

Körperlich können wir unseren Lebensverlauf als körperlich-seelisch-geistigen Wachstumsprozess definieren[2] und uns in die Körperhaltung und -bewegung (und damit folglich auch Geisteshaltung) bringen, die dem neuen Altersabschnitt entspricht.

Wenn wir die Hauptaufgaben des Lebens als ein Drittel Lernen, ein Drittel Anwenden und ein Drittel Lehren definieren wollen, dann haben wir – hoffentlich – im ersten Drittel Begleitung von »weisen« Männern und Frauen aus dem dritten Drittel. (Im zweiten Drittel müssen wir uns ohnedies im Überlebenskampf abmühen und bekommen statt Verständnis und Beistand in Krisensituationen eher Rat-Schläge, wenn nicht familiären Druck.) Und wenn wir selbst in dieses dritte Lebensdrittel eintreten, haben wir hoffentlich Vorbilder erlebt, die bei uns gute Gefühle ausgelöst haben, verstanden worden zu sein und Beistand erhalten zu haben.

- Erinnern Sie sich also: Wie hat sich Ihr »Beistand« gehalten, bewegt, wie hat er oder sie gesprochen? Welches Gesicht hat er/sie gemacht? Wie hat er/sie geatmet?
- Erlauben Sie sich, ihn oder sie nachzuahmen. Passt das zu Ihnen?
- Wenn irgendein Detail nicht stimmig sein sollte: Korrigieren Sie es!
- Egal ob Sie sich als alten Haudegen, als »unwürdige Greisin« (Brecht 1958), weisen Alten oder Große Mutter verstanden wissen wollen: Es gibt für jedes dieser »Archetype«[3] eine bestimmte Verkörperung, und Sie erwecken sie mit Ihrer Körperhaltung zum Leben.

Mental

- zeichnen Sie ein geistiges Bild, wie Sie als jemand, der anderen an Selbstbeherrschung, Bedächtigkeit, Förderungsbereitschaft Vorbild ist, mit all den Fähigkeiten, die man im Laufe des Lebens mühsam erarbeiten muss, weil sie

2 Definieren ist ein aktiver Prozess von Erkennen und Benennen; als was ich etwas erkenne und benenne, liegt in meiner Eigenmacht. Die meisten jedoch unterwerfen sich vorgegebenen Definitionen, weil es anstrengend und auch gefährlich ist, selbst nachzudenken; man läuft Gefahr, quasi als »Ketzer/in« vernichtet (und in Gefängnis oder Psychiatrie eingeliefert) zu werden. Das zeigt die Geschichte am Umgang mit Entdeckern, Religionsgründern oder politischen Revolutionären.

3 Mit dem Wort »Archetypen« bezeichnete der große Schweizer Psychiater und Psychoanalytiker C. G. Jung die »Urbilder der Seele«, wie sie in Märchen, Sagen und Mythen der Völker auftauchen, mit unterschiedlichen Namen, aber gleichen Eigenschaften und Verhaltensweisen.

Verzicht auf Gewalt, Impulsivität und Konkurrenz bedeuten, dastehen wollen –

- und lassen Sie aus diesem Bild quasi Filmszenen entstehen, die Sie wie ein/e Filmkritiker/in auf Alltagstauglichkeit und -wirksamkeit überprüfen,
- und wenn Sie unzufrieden sind, weil Ihr Verhalten eher einem/r Halbstarken entspricht als jemandem, der es nicht mehr nötig hat, gegen alles Mögliche zu protestieren – geben Sie sich die verändernde Regieanweisung!
- Denken Sie bitte immer wieder daran: Auch wenn es uns nicht bewusst ist, entspricht unsere Selbstdarstellung einem geistigen Drehbuch, das unsere Bezugspersonen aus Kindheit und Jugend geschrieben haben und das wir im Laufe der Zeit mit unseren Helden und Heldinnen aus Film und Fernsehen anreichern. Doch Drehbücher kann man umschreiben. Man muss dann eben neu zu proben beginnen.

ANGST

Das Wort Angst stammt vom lateinischen *angustiae,* die Enge – und eng wird einem auch, wenn man vor Angst erbebt, zurückweicht oder gar erstarrt.

Körperlich stellt sich Angst in einer Verkleinerung der physischen Angriffsfläche dar: Unwillkürlich halten wir die Luft an – man könnte uns hören – oder atmen schneller, hecheln, um uns in die Geschwindigkeit hochzubringen, die wir brauchen, um den Angstgegner anzuspringen oder zu flüchten. Wir ziehen aber auch den Kopf ein, ziehen die Schultern hoch und verändern unsere Gesichtsmuskulatur im Vorderohrbereich: Wir spitzen die Ohren. Diese Muskelverspannungen können leider leicht chronisch werden; der in der Bioenergetik so genannte »Witwenbuckel« älterer Frauen deutet auch darauf hin, dass sie Angst haben – meist mit gutem Grund.

Die schnellste Gegenintervention gegen Angstüberflutung ist:

- Aufrichten, Wirbelsäule gerade recken (wenn Sie dann Ihre Muskelverspannungen spüren, sind Sie hoffentlich hinreichend motiviert, sich regelmäßig massieren zu lassen),
- Kopf langsam nach links und wieder nach rechts wenden,

- noch ein paar Millimeter aus der zusammengesunkenen Wirbelsäule herausziehen und
- überlegen: Um der Angst ins Auge blicken zu können, braucht es Überblick.

Einer meiner ersten Klienten sagte sich immer autosuggestiv: »Dort wo die Angst ist, dort geht's lang!« Wie im Märchen: Nur das »unschuldige« Kind – das noch nicht die Schuld böser Gedanken auf sich geladen hat – kann den direkten Weg zum Schatz gehen; es hat nämlich keine Angst vor den wachenden Monstern, weil es nicht weiß, dass es Monster sind.

Eine meiner Studentinnen fällt mir ein. Die ältere Frau, Eheberaterin von Beruf, hatte sich nach dem Auszug ihrer erwachsenen Kinder entschlossen, sich bei mir in Sexualberatung zu qualifizieren, und absolvierte ihr Praktikum in einer Einrichtung, die Menschen mit schwierigen Biografien Unterstützung anbot. Eines Tages, so erzählte sie in der Supervision, habe sie ein Stündchen mit einem etwas verwahrlosten Mann verbracht, der sich zwar die Fingernägel mit einem scharfen Messer gereinigt habe, sonst aber sehr angenehm gewesen sei. Als er ging und ihre Kollegin sie ablösen kam, meinte diese irritiert: »Was hat denn der Killer-Seppl da gewollt?« Und dann folgte eine lange Aufzählung seiner Untaten und seiner Vorstrafen. Meine Studentin war verwirrt. Sie hatte nichts Gefährliches bemerkt. Allerdings, so erzählte sie weiter, habe der Mann, als er ihr das nächste Mal auf dem Gang der Institution begegnete, schon von weitem gegrinst: »Gell, jetzt wissen S', wer i bin?« Ihre Körpersprache hatte sie verraten. Die Unschuld war weg.

Auch ich selbst hatte derartige »Begegnungen der dritten Art«: beispielsweise mit einem Klienten, der als Letzter eines arbeitsreichen Tages zum Erstgespräch erschienen war. Sadist sei er, berichtete er, und es verfolgten ihn Fantasien, Frauen quälen zu müssen. Am Ende der Stunde fragte er mich listig: »Haben Sie denn keine Angst, so allein mit mir in der Praxis?« Spontan meinte ich: »Wieso sollte ich denn Angst haben? Ich behandle Sie doch gut – oder?« Darauf er, lachend: »Da haben Sie auch wieder Recht.«

Mental gilt es, Angst als das zu entschlüsseln, was sie tatsächlich ist: ein körperlich-seelisches Warnsignal, quasi eine gute Freundin, die einem zuraunt: »Pass auf, es lauert Gefahr!«

Psychotherapeutisch unterscheiden wir zwischen Realangst und neurotischer Angst. Bei der Realangst gibt es, wie der Name schon sagt, eine konkrete Gefahr, die es zu bewältigen gilt. Bewältigen kann man auf vielerlei Art: Man kann

- zusätzliche Kompetenzen erlernen – durch Vorbereitung, Nachlesen, durch Imitation, Übung, durch neue Geisteshaltungen, beispielsweise auch »pfeif drauf«,
- man kann sich Helfer suchen,
- man kann aber auch Gefahren aus dem Weg gehen, das ist genauso ehrenhaft. Gegen Spott kann man sich durch korrekte Grenzsetzung (»Ich finde es nicht richtig, dass du meine wohl bedachte Entscheidung, dieses Risiko nicht einzugehen, mit Spott bedenkst. Bitte unterlasse derartige Aburteilungen.«) in schützende Distanz bringen.

Vorbereiten heißt vorausschauen:

- Was ist das Ärgste, das passieren kann?
- Was kann ich dazu tun, dass es nicht geschieht?
- Wenn dieser »worst case« dennoch eintritt, was kann ich dann tun?
- Welche unterstützenden Mittel, Kenntnisse oder Personen brauche ich jeweils?
- Wie kann ich sie mir organisieren? (Gut organisiert zu sein, ist immer und überall von Vorteil – auch ohne drohende Gefahr.)
- Und zuletzt: Wie wahrscheinlich ist es, dass das Ärgste eintritt?

Bedenken Sie: Ihre Befürchtungen entstehen durch Ihre geistigen Bilder im Kopf – und deren Regisseur sind Sie! Sie sind aber auch Kameraführung, Tonmeisterei, Requisite, Maske, Bühnenarchitektur – und Anwerber!

Bewerben Sie sich also nicht – auch nicht bei sich selbst – als Angsthase, sondern als jemand, der/die Gefahren souverän ins Auge blickt.

Wenn Sie aber darauf kommen, dass Ihre Angst nicht in der Realität begründet ist, sondern eine Altlast aus Ihrer Vergangenheit darstellt – das ist es nämlich, was meist als neurotische Angst bezeichnet wird –, dann erweisen Sie sich selbst Respekt und auch ein wenig Dank dafür, dass Ihre »warnende Freundin« immer im Dienst ist. Suchen Sie sich professionelle Hilfe, damit diese Ihre Freundin endlich Urlaub machen oder in Pension gehen kann.

ANGST VOR NÄHE siehe →*Einsamkeit*

ÄRGER

Meist ist uns schon mindestens ein böses Wort entwischt, ehe uns das aktivierende Kribbeln im Bauch, das aufsteigenden Druck auslöst, die Anspannung der Schultern, das Vorschieben der Unterlippe, Zusammenkneifen der Augen und möglicherweise auch Ohrensausen bewusst werden. Wenn wir nicht aufpassen, wächst der Ärger zur →*Wut* oder →*Verzweiflung,* aktiviert uns zu Kampfverhalten oder zu resignativem Totstellen. Beides ist ungesund.

Körperlich hilft es fürs Erste,
- mit einem tiefen Atemzug den Bauchraum zu dehnen und
- beim Ausatmen das unerwünschte Verhalten des oder der anderen, das man viel zu schnell »geschluckt« hat, auszuatmen.
- Gleichzeitig die Schultern bewusst herabsinken zu lassen,
- die Wangen zu entspannen und
- den Nacken zu dehnen
- verstärkt diese »Reinigung«.

Wenn es beim ersten Mal noch nicht genügt, wird dieser Ablauf wiederholt. Das kann kaum merklich geschehen, indem man dieses Bewegungsmuster in alltäglichen Verhaltensweisen »tarnt«. Ich meine aber, das dies unnötigen Energieverlust bedeutet. Man darf ruhig merken, dass Sie reagieren! Hauptsache ist, dass Sie gelassen bleiben, souverän, also bei sich, und nicht dem anderen Herrschaft über sich gewähren.

Wenn Sie also deutlich erkennen lassen wollen, dass Ihnen das Verhalten von jemand anderem nicht passt,
- lassen Sie ruhig Ihren Ärger aus wie die Luft aus einem Ballon,
- atmen Sie nochmals deutlich ein
- und verstärken Sie dies mit einem Satz, etwa: »Wie finde ich denn das?« oder: »Was wollen Sie mir damit mitteilen?«
- Geben Sie dem anderen eine Chance zur Korrektur – vorausgesetzt, es handelt sich um einen erwachsenen Menschen im Vollbesitz seiner geistigen Kräfte (und nicht um ein Kind oder Jugendlichen, einen Alkoholisierten oder

sonstwie eingeschränkten Menschen). In diesen Fällen reicht wohl ein: »So finde ich das nicht gut« und die Demonstration, wie es besser wäre (auch wenn es nur für Sie besser wäre; Sie haben ein Recht, gut auf sich zu achten. Unfair jedoch sollten Sie nicht werden), beispielsweise indem Sie fortsetzen: »Ich sage dir, wie ich es gerne hätte, nämlich ...«

- So verändern Sie gesundheitsschädigenden Ärger in einen konstruktiven Verbesserungsvorschlag – auch wenn die Reaktion erst einen Tag später oder gar Jahre danach erfolgt.

Mental haben Sie sich bereits unbewusst, dafür aber blitzschnell die Autosuggestion à la Otto Waalkes gegeben: »Fertigmachen zum Ärgern«. Das bedeutet konkret, dass Sie in Ihrer Biografie entweder ein einprägsames Vorbild für dieses Reaktionsmuster hatten und diesem mangels eines besseren Ideals noch immer nacheifern – oder dass Sie es sich auf der seelischen Entwicklungsstufe eines etwa zweijährigen Kindes gemütlich gemacht haben: eine ziemlich erfolgversprechende Methode, die Umwelt zu tyrannisieren. Früher oder später jedoch flüchten die Nächsten – außer sie sind eingefleischte Masochist/innen und wollen sich so ihren Vorzugsplatz im Himmel sichern.

- Wenn Sie ihre unbewusste »ungerichtete Motilität« – so bezeichnete Sigmund Freud das ziellose Zappeln des Kleinkindes – in eine zielgerichtete Aktivität zur Beseitigung der Störung transformieren wollen (anstatt auf eine Elternfigur zu warten, die, um Sie zu beruhigen, alle Widrigkeiten aus dem Weg oder gar aus der Welt schafft), muss zuerst der Zustand vernünftigen Denkens wiederhergestellt werden.
- Überlegen Sie also: Was konkret hat Ihr geistiges Bild, wie alles aussehen sollte, gestört?

  Während Sie – schnell oder langsam – durchchecken, was
- Ihr Auge,
- Ihr Ohr,
- eventuell auch Ihre Nase oder Ihren Geschmackssinn, jedenfalls aber
- Ihre körperliche Befindlichkeit beeinträchtigt hat,

merken Sie gewiss, wie Ihr Ärger einem fast detektivischen Nachspüren gewichen ist und Sie sich sagen können: »Aha, das war es konkret, was mich verärgert hat.«

Meiner Erfahrung nach ist es oft Enttäuschung darüber, dass die eigenen Erwartungen nicht erfüllt wurden – aber weiß Ihr Gegenüber überhaupt, was Sie erwartet haben? Und: Sind Ihre Erwartungen zumutbar? Selbstverständlich ist heutzutage gar nichts mehr; alles muss »vereinbart« werden.

Zur Erinnerung: Bis zum Ende des Ersten Weltkriegs war die traditionelle Organisationsform in Staat wie Familie eine straff hierarchische mit Über- und Unterordnung, Benimmregeln oder auch Unterwerfungsritualen (wer hat wem den Sitzplatz zu überlassen und so weiter). Diese Höflichkeitsformen entsprachen jahrhundertelang geformter Etikette bei Hof – und die diente vor allem dazu, das Leben des Monarchen zu schützen. Nach dem Schock der Erkenntnis, wozu gehorsame Befehlsempfänger fähig sind, wenn sie einem Führer blind folgen, egal welch unmenschliche Anordnungen der auch treffen mag, begann in der Zeit des Wiederaufbaus nach den Zerstörungen des Zweiten Weltkriegs eine Bewegung hin zu Partnerschaft, Mitbestimmung und Selbstorganisation in Basisgemeinschaften. In Österreich startete dieses Umdenken mit der ersten Alleinregierung Bruno Kreisky 1970: Mitbestimmung in den Betrieben, partnerschaftliches Familienrecht, Selbstbestimmungsrechte für Frauen, studentische Gestaltungsrechte an den Universitäten, Schulpartnerschaft zwischen Eltern, Lehrern und Schülern. Gleichzeitig entwickelten sich partnerschaftliche →*Kommunikations*-Formen sowie Kontroll- und Rehabilitationsangebote für Menschen, die durch abwertende und damit Selbstwert und Gesundheit schädigende Kommunikation in ihrem Potenzial beeinträchtigt werden/wurden.[4]

Jetzt wäre der richtige Zeitpunkt, Ihrem Gegenüber etwa zu sagen: »Wenn du so mit mir umgehst, fühle ich mich nicht respektiert und das macht mich ärgerlich. Bitte benütze nicht die Worte xyz, sondern teile mir deine Sichtweise in einer freundlicheren Form mit.«

Es gibt aber auch Situationen, in denen ein deeskalierender[5] Dialog kaum möglich ist, weil der Gegner übermächtig oder nicht zurechnungsfähig ist (bei-

4 Gewalt wird nach dem norwegischen Friedensforscher und Träger des Alternativen Nobelpreises Johan Galtung definiert als feindselige Handlung, die das Potenzial der betroffenen Person/en schädigt. (Eine Impfung fiele deshalb nicht darunter, da sie das Potenzial fördert, eine →*Mobbing*-Aktion aber sehr wohl, da sie nachweislich zu Gesundheitsschädigung führt.)

5 Eskalation bedeutet schrittweise Steigerung (zum Beispiel als Verschärfung einer Krise), Deeskalation stufenweisen Abbau von Attacken.

spielsweise schwer alkoholisiert oder in einem anderen psychotischen Zustand). Da hilft folgende Autosuggestion:

- Sie merken, wie Ärger hochsteigt.
- Sie lehnen sich zurück (oder machen eine leichte Bewegung rückwärts) und
- stellen sich vor, an Ihrer Seite stünde Kommissar Rex (oder sonst ein Tier Ihrer Wahl) und beschütze Sie.
- Sie stellen sich weiter vor, wie Sie sich an Ihr Schutztier wenden und ihm (bitte ohne Hass und Rache) sagen: »Findest du das richtig, wie die mit mir umgehen? Bring das bitte in Ordnung!«
- Und dann sehen Sie einfach zu, was ihr Beschützer tut. Achten Sie dabei auf Ihre Gefühle – und genießen Sie sie!

Sie müssten schon sehr aggressiv sein, wenn Ihr Traumhund zubeißen würde. Meist genügt schon seine Annäherung, dass die anderen die Flucht ergreifen – oder er legt ihnen die Tatzen auf die Schulter, leckt sie ab oder pinkelt sie an; Hauptsache, Sie können Ihren aggressiven Impuls auf sozial verträgliche Weise loswerden.)

AUTOGENES TRAINING

Entwickelt von dem Arzt Johannes Heinrich Schultz (Schultz 2003), wurde autogenes Training vor allem durch das von dem Arzt Hannes Lindemann (Lindemann 1977) durchgeführte Selbstexperiment einer Atlantiküberquerung im Faltsegelboot bekannt. Es beinhaltet sanft und langsam gesprochene und in der Folge nur gedachte Befehle an sich selbst, die nicht auf die Herstellung eines bestimmten körperlichen oder geistigen Zustands zielen, sondern nur auf das Endergebnis. Statt also zu sagen/zu denken: »Ich will mich jetzt entspannen«, lautet die Autosuggestion: »Ich bin schon ganz entspannt.«

Ausgehend von den »klassischen« Suggestionen, wie sie etwa auf Regulierung des Blutkreislaufs, der Atmung, des Herzschlags oder auf Muskelentspannung zielen, wurden noch andere autogene Beeinflussungssprüche erfunden, etwa: »Rauchen ganz unwichtig« zur Unterstützung von Nikotin-Entwöhnungswilligen. Die solchen Sätzen innewohnende Neubewertung hilft durch Positiv- statt

Negativformulierungen, sich von alten Denkmustern zu trennen. Zu denken »Ich will nicht rauchen« hat nämlich eine ähnliche Wirkung wie die Negativsuggestion: »Denken Sie nicht an einen rosaroten Elefanten.« Merken Sie es? Das Wörtchen »nicht« verschwindet auf Nimmerwiedersehen, der rosarote Elefant besetzt den ganzen Denkraum. Man muss also eine positive Suggestion finden – darauf basieren ja auch alle Methoden des positiven Denkens. Aber Positivdenken ist nicht gleich positiv denken ...

Lindemann empfiehlt etwa bei männlichen →*Sexualstörungen* den Satz eines Kursteilnehmers: »Meine Frau ist doch ganz nett« einzusetzen. Das erinnert mich an eine Klientin, die tief verletzt in Therapie kam, nachdem ihr Ehemann sie endlich einmal zu einem beruflichen Gesellschaftsabend »mit Damen« mitgenommen hatte. Als er ihr nämlich einen Kollegen vorstellte, entfuhr dem der Satz: »Aber deine Frau ist doch ohnehin ganz passabel!« Solche Sätze demonstrieren nur die Beziehungsunfähigkeit oder -unwilligkeit desjenigen, der offensichtlich Menschen nicht in ihrer Ganzheit wahrnehmen kann, sondern nur als Prestigeobjekt.

Wertungen eignen sich nur bedingt für autogenes Training; sollen sie das tun, muss der Gefühlsinhalt im Vordergrund stehen. Im konkreten Beispiel müsste also eine geeignete Suggestion etwa lauten: »Voll Begeisterung knabbere ich am Ohrläppchen meiner Frau« – und dann kann man(n) ja mit zunehmender Begeisterung immer mehr Körperteile »erobern«. Übrigens eine gelungene Synthese von Körper und Geist!

Es geht also immer um das eigene Erleben und Reagieren, nicht um das Zensieren anderer.

B

BALANCE

Wir leben in einer geteilten Welt (Perner 2002/a): Alles, was lebt, »schwingt« zwischen einem Zustand der Ausdehnung und einem des Zusammenziehens. Einatmen – ausatmen. Anspannen – entspannen. An sich ziehen – loslassen. Einnehmen – ausscheiden.

Durch EKG oder EEG wissen wir: Leben zeichnet Wellenlinien; die Flatline (die Null-Linie) signalisiert den Tod. Und auch in zwischenmenschlichen Beziehungen beweisen Auf und Ab, Nähe und Distanz nur, dass die Beziehung noch lebendig ist und nicht in toter Scheinharmonie erstarrt. Insofern sind Ratschläge wie »Nur keine Wellen!« tödlich: Sie weisen direkt den Weg in den Endzustand, »bis dass der Tod euch scheidet«.

In der christlichen Mystik ist es der »Sündenfall« – das Einverleiben der Frucht vom Baum der Erkenntnis –, der Adam und Eva aus der Einheit in Gott in die zweigeteilte Welt der Gegensätze fallen lässt. Sie erkennen Gut und Böse, Licht und Dunkel, Recht und Unrecht – und sie erkennen sich als Mann und Frau. Pluspol und Minuspol. Aktiv und passiv. Pfeilprinzip und Schalenprinzip. Dynamisches Vorwärtsdrängen, Eindringen, und statisches Innehalten, Aufnehmen. Wer nur ein wenig Selbstbewusstheit übt, erkennt den Kampf der Gegensätze nicht nur außen, sondern auch in sich.

Das Wort Sünde stammt von sondern, absondern, so wie auch in besonders oder Sonderling. Es kennzeichnet eine Trennung. Wird der Abstand zwischen den beiden Teilen zu groß, dann verliert man den jeweils anderen »aus den Augen, aus dem Sinn«, was aber nicht bedeutet, dass dieser abgespaltene Teil nicht mehr da wäre. Ganz im Gegenteil: Er ist nur in den »Schatten«[1] getreten und kann dort unbehelligt wachsen. »Wenn du einen Feind hast, suche ihn im Schatten deiner Hütte«, lautet ein sudanesisches Sprichwort.

Einen Feind zum Freund zu machen, erfordert, dass man auf ihn zugeht, ihn kennen lernt, besser versteht, mit ihm kommuniziert. Sich mit ihm verbündet: einen Bund schließt. Ein vermeintlicher Feind kann ein anderer Mensch sein, ebenso aber ein eigenes Verhalten, eine Eigenschaft, ein Zwang, ein Trieb. Deswegen ist es so wichtig, sich mit seinen eigenen »Schattenanteilen« wie Gier,

1 Mit Schatten bezeichnet C. G. Jung die Seelenanteile, die man nicht wahrhaben will und daher ins individuelle oder kollektive Unbewusste verdrängt.

Trägheit, Zorn, Geiz, Großmannssucht, Beziehungslosigkeit und Neid[2] auseinander zu setzen. Wir haben sie alle ansatzweise in uns, sie gehören zu unserer Ganzheit dazu. Manchmal brauchen wir sie auch, um unser Überleben zu sichern; allerdings sind solche Situationen selten. Meist nützen wir sie nur, um uns über andere zu erhöhen, uns groß, größer zu machen und den oder die andere/n klein, kleiner. Das nenne ich das Kain-und-Abel-Syndrom: Zuerst wird das andere schlecht gemacht und dann vernichtet. Zu Nichts gemacht. Hingemordet. Die größte Sünde. Dann ist man zwar allein, aber nicht All-ein. Dazu braucht man nämlich den Gegenpol.

Es ist eine Lebensaufgabe, mit dem jeweiligen Gegenpol in Balance zu kommen, ins Gleich-Gewicht. Äußerlich beispielsweise mit einer Lebenspartnerperson, an der uns üblicherweise genau das so unwiderstehlich anzieht, worüber wir selbst – noch – nicht verfügen. Unsere Ergänzungsmöglichkeit. Aber auch innerlich, wenn wir zwischen Begehrlichkeit und Verzicht schwanken, zwischen Nachlaufen und Loslassen oder etwa – wie ein sehr empfehlenswertes Buch für Angehörige von Alkoholkranken heißt – zwischen »Helfen oder Aufgeben« (Lambrou 1996). Oder einfach nur zwischen zwei x-beliebigen Alternativen.

Körperlich empfiehlt sich als Blitz-Balancierungsmethode (bitte zuerst durchlesen, dann erst nachmachen!):

- Verlagern Sie Ihr Gewicht auf ein Bein und heben Sie das andere in die Luft (wie Sie wollen oder können; Sie dürfen sich auch ruhig dabei irgendwo anhalten).
- Stellen Sie sich jetzt vor, dieses »Standbein« symbolisiere den einen Pol, die eine Möglichkeit, die eine Eigenschaft, das eine Verhalten.
- Atmen Sie ruhig und gelassen und spüren Sie nach, wie Sie diese Position empfinden.
- Bewegen Sie sich jetzt nach Lust und Laune, und

2 In meinem Buch »Management macht impotent – Abschied vom Mythos Macher«, Orell Füssli, Zürich 1997, habe ich diese sieben Hauptsünden der katholischen Religion (Völlerei, Trägheit, Zorn, Geiz, Hochmut, Unkeuschheit, Neid) als quasi vereinfachte Psychopathologie entschlüsselt, die den sieben großen psychiatrischen Erkrankungen entsprechen (Suchterkrankungen, Depression, Borderline-Persönlichkeitsstörung, Zwangsstörungen, narzisstische Störungen, Beziehungsunfähigkeit, Paranoia), und gezeigt, dass all dies heute als »Tugend« von Managern erwartet, ja gefordert wird.

- wechseln Sie dann auf das andere Bein (damit darf nun das vorherige Standbein »vom Boden abheben«). Machen Sie sich jetzt die andere Option bewusst.
- Lassen Sie sich wieder Zeit, etwa eine Minute (langsam bis 60 zählen), und
- bewegen Sie sich danach neuerlich nach Lust und Laune.
- Nun nehmen Sie wieder die erste Position ein, erinnern sich an die Gefühle und Empfindungen von vorhin und stellen jetzt so langsam (!) wie möglich das andere Bein im Vollbewusstsein der dazugehörigen Selbstwahrnehmung daneben: Sie stehen jetzt »mit beiden Beinen fest auf dem Boden«.

Lassen Sie sich viel Zeit – aufs Denken dürfen Sie ruhig verzichten! Ihr Körper macht die Arbeit. Daher eine Warnung: Wenn Sie diese Übung zu schnell durchführen, könnten Sie schwindlig werden. Immerhin balanciert Ihr Körper jetzt ein neues Gleichgewicht.

Sie werden mit Zeitverzögerung merken: Ihre ursprüngliche Problemsicht hat sich verändert. Möglicherweise sehen Sie nicht mehr als Problem, was Ihnen vorher Sorgen gemacht hat. Sie wissen einfach, wie damit so umzugehen ist, dass Sie sich in sicherer Balance fühlen.

Mental bietet sich als erste Hilfe an, bewusst dialektisch zu denken:

- Zuerst nehmen Sie die eine Geisteshaltung an. Sie stellen sich vor, Sie seien Mandatar/in einer politischen Partei (oder Angehörige/r eines exotischen Volkes) und es gehöre zu Ihrem Programm, die eine Möglichkeit durchzusetzen.
- Jetzt überlegen Sie, welche Vorteile dies für Sie bringen würde. (Sie dürfen genüsslich in egoistischen Motiven schwelgen.)
- Danach wechseln Sie die Fronten und nehmen die genaue Gegenposition ein.
- Halten Sie sich nicht mit feindlichen Gedanken auf, sondern widmen Sie sich wiederum den Vorteilen.
- Machen Sie nun eine kurze Pause, dann wiederholen Sie diese beiden Durchgänge mit den möglichen Nachteilen.
- Machen Sie wieder eine Pause.
- Stellen Sie sich nun als geistiges Bild vor: All diese Vorteile und Nachteile sind Puzzlestücke eines riesengroßen Bildes, das Sie zusammensetzen wol-

len – aber es ist Ihnen zu mühselig. Sie sagen »Simsalabim!«, die Puzzlestückchen fliegen wild durcheinander und setzen sich von selbst zum Gesamtbild zusammen.
- Sie dürfen sich jetzt zufrieden zurücklehnen und erleichtert durchatmen, in der Gewissheit, dass Sie zumindest für diesen Konflikt die passende Balance leben werden.

Die Kunst, sich in Balance zu bringen beziehungsweise zu halten, liegt immer darin, in der eigenen Mitte zu ruhen, also »zentriert« zu sein. Da wir meist nur mittels des kognitiven Denkens – ohne Rücksicht auf Gefühle, Körperempfindungen oder Ahnungen – an Problemlösungen herangehen, fehlt fast immer der eine oder andere Teil. Kinesiologische Körperübungen wie etwa zügiges Gehen mit weit ausholend rhythmisch schwingenden Armen helfen – gleichzeitig zu zählen beschäftigt zumindest unsere Kopfbewohner (Goulding 1993) –, es fehlen aber durch die Konzentration auf diese beiden Aufgaben Gefühl und Intuition. Wenn wir auf konzentriertes Handeln verzichten und dafür während der Übungen langsam und gefühlvoll in uns hineinhören, haben wir mehr Chancen, vollständig in Balance zu kommen.

BEGEHREN

Viele Menschen empfinden es als eher belastend, wenn sie merken, dass sie von sehnsuchtsvollem Begehren ergriffen werden. Das erklärt sich
- einerseits dadurch, dass dabei meist unbewusst frühkindliche Wünsche und Erwartungen wiederbelebt werden, möglicherweise aber auch gar nicht so angenehme Erfahrungen. Man will der anderen Person körperlich nahe sein, zärtliche Zuwendung bekommen oder auch am anderen herumtappen können wie bei Mammi oder Pappi und hofft, eine so positive Reaktion wie möglich zu erhalten. Tatsächlich erlebt man aber meist genau das wieder, was man schon von den Bezugspersonen der ersten Lebensjahre gewohnt war: Abwehr, Ungeduld, Ärger. Weil wir jedoch immer wieder von dem angezogen werden, was uns vertraut ist, fallen wir so oft auf »Kopien« unserer Eltern herein. Gleichzeitig bietet aber jede Anziehung auch die Möglichkeit, die eigene Persönlichkeit zu vervollkommnen, indem man nämlich genau

das, was man an der anderen Person so attraktiv findet, in sich selbst zur Entfaltung bringt.

- Andererseits spürt man, wie sich die eigene Energie auf jemand anderen ausrichtet – und das bedeutet für die meisten Menschen eine Art von Energieverlust: Plötzlich ist man nicht mehr »bei sich«, sondern eher »außer sich«. Das löst vielfach Ohnmachtsgefühle aus: Man »braucht« den anderen, will ihn »haben«, besitzen. Diese »Gier« ist wieder eine (Überlebens-)Technik aus dem ersten Lebensjahr: Ein Säugling muss die Mutterbrust (oder ihren Ersatz, das Nuckelfläschchen) »haben«, und zwar sofort, sich einverleiben – es hängt ja sein Leben davon ab.

Im Laufe des ersten Lebensjahres sollte das Kind gelernt haben, auf die Befriedigung seiner Bedürfnisse ein wenig – nicht stundenlang, das gelingt erst Jahre später – zu warten. Um das zu können, braucht es »Urvertrauen«: die Sicherheit, dass es bekommt, was es so dringend benötigt (Perner 1994/a). Viele Kinder erwerben diese erste Form von Geduld aber nicht, weil sie – aus welchen Gründen auch immer – entweder über- oder unterversorgt werden. Sie neigen dann in späteren Jahren zu babyhaftem Benehmen, zu Randale oder depressivem Rückzug.

Auch Menschen, die ihre Babyreaktionen im Ansatz erkennen und mit erwachsenem Denken in kluge Handlungen überleiten können, spüren die Stammhirnimpulse der Gier und des Zupackenwollens. Da wir aber als zivilisierte Europäer/innen nicht wie die Tiere übereinander herfallen dürfen – selbst im Swingerclub gibt es Rituale und Spielregeln –, haben sogar selbstdefiniert sexuell progressive Menschen Probleme, wenn Begehren sie durchflutet.

Körperlich merkt man dann, dass sich der Körper paarungsbereit macht: Der Blutdruck steigt (»Feuer im Bauch«), die Atmung wird intensiver, die Muskelspannung lässt nach (»Gummiknie«; man will umfallen und sich hinlegen), bestimmte Körperteile schwellen an (Lippen und Mundumgebung, Brustknospen, Genitalien, Beckenbereich) und vibrieren (»Schmetterlinge im Bauch«). Die Fähigkeit, vernünftig zu denken, verabschiedet sich. Dementsprechend ist auch der Gesichtsausdruck nicht mehr der intelligenteste.

Wenn man diesen Zustand sich anbahnender Hingabe stoppen, verlangsamen, zum Verschwinden bringen will, hilft es,

- den Körper bewusst wie einen Forschungsgegenstand wahrzunehmen: einzeln jede Veränderung zu registrieren und mit einer Gegenbewegung auszubalancieren: flacher atmen oder auf einen tiefen Atemzug hin die Luft lange anzuhalten und dann langsam auszuatmen,
- die Muskulatur anzuspannen, vor allem die Bauchmuskulatur (Bauch fest nach innen ziehen),
- den Beckenboden zusammenzuziehen (After- bzw. auch Vaginalöffnung fest zusammenziehen, halten und möglichst bis sechs zählen, dann erst wieder entspannen),
- die spürbare Paarungsenergie (»Hitze«) mit jedem Atemzug in Richtung Herz hinaufzuziehen.
- Dann das Rückgrat gerade richten, sich voll aufrichten, aber darauf achten, dass die Schultern unten bleiben (daher eventuell bewusst hinunterdrücken).

Mental denkt man sich, das Rückgrat sei ein Thermometer und die Temperatur habe einen bestimmten Hitzegrad erreicht. Man stellt sich nun dieses Knochenthermometer visuell vor und tut im geistigen Bild genau das, was man real auch mit einem Temperaturmesser täte, wenn man die Quecksilbersäule zum Sinken bringen möchte.

Wenn man sich allerdings entschieden hat, den Zustand des Begehrens erhalten zu wollen und zu warten, bis die zeitlich-räumliche Abstimmung erfolgt ist, dass aus einer sexuellen Fantasie eine beidseitig beglückende Liebesbeziehung entstehen kann (und nicht eine Belästigung oder gar Vergewaltigung), muss man

- körperlich nur den Prozess des Aufbaus von Paarungsbereitschaft verlangsamen. Dazu hilft wieder die Beobachtung des Atemrhythmus: Man legt den Schwerpunkt der Atmung auf langsames und sanftes Einatmen, atmet hingegen ohne viel Aufmerksamkeit nur so weit wie nötig aus. Wichtig ist, dass man vermeidet, Kraft und Energie auf die andere Person hin zu »schießen«, sondern im Gegenteil den Anblick, die Stimme, den Duft der anderen Person in sich »aufnimmt«.
- Mental kann man sich vorstellen, wie die Feuerquelle vom »Zielpunkt« im Unterleib ausgehend ihre Hitze in die Beine, Füße, Arme, Hände, in die Stimme und in den Blick verströmen lässt (und dabei die übergroße Hitze

nachlässt und sich in wohlige Wärme verwandelt). Man genießt das Gefühl, wenn der ganze Körper freudig zu lächeln beginnt – und wenn das Objekt der Begierde merkt, wie viel Wärme ihm entgegengebracht wird, ist das kein Fehler ...

BELÄSTIGUNG

Wenn jemand von Ihnen ein Handeln oder Zulassen erzwingen will, werden Sie wahrscheinlich sagen: »Der/die geht mir auf die Nerven.« Bereits diese Formulierung zeigt, was geschieht: Sie spüren mit Ihrem elektrischen Hautwiderstand (den man physikalisch mit dem Galvanometer messen kann, worauf alle Biofeedback-Techniken oder auch der so genannte Lügendetektor beruhen), Widerwillen. Hier kommt Ihnen tatsächlich jemand zu nahe, körperlich oder geistig, räumlich oder zeitlich. Wenn Sie das dieser Person nicht signalisieren, wird sie es womöglich nie erkennen; nicht jedermann und jedefrau ist sensibel, sprich wahrnehmungsfähig oder -bereit, rücksichtsvoll oder auch konfliktfähig. Ganz im Gegenteil: Viele Menschen sind stolz darauf, rüpelhaftes Benehmen an den Tag zu legen, und halten das auch noch für selbstsicher. Fanita Englisch, eine der führenden Persönlichkeiten in der psychotherapeutischen Schule der Transaktionsanalyse, nennt solche Menschen »übersicher« (Englisch 1992). Mit diesem Wort zeigt sie auf, dass eine solche Person nicht wirklich sicher ist, sonst müsste er oder sie ja nicht kompensieren, also ausgleichen. Nur wer eigentlich »untersicher« ist, überspielt diesen Mangel mit »Übersicherheit«.

Es gibt aber auch Menschen, die einfach auf Stammhirnniveau agieren. Großhirndenken ist ja auch anstrengend: Man muss über sich und die Folgen seines Handelns nachdenken und seine Wünsche in Sprache ausdrücken. Und: Einen Wort-Schatz kann man nicht stehlen, den muss man sich schon selbst erwerben.

Nun gibt es aber nicht nur die unbekümmerten Rüpel (männlichen, aber auch weiblichen Geschlechts), die selbst auf verbale Bitten um Anstand und Abstand nur mit einem Grinsen antworten, weil sie eben – noch – keine andere Umgangsform kennen gelernt haben, sondern auch diejenigen, die damit taktische oder strategische Ziele verfolgen. Manche Rechtsanwälte gehören dazu – solche, die auf Einschüchterung setzen (statt auf →*Mediation),* um Nachgeben und Unterwerfung zu erzielen, und die damit die Gesundheit der attackierten

Personen auf der Gegenseite massiv schädigen. Dabei sollten sie jedenfalls die vorsitzenden Richter einbremsen!

B

Ebenso sollte von der jeweiligen Führungskraft eingebremst werden, wer sexuelle Belästigung als kollegiale Aufmerksamkeit zu definieren versucht. Blödeln, Flirten, miteinander Spaß haben ist dadurch gekennzeichnet, dass sich alle Beteiligten freiwillig und mit der Möglichkeit, das »Spiel« jederzeit ohne negative Folgen stoppen zu können, auf gleicher Ebene befinden. Belästigung hingegen beginnt dann, wenn eine Person nicht will – und das ist keine Bringschuld, sondern eine Holschuld: Der beginnende, aktivere Teil muss sich vergewissern, ob es der anderen Person auch recht ist, was geschieht. Gerade Menschen, die schon viel Gewalt erlebt haben, sind oft wie gelähmt, wenn schon wieder ihre Grenzen verletzt werden, und daher unfähig, diese Grenzen zu markieren, geschweige denn zu verteidigen.

Wenn solch ein Machtspiel – »Ich höre nicht auf, dir meinen Willen aufzuzwingen!« – Verfolgungscharakter annimmt, spricht man von →*Stalking*[3]. Meist geht es dabei um Männer, die Frauen, mit denen sie einmal eine Beziehung hatten – oder mit denen sie eine solche haben wollen –, auflauern, ihnen nachgehen, im Wohnumfeld warten, die mit Telefonanrufen Kontrolle und Terror ausüben. In den Medien kommen meist nur die Promi-Fälle vor – Wairis Dirie, Madonna, Barbra Streisand –, und so meinen viele, das sei eben der Preis der Berühmtheit. Ich kenne diese Form von Psychoterror aber nicht nur aus meinen ersten Berufserfahrungen als Juristin, sondern auch aus der Supervision von Krankenschwestern, einer besonders gefährdeten Berufsgruppe, und – von katholischen Priestern. Auch ich selbst habe Tonbänder voll davon und setze sie gelegentlich zur Demonstration im Unterricht ein. Und ich habe einen Schriller beim Telefon und behalte mir vor, ihn zu verwenden, wenn meine Grenzsetzungen nicht respektiert werden.

Körperlich lohnt es sich, bewusst die klassischen Stammhirnreaktionen nachzuvollziehen, nämlich zu üben, welche »Körperwaffen« für welche Situation angemessen wären:

- Stellen Sie sich möglichst weich und locker hin, als wären Sie eine Großkatze oder sonst ein Raubtier Ihrer Wahl.

3 Vom englischen Wort »to stalk«, sich heranpirschen; vgl. Perner 2001.

B

- Stellen Sie sich vor, Sie würden von einem Artgenossen bedroht oder angegriffen –
- und jetzt reagieren Sie animalisch (ohne gute Kinderstube!). Was tun Sie?
- Rollen Sie die Augen? Fletschen Sie die Zähne? Knurren Sie? Oder wagen Sie einen »Brüller«?
- Können Sie »Ballast abwerfen«? Welche Körperbewegung gehört zu »Rutsch mir den Buckel runter«? Können Sie loslassen, was Sie in Händen halten? Oder es zumindest als Droh- und Schlagwerkzeug einsetzen?
- Was machen Sie mit Ihren Armen, Händen, Fingern, »Krallen«?
- Und was mit Ihren Beinen, Füßen, Fersen?

Falls Sie nichts mit Ihren Körperwaffen anzufangen wissen, ist es höchste Zeit, ein Selbstverteidigungstraining[4] zu absolvieren!

Mental bedeutet Belastung, Belästigung und Last überhaupt, dass Sie darauf achten sollten, wie groß das Belastende im Verhältnis zu Ihrer Größe ist.

Kennen Sie »Alice im Wunderland« (Carroll 1963/1973)? Da entdeckt die kleine Alice, dass sie ihre Körpergröße variieren kann, je nachdem wovon sie nascht oder kostet. Und von oben herab betrachtet sieht ja vieles, das einem erst unüberwindlich riesig erschienen ist, plötzlich winzig aus … Gleich zu Beginn der Geschichte findet Alice ein Fläschchen, auf dem »Trink mich« geschrieben steht. Sie schrumpft und passt plötzlich durch die kleine Tür, vor der sie unschlüssig stand. Später isst sie einen ebenso »einladenden« Kuchen und wächst und wächst.

- Stellen Sie sich also vor, Sie hätten ein Stück Kuchen in der Hand und beißen ab. Sie wachsen – und schauen herab auf das, was Sie nervt …
- Mit noch einem Bissen wachsen Sie noch ein Stück und Ihre Kraft wächst mit,
- noch ein »Biss-chen«, und das, was Sie belasten mag, kann wie eine lästige Fliege weggescheucht werden.
- Wenn Sie wieder auf Normalgröße herabkommen wollen, nehmen Sie ein Schlückchen – und so weiter und so fort.

4 Nähere Auskünfte in meinem Institut unter iss@perner.info

Es ist Ihre Entscheidung, ob Sie über den Dingen stehen wollen – oder daneben oder wo auch immer.

Es ist ebenso Ihre Entscheidung, ob Sie jemand Lästigen abschütteln wollen, freundlich umdirigieren oder von der Polizei wegweisen lassen – nur Ihre eigene Entscheidungsmacht sollten Sie jedenfalls bewahren.

BORDERLINER

Wohl mit kaum einer psychiatrischen Diagnose (außer der veralteten Bezeichnung »hysterisch«) wird so leichtfertig umgegangen wie mit dem Wort Borderline, zu Deutsch Grenze. Meist taucht es in den Plädoyers von Strafverteidigern auf, wenn sie versuchen, unverständliches Verhalten so zu erklären, dass ihre Mandanten eine Chance auf Strafminderung erhalten.

Vereinfacht formuliert, vereinen Personen mit einer Borderline-Persönlichkeitsstörung Eigenschaften der neurotischen Menschen (die an eigenen Unfähigkeiten oder Versagenserlebnissen, Gewalterfahrungen, Demütigungen leiden, wenn auch ihre Umgebung kaum etwas davon merkt) mit psychotischen Zügen (Psychotiker finden sich selbst meist ganz in Ordnung, aber ihre Umwelt hält sie nicht aus, weil sie etwa gewalttätig sind, Wahnvorstellungen erliegen oder massiv selbst- und fremdgefährdend sind). Sie neigen dazu, Grenzen nicht wahrzunehmen und auch nicht zu respektieren, die eigenen ebenso wenig wie die anderer, schwanken zwischen Idealisierung und Abwertung zum Beispiel ihrer Partner/innen, Kinder, Chefs, halten Alleinsein, Langeweile, Leere schwer oder gar nicht aus und leben überhaupt »extrem« (inklusive Suchtverhalten, riskantem Fahrstil, Abenteuer Ladendiebstahl etc.).

Schuld sind immer die anderen. Und die kommen dann auch in Beratung oder Therapie und fragen sich, was sie falsch machen, dass der oder die andere nicht »nett« ist. Ja, weil eben hier das Borderline-Syndrom zu Tage tritt!

Wenn Sie also zu den bedauernswerten Personen gehören, die sich in jemanden mit Borderline-Zügen verlieben, sich an ihn oder sie gebunden haben und diesen Zustand aufrecht erhalten wollen – man könnte sich ja auch trennen –, brauchen Sie einen guten Halt in sich und eine Kommunikationsstrategie zur Gewaltminimierung.

Körperlich bedeutet dies, sehr darauf zu achten,

- dass Ihre Körperhaltung aufrecht ist (Borderliner versuchen gerne, einen zur Unterwerfung unter ihre Weltsicht zu »bewegen«),
- gut »gegründet«, mit beiden Füßen fest (womöglich flach. Hohe Absätze behindern die Standfestigkeit und die braucht es jetzt) auf dem Boden ruhend; nicht mit Spielbein und Standbein wie ein Model, sondern »erdig«,
- und flexibel. Sie müssen und dürfen Attacken ausweichen – solche zielen nicht konkret auf Sie, sondern sind nur Ausdruck davon, unter welch massiven inneren Spannungen die andere Person steht –, aber bitte nur mit der oberen Körperhälfte! Die untere lässt sich nicht von ihrer Position abbringen.

Mental sollten Sie in Erwägung ziehen, dass Borderliner hypersensibel sind und die winzigsten ihnen entgegengebrachten negativen Gefühle wie Messerstiche oder Keulenschläge spüren. Dementsprechend reagieren sie auch: zu schnell, zu stark, zu laut. Wenn ich also empfehle, die eigene Annäherung wie den Zugriff auf ein rohes Ei zu gestalten, rate ich nicht zur Unterwerfung, sondern zur Verringerung des eigenen Krafteinsatzes, das schont beide. Erst »dolmetschen«, dann den Konflikt bearbeiten. »Dolmetschen« heißt:

- zuerst darauf achten, was der/die andere sagt,
- und wenn dessen/deren Stil unerträglich ist, sich nicht anstecken lassen, sondern den Stil weiter verfolgen, den man selbst als den →*salutogenen* – gesundheitsfördernden – erkannt hat.
- Zu erahnen versuchen, was er/sie sagen will (manche Menschen bringen eben keine klaren Sätze heraus, und meist liegt das nur daran, dass sie bislang kein effizientes →*Kommunikations*-Modell erlernen konnten!),
- nachfragen, ob man es richtig erahnt hat,
- dann erst darauf antworten.

Mental geht es also darum, dass man Fehlkommunikation als Aufforderung versteht, selbst mit gutem Beispiel voranzugehen (anstatt mit »mehr von demselben« zu übertrumpfen) und dieses »gute Beispiel« gedanklich so deutlich vor Augen zu haben, dass man es nur nachspielen muss (egal mit welchen Tricks einen jemand aus der Rolle bringen will).

BULLYING siehe →*Mobbing*

BURN-OUT

Ob man Burn-out (zu Deutsch »ausgebrannt sein«) als

- schrittweises Abhandenkommen von Idealismus, Energie und Lebenssinn als Folge der Arbeitsverhältnisse (und, so korrigiere ich diese gängige Interpretation, nicht nur bei Personen in untergeordneter Stellung) definiert oder als
- geringe psychische Belastbarkeit als Folge von dauerndem Arbeitsstress mit erschöpften Energiereserven, erlahmter Widerstandskraft gegen Krankheiten, Leistungsabfall und häufiger Absenz vom Arbeitsplatz sowie zunehmendem Pessimismus, chronischer Unzufriedenheit, oder als
- Zustand physischer, emotionaler und geistiger Erschöpfung als Folge enttäuschter Hoffnungen und Ideale: Ausbrennen kann nur jemand, der vorher gebrannt hat.

Burn-out darf daher nicht verwechselt werden mit verständlicher Müdigkeit nach einem besonders intensiven Arbeitseinsatz. Müdigkeit kann auch →*Abwehr* bedeuten, sich mit einer bestimmten Aufgabe zu beschäftigen; nicht jede Person schafft es, sich selbst zu motivieren oder aber auch gegen ungeliebte Beschäftigungen zu protestieren und Alternativen zu entwickeln. Auch reagiert man oft mit Müdigkeit, wenn man eine →*Krise* durchstehen muss – aber sie verschwindet wieder, wenn die Krise vorüber ist. Trübsalblasen oder Zweckpessimismus dürfen ebenso wenig mit Burn-out verwechselt werden wie Überdruss; es sind psychische Einstellungsmuster auf der Grundlage von Angst, die allerdings auf Dauer auch Kraft nehmen können – und zwar nicht nur einem selbst, sondern auch anderen. Es gibt Hausärzte, die Burn-out diagnostizieren, um ihren Stammpatient/innen zu einem Kuraufenthalt oder einem subventionierten Berufswechsel zu verhelfen, die jedoch nicht erkennen, dass es sich bei den betroffenen »Arbeitskranken« um psychisch beeinträchtigte Menschen handelt, deren maskierter Arbeitsunwille in engem Zusammenhang mit unerfüllten narzisstischen Größenfantasien stand.

Burn-out baut sich in klar erkennbaren Phasen auf:

- In der ersten, der enthusiastischen Phase, beginnt man mit Begeisterung zu arbeiten, auch wenn es anstrengend ist.
- Dann folgt die Phase der Stagnation; es geht nicht mehr so flott weiter, die

B

Anfangserfolge setzen sich nicht fort, erste psychosomatische Symptome treten auf,
- und man schlittert in die Frustrationsphase, in der man an sich selbst zu zweifeln beginnt. Die psychosomatischen Beschwerden sind bereits chronisch geworden, daher kann man auch gar nicht mehr die Leistung erbringen wie zu Beginn.
- In der letzten, der apathischen Phase, hat man resigniert. Die einen werden zynisch, die anderen stumpf. Die Distanz zur Arbeit wie zu den Menschen wird immer größer, es interessiert einen nichts mehr, das Selbstbewusstsein verringert sich zu einem permanenten Schmerzzustand. Der physische und psychische Kollaps ist da.

Ursachen für diese Entwicklung finden sich in den Arbeitsstrukturen (unklare oder widersprüchliche Ziele, inkompetente Vorgesetzte etc.), in der Persönlichkeit (Über-Identifikation mit dem Beruf, schlechtes Stress-Management etc.) und in mangelnder →*Work-Life-Balance* (vor allem das Fehlen eines Liebesobjekts).

Im Klartext bedeutet dies, sich selbst als Persönlichkeit zu verstehen, die im Laufe ihrer unterschiedlichen Lebensphasen lernen muss, ihre Begabungen wie auch Lebensbereiche in ein Gleichgewicht von Anspannung und Entspannung zu bringen.

Körperlich kann man das so symbolisieren, dass man
- für jede Begabung, für berufliches Können, für wesentliche Lebensbereiche wie etwa die Lebenspartnerschaft (oder deren Ersatz, zum Beispiel Haustiere, Pflanzen …) ein tatsächliches Symbol wählt, also beispielsweise für Ausdauer einen größeren Stein, für eine schöne Stimme eine CD, für den Beruf des Kochs einen Kochlöffel, für die Ehefrau ein Schmuckstück, für den Garten eine gepresste Blume und so weiter.
- Nun stellt man sich so auf, dass man diese Symbole in einigem Abstand (etwa ein Meter) kreisartig um sich anordnet.
- Danach gilt es, sich in einer Pendelbewegung jedem dieser Symbole mit dem Gefühl von Aufmerksamkeit und Liebe zuzuneigen und gleichzeitig das Gleichgewicht zu bewahren. Wo fällt das schwer? Wo bekommt man eine Empfindung von: »Das habe ich vernachlässigt«? Oder: »Das nimmt ja den

ganzen Raum ein«? Dort muss besser ausgeglichen werden, und das geschieht auf der Symbolebene bereits durch die Bewegung. (Man kann diese Übung auch nur mit Kopfnicken in die eine oder andere Richtung ausführen.)

Wenn Sie nach dieser Übung ein wenig Schwindel verspüren, ist das kein Nachteil. Legen Sie sich einfach hin und erlauben Sie sich, ein wenig einzunicken – allerdings mit dem posthypnotischen Befehl, dass Sie, nachdem Sie erfrischt und voll Energie wieder ins Vollbewusstsein zurückgekehrt sind, Ihre Interessen besser ausbalanciert haben werden. Gestatten Sie sich regelmäßig, mit Ihrer Energiebalance zu experimentieren, indem Sie neue Interessengebiete (Symbole) in Ihren Kreislauf aufnehmen und andere loslassen.

Mental können Sie diese Energieausgleichsübung durchführen, indem Sie

- zuerst schriftlich, später nur mehr gedanklich fünfzig Dinge auflisten, die Sie gerne tun beziehungsweise früher einmal getan haben. Diese Liste kann beispielsweise links das Berufs- und rechts das Privatleben betreffen. Und: Nichtstun darf auch dabei sein!
- Dann wählen Sie zehn Dinge davon aus, von denen Sie in Zukunft mehr tun wollen, oder auch bloß fünf,
- legen Sie das Datum fest, an dem Sie beginnen wollen –
- und weil es mit anderen zusammen lustiger ist, bestimmen Sie auch gleich, wen Sie dazu einladen wollen,
- dazu sicherheitshalber noch eine Kontrollinstanz, die darauf achtgibt, dass Sie bei Ihren Vorsätzen bleiben. Das dürfen – in Gedanken – auch Sie selbst sein, nur müssen Sie dann auch Sanktionen festlegen: Womit werden Sie sich »bestrafen«, wenn Sie nicht folgsam waren?

Die beste Burn-out-Prophylaxe besteht darin, die Energie zu etwas anderem hin zu verlagern, das einen begeistert – eine neue Sprache lernen, einen Tanz, ein Instrument, etwas basteln, nähen, malen – oder etwas Lebendiges, das man lieben kann: eine/n neue Geliebte/n (es darf auch der oder die gewohnte Person sein – wer kennt eine/n schon wirklich?). Wichtig ist nur, dass man sich keine Pflichtziele setzt, sondern locker bleibt – »spielend wie die Kinder«.

CHAKRENREINIGUNG

Ob Sie nun der so genannten Esoterik freundlich zugeneigt sind oder eher mit TCM (Traditioneller Chinesischer Medizin) vertraut, das Erfahrungswissen zeigt, dass es eher die fremden Denkgebäude sind, mit denen »aufgeklärte« Menschen der westlichen Kultur ihre Schwierigkeiten haben, als mit den zugrunde liegenden Phänomenen. Wir vergessen nur zu oft, dass wir mit Namen ja nur die Erscheinungsformen symbolisieren, im Sinne von: »Die Landkarte ist nicht die Landschaft.« So fällt es vielen leichter, statt Chakren Energiezentren des Körpers zu sagen; offenbar klingt das nicht so paranormal. Je mehr Ärzte sich jedenfalls für Akupunktur oder Akupunktmassage begeistern, desto mehr Leidende können Erfahrungen mit der Wohltat eines mittels dieser Techniken ausgeglichenen Energiehaushalts machen und verstehen, was das Ziel dieser Methoden ist.

Als Chakren oder Chakras werden in manchen östlichen Kulturen bestimmte Stellen des Körpers bezeichnet, an denen Körperenergie konzentriert Wirkung besitzt, je nachdem, ob zu viel oder zu wenig davon da ist. In grafischen Darstellungen sieht man meist eine im Lotossitz ruhende Person,

- zwischen deren Beinen in roter Farbe das Wurzelchakra als (rotierender) Kreis oder (aufsteigend zunehmend) mehrblättrige Blüte eingezeichnet wurde,
- knapp darüber in oranger Farbe das Sexualchakra,
- über dem Nabel in goldgelber Farbe das Solarplexuschakra,
- in der Mitte des Brustbereichs in grüner Farbe das Herzchakra,
- in der Mitte des Halses in hellblauer Farbe das Halschakra,
- in der Mitte der Stirn in pflaumenblauer Farbe das Stirnchakra und
- über der Mitte des Kopfes violett oder lila, manchmal auch strahlend weiß, das Scheitelchakra.

Manchmal wird auch in Spiralform angedeutet, dass sich die Energie in diesen Zentren dreht, »wirbelt«.

Jedem dieser Energiewirbel wird Wirkung auf bestimmte Körperorgane zugeordnet. Durch berührungslose manuelle oder mentale Lenkung der diagnostizierten Energie versucht man, aus unvollkommenen Zuständen optimale zu formen. Dazu gibt es bestimmte Schulen, in denen diese Form von Heilkunst gelehrt wird (Kok Sui 1999 und Nachfolgebücher). Einer der Grundgedanken in diesem Lehrgebäude lautet, dass sich Krankheitserreger zuerst im Energiekörper bemerkbar machen und erst mit Zeitverzögerung wegen mangelnder »Behandlung« als körperliches oder psychisches Symptom bemerkbar werden. Daher wird zur Prävention (oder auch als erste Hilfe) empfohlen, regelmäßig (beziehungsweise im Akutfall) die Chakren zu »reinigen« (»sweepen«).

Der Volksmund kennt eine Vielzahl von Formulierungen, die ziemlich exakt aussagen, wo sich was auf der Energieebene bemerkbar macht: Man hat einen »Kloß im Hals« (zu viel Energie im Halschakra) oder »es schnürt einem die Kehle zu« (Energieverlust), da »wird das Herz weit« (das Herzchakra geht auf) oder das »Herz erkaltet« (Energieverlust), man bekommt einen »Tiefschlag« (negative Energie ins Solarplexusckakra) und dann »schlägt einem etwas auf den Magen«, weil man eben einen unverdaulichen Brocken zu schlucken bekam – die Liste ließe sich unendlich lang fortsetzen (übrigens eine nette Einschlafhilfe).

Die einfachste Form der Reinigung besteht darin:

Körperlich mit der dominanten Hand vor dem jeweiligen Chakra eine Bewegung zu machen, als wolle man sich die überflüssige Energie quasi wie Watte herauszupfen. Einmal, zweimal, dreimal – so lange, wie man spürt, dass der Überdruck noch da ist. Damit diese »verschmutzte bioplasmatische Materie« (Choa Kok Sui) aber nicht zurückrutscht, empfiehlt es sich, dafür einen »Müllschlucker« bereitzuhalten: einen Eimer mit Salzwasser (der Eimer darf dann aber nicht mehr für andere Zwecke als für die Aufnahme von Schmutzwasser verwendet werden!) oder eine offene Flamme, in die hinein man die benutzte Hand oder die Hände ausschüttelt.

Mental reicht es, sich diese Bewegung geistig vorzustellen, ebenso den Eimer mit Salzwasser oder die Flamme. Man kann sich aber auch viele kleine Hände vorstellen, die einen rundum sanft abschrubben oder abbürsten oder abkratzen, wie es beliebt. Wichtig ist nur, dass der Abfall entsprechend entsorgt wird.

Wenn man beispielsweise erschöpft ist, sich aber noch nicht zur Ruhe begeben kann, hilft es oft, sich für kurze Zeit auf die Toilette zurückzuziehen, Wasser ins Waschbecken fließen zu lassen, sich von Kopf bis Fuß die verbrauchte Energie in handbreiten Abständen abzuziehen und ins Fließwasser zu schütteln. Man kann sich aber auch ein kleines Modell seiner selbst vorstellen, wie es im Waschbecken steht, und nun dieses Mannequin säubern – sanft und ruhig, zuerst mit aneinander gelegten Fingern, danach nochmals mit gespreizten den gedachten Schutzmantel rund um den Körper richtig durchkämmen und immer wieder die Hände ins Fließwasser hineinschlenkern (ohne sich nass zu machen!). Erst wenn die Prozedur zu Ende ist, werden die Hände richtig gereinigt, mit keimtötender Seife oder wiederum mit Salz, und falls möglich zum Schutz eingeölt.

Nun könnte man meinen, die üblicherweise deutlich spürbare Wirkung bestätige nur die so genannte Placebo-*Wirkung:* Eine unwirksame Behandlung werde rein durch den Glauben an ihre Wirkung wirksam. Tatsächlich kann man die Wirkung solcher Interventionen aber auch bei Kleinstkindern, Tieren oder Pflanzen beobachten.

Ich bevorzuge stattdessen die Berufung auf einen Placebo-*Effekt:* eine Veränderung im Körper (beziehungsweise in der Einheit von Körper und Geist) aufgrund der symbolischen Bedeutung, die man einem Ereignis oder einem Objekt in einem heilenden Kontext zuschreibt (Brody/Brody 2002). Wenn nämlich unser Geist sich in irgendeiner Weise verändert, verändern sich dementsprechend auch die chemischen Prozesse in unserem Gehirn (Brody/Brody 2002).

Durch das entspannte Vertrauen auf die eigene Wahrnehmung, dass man schon merken wird, ob man etwas verspürt oder nicht, sowie die Freiheit von der Gefallsucht, irgendeinem Guru zuliebe etwas spüren zu sollen, wird die so genannte Entspannungsreaktion (Benson 1997) – auch »erinnertes Wohlbefinden« – hervorgerufen, die mit einem deutlichen Rückgang des Sauerstoffumsatzes im Körper verbunden ist. Das bedeutet weniger Energieverbrauch, Entstressung, Erholung, Gelassenheit – und all das noch dazu schneller als im Schlaf und im Gegensatz zu ihm mit dem Gefühl der Freude verbunden!

CHANCEN

Sicherlich haben Sie schon einmal das Gleichnis vom Wasserglas kennen gelernt: Der Pessimist sieht es halb leer, der Optimist halb voll. Ähnlich verhält es sich mit den Herausforderungen des Lebens: Der eine sieht nur Gefahren, zu versagen und sich zu blamieren, der andere sieht Chancen, neue Fähigkeiten zu entwickeln und kompetenter zu werden.

»Die Welt ist durch Polaritäten geprägt«, schreibt der Psychologe Eckard Nass (Nass 2003). »Es gibt stets eine Polarität von zwei entgegengesetzten Werten und zwei entwertenden Übersteuerungen.« Als Beispiel nimmt er die Polarität Streitsinn und Harmoniesinn und weist darauf hin, dass etwa ein Kind, das bei seinen Eltern immer Streit erlebt hat, möglicherweise beschließen wird (falls es sich nicht voll mit der Haltung der verbalen Gewalt identifiziert), das in seiner Familie ganz anders zu machen, und folglich leicht bei der Harmoniesucht landen wird. Es wechselt nur ins andere Extrem.

Die Chance, in der Suche nach Alternativen frühzeitig ermutigt zu werden, genießen leider nicht alle Kinder. Ganz im Gegenteil! Statt ein Kind zum Ausprobieren aufzufordern, wie es ein Ziel anders erreichen könnte, hören viele nur: »So geht das nicht!« und: »Das macht man so!« So bremst die Furcht vor dem Ärger der Bezugsperson kindliche Entdeckerlust und Kreativität: Das Kind entschließt sich, »brav« – angepasst – zu reagieren, was nur zu oft eine hinter der Bravheit versteckte Depression maskiert.

Chancen wahrnehmen zu können, erfordert

- die Fähigkeit, an zukünftige Folgen zu denken,
- einen Schatz an aufmunternden Erfahrungen von Zugewinn,
- den Mut, eingefahrene Pfade zu verlassen
- und die Gelassenheit, den allfälligen Spott derjenigen, die weder von einer Vision noch von Abenteuerlust und Risikofreude beseelt sind, auszuhalten. Was aber, wenn trotz vorhandener Zukunftssicht der Mut mangelt?

Körperlich hilft es, einen »Mutsprung« zu wagen:

- Nehmen Sie einen für Sie passenden Gegenstand, der das symbolisiert, was Sie gerne haben oder können möchten. (Sie können nachher darüber nachsinnen, warum Sie gerade diesen Gegenstand gewählt haben.)
- Legen Sie ihn in etwa dem Abstand vor sich auf den Boden oder auf einen Stuhl, ein Beistelltischchen oder Ähnliches, dass Sie ihn, wenn Sie ihn »anspringen«, aus Armeslänge erreichen können (aber nicht darauf hüpfen!).
- Stellen Sie sich nun in angepasstem Abstand vor Ihr Symbol und begrüßen Sie es als das, was es symbolisiert (zum Beispiel: »Ich begrüße dich, meine hochersehnte Dienstklasse XY, und zeige dir mit meinem Sprung, wie sehr ich dich ersehne.«). Damit bringen Sie sich in die richtige Stimmung –

Champions wandern ja auch unter stimmungsvollen Klängen in die jeweilige Sportarena.

- Und jetzt dürfen Sie springen: Versuchen Sie es elegant, als würden Sie einem/r Geliebten über eine (kleine) Hürde entgegenspringen. Bitte kein plumper Platsch! Versuchen Sie leise anzukommen.

Mental ist es vor allem wichtig, sich klar zu machen, dass Zielverfehlung keine Katastrophe ist, sondern vor allem die Chance, neuerliche verbesserte Zugänge – oder neue Ziele – zu versuchen.

Wenn Sie aber merken, dass Sie Schwierigkeiten haben, »die Wünsche am Schwanz zu packen« (frei nach Picasso) – suchen Sie sich ein Vorbild! Kennen Sie jemanden, der oder die keine Chance vorbeigehen lässt?

- Dann erinnern Sie sich wie an eine Filmszene an eine Situation, in der er/sie das gemacht hat,
- stellen Sie sich vor, wie Sie diese Szene nachspielen.
- Merken Sie einen Unterschied? Können Sie ausmachen, welchen? Liegt es an der Haltung, Gestik, Mimik, Tonlage, Artikulation oder sonst einem Verhaltensdetail?
- Spielen Sie die erinnerte Szene noch einmal durch – und geben Sie sich selbst Regieanweisungen: Schneller! Aufrechter! Freundlicher! Sie werden wahrscheinlich bemerken, dass Sie sich nicht nur geistig, sondern auch real mitbewegen; das macht nichts.
- Wenn Sie die Übung am Abend vor dem Einschlafen durchführen, wird sie Ihnen schon in Ruhelage gelingen. Dann geben Sie dem Endgefühl einen Namen, »Mut« oder »Schwupp« oder was Ihnen gefällt. Damit Sie in der nächsten Situation, wo Sie sich wieder wie gelähmt fühlen, obwohl Sie wissen, dass Sie aktiv werden sollten, nur dieses Wort zu denken brauchen …

Vielleicht erinnern Sie sich jetzt an die Szene in Danny Kayes Film »Der Hofnarr«, wo er durch Zauber die Fähigkeit erhielt, sich mit einem Fingerschnippen Mut zu machen – bis jemand wieder mit den Fingern schnippte. Dann war der Zauber weg. Und so steht der Held zitternd hinter dem Vorhang, der ihn verbergen soll, im Zimmer streiten zwei, und einer schnippt mit dem Finger. Danny Kaye reißt den Vorhang auf, der andere schnippt dagegen, Danny zieht sich schlotternd hinter den Vorhang zurück, und so weiter …

Das Fingerschnippen wirkt in diesem Beispiel als »Anker«: Ein bestimmter Laut hat sich mit einem bestimmten Gefühl verbunden, und immer wenn der Laut hörbar wird, tritt auch das »geankerte« Gefühl auf. Aber nicht nur Hörbares kann als Anker dienen, auch Sichtbares wie etwa eine bestimmte Geste, vor allem aber Düfte. So löst etwa der Geruch von Vanillekipferln oder gelöschten Kerzen bei vielen Weihnachtsstimmung aus. Eine Geschmacksempfindung oder eine Berührung können ebenfalls Erinnerungen auslösen, und oft sind diese gar nicht bewusst (sondern verdrängt, wie beispielsweise bei Menschen, die sexuelle Gewalt erlebt haben). Andere wundern sich dann über deren unverständlichen Reaktionen.

Wenn Sie also zu denen gehören, die sich darüber ärgern, dass jemand – Ihr Kind vielleicht oder Ihre Partnerperson – die Chancen auf das von Ihnen vermutete Glück einfach vorbeiziehen lässt, dann denken Sie daran, dass jedes Verhalten einen tieferen Sinn birgt, und der heißt immer Schutz. Schutzeinrichtungen sollte man respektieren, wenn man nicht als Gewalttäter gelten will.

CHAOS

Wer kennt es nicht, das Gefühl, es wachse einem alles über den Kopf, dringe von allen Seiten auf einen ein, reiße einen wie eine Sturmflut mit und bringe alle mühsam errichtete Ordnung zum Verschwinden? Immer dann, wenn eine krisenhafte Situation die gewohnten Strukturen zusammenbrechen lässt, droht auch die Gefahr des Persönlichkeitsverlusts. Denn auch die innerseelischen Strukturen, die wir im Laufe unseres Lebens aufbauen, brauchen ein gewisses Maß an Sicherheit und Verlässlichkeit, um sich nicht aufzulösen. In dem Drama »Emilia Galotti« von Gotthold Ephraim Lessing sagt die Gräfin Orsina den denkwürdigen Satz: »Wer über gewisse Dinge den Verstand nicht verlieret, der hat keinen zu verlieren« (Lessing o. J.). Bei Naturkatastrophen, Geiselnahmen oder anderen Gewaltverbrechen – außer Vergewaltigungen, da wird noch immer vielfach ein »Selber schuld!« konstruiert! – finden diejenigen, die »außer sich geraten« sind, meist Verständnis in ihrer Umgebung. Häufig ist es auch »nur« ein Treuebruch – privat oder im Rahmen einer Berufsbeziehung –, der den oder die Betrogene »aus der Bahn wirft«.

Wie gefestigt eine Persönlichkeit ist, hängt von vielen Faktoren ab; möglicherweise von der ererbten Konstitution, mehr aber von den Erfahrungen, die man im Laufe seines Lebens er- und verarbeitet hat, von geeigneten Vorbildern, von der Tiefe des geschenkten Vertrauens, von Selbstvertrauen (und Gottvertrauen).

Wenn Sie einmal in eine Situation kommen, in der Sie das Gefühl haben, dass Ihnen der Boden unter den Füßen weggezogen wird, wo Sie sich wie betäubt fühlen, verwirrt, desorientiert, oder wo Sie meinen, das Herz würde Ihnen zerspringen vor Schmerz oder ein ungehörter Schrei würde sich nach innen quälen, dann können Sie sich selbst Hilfe leisten.

Körperlich geschieht das, indem Sie

- die Beine fest mit dem Boden verwurzeln (im Stehen oder Sitzen; falls Sie liegen, drücken Sie Füße und Po fest auf die Unterlage, falls Sie auf dem Bauch liegen, drücken Sie die Knie und die Stirn fest nieder, heben aber den Brustbereich),
- beide Hände mit seitlich in Schulterhöhe abgewinkelten Ellbogen so auf die Brust legen, dass die Linie, die die kleinen Finger bilden, genau über Ihren Brustknospen zu liegen kommt,
- mit einem tiefen Luftholen die Ellbogen leicht nach hinten ziehen und
- beim Ausatmen noch ein Stückchen mehr nach hinten und unten drücken. Wenn Sie dabei husten, ist es kein Fehler!
- Konzentrieren Sie sich auf Ihren Nabel. Durch das starke Ausatmen = Ausdrücken spüren Sie Ihre Bauchdecke wahrscheinlich ohnedies intensiv – und damit sind Sie wieder bei sich, in Ihrer Mitte.
- Sie dürfen die Übung wiederholen, so oft Sie das brauchen. Wichtig ist nur, dass Sie nicht schnell-pumpend atmen, sondern langsam, fast trotzend, »bockig«.

Es ist wichtig, dass Sie die Schwere und Kraft Ihres Körpers ganz bewusst wahrnehmen – er ist es, der immer noch Ihr Leben zusammenhält, auch wenn Seele und Geist »flüchten« wollen. Selbst wenn Sie körperlich verletzt sind, gibt es meist immer noch irgendwelche Knochen und Muskeln, die Sie anspannen und auf den Boden drücken können.

In fast allen Religionen existiert die Botschaft, dass wir Menschen aus Erde (Lehm) gemacht sind und zu Erde (Staub beziehungsweise Asche) zerfallen.

Was liegt also näher, als sich »Mutter Erde« anzuvertrauen, wenn die Gefahr besteht, »abzuheben« oder »in die Luft zu gehen«? Man wünscht sich ja in solchen Augenblicken oft, wie im Märchen, zehntausend Klafter tief in der Erde zu versinken. Aber das werte ich als Übertreibung.

Mental hilft bereits der Gedanke, dass uns die Erde trägt, dass die Schwerkraft funktioniert. Gut wirkt auch die Selbstsuggestion, sich als Baum zu fühlen:
- Auch wenn die Zweige und Blätter sprießen
- und immer mehr werden
- und der Wind sie zerzaust,
- wurzelt doch der Stamm fest im Boden
- und wächst mit. Je mehr Zweige und Blätter entstehen,
- desto mehr Wurzeln entstehen
- und wachsen in die Tiefe
- und geben Halt und Struktur.

Bedenken Sie immer: Wenn das Chaos überhand nehmen will, braucht man Struktur: Zeitpläne, Reihenfolgen, Ordnungsrichtlinien, Spielregeln ... Wenn aber Strukturen nur mehr einengen und alles zu erstarren droht, hilft Chaos, den alten Beton aufzulockern, vielleicht gar zu sprengen, damit neue, bessere Strukturen entstehen können.

CHARME

Nicht alle Menschen schätzen Charme. Manche finden seinen Einsatz manipulativ oder fühlen sich durch allzu charmante Menschen bedrängt. Und manche finden es sehr bedauerlich, dass sie selbst keinen besitzen – oder dass man das zumindest von ihnen behauptet. So erinnere ich mich an einen ältlichen Ex-Politiker, der immer wieder kritisierte, dass seine Tochter so wenig Charme einsetze, wenn sie mit jemandem – vor allem ihm – in Konflikt gerate. Die junge Frau, selbst ausgebildete Kommunikationswissenschafterin, pflegte dabei nur zwischen professioneller Beratung und Lösung ihrer eigenen Kontroversen genau zu unterscheiden. In ihrer Firma konzipierte sie optimale Information anderer, privat jedoch verzichtete sie auf Schönfärberei. »Die Wahrheit ist dem

Menschen zumutbar«, formulierte einst die österreichische Dichterin Ingeborg Bachmann. Jemandem die eigene Sicht zuzumuten, heißt auch, ihn oder sie als konfliktfähig und korrekt einzuschätzen, nicht als jemanden, der Beleidigtsein oder anderen Schuldgefühle zu machen als Taktik einsetzt.

Hinter manchem, was für Charme gehalten wird – besonders glänzende Augen etwa –, versteckt sich übrigens oft einfach eine Schilddrüsenüberfunktion oder eine mittelschwere Alkoholvergiftung (volkstümlich Schwips genannt). Dann erinnert sich das Unbewusste an andere Augenblicke, den »Glanz im Auge der Mutter« vielleicht, wenn sie einen voll Liebe »angestrahlt« hat. Das Herz geht einem auf – und Heiratsschwindler oder andere professionelle Betrüger haben leichtes Spiel.

Wenn Sie also in einer Situation die Entscheidung für angebracht halten, mehr Charme einzubringen, so überlegen Sie zuerst, wie Ihre echte Gefühlslage ist. Vermutlich leicht oder gar stark aggressiv. Daher gilt es vorerst, den Auslöser der Aggression auszumachen (im Doppelsinn des Wortes) und sich dann zu überlegen, ob mit dieser kommunizierten Emotion die Problemlösung einfacher, konstruktiver, erfreulicher würde. Sollte das nicht der Fall sein, entspannen Sie sich und sagen Sie sich: »Ich lasse mir doch meine gute Laune durch … nicht verderben!« (Statt der Punkte setzen Sie das konkrete Verhalten ein, das Sie stört. Eine Person einzusetzen finde ich weniger gut; ein Mensch ist ja viel mehr als nur sein Verhalten. Er hat zwar eines, aber er ist es nicht.)

Körperlich achten Sie auf Ihre Mundpartie – ist sie verbissen? Dann lockern Sie sie! Bewegen Sie Mundwinkel und Wangen, damit sie flexibel werden oder bleiben. Falls Sie die Zähne fest aufeinander gepresst haben, lassen Sie einen kleinen Freiraum dazwischen (auch bei geschlossenem Mund). Liebkosen Sie die Innenseite Ihrer Zähne leicht rundum mit der Zunge, dann wird sicher ein zartes Lächeln in Ihre Züge treten.

Es geht aber nicht darum, eine unterwürfige Gut-Wetter-Miene aufzusetzen oder sich beliebt machen zu wollen, sondern nur darum, sich zu entkrampfen. Sozusagen eine andere Tonart zu wählen – auch stimmlich. Also nicht »furioso«, sondern »andante«.

Mental geben Sie sich etwa folgende Autosuggestionen: Ich wende mich der anderen Person zu – ich gebe Zuwendung –, damit ich mehr erfahre, damit ich mehr verstehe, damit ich eine Form finde, wie ich signalisieren kann, dass ich die andere Person ernst nehme, sein lasse, wie sie ist, versuche, ihre Ziele als die ihren zu respektieren und ihr mitzuteilen, wo und wie weit ich ihr entgegenkommen kann und wo und wie nicht.

Sie werden merken, dass sich bei diesen Gedanken Ruhe in Ihnen ausbreitet, dass Sie sich entspannen und damit auch offener werden. Das bedeutet aber auch, dass Sie keine Energie mehr mit dem Aufbau von Kampfgesten verlieren. Ihre Energie kann ungeschmälert »abstrahlen« – und das bewirkt Charme oder, ernsthafter formuliert, Charisma.

COPING

Unter Coping versteht man die Bewältigungsleistung, die jemanden in die Lage versetzt, in einer unerprobten Situation passendes Verhalten zu »erfinden«. So helfen etwa im Gegensatz zur »erlernten Hilflosigkeit« die so genannten Selbstwirksamkeitserwartungen, die unbekannte Situation unter Kontrolle zu bringen. Wer aber voll Vertrauen überzeugt ist, Ereignisse und Situationen selbst beeinflussen zu können, ist weniger ängstlich und damit wiederum weniger in seiner Kreativität und in seinen sozialen Aktivitäten beeinträchtigt. Voraussetzung dazu ist Wissen, vor allem, wie man sich Informationen beschafft und dass, wie und wo man Unterstützung gewinnen kann.

Die Grundeinstellung, man werde schon die passende Coping-Strategie erinnern beziehungsweise entdecken, ist wesentlicher Bestandteil von →*Salutogenese.*

Wenn man also Gefahr läuft, in ein Gefühl von Hilflosigkeit und Ohnmacht zu verfallen, helfen folgende Übungen:

Körperlich bringt man sich in die Körperhaltung, die Vertrauen darstellt – Selbstvertrauen, aber noch mehr Gottvertrauen. Denn wenn man sich bewusst ist, dass im gesamten Schöpfungsbereich viel mehr Wissen vorhanden ist als in unserer kleinen Innenwelt und dass man das anzapfen kann und darf, kann Vertrauen ins Unermessliche wachsen.

- Stellen Sie sich also so aufrecht wie möglich hin,

- die Beine in gerader Linie unter Ihren Hüftknochen (also mit ein wenig Abstand zueinander),
- lassen Sie die Arme hängen, drehen Sie die Handflächen mit der Innenseite nach vorne, heben Sie sie ein wenig an – empfangsbereit – und
- atmen Sie langsam und ruhig,
- bis Sie merken, dass Sie vertrauen, dass Ihnen zur richtigen Zeit schon das Richtige einfallen wird.

Mental hilft Ihnen wiederum ein Vorbild. Das kann jemand sein, der eine neue Verhaltensweise entdeckt hat – Mahatma Gandhi beispielsweise oder Martin Luther, oder auch Scarlett O'Hara, die Heldin aus »Vom Winde verweht«, die sich in Krisensituationen, wenn ihr der Mut auszugehen drohte, einfach suggerierte: »Ach was – verschieben wir's auf morgen!« Das bedeutet, einmal darüber zu schlafen. Bekanntlich gibt es der Herr den Seinen im Schlafe (Psalm 127) – auch dieser Satz ist eine Suggestion!

DEMÜTIGUNG

Sie kennen das sicher: Sie sprechen jemanden unverfänglich an, ohne ihm oder ihr eine Fallgrube zu bauen, doch die Person setzt ein höhnisches Lächeln auf oder legt einen überheblich-verächtlichen Unterton in ihre Stimme. Vielleicht neigt sie auch den Kopf ein wenig zur Seite, sodass sie Ihnen das Kinn entgegenreckt, und meist wird sie auch die Worte dehnen, als würde sie zu einem leicht begriffsstutzigen Menschen sprechen. Manchmal folgen Sätze wie:»Jeder halbwegs gebildete Mensch weiß doch, dass ...« Oder Ihr Gegner faucht: »Wann werden Sie endlich begreifen, dass ...« oder: »Wie oft soll ich Ihnen noch sagen, dass ...« Kommen Ihnen diese Sätze und der Tonfall bekannt vor? Aus Ihrer Kindheit nämlich, wenn Vater oder Mutter Sie niedergemacht haben. Und genau darum geht es auch: jemanden niederzumachen. Ginge es nämlich nur um die Verbesserung einer Situation oder eines Verhaltens, wären diese Demütigungsstrategien nicht nötig.

Genau deshalb gehört Demütigung – besonders vor Zeugen – zu den beliebtesten →*Mobbing*-Strategien. So erinnere ich mich an einen Exsportler und PR-Fachmann, dem wegen seiner besonderen Kreativität der Auftrag erteilt worden war, der Bevölkerung einer Großstadt sportliche Freizeitaktivitäten nahe zu bringen und die städtischen Einrichtungen attraktiv zu gestalten und zu vermarkten. Wenn dieser Spezialist in Sitzungen Bericht erstattete und dabei formulierte: »Ich habe dies und jenes verwirklicht«, fuhr ihm jedes Mal der zuständige Politiker über den Mund: »Sag nicht ›ich‹, das heißt ›wir‹!«, um dann von oben herab zu motzen: »Aufgrund welcher Qualifikation willst du das alles wissen?« Der Politiker hatte selbst keinen Beruf gelernt; er war bereits als Lehrling Berufspolitiker geworden. Der Fachmann kränkte sich, wurde krank (was seinem »Chef« noch mehr Anlass gab, auf ihm herumzureiten) und brach schließlich zusammen. Er wollte durchhalten und wurde durchgetreten – nämlich zum Arbeitsgericht, wo er seine soziale, fachliche wie finanzielle Demontage – übrigens erfolgreich – bekämpfte. Seine Gesundheit allerdings hatte er verloren.

Seelische Perversion nennt die Pariser Psychoanalytikerin und Familientherapeutin Marie-France Hirigoyen solch ein Verhalten (Hirigoyen 2002). Sie beschreibt die Techniken der Destabilisierung – der Erschütterung und Vernichtung des seelischen Gleichgewichts –, »wie sie bei Perversen üblich sind«: versteckte Anspielungen, böswillige Andeutungen, Lügen, Demütigungen. Und sie nennt die Falle, in die die Opfer tappen: »Man wundert sich, dass die Opfer nicht merken, dass sie manipuliert werden. Sie suchen zu verstehen und fühlen sich verantwortlich: ›Was haben wir nur getan, dass sie uns derart verabscheut?‹« Gar nichts – der Perverse braucht die Demütigung, damit er oder sie sich »erhaben« fühlen kann.

Eine Frau fällt mir ein, die im Familienkreis, auf die Frage, wem ein herumliegender alter, gestopfter Bettbezug gehöre, ohne die Antwort anderer abzuwarten, sofort hochnäsig von sich gab: »Mein Bettzeug ist so erhaben (!), etwas Geflicktes gibt's bei mir nicht.« In solch einem Fall darf man den »erhaben« hingeworfenen »Fehdehandschuh« nur ja nicht aufheben; man muss selbst »erhaben« – aber freundlich! – darüber hinwegsteigen.

Im Denkmodell der Transaktionsanalyse, einer psychotherapeutischen Methode, werden drei Ich-Zustände unterschieden:

- Wenn man sich klein und hilflos fühlt, befindet man sich im so genannten Kindheits-Ich und kann sich dann wie ein braves, angepasstes und vermutlich früher oder später depressives Kind verhalten oder als gleichsam »Halbstarker« mittels Randale versuchen, aus diesem gesundheitsschädigenden Zustand der Kleinheit herauszukommen. Man spricht dann beispielsweise vom Zustand des »rebellischen« Kindes. Man kann auch andere Kindheits-Ich-Zustände definieren: das boshafte, das listige, aber auch das kreative Kind.
- Wenn jemand hingegen sachlich-korrekt, bedacht und vernünftig auftritt, wird dieser Ich-Zustand als Erwachsenen-Ich bezeichnet. Wird dieser Stil gepflegt, werden Machtspiele unnötig, weil langweilig. Ist man wirklich »erwachsen« und (er)kennt sich selbst, hat man viele Verhaltensalternativen zur Auswahl. Machtspiele sind zwar oft spannend und energiegeladen, sie verbrauchen aber auch Lebenskraft und schaffen nachhaltige Feindschaften. Redliche erwachsene Kommunikation hingegen schafft Verständnis, Vertrautheit, Respekt und Frieden.
- In anderen Ich-Zuständen agiert jemand »von oben herab«. Solche Zustände werden unter dem Namen »Eltern-Ich« summiert. Es gibt das so genannte liebevolle Eltern-Ich und das nörgelnde, verfolgende, strafende. In Letzterem haben es sich die seelisch Perversen gemütlich gemacht. Sie bellen andere an: »Was hast du denn da schon wieder angestellt?« oder fahren einem mit:

»Red nicht solchen Blödsinn!« über den Mund. Im Erwachsenenzustand würden diese Sätze lauten: »Mir fällt hier etwas auf, was ich nicht verstehe, bitte erkläre es mir« oder: »Sag mir bitte, was du mir damit mitteilen willst.«

Aber auch das »liebevolle« Eltern-Ich ist ein Kommunikationsstil, der andere heruntermacht, nämlich infantilisiert. Er kommt vielfach in Erziehungs- oder Gesundheitsberufen vor: »Na Mutti, wie geht's denn zu Hause mit den Kinderlein?« oder: »Na, Vaterl, was haben wir denn zum Frühstück gehabt?« (Eine erwachsene Antwort würde lauten: »Was Sie, Herr Doktor, gehabt haben, weiß ich nicht; ich hatte Kaffee und Kuchen.« Oder: »Bitte behandeln Sie mich nicht wie ein kleines Kind« – das man im Übrigen ebenfalls erwachsen ansprechen sollte! Die nörgelnde Eltern-Ich-Antwort hingegen wäre in scharfem Ton: »Wie reden Sie denn mit mir? Ich bin doch kein Idiot!«

Eine Transaktionsanalyse würde deutlich machen, wann, wo und wie jemand einen anderen klein machen/abwerten oder hilflos machen beziehungsweise erhöhen/idealisieren oder manipulieren oder bekämpfen will.

Körperlich hilft es, darauf zu achten, ob man als Reaktion

- in sich zusammensinkt; dann sollte man sich wieder aufrichten, durchatmen, darauf achten, ob man mit beiden Beinen fest auf dem Boden steht, sozusagen geankert ist, und sein Gewicht gleichmäßig verteilt. Aufrecht gewachsen, aber nicht aggressiv im »Polizeischritt« (nämlich die Füße mehr als hüftbreit auseinander). Erst nach einer Nachdenkpause sprechen und dann mitteilen, wie man die Situation wahrnimmt und wie man den weiteren Verlauf erwartet. Etwa so: »Ich habe den Eindruck, dass Sie sich jetzt geärgert haben. Ich schlage daher vor, wir gehen nochmals zum Punkt … zurück und Sie sagen mir, was Sie dazu für Vorstellungen haben.«
- Eine andere Reaktion wäre es, sich aufzublähen. Dann sollte man sich schleunigst entspannen, den Kopf und die Schultern sanft nach unten sinken lassen, die Mundwinkel zu einem leichten Lächeln öffnen und ausatmen, als würde man aus einem Luftballon langsam die Luft auslassen. Dabei muss man ohnedies langsamer werden, was wiederum der anderen Person Raum gibt. Den kann man auch durch Nachfragen vergrößern, etwa: »Möchten Sie mir mehr Information geben?«

Mental hilft die Vorstellung, so viel Abstand zu der überheblichen Person einzunehmen, dass einen der »Auswurf« aus ihrer »Pechnase« nicht mehr treffen kann.

Bedenken Sie: Es liegt außerhalb Ihrer Macht, die hochnäsige Denkweise der anderen Person zu ändern. Es liegt aber sehr wohl in Ihrer Macht, aus deren Schusslinie zu gehen. Auch geistig! Lassen Sie die Giftpfeile links und rechts an sich vorbeischwirren, bleiben Sie gelassen wie ein Kung-Fu-Kämpfer. Atmen Sie langsam, schauen Sie distanziert, aber freundlich. Der oder die andere disqualifiziert sich ohnedies selbst als sozial inkompetent.

DEPRESSION

Wörtlich übersetzt bedeutet Depression Niedergedrücktsein, Niedergeschlagenheit – und meist findet sich auch jemand oder etwas, das dieses seelische »Niederdruckwetter« ausgelöst hat.

Die so genannte große Depression gehört auf jeden Fall fachärztlich behandelt. Längere Zeit nicht schlafen, nicht essen, sich nicht bewegen können, bedeutet Lebensgefahr. Dann ist der Gehirnstoffwechsel aus der Bahn geraten, »entgleist«, und muss fachkundig wieder »in rechte Bahnen gelenkt« werden. Das dauert. Daher sollte man Geduld haben und nicht gleich wieder allen Mut verlieren, wenn auf die ärztliche Medikation nicht gleich Stimmungsaufhellung oder Antriebssteigerung folgt. Das braucht üblicherweise drei bis vier Wochen, manchmal mehr.

Neben dieser großen Depression gibt es jedoch auch depressive Verstimmungen, besonders in Zeiten schwankender Hormonlagen, also in der Pubertät oder im Klimakterium, bei Schwangerschaft und rund um die Geburt. Nicht immer ist es angezeigt, sofort mit Hormongaben oder Psychopharmaka gegenzusteuern.

Jede emotionale Befindlichkeit wird auch »verkörpert«; deswegen bewundern wir ja die Schauspieler/innen, deren Darstellung so echt wirkt, dass man ihren Gefühlsausdruck mitfühlen kann. Diese Fähigkeit der Einfühlung in eine bestimmte Gefühlslage haben wir aber alle! Vielleicht nicht so exzellent wie Oskar Werner oder Eleonora Duse, aber doch hinreichend, um uns zumindest kurzfristig aus der Gefahrenzone des psychischen Absturzes herauszulotsen.

Körperlich empfiehlt sich eine Übung aus dem Chi Kung (oder Qui Kong), nämlich

- beide Mundwinkel, so stark es geht, nach oben Richtung Nase zu ziehen und dann,
- ohne sie absinken zu lassen oder die Spannung zu lösen, in Richtung Ohren.

Sie werden jetzt vielleicht denken: Aber das ist doch nur Lächeln. Nein, das ist es eben nicht! Beim »gemeinen« Lächeln (in Gegensatz zum besonderen) haben Sie weder die bewussten zwei Schritte der Verwirklichung noch die erhöhte Muskelspannung. Die aber massiert das Bindegewebe rund um den Mund und bringt damit die »depressive Maske« zum Verschwinden.

Verstehen Sie nun, weshalb Sätze wie: »Da musst du eben die Zähne zusammenbeißen!« oder: »Halt die Ohren steif!« direkte Gebote darstellen, depressiv zu reagieren?

Depressionen oder depressive Verstimmungen können vereinfacht formuliert auch als nach innen gerichtete Aggressionen interpretiert werden. Wohin sollen sie auch entweichen, wenn man nicht darüber reden darf, sondern den Mund fest verschlossen halten soll?

Vor etlichen Jahren wurde im Jugendstiltheater auf dem Gelände des Wiener Psychiatrischen Krankenhauses ein Theaterstück aufgeführt, dessen Titel lautete: »Strategien gegen die Trauer – das Saufen, das Reden«. Trauer als Folge der Verzweiflung, seine aggressiven, auf Problemhinweis und Problemlösung zielenden Gefühle nicht äußern – nach außen bringen – zu dürfen, sucht die Flucht aus der Realität, entweder durch Betäubung, Abstumpfung, Selbstaufgabe oder durch Größenfantasien, Selbsterhöhungsaktionen, schlimmstenfalls Vernichtung all derer, die das in Frage stellen. Das sind missglückte Selbstheilungsversuche.

Die geglückten bestehen darin, sich den eigenen emotionalen Höhen und Tiefen zu stellen und einen sozial akzeptablen Ausdruck zu entwickeln: reden, vielleicht auch dichten, singen, tanzen, malen – oder jede Form körperlicher Aktivität, in der man rhythmisch tief atmen muss. Den Boden wischen, Holz hacken, laufen …

Mental hilft der Versuch, die Auslöser dieser nach innen gekehrten Aggression zu enttarnen. Meist befindet sich dieses Wissen ja im Unbewussten – wer gibt in unserer angeblich so zivilisierten westlichen Welt schon zu, vor Wut fast zu platzen?

Um der »inneren Zensur« zu entwischen, liebe ich eine Fantasieübung:

- Stellen Sie sich vor, Sie haben an Ihrer Seite einen riesengroßen schwarzen Hund.
- Geben Sie ihm einen passenden Namen – Rex, Tasso, Cäsar, Sultan –, der Macht und Stärke symbolisiert.
- Sie stehen mit ihm gemeinsam auf einem großen Platz, und vor Ihnen stehen alle die Menschen, mit denen Sie im Laufe der letzten Wochen zu tun hatten.
- Jetzt sagen Sie zu Ihrem Hund: »Ich habe noch ein paar unerledigte Angelegenheiten. Erledige du sie für mich.«
- Und dann sehen Sie einfach zu, was Ihr Hund macht – ohne viel zu denken, wie im Kino.

Sie werden merken, wen Ihr Hund ableckt – ob die Person das nun will oder nicht –, anspringt, anpinkelt, davonjagt, beißt ... Wichtig ist, wie Sie sich dabei fühlen – ob Sie sich wundern, freuen, amüsieren. Auf jeden Fall werden Sie etwas Unterdrücktes los und können sich entspannen.

DISKRIMINIERUNG

Darunter versteht man, jemand anderen wegen persönlicher Eigenschaften – beispielsweise Abstammung, Hautfarbe, Gesundheitszustand, Religion, Geschlecht, sexuelle Orientierung – zu benachteiligen. Meist aus politischen Gründen begonnen, wird diese Art von Ungleichbehandlung liebend gerne von Menschen mit geringem Selbstwertgefühl übernommen beziehungsweise nachgeahmt, die darin eine Chance sehen, sich zu erhöhen und andere zu →*demütigen.*

Während individuelle Demütigungsversuche aber meist schnell aufgegeben werden, wenn sie keinen sichtbaren Erfolg zeigen (außer die verursachende Person ist psychisch krank; dann wird sie sich voraussichtlich immer weiter steigern und man muss die Kommunikation abbrechen, indem man sich entfernt oder sie hinauskomplimentiert. Wenn sie dann immer noch nicht gehen will, ist für die Entfernung die Polizei zuständig), sind Kollektivabwertungen als erster Schritt zur Verhetzung jedenfalls zu ächten: Man muss Stellung beziehen, egal, ob man Betroffene/r ist oder »nur« Publikum.

Körperlich ist es dabei wichtig, sich in eine geeignete Protesthaltung zu versetzen:

- sich zur vollen Körpergröße aufrichten (auch im Sitzen),
- die andere Person sehr ernst und fest ansehen
- und sagen, dass man ihre Aussage/n nicht richtig findet und nicht dulden möchte, dass andere Menschen (das betrifft auch einen selbst) diskriminiert werden.

Mental gilt es, diesen körperlichen Vorgang zu denken; dann verändern sich bereits Mimik und Gestik. Und das reicht manchmal, dass sich die Diskriminierenden nicht mehr von »zustimmendem Schweigen« unterstützt und sicher fühlen, sondern als Geisterfahrer auf der sozialen Autobahn. Solche muss man einfach herunterholen, damit sie keine Unfälle verursachen.

DYSMORPHOPHOBIE

umschreibt die phobischen Ängste, nicht schön – oder im Aussehen »normal« – genug zu sein.

Bei →*Phobien* empfehle ich grundsätzlich, psychiatrische beziehungsweise psychotherapeutische Hilfe in Anspruch zu nehmen. Als erste Hilfe, wenn die Angst einen urplötzlich überfällt, rate ich Folgendes:

Körperlich setzt man sich einmal hin, atmet durch und fragt sich dann: »Wer hat (hatte bisher) einen Vorteil davon, wenn es mir so geht, wie es mir geht?« Sollte die Antwort lauten: »Ich selbst – denn dann erspare ich mir die Angst, an Orte zu gehen, wo ich mich einer Konkurrenz stellen müsste«, schlage ich vor, sich bei der »Schwester Angst« zu bedanken, dass sie so fürsorglich ist – und sie auf Urlaub zu schicken. Das bietet zumindest eine andere als die übliche Verhaltensweise, nämlich von der reinen Angst zur Angst vor der Angst zu steigern.

Sollte hingegen die Antwort lauten: »Die anderen, denn sie sind meine Konkurrenz los«, bietet sich die folgende Lösung an:

D

Mental gibt man sich den autosuggestiven Befehl: »Keine Freude sollen die mit mir haben!« Oder wollen Sie etwa von der Konkurrenz geliebt werden? Das wäre ein irrealer Wunsch. Denken Sie nur an Schneewittchen oder die vielen Märchen, wo von drei Brüdern immer zwei auf den Jüngsten losgehen.

Liebe, die Bedingungen stellt, ist keine Liebe, sondern emotionale Erpressung, daher kann man getrost auf sie verzichten. Wurde sie schon in frühester Kindheit ausgeübt, glaubt man als Erwachsene/r oft immer noch an diese Lügen. Ein Beispiel: »Ich werde nie wieder jemanden finden, der sich mit mir abgibt.« Alles Flüche! Und die wirken nur, wenn man an sie glaubt.

Früher ging man zu Hexen oder Wendern, um Flüche loszuwerden. Heute gehen manche zum kosmetischen Chirurgen, aber der verändert nur die Materie; der Fluch (der böse Geist) aber bleibt. Daher also lieber zu den modernen Nachfahren der Zauberer, den Psychotherapeut/innen. (Von Sigmund Freud stammt der Satz: »Worte waren ursprünglich Zauber.«)

EIFERSUCHT

Die meisten Menschen benützen allein das Wort Eifersucht, um quälende Gefühle zu benennen, die ihnen in Konkurrenzsituationen zu schaffen machen. Ich empfehle aber, genau zu unterscheiden zwischen

- Konkurrenz: Sie ergibt sich immer, wenn mehrere Menschen sich um das Gleiche bemühen, beispielsweise um die Zeit oder Aufmerksamkeit einer anderen Person, um Belohnungen, um Raum- oder Arbeitsverteilung etc. Wie man mit Konkurrenz umgeht, war immer schon eine Herausforderung für soziale Kreativität, das Erfinden von Spielregeln, von Rangordnungen, Gesetzen oder ordnenden Ritualen wie etwa Wettkämpfen. Wird Konkurrenz nicht offen und redlich – nämlich so, dass man es bereden kann – ausgeübt, mutiert sie leicht zu
- Rivalität: Hier bemühen sich zwei oder mehr um dasselbe Ziel, verwenden aber (zumindest für sich selbst) gesundheitsschädliche, meist auch unredliche, weil unfaire Mittel. Das Wort unfair hat übrigens kein deutsches Vergleichswort; wir kennen nur die Begriffe gerecht, anständig, rücksichtsvoll. Fairness stammt aus dem Englischen und heißt so viel wie auf eigene Vorteile zu verzichten, wenn sie jemand anderem zum Nachteil gereichen würden. Das tut der Rivale nicht (vom lateinischen *rivus,* Bach, Fluss, beziehungsweise *rivalis,* Bachnachbar, jemand also, der das kostbare Wasser eines Bachs für sich allein abzuleiten versucht); er will den anderen vertreiben, mit List, Tücke, Drohung, Gewalt – je nach Psychostruktur und Intelligenz. Hier hilft oft ein offenes Ansprechen und Benennen der Situation, um sie in faire Konkurrenz umzuwandeln.

  So erinnere ich mich an einen Klienten, der damit konfrontiert war, dass er und sein bester Freund seit Volksschultagen, nunmehr beide akademisch abgesegnete Betriebswirte und in derselben Firma beschäftigt, sich um ein und dieselbe übergeordnete Position beworben hatten. Sollten sie überhaupt noch miteinander reden, bis die Stelle besetzt wäre? Und wie dann damit umgehen, wenn nun einer der Vorgesetzte des anderen würde? Ich riet damals: Die Situation ansprechen und einen Vertrag schließen. »Wie wollen wir uns bis dahin ›vertragen‹ – wollen wir bestimmte Themen (beispielsweise unsere Selbstpräsentation) auf Zeit ausschließen? Oder wollen wir einander aus dem Weg gehen? Oder einander alles erzählen und Fairness vereinbaren?«

- →*Neid:* Im Gegensatz zum Rivalisieren als einem auf Aktivität gerichteten Verhalten ist Neid etwas Statisches. Man schaut scheelen Auges auf jemand anderen, von dem man glaubt, er oder sie habe irgendetwas Erstrebenswertes. Statt sich darauf zu konzentrieren, wie man das ebenfalls bekommen könnte, bleibt man in dieser selbstschädigenden Passivität hängen.
- Die eigentliche Eifersucht hingegen enthält eine unübersehbare Portion Angst. Man hat die mehr oder weniger reale Befürchtung, etwas zu verlieren, belogen, betrogen, bestohlen zu werden – und oft ist diese Befürchtung durchaus realistisch. Ist sie jedoch unbegründet oder kommen noch andere Komponenten dazu, etwa dass man nicht ernst genommen wird, dass man an alten, unverheilten Seelenverletzungen oder neuen →*Demütigungen* leidet, dann kann aus einem vorübergehenden Eifersuchtsimpuls eine – für sich wie für andere – unerträgliche Paranoia (Verfolgungswahn) werden.

Verena Kast bezeichnet Eifersucht als »Emotion des doppelten Zweifels« (Kast 2002): des Zweifels an sich selbst und des Zweifels an einem anderen. Viele Menschen kehren deswegen gedanklich immer wieder in die Auslösesituation zurück und suchen das Gespräch mit der Auslöseperson, weil sie hoffen, damit den Zweifel loszuwerden. Aber so gelingt das nicht!

→*Zweifel* ist eine selbst gewählte, daher auch selbst zu verantwortende Verhaltensweise. Sie beginnt meist mit einer

- Irritation: Etwas entspricht nicht der eigenen Vorstellung, wie es sein sollte: eine liebevolle Partnerbeziehung, berufliche Gerechtigkeit, das Leben an und für sich …
- Dann sucht man nach einer Erklärung und
- wählt die, die sich als erste aus dem Gedächtnisschatz anbietet,
- lässt sich von dem bislang damit verbundenen Gefühlscocktail vergiften
- und findet sich zuletzt in tiefer emotionaler Not und Selbstverachtung wieder.
- Um aus dieser quälenden Seelenlage herauszukommen, startet man den nächsten Versuch, die Auslöser zum Umschwenken auf die beanspruchte Harmonie zu bewegen –
- und erhöht die Dosis der Bedrängnis: Man macht »mehr desselben« (Watzlawick 1986), bis man entweder ganz vom Boden der Realität »abhebt« oder andere einen schmerzvoll auf diesen Boden zurückholen, beispielsweise

durch den Abbruch der Kommunikation oder Einweisung in ein psychiatrisches Krankenhaus. Ein derart brutales Vorgehen ist jedoch gar nicht nötig (sofern nicht andere Verhaltensstörungen dazukommen).

Wenn Sie also merken, dass Sie selbst unter Eifersuchtsgefühlen zu leiden beginnen (oder nicht damit aufhören können), gibt es folgende Möglichkeiten:

Körperlich gehen Sie so vor:
- Sie stellen sich bequem hin und nehmen irgendeinen Gegenstand als Symbol für das, was Sie nicht verlieren (oder auch nur teilen) wollen, in die eine Hand.
- Richten Sie sich jetzt zu voller Größe auf; versuchen Sie, noch einen oder zwei Zentimeter aus ihrer Wirbelsäule herauszuholen.
- Blicken Sie wie ein König oder eine Königin um sich, als wären Sie von einem unsichtbaren Hofstaat umgeben, und
- sagen Sie sich innerlich: »Ich bin okay, auch ohne Besitz. Und das merken alle, die guten Willens sind.«
- Dann fassen Sie den Gegenstand mit beiden Händen und legen ihn bewusst weg – auf einen Tisch, in ein Regal, vielleicht sogar ganz weg. Sie brauchen ihn ja nicht, um ein glücklicher Mensch zu sein. Jetzt sind Sie bereit, auf die Empfindung einer zur Gänze aufgerichteten Wirbelsäule mit Glücksgefühlen zu reagieren: Das ist *Ihre* Struktur, die hält (selbst wenn sie ein wenig »windschief« sein sollte; das beweist ja nur, wie viele Lebensstürme Sie schon überstanden haben) und auf die Sie sich verlassen können. Wirklich verlassen können Sie sich nämlich nur auf sich selbst (wenn Sie es wollen).

Mental hingegen sollten Sie immer hinterfragen, welches Verhalten für Sie und Ihre Bedürfnisse das beste ist:
- Wollen Sie ein belogener, betrogener, verlassener, gedemütigter Mensch sein?
- Oder ein souveräner? Sie sind es ja nicht, der oder die belogen, betrogen, verlassen oder gedemütigt hat – oder? Und: Wie andere über Sie denken, liegt außerhalb Ihrer Macht. Egal, wie Sie sich benehmen, die anderen werden das tun, was sie wollen, und nicht Ihrem Willen folgen.
- Sie entscheiden, mit welchem Gefühl, mit welcher Körperempfindung, mit

welcher Fantasie, mit welchen Verhaltensweisen (Mimik, Gestik etc.) und Sätzen Sie auf die Situation reagieren wollen. Ob Sie beispielsweise der Auslöseperson sagen wollen: »Ich habe eine Fantasie (Vermutung, Beobachtung ...), die mich irritiert (unruhig macht, ärgert etc.), und zwar ... Wie sieht das aus deiner Sicht aus?«

- Sie müssen sich nur angewöhnen, den kleinen Satz: »Mit welchem Gefühl will ich jetzt reagieren?« und »Wie will ich weiterfühlen?« dazwischen zu denken und
- sich einen überlegenden/überlegten Gesichtsausdruck antrainieren. Das kann man sich von einem passenden Modell abschauen und vor dem Spiegel üben.

Sollten sich jetzt abwertende Gedanken einschleichen, etwa: »Aber das ist doch Selbstverdummung!«, dann erinnern Sie sich, dass wir von klein auf unser gesamtes Verhaltensrepertoire von Bezugspersonen beziehen, die wir imitieren. Der einzige Unterschied gegenüber diesem unbewussten Nachahmen ist, dass Sie diese Lernprozesse in Hinkunft bewusst, daher selbstbestimmt gestalten können.

EINSAMKEIT

Der Psychoanalytiker Fritz Riemann unterscheidet in seinem Buch »Grundformen der Angst« (Riemann 1984) vier Charaktertypen, die er mit den psychiatrisch anmutenden Namen »schizoid« im Gegensatz zu »depressiv« und »zwanghaft« im Gegensatz zu »hysterisch« klassifiziert. Er will damit nur Bandbreiten menschlicher Verhaltensmöglichkeiten skizzieren, die von der sanft angedeuteten Tendenz bis zur krankhaften Fixierung reichen; irgendwo auf einer dieser gegensätzlichen Bandbreiten befindet sich jede Person. Im Idealfall genau in der Mitte, in →*Balance*[1].

Als schizoid bezeichnet Riemann Menschen, die Angst vor Nähe haben. Sie

1 Im zweiten Gegensatzpaar hat der zwanghafte Mensch Angst vor →*Chaos* und bekämpft diese Angst mit Ordnungsversuchen, der so genannte Hysterische hingegen hat Angst vor Einengung und behilft sich, indem er, wo es nur geht, Struktur behindert oder zerstört.

sind gerne allein, oft aus gutem Grund: Das mögen negative Erfahrungen mit anderen Menschen in frühester Kindheit gewesen sein, sexuelle Belästigung, →*Bullying* in der Schule oder ein depressiver Elternteil, der vom Kind emotionale Versorgung erpresst hat (also eine Rollenumkehr: Der Elternteil macht sich zum Kind und will, dass das Kind bei ihm Elternfunktionen übernimmt, eine vollkommene Über-Forderung). Und weil diese Menschen kaum jemals Langeweile empfinden – immerhin haben sie schon seit Kindheitstagen gelernt, sich aktiv und kreativ zu beschäftigen und das Leben angenehm zu machen –, sind sie für gegensätzliche Typen besonders attraktiv.

Diese – Riemann nennt sie depressiv – haben Angst vor dem Alleinsein, vor stillen Räumen (daher bevorzugen sie offene oder ausgehängte Türen, Großraumbüros und Musikberieselung, ein Horror für alle Schizoiden), leeren beziehungsweise aufgeräumten Schreibtischen (das symbolisiert: wurde für lange Zeit verlassen, kommt nicht bald wieder) bis zur leeren Wohnung, in die sie nicht heimkommen wollen. Dann nehmen sie gern den Umweg übers Wirtshaus; dort ist ja immer jemand, zumindest die »Bedienung«. Und bedient wollen sie eigentlich werden, wie kleine Kinder. Um diese Zuwendung zu erlangen, wenden sie unterschiedliche Strategien und Taktiken an: Die einen sind besonders lieb, dienen sich selbst als Helfer in allen Lebenslagen an (und gehen damit den Schizoiden, die alles selbst machen wollen, auf die Nerven), oder produzieren – unbewusst – Notlagen und Pechsträhnen, Unfälle und Krankheiten (vor allem →*Depressionen),* um selbst Hilfe einfordern zu können.

Was sie brauchen würden, ist Aufmerksamkeit, Zuwendung, Liebe – kurz: wärmende Seelenenergie, und die möchten sie passiv geschenkt bekommen, denn zum aktiven Bitten fehlt ihnen die Selbstliebe (das heißt: Ich werde auch geliebt, wenn ich etwas erbitte, auch wenn ich es nicht bekomme) und ein geeignetes Vorbild (ihr Modell heißt: Nur wenn man mir etwas schenkt, werde ich auch geliebt; eine Neurosignatur, die »nachhaltige« Manipulation in sich trägt).

Da die beiden Charaktertypen sich, wie schon erwähnt, gegenseitig anziehen, fällt der Schizoide meist auf den kindlichen →*Charme* und die Mitleid erregende Bedürftigkeit des Depressiven herein, will sich aber nach der Sättigung der eigenen Bedürfnisse wieder schnellstens in seine »Eremitage« zurückziehen. Das aber zerstört die Hoffnungen des Depressiven, endlich einen »Licht-Spender« gefunden zu haben. Er oder sie klammert nun erst recht und schlittert so in emotionale →*Abhängigkeit.* Die Lösung des Dilemmas: »Zu wem halte ich, zu mir oder zu dir?« liegt wieder einmal in der Kommunikation: Man muss dem anderen erklären, was man im Augenblick fühlt und daher bräuchte, und ihn fragen, wie weit er oder sie einem entgegenkommen kann (und umgekehrt). Dann gilt es, durch gedanklich-sprachliches Hin-und-Her-Überlegen den gemeinsamen Nenner zu finden.

Ein solches Wechselspiel könnte etwa so lauten:

- Depressive Partnerperson (D): »Ich habe zu wenig von dir, du gehst mir ab. Ich möchte das ganze Wochenende mit dir zusammen sein.«
- Schizoide Partnerperson (S): »Ich glaube nicht, dass mir das gefallen würde. Ich wollte eigentlich einmal allein in meinem Bett ohne Wecker lang schlafen, und du stehst ja früh auf. Und dann möchte ich das Buch lesen, das ich mir gestern gekauft habe, und erst dann essen, wenn ich wirklich Hunger habe. Kannst du das verstehen?«
- D: »Verstehen kann ich es schon, aber mir macht allein essen keine Freude. Wie lange willst du denn schlafen?«
- S: »Mindestens bis zehn, vielleicht auch bis elf ...«
- D: »Ich mache dir einen Vorschlag: Ich stehe ganz leise auf, lasse mir besonders viel Zeit bei der Morgentoilette, hole dann die Zeitung und mache ein feines Frühstück. Ich bemühe mich, nicht vor zehn fertig zu sein – und dann darf ich dich ganz lieb wecken, ja?«
- S: »Na gut, dann darfst du es aber auch nicht auf dich beziehen, wenn ich noch unausgeschlafen und grantig reagiere, und musst das Frühstücksgeschirr wegräumen, damit ich allein im Badezimmer trödeln kann ...«

In alten Liebesromanen kommt immer wieder die Formulierung vor: »Und er erklärte sich ihr« (nämlich seine Liebesgefühle). Heute sind wir zwar Bedienungsanleitungen von Videorecordern und Handys gewohnt, nur uns selber erklären wir nicht. Dabei sind wir meist auf Rücklauf eingestellt (erworbene Neurosignaturen), aber unser Potenzial auf Neuprogrammierung unserer Klingeltöne nutzen wir selten (wir könnten uns selbst neue Neurosignaturen schaffen).

Körperlich bräuchten wir nur

- an die letzte Situation zu denken, in der wir hinaus- beziehungsweise auf andere zugehen wollten und es nicht taten.
- Wie hat sich das damals abgespielt? Wie haben wir uns körperlich gehal-

ten/verändert? Welche Empfindungen hatten wir und wie haben wir sie verkörpert? Wie war unsere Mimik, Gestik, Körperhaltung, Atmung?
- Hat sie zu unseren Wünschen gepasst?
- Gibt es eine bessere? Dann bitte sofort nachspielen!

Wenn das nicht hilft, üben Sie Wiegeschritte wie im Tango. Oder gehen Sie gleich in einen Tanzkurs. Single-Männer sind dort immer willkommen, und als Frau kann man unbesorgt ein Inserat aufgeben (oder einen Zettel aufs schwarze Brett im Supermarkt hängen), dass man einen Tanzpartner (bitte Alter und Körpergröße angeben) sucht; Treffpunkt Tanzschule (das hilft, überschießende Männerfantasien abzuwürgen).

Mental könnte die Hilfe folgendermaßen aussehen:
- Wenn Einsamkeit traurig und vielleicht bereits depressiv macht, überlegen Sie: Was interessiert mich sachlich? Ein großer Fehler, den ich bei unfreiwilligen Singles (egal wie alt) immer wieder feststellen konnte, ist, dass sie nur an die fehlende Beglückung durch jemand anderen denken, nicht aber ans Kennenlernen, den Beziehungsaufbau etc. Ich sage ihnen: »Ein Haus fangen Sie ja auch nicht beim Balkon im ersten Stock zu bauen an, sondern im Erdgeschoß; vorher muss ein Fundament geschaffen werden und einen Keller vorzusehen ist kein Fehler ...«
- Der erste Schritt: hinausgehen, damit man gefunden werden kann – und wenn es »nur« der Besuch eines Chatrooms im Internet ist. Je extremer die eigenen Interessen sind (oder je weniger man hat), desto schwerer wird es sein, jemand Passenden zu finden. Dass einem jemand »über den Weg läuft«, ist eher selten und auch kein Garant für Beziehungsglück. Wer für Musik schwärmt, sollte dorthin gehen, wo man diese Musik spielt, und wer gerne wandert, gehört zum Alpenverein oder den Naturfreunden oder zu den rituellen Wanderaktionen in den Bundesländern.
- Erst wenn man eine begegnungsfreundliche Umgebung ausgedacht hat, ist es Zeit, sich ein geistiges Bild zu machen, wie man dort auf jemanden stoßen wird, der sich für einen interessiert, egal welchen Alters, welchen Geschlechts. Jeder Mensch kann Brücke zu anderen Menschen sein! Bei dieser Fantasieübung ist es aber nicht wichtig, sich die andere Person optisch auszumalen, ganz im Gegenteil: Es gilt, das eigene Verhalten geistig einzuüben,

und zwar in mehreren Variationen (bekanntlich kommt es immer anders, als man denkt).

- Aber man sollte sich vorstellen, wie man die andere Person erahnt, »riecht«, so wie Pilzsucher im Wald ihre Nase einsetzen, um zu orten, wo sie fündig werden könnten. Man sollte das Herz offen und bereit halten, jemand anderen willkommen zu heißen – als Freund, Freundin, nicht gleich als Sexpartner/in.
- Viele ältere Menschen, vor allem Frauen, sehnen sich nicht nach Sex, sondern nach jemandem, für den sie sorgen können und der mit ihnen die Zeit verbringt. Das muss aber kein Mann sein! Die Welt ist voll von einsamen Menschen, auch Kindern, die auch Gemeinsamkeit brauchen. Man muss nur das eigene Selbstwertgefühl von der Paarbildung, wie sie in der Phase des Nestbauens und der Fortpflanzung üblich ist, entkoppeln. Es gilt also immer, das eigentliche Ziel von dem einen geistigen Bild, das als erste Lösung auftaucht, zu trennen, Alternativen zu entwerfen und mit guten Gefühlen zu verbinden.
- Auch wenn die körperliche →*Sehnsucht*, physisch geliebt zu werden, übergroß ist: Die andere Person braucht ihre Zeit, um herauszufinden, ob sie sich verlieben, intim werden und körperlich vereinen will. (Auch sich selbst sollte man diese Zeit gewähren. Wenn man das aber nicht will, gibt es Selbstprogrammierungstechniken, wie man unerwünschtes →*Begehren* abklingen lassen kann.) Das sind drei verschiedene Stadien des Aufbaus einer Beziehung, wenn diese länger dauern soll als ein One-Night-Stand – und nach jedem Stadium darf Schluss sein. Man muss nicht weitergehen! Nur im Film wird reales Geschehen auf eine kurze Szenenabfolge gerafft: James Bond sieht eine schöne Frau – in der nächsten Szene liegt er schon mit ihr im Bett – in der übernächsten erschießt er sie, da sie eine feindliche Agentin ist. So ähnlich inszenieren viele Menschen heute auch ihre Liebesbeziehungen.

Wer aber ohnedies nur einen One-Night-Stand anpeilt, dem empfehle ich, statt auf anderer Menschen Seelen herumzutrampeln – denn Körper, Seele und Geist sind eine Einheit, auch wenn man das oft erst im Nachhinein merkt – den Besuch in einem professionellen Etablissement, wo man(n) sich bestellen kann, was er sich wünscht und wo die erfahrenen Menschenkennerinnen wissen, wie sie mit sozial behinderten Menschen so umzugehen haben, dass diese nicht noch mehr verstört werden, als sie es ohnedies schon sind.

EINSCHLAFSTÖRUNGEN siehe →*Schlafstörungen*

EMOTIONALE KOMPETENZ

Als emotional kompetent definiere ich einen Menschen, der eigene wie fremde Gefühle zulassen, wahrnehmen – und aushalten kann. Ich-schwache Menschen können das meist nicht: Sie fühlen sich schnell unzulänglich, benachteiligt, ignoriert (nicht zu verwechseln mit echter Benachteiligung) und neigen dann dazu, sich aufzuspielen. Dazu gehört auch, sich bei jeder passenden oder unpassenden Gelegenheit zu →*empören* oder andere zu →*demütigen,* um sich wieder groß fühlen zu können.

Der franko-amerikanische Transaktionsanalytiker Claude Steiner setzte als Zeichen emotionaler Intelligenz und Kompetenz voraus, dass man

- die eigenen Gefühle kennt,
- Einfühlsamkeit besitzt,
- die eigenen Gefühle kontrollieren kann,
- emotionale Schäden reparieren – sich entschuldigen, Zugeständnisse machen – kann und
- fähig ist, sich auf die Gefühle anderer einzustimmen beziehungsweise sie einschätzen zu können.

Steiner beschreibt den langsamen Entwicklungsweg aus der

- »emotionalen Taubheit« (in der man sich seiner eigenen Gefühle nicht bewusst ist, daher meint, man habe keine) zur
- körperlichen Empfindung (in der man zwar die psychosomatischen Reaktionen wahrnimmt, die eigentlichen seelischen Empfindungen einem aber weiterhin verborgen bleiben) zur
- rudimentären Wahrnehmung (nun spürt man zwar auch die seelische Befindlichkeit, kann sie aber nicht näher bestimmen oder sprachlich ausdrücken; auch bleibt einem der jeweilige Beweggrund unklar). Die nächste Erweiterung emotionaler Kompetenz besteht in der
- Differenzierung. Mit dem Beginn des Sprechens über seine innere Bewegung werden die unterschiedlichen Qualitäten erkennbar. Es kann zwischen Ärger und Wut, Freude oder Liebe, Zorn oder Hass, Scheu oder Scham differenziert werden. Weiters entsteht ein Gefühl für

- Kausalität: Man kann auch den Ursprung der Gefühlsreaktionen erkennen. Statt »du ärgerst mich« heißt es dann: »Wenn du so dreinschaust, reagiere ich mit Ärger.« Und weil man jetzt bei sich diese Kipp-Punkte wahrnehmen kann, an denen Gefühle entstehen oder wechseln, merkt man das auch bei anderen und es entsteht
- Einfühlung: Man kann sich in andere hineinversetzen, willentlich oder auch automatisch, vorausgesetzt, man fühlt sich dadurch nicht in seiner Individualität gefährdet (wie beispielsweise →*Borderliner).* Daraus folgt eine neue Qualität von
- Interaktivität: Da man andere besser erspürt, kann man sich besser auf sie einstellen. Das erhöht die Chance auf gegenseitiges Verstehen, Wahrhaftigkeit, damit auch Zufriedenheit.

Wenn Sie Ihre eigene emotionale Kompetenz erhöhen wollen, nutzen Sie eine psychotherapeutische Technik namens Focusing:
- Achten Sie darauf, ob und was Sie irgendwo in Ihrem Körper spüren.
- Suchen Sie, ob zu dieser Körperempfindung ein bestimmtes Gefühl passt.
- Überlegen Sie, womit sich dieses Gefühl vergleichen lässt. Vielleicht können Sie sich ein geistiges Bild machen, wie diese Vergleichssituation aussehen würde. Vielleicht haben Sie aber auch nur eine blitzartige Idee. Halten Sie diese fest und
- denken Sie nach, ob Ihnen dazu irgendein Satz einfällt, den Sie sagen könnten, sollten und der Sinn ausdrückt.

Wenn Sie einfühlsamer werden möchten:
- Stellen Sie sich vor, Sie blicken aus den Augen der anderen Person auf die Welt; was bekommen Sie dann für Gefühle?
- Wie müssten Sie diese »Ahnung« von der Gefühlswelt der anderen »zur Sprache bringen«, dass die anderen erleichtert »Ja!« sagen könnten?

Wenn Sie »interaktiver« – respektvoll kommunikativer – und damit ein Mensch werden wollen, mit dem es sich »gut reden lässt«, verzichten Sie auf jegliche verbale Überheblichkeit! Es geht nicht darum, dass andere erfahren, wie toll Sie sind, sondern dass Sie mehr von den anderen erfahren, um sie besser verstehen zu können.

Was aber, wenn Sie es mit jemandem zu tun haben, der emotional inkompetent ist? Dann bleiben Sie auch bei dem, was Ihre eigene Kompetenz bewahrt, und verzichten Sie darauf, den anderen ändern zu wollen. Nutzen Sie diese Gelegenheit als Herausforderung, eigene Einfühlsamkeit zu üben – und Geduld, gelassen mit potenziellem →*Frust* umzugehen.

EMPÖRUNG

Im Begriff Empörung steckt das Wort »empor«, und wieder »empor« versuchen wir zu gelangen, wenn uns jemand »runter« gemacht hat: ein meist missglückender Selbstheilungsversuch. Besser als sich aufzuregen ist es, ruhig und sachlich zu erklären,

- was die andere Person aus eigener Sicht gerade versucht. Zum Beispiel: »Ich habe den Eindruck, Sie wollen mich jetzt runtermachen.« Das ist eine »Doppelmühle«, bei der Sie nur gewinnen können: Entweder die andere Person gibt es zu – dann haben Sie mit Ihrer Einschätzung Recht gehabt – oder sie streitet ab; dann muss sie darauf achten, den entstandenen Eindruck zu korrigieren, also zurückweichen, und Sie haben wieder gewonnen.
- Haben Sie es aber mit einem »Mords-Steher«[2] zu tun, dann äußern Sie exakt das, was Sie von ihm einfordern: »Bitte behandeln Sie mich respektvoll.« (Das wirkt auch bei Polizisten, Rechtsanwälten und rüpelhaften Richtern, wie ich aus eigener Erfahrung weiß!)

Sollten Sie sich aber dennoch entscheiden, nicht sachlich und gelassen reagieren zu wollen, sondern mehr Kraft und →*Energie* in den damit beginnenden Machtkampf zu investieren, dann wählen Sie für Ihre Stimmlage statt »schnell und laut« die Intonation »langsam und kräftig«. Wenn Sie also kämpfen wollen, sollten Sie kampferprobt sein – und dazu gehören auch Stimmeinsatz, Blicke, Energielenkung und mentale Kampftechniken. Triviale Niederbrüll- und Androhtechniken disqualifizieren Sie nur!

2 In Österreich geläufiger Ausdruck für einen Kriminellen, der selbst unter »besonderem Nachdruck« nicht gesteht.

ENERGIE

Energie bedeutet die »Fähigkeit, Arbeit zu verrichten«, belehrt uns der Duden. Ich definiere sie als Antriebs- oder auch Lebenskraft, weil mir die einseitige Ausrichtung auf Arbeitsfähigkeit zu eng erscheint.

Sie kennen sicher Zustände, in denen Sie sich energielos – antriebslos – gefühlt haben. Das kann Zeichen von Krankheit sein (der Körper verbraucht mehr Energie als sonst zur Bekämpfung von Viren oder Bakterien) oder von Erschöpfung (man hat sich beziehungsweise seine Kräfte verausgabt). Man kann aber auch sagen: Wir haben ein bestimmtes Maß an Energie in uns, das wir quasi in einem Kreislauf ausgeben und wieder ergänzen müssen. Manche Tätigkeiten oder Zustände verbrauchen mehr Energie, als wir in der gewohnten Zeit (zum Beispiel des Schlafens) regenerieren können. Was dabei oft übersehen wird: Abgesehen von der energetischen Selbstausbeutung – indem man sich beispielsweise etwas vornimmt, das man aller Voraussicht nach nicht schaffen wird (weil die Zeit zu knapp bemessen ist, notwendige Ressourcen fehlen, zum Beispiel Unterstützung durch andere, oder das menschliche Maß Grenzen setzt), gibt es auch eine energetische Fremdausbeutung durch →*Energiesauger*.

Andererseits existieren auch Energiespender, →*salutogene* Menschen, deren Zuwendung oder auch bloß Anwesenheit bereits Energiezuwachs bedeutet. Sie besitzen Charisma, Strahlkraft. Meist ist es echte Liebe zu den Menschen, der Schöpfung, der Kunst, die aus ihnen abstrahlt (oder auch nur Selbstliebe, narzisstische Selbstverliebtheit; weil aber so viele Menschen unter Liebesmangel leiden, werden sie auch von diesen »Imitationen« angezogen und irgendwann enttäuscht).

Energie tanken kann man auf mehrere Weisen:

Körperlich beispielsweise durch eine Qi-Gong-Übung, die »Himmel und Erde verbinden« heißt:

- Man stellt sich breitbeinig mit lockeren Knien hin und beugt langsam und sanft den Rumpf, bis man mit den Händen den Boden berührt. Die Arme und Hände sind dabei leicht nach innen gebogen, als wollte man etwas aufheben.
- Jetzt tut man so, als ob man »die Kraft aus der Erde« aufnehmen würde,
- richtet sich langsam und sanft auf und zieht dabei die aneinander gelegten Hände (in denen die Kraft ruht) bis zum Nabel. Dabei atmet man ein.

- Kurze Pause, ohne zu atmen.
- Jetzt wendet man die Hände so, dass die Handrücken aneinander gelegt sind und nach oben schauen, zieht die Hände hoch – bis über den Kopf –
- und beschreibt gleichzeitig mit beiden Armen einen Bogen bis zur Taille. Dabei holt man sich die Energie aus dem Kosmos.
- Wenn man die Hände wieder in Nabelhöhe hat, atmet man aus (und lässt verbrauchte Energie los).
- Wieder eine kurze Pause, ohne zu atmen.
- Dann wiederholt man den Kreislauf, drei- bis fünfmal oder nach Belieben öfter.

Diese Übung gibt nicht nur Energie, sie löst auch Verspannungen. Wichtig ist: alles weich statt hart, alles entspannt statt verkrampft und immer gleiten statt hetzen!

Mental lohnt es sich, einen Kraftort als Zufluchtstätte zu kennen, an den man sich bei Bedarf zurückziehen kann. Das kann ein realer Ort sein (vielleicht einer, an dem Sie sich schon als Kind Geborgenheit geholt haben), aber auch ein gedachter.

- Überlegen Sie, welches Element Sie als Energiespender bevorzugen: Erde, Wasser, Luft oder Feuer.
- Finden Sie dafür eine Symbolisierung: eine Erdhöhle oder eine Felsenburg, ein Schloss am Meeresgrund oder einen Waldquell, eine Heilquelle, in der man baden kann, ein Luftschloss, einen Luftballon, die berühmte »Wolke sieben« oder ein Turmzimmer, einen Lehnstuhl vor dem Kaminfeuer oder auch einen Altar im Lava-See …
- Stellen Sie sich nun vor, wie Sie an diesem Ort Energie aufnehmen, wieder im Sinne des Elements: tanzen, hüpfen, stampfen, laufen, klettern etc. für die Erde; schwimmen, baden, duschen, trinken etc. für Wasser; fliegen, atmen, singen, lüften etc. für Luft und sich wärmen, aufheizen, für Ideen oder für die Liebe entflammen lassen für Feuer.
- Schaffen Sie sich ein Ritual, auf welche Weise Sie Energie aufnehmen wollen. Anregungen finden Sie in den Märchen. Ich bevorzuge Tänze oder Gesang; beides hat in unserem Kulturkreis Tradition.

Ich warne allerdings davor, sich Energie über andere Menschen beschaffen zu wollen: Es macht abhängig und führt zu Entzugserscheinungen, wenn diese Art von Kraftquelle versiegt. Außerdem ist es eine Form von Missbrauch. So sind sich wenige so genannte »Kinderfreunde« bewusst, dass sie sich durch die emotionale und leider auch sexuelle Ausbeutung von Kindern auf widerstandsfreie Art Energie zuführen wollen (Perner 1994/a). Aber auch in Ehen kommt es oft vor, dass der eine den anderen als Energiequelle missbraucht. So schreibt Volker Elis Pilgrim in seiner »Forschungsnovelle« »Der Vampirmann«: »Die psychische Männlichkeit, die ohne ihre eigene weibliche Basis existieren muss, sinkt zurück in den embryonalen Status ... Der von seiner Weiblichkeit amputierte Mann benötigt für seine Weiterexistenz die Kraft und Energie von allem Weiblichen ... Da das erste Erlebnis mit der Weiblichkeit ein Raumerlebnis war, bedeutet deren Amputation für die Betroffenen, keinen Raum zu haben ...« (Pilgrim 1989).

Genau diesen Raum rate ich, sich selbst zu erschaffen – mental als erste Hilfe für Augenblicke der Heimatlosigkeit, aber auch real zum Energietanken, egal ob es ein Bastelkeller ist, eine Gartenlaube oder ein Kirchenschiff. Man muss seinen Kraftort lieben, damit ein Energieaustausch stattfinden kann und kein beziehungsloses Ausnutzen.

ENERGIESAUGER

In einer Zeit, als die wenigsten Menschen schreiben konnten, dienten Märchen und Legenden dazu, psychologisches Grundwissen an die Nachfahren weiterzugeben. Immer und immer wieder wurden die gleichen Geschichten erzählt und möglicherweise noch mit gutem Rat verbunden, wie die darin enthaltenen Botschaften anzuwenden seien.

Zu diesen Legenden zähle ich die Sagen von Vampiren und Werwölfen. Vampire schlafen regelmäßig bei Tag und werden in der Nacht aktiv – ein klassisches Symptom von →*Depression*. Und sie brauchen das Herzblut anderer, Lebendigerer – ebenso wie sich Depressive nach liebevoller Behebung ihres Energiemangels sehnen; leider sagen sie das aber nicht klar und unmissverständlich, sondern jammern entweder, man kümmere sich nicht um sie, oder wählen den aggressiven Weg und beschuldigen, nörgeln, beschimpfen. Wie der Vampir kommen sie so auf einen zu, als wollten sie einen herzen und küssen – aber man bekommt nur den Zapf-Biss.

Werwölfe hingegen – das Urbild eines →*Borderliners* – sind tagelang überwiegend unauffällige Mitglieder der Gesellschaft, nur bei Vollmond – wenn sie in den vollen Lichtschein geraten – drehen sie durch, werden tierisch (ohne Sprache, daher: ohne zu denken) aggressiv und reißen jede/n nieder, der/die ihnen »zu nahe« kommt.

Angesichts der vielen Vampirfilme drängt sich die Vermutung auf, dass wir es alle unbewusst genießen, wenn dem Energiesauger der Garaus gemacht wird, auch wenn er oder sie unwiderstehlich erotisch wirken. Ähnlich ist es auch bei den heutigen Energievampiren: Sie schleichen sich scheinbar voll Liebe und Zärtlichkeit an, wollen aber nur unsere Energie rauben. Aber wenn sie den Mund aufmachen – zu sprechen beginnen –, merkt man bald, worauf sie hinauswollen: Gib mir, gib mir, gib mir!

Gegen Vampire hilft:

- Knoblauch – ihnen was »stinken«, also keine höfliche Unterwerfung.
- Fließendes Wasser, das sie nicht überqueren können – also echte Gefühle, die sie nicht überwinden können.
- Tageslicht – den Scheinwerfer genau auf sie richten und ihre Masken enttarnen.
- Und ein Pfahl ins Herz: nicht schonen! Wenn man sie dazu bringt, aggressiv zu werden, kommen sie aus ihrer Energielosigkeit heraus.

Im Klartext sind beide – Vampire wie Werwölfe – Opfer ihrer eigenen unterdrückten Aggression: Statt offen und ehrlich um Energiezufuhr zu bitten, versuchen sie, sich diese zu stehlen beziehungsweise zu rauben. Was ihnen also fehlt, ist eine zweckdienliche →*Kommunikation*. Aber die kann man lernen.

ENTLASTUNG

Wer viel Last zu tragen hat, spürt dies meist bald an der verspannten Nackenmuskulatur oder an der Wirbelsäule. Bei Politiker/innen ist das gut zu beobachten: Wenn sie ihr Amt antreten, ist ihr Hals meist noch unauffällig; je länger sie ihre Funktion ausüben, desto mehr verdickt er sich (wir sprechen dann auch von »Stiernacken« und verbinden damit Fantasien von brutaler Kraft und Sturheit; an das Joch, das der Stier trägt, oder an die Reizung, auf die er mit Amoklauf reagiert, denken wir hingegen selten!) und verschwindet im Anzugskragen. Bei älteren Frauen spricht man vom »Witwenbuckel«: ein Zeichen der großen Lasten – Einsamkeit, Finanzsorgen etc. –, die sie ertragen müssen.

Körperlich empfiehlt sich als erste Hilfe, wenn Nacken oder Kreuz wieder akut schmerzen, folgende Übung:

- Stellen Sie sich ohne Schuhe mit lockeren Knien hin, die Füße hüftknochenbreit voneinander entfernt.
- Heben Sie die Arme mit angewinkelten Ellbogen auf Schulterhöhe und legen Sie die Fingerspitzen ans Kinn.
- Nun ballen Sie die Fäuste und reißen die Arme ruckartig nach hinten (nach wie vor in Schulterhöhe), als wollten Sie jemanden, der Ihnen eine Last auflegt, mit den Ellbogen wegstoßen.
- Dabei fauchen Sie: »Bleib mir vom Hals!« Bei dem Wort Hals dürfen Sie die Zähne blecken und das Gesicht zur Fratze verzerren – die Lastaufleger sollen sich ja schrecken und verschwinden! (Das entspannt Ihre Halsmuskulatur, und wenn Sie noch mit dem Fuß wie ein Pferd ausschlagen, tun Sie auch etwas gegen die Erstarrung, das Stillhalten, im Beckenbereich.)

Real hilft zur Entlastung meist Lastverteilung:

- Welche Last muss ich tragen, welche kann jemand anderer besser bewältigen?
- Wer kann mir helfen, indem er mir Teile meiner Last abnimmt?
- Wie kann ich Zu- oder Nacharbeit standardisieren (damit es nicht bei Einzelfallhilfe bleibt)?

Einer meiner liebsten Klientinnen, einer Hochschulprofessorin, der neben ihrer Kernkompetenz und dem dazugehörigen Verwaltungskram noch die Arbeit als Gleichbehandlungsbeauftragte aufgebürdet war, empfahl ich einmal folgendes Ritual:

- Immer wenn Sie heimkomme – in ein Haus mit Garten jenseits der Wiener Stadtgrenze –, solle sie bei dem hinter einer Hecke verborgenen Komposthaufen stehen bleiben

- und dem dort hausenden »Sekretär Wurm« (frei nach der Intrigantenfigur in Schillers »Kabale und Liebe«) all das zur Weiterverarbeitung anvertrauen, woran sie am Abend nicht erinnert werden wolle.
- Am nächsten Morgen könne sie dann ja vom Sekretär Wurm all das wieder übernehmen, woran sie an diesem Tag arbeiten wolle.

Es braucht oft ein Ritual, um von einem Zustand – dem beruflichen – auf einen anderen – den privaten – umzuschalten. Im Märchen dreht man einen Ring am Finger und ist jemand anderer. In der Realität hilft es, die Kleidung zu wechseln (deswegen haben die besonders stressbelasteten Gesundheits- und Sozialberufe wie beispielsweise Pfarrer ja auch eine Berufskleidung, in der sie die belastende →*Energie* des Berufsalltags lassen können), oder auch nur, andere Schuhe anzuziehen. (Man sollte ja nicht den Straßenstaub und damit die Energie von »draußen« in den Intimbereich tragen.) Als Ritual empfiehlt sich aber auch das Abspielen einer CD oder Blumengießen oder … Wichtig ist es nur, dieses Ritual bewusst als Umschaltknopf zu definieren.

ENTSORGUNG

Häufige Klagen in meinen Managementseminaren oder im Einzelcoaching lauten: »Ich kann nicht abschalten.« »Auch in meiner Freizeit denke ich unentwegt an die Arbeit.« »Wie kann ich abschalten?« »Wie kann ich umschalten?« und »Wie kann ich Altes/Erledigtes loswerden?«

Zuerst eine Bestätigung: →*Loslassen* ist schwer. Denken Sie nur an Kleinkinder: Wie lange brauchen sie, bis sie begriffen haben, wie man die zusammengeballten Fäustchen wieder aufmacht! Oder denken Sie an Ihren Abfalleimer: Macht es Ihnen etwa Spaß, ihn auszuleeren? Oder schieben Sie die lästige Pflicht hinaus, stopfen Sie noch etwas dazu, bis es wirklich zur Qual wird, den Stinkkübel in die Hand zu nehmen? Türmen sich bei Ihnen irgendwo die unerledigten Poststücke, Rechnungen, Schmutz- oder Flickwäsche? Alte Zeitungen, die man doch noch lesen möchte? Ungeordnete Fotos? Und sieht es im Büro vielleicht anders aus? Dort stapelt sich das Unerledigte – oder auch Erledigte – wenigstens im Computer …

Zuerst: Sie entscheiden, was Sie bewahren wollen und was nicht.

Bewahren sollten Sie jedenfalls

- was Sie lieben, aber bitte im Herzen. (Sie müssen es nicht »besitzen«!)
- Was Sie notwendig brauchen. Die Betonung liegt auf Not. So wie ein Bergsteiger für Notfälle packt und dann doch die Hälfte wieder zurücklässt, weil dieser oder jener Notfall voraussichtlich nicht eintreten wird, sollten auch Sie immer daran denken: Was kann ich mir im schlimmsten Fall auch anders besorgen?
- Zu den Notwendigkeiten gehört heute immer mehr Dokumentationsmaterial. Nicht nur in Spitälern richten sich Fachkräfte auf die Möglichkeit ein, von Menschen mit Begehrlichkeitsneurosen auf Schadenersatz verklagt zu werden; auch Otto Normalverbraucher muss damit rechnen, dass jemand anderer aus Habgier, Eifersucht oder anderen Gründen versucht, unter Behauptung irgendwelchen Fehlverhaltens Geld herauszuschlagen.
- Und letztlich: Bewahren Sie Ihre Ethik – Ihre Aufrichtigkeit, Ihre Prinzipientreue und Ihre Standhaftigkeit.

Was Sie bewahren wollen, sollten Sie ordnen. Das können Sie nicht nur in jedem besseren Feng-Shui-Buch (zum Beispiel Kingston 2000) nachlesen, sondern Sie werden sogleich merken, wie sehr es Ihren Alltag erleichtert, wenn Sie wissen, wo genau sich etwas befindet und welchem Zweck es dienen soll. Nur »Ablage« zu produzieren, hat keinen Nutzen; der ergibt sich erst, wenn eine Zweckwidmung dazukommt. Und wenn etwas für Sie nutzlos ist: Warum enthalten Sie es dann jemandem vor, der es vielleicht dringend brauchen könnte?

Körperlich entsorgen Sie, indem Sie das, was Sie hergeben wollen, bündeln und dorthin geben, wo es weitervermittelt werden kann. Ganz einfach: Sie sind die Sorgen los, andere übernehmen sie. Auch im Wirtschaftshof, auf dem Müll-Lagerplatz oder bei der Altkleidersammelstelle wird sortiert und zweckgewidmet.

Was aber mit nichtmateriellen Sorgen? Da hilft

mental folgende Übung:

- Stellen Sie sich vor, Sie liegen auf einem kuscheligen Eisbärenfell, hüllen sich in seine Wärme und merken, wie Sie langsam Ihre Sorgen herausschwitzen.
- Nun lassen Sie in Gedanken das Eisbärenfell wie die Bürsten in einer Autowaschstraße an sich herumwirbeln und alle Sorgen, die Sie nicht mehr brauchen und haben wollen, herausbürsten, sodass sie im Fell hängen bleiben.

- Und jetzt kitzelt das Fell noch die letzten unnötigen Altlasten aus Ihnen heraus
- und schwebt elegant in die Höhe und ab Richtung Nordpol, wo alles gefriert und wieder schmilzt und verrottet und in neuer Form der kargen Natur Nährstoffe zuführt.
- Machen Sie diese Übung ruhig als Einschlafhilfe, so lange, bis Sie ohne Sorgen in Schlaf fallen können.

ENTSPANNUNG siehe →*Autogenes Training*

ERERKTIONSSTÖRUNGEN

Heute noch von »Impotenz« zu sprechen, beweist sexualwissenschaftliche Unkenntnis und entspricht außerdem nicht der »political correctness«, dem Bemühen, niemanden abzuwerten oder anderswie zu diskriminieren.

Die Bezeichnung »impotent« leitet sich nämlich vom römischen Recht ab und gehört heute, wenn überhaupt, ins Kirchenrecht: Wenn der Sinn der Ehe primär in Fortpflanzung gesehen wird und eheloses Leben als Ideal gilt, dann bildet die *impotentia coeundi* – die Unfähigkeit, den Beischlaf auszuüben – ebenso einen Grund für die Auflösung des Ehebandes wie die *impotentia generandi,* die Unfähigkeit, Nachkommenschaft zu zeugen.

Nach heutiger Rechtssicht liegt der Sinn der Ehe aber nicht mehr im Kindermachen – nachdem die Diskriminierung außerehelich geborener Kinder beseitigt wurde und deren Mütter durch den Staat besondere finanzielle Unterstützung erhalten, leben ja immer mehr Paare ohne Trauschein zusammen oder überhaupt getrennt –, sondern in der ausdrücklichen Verpflichtung zu gegenseitigem Beistand »in guten wie in schlechten Tagen«. Immer mehr Paare leben freiwillig kinderlos und mehr, als der Laie denkt, auch ohne Geschlechtsverkehr. War die so genannte »Josefsehe«[3] noch vor Jahrzehnten häufig, wenn verwit-

3 Dieser Ausdruck basiert auf der Annahme, der Zimmermann Josef habe Maria, die Mutter Jesu, nie geschlechtlich »erkannt«. Wie es dann zu den mehrfach zitierten Geschwistern Jesu gekommen ist, bleibt aus dieser Sicht ungeklärt. Manche Bibelinterpreten deuten diese Hinweise als Metaphern, andere bevorzugen eine »natürliche« Erklärung.

wete ältere Menschen mittels Eheschließung ihre Haushalte zusammenlegten, nicht aber ihre Körper, sind es heute Zwanzig- und Dreißigjährige, denen nach des Tages Mühen der Zeugungsakt (mit oder ohne Empfängnisverhütung, auf jeden Fall aber mit dem zielführenden Werbeverhalten sprich Beziehungsaufbau) zu anstrengend ist.

In der Sexualtherapie hat sich der Begriff Erektionsstörung eingebürgert, der nichts anderes besagt, als dass der konkrete Mann – und nur er! – mit seiner Erektion im Vergleich zu den von ihm erlebten – oder fantasierten – Möglichkeiten unzufrieden ist. Wenn ein anderer Mann oder eine Frau oder auch ein so genannter Experte –beispielsweise ein Facharzt – ein Modell einer »richtigen« Erektion beschwört, dann kann davon ausgegangen werden, dass unbewusst Konkurrenz, Verachtung, Hass, Rachegelüste oder schlicht und einfach Ignoranz hinter solch einer Wertung lauern.

Gesundheit wird nämlich heute im Sinne der Weltgesundheitsorganisation (WHO) als Kontinuum verstanden: als eine Bandbreite zwischen absolut krank und absolut gesund, auf der man sich immer mehr oder weniger in der Mitte oder einem Pol angenähert befindet. Man ist also immer mehr oder weniger krank oder gesund; daher erscheint es »gesünder«, das eigene Wohlbefinden wertzuschätzen (ohne sich selbst zu belügen!) als von irgendeiner Autorität – und diese kann auch die Partnerperson beanspruchen! – ein »Zeugnis«, also eine Bewertung, zu erhalten, ob man deren Beurteilungen standhalten kann.

Standhalten. Ein wichtiges Verhalten, wenn es darum geht, die Körpergrenze einer anderen Person (ich habe absichtlich geschlechtsneutral formuliert) zu durchdringen.

Im Märchen vom Dornröschen wird angedeutet, dass sich die »Dornenhecke« – das Symbol des verletzenden Widerstandes – von selbst öffnet, wenn der richtige Zeitpunkt und der richtige »Prinz« kommt. Auch eine gelungene geschlechtliche Vereinigung kennt einen »richtigen« Zeitpunkt – dann nämlich, wenn sich die jeweils umworbene Person von sich aus öffnet und die andere in die größte körperliche Nähe – »in sich« – einlädt.

Viele Menschen können oder wollen nicht auf diesen magischen Augenblick warten: Entweder haben sie nur eine Neurosignatur des schnellen Vollzugs oder sie orientieren sich an Pornofilmen, wo die Akteure meist wie Bestien übereinander herfallen und den bloßen Zeugungsakt vollführen. Pornodarstellungen kommunizieren mehr oder weniger jeglicher Zärtlichkeit oder Intimität entkleidete Gewalthandlungen und laden den männlichen Zuschauer zur Identifikation ein.

Standhalten kann also so interpretiert werden, dass man(n) in einer Stress-Situation selbstbewusst genug ist, das Eindringen in unbekannte Sphären zu wagen – ohne dass einen der Mut (die Kraft) verlässt. Oder dass plötzlich ein aggressiver Impuls spürbar und sogleich abgewehrt wird. Das nimmt nämlich ebenfalls die nötige Kraft. Ich habe in meiner jahrelangen Arbeit mit Männern, denen die Erektion dahinschwand, immer wieder gemerkt, wie viel Aggression sie unterdrückten – nur um die Partnerin nicht zu schrecken oder zu verletzen. Wir haben dann immer an der Berechtigung aggressiver Impulse gearbeitet – und wenn die Aggression bewusst gedanklich zugelassen werden konnte, war auch die Erektion wieder da ...

Man unterscheidet primäre und sekundäre Erektionsstörungen. Bei der primären gab und gibt es keine Erektionen (außer die nächtlichen oder von voller Blase ausgelösten), bei sekundären gab es sie schon einmal in zufrieden stellender Weise, aber in bestimmten Situationen des Begehrens oder mit einer bestimmten Partnerperson gelingt es nicht, die zur Penetration nötige Gliedsteife zu erlangen. Dass bei primären Erektionsstörungen vor allem organisch abgeklärt werden muss, ob es nicht irgendwelche physiologischen – oder medikamentösen – Ursachen gibt, leuchtet ein. Dann wäre wohl eine behutsame und zeitgebende Psychotherapie angebracht. Bei sekundären Erektionsstörungen braucht man voraussichtlich nicht so viel Zeit – wenn man nicht an psychische Barrieren stößt, ein Tabu etwa. Solche Tabus können verbietende Bezugspersonen aus Kindheit und Jugend sein: übermächtige Mütter, die vor den »bösen Frauen« warnen, der Beichtvater, aus Filmen bezogene oder selbsterfundene Horrorvisionen, moralische Bedenken ... So erinnere ich mich an einen Türken, der mir von seinem Urologen zugewiesen worden war. Abgesehen davon, dass es für einen Muslim sicher einen Sprung über den Schatten bedeutete, über dieses heikle Thema und noch dazu mit einer Frau zu sprechen – was ich als besonders mutig bewunderte –, hatten wir auch die Sprachbarriere zu überwinden (was mit Hilfe eines dolmetschenden Freundes zumindest bruchstückhaft gelang). Was jedenfalls zu Tage trat, war, dass sich der in der Heimat verheiratete Mann in seinem Gastland eine Freundin angelacht hatte – und diese war für ihn eine »schlechte Frau«, weil sie ja mit ihm schlief, ohne mit ihm verheiratet zu sein. Eigentlich mochte er sie nicht, aber er brauchte – und gebrauchte – sie. Außerdem fürchtete er, von ihr eine Geschlechtskrankheit zu bekommen – sie war ja eine »schlechte Frau«. Um sich davor zu schützen, nahm er vor jedem versuchten Geschlechtsverkehr Aspirin – eine völlig sinnlose und unwirksame Methode. Sein Symptom war sicher der bessere Beschützer …

Die häufigste Ursache für Erektionsstörungen ist aber ein unpassendes Gedankenmuster, wie eine geschlechtliche Begegnung ablaufen sollte – und dazu noch der ängstliche Blick oder die ängstlich tastende Hand, ob sich »da unten« schon etwas rührt. Da werden die Vor-Bilder nachgespielt und nicht die eigenen Gefühle und Empfindungen beachtet, da wird – übrigens auch von Frauen! – erwartet, dass bereits der Anblick nackten Weiberfleisches eine Prachterektion auslösen müsste, oder es wird mit halbsteifem Glied der Introitus versucht, in der Hoffnung, dass das Anklopfen an der Pforte der Weiblichkeit bereits die Vollerektion auslösen werde, anstatt dass man(n) sich so lange Zeit lässt, bis der Körper signalisiert: jetzt und sofort!

Ich erinnere mich an einen Klienten, einen gut aussehenden Piloten, der seiner Angebeteten wochenlang den Hof gemacht hatte. Als er dann endlich in ihre Wohnung eingeladen worden war und sie ihn in ihr Badezimmer bat, um sich »frisch« zu machen, war er in voller Erregung, wie die Begegnung weiter ablaufen würde. Er kam also in voller Pracht aus dem Badezimmer und die Frau seiner Träume saß nackt und breitbeinig auf der Bettkante und protzte ihm entgegen: »Das alles ist jetzt für dich!« Aus war es mit seiner Erregung. Sie hatte ihm keinen Raum gelassen, »bei sich« zu bleiben und sich und seine Erregung zu spüren. Das aber ist wichtig: Männer brauchen, um ihr Glied zu vergrößern, Raum, auch seelisch, geistig. Sie müssen sich als Herren fühlen können, nicht als Bediener. Frauen hingegen müssen sich öffnen, und das bedeutet auch, bereit zu sein – und die Sehnsucht, die Offenheit auszuhalten, auch wenn die erwartungsvolle »Leere« nicht gleich gefüllt wird. Das macht ja auch die Attraktion aus; ich nenne das gerne die »Staubsaugerwirkung«.

Insofern stimmt es ansatzweise, wenn manche unsensible Zeitungsschreiber/innen formulieren, an der schwindenden Manneskraft seien die bösen Feministinnen schuld, die die armen Männer überforderten. Das hat zwar alles nichts mit Feminismus – dem Kampf gegen ungerechtfertigte Diskriminierung von Frauen im Privatrecht, in der Arbeitswelt und in der Gesellschaft überhaupt – zu tun, doch mit dem Wechselspiel von weiblicher und männlicher →*Energie.* Wenn frau männlich agiert, muss man(n) sich passiv zurückziehen – würde er nämlich aktiv reagieren, entstünde daraus ein Kampf à la Brunhild und Siegfried. Und dass Siegfried die sanfte (leider ein wenig unbedachte, um nicht zu sagen: dumme) Kriemhild geheiratet hat und Brunhild den faden Gunther bekam, wissen wir aus der Nibelungensage. Und so sehnen sich die Nachfahrinnen der starken, kämpferischen Brunhild nach wie vor nach einem Helden, der stärker ist als sie – und bekommen ihn erst, wenn sie nicht mehr kriegerisch sind, sondern sich beugen.

Die klassische Sexualtherapie nach Masters und Johnson empfiehlt bei Erektionsstörungen Folgendes:

Körperlich verzichtet man auf Geschlechtsverkehr und das ängstlich erwartungsvolle Schielen auf den Penis. Stattdessen sollte man(n)

- eine Zeit lang (etwa eine Woche) sich nur an den Rücken der Partnerperson schmiegen, spüren, riechen, vielleicht die Hüften streicheln, nicht aber die primären oder sekundären Geschlechtsmerkmale.
- Eine Woche später darf man(n) sich an Brust und Bauch andrücken, die Pobacken massieren, sich am anderen reiben, aber wiederum ohne Stimulation der Geschlechtsteile. Es geht nämlich darum, sich die Zeit zu lassen, zu riechen, zu schmecken, zu hören, zu schauen, zu tasten und zu spüren – wie ein bebender Jugendlicher, der sich ans Petting wagt – und nicht sich selbst zu vergewaltigen, indem man von sich Startklarheit erwartet wie von einer gut gewarteten Maschine.
- Man(n) muss erst körperlich, seelisch und geistig bereit sein, sich und sein bestes – nämlich verletzlichstes – »Stück« jemandem anderen anzuvertrauen. Vertrauen aber erwirbt man nicht auf Knopfdruck. Viele Männer denken jedoch nur daran, gleichsam als »Mamis braver Bub« der Partnerperson Genuss zu bereiten, Leistung zu beweisen, der unsichtbar zusehenden Männerschar ein fulminantes Schauspiel zu bieten, und nicht an ihre eigenen Bedürfnisse nach Hingabe und Verströmen.
- Egal, wie sehr die Partnerperson auch fordert oder bettelt: Gelebte Sexualität kann zwar auch mal Blödelei sein, Provokation oder Ausreizen von Grenzen, ein Beitrag zu einer besseren Beziehung und eigener wie fremder Gesundheit ist das jedoch nicht, eher ein getarnter Kampf mit Körperwaffen.
- Es ist wichtig, sich so lange – das können Wochen sein! – zur Passivität zu

motivieren, bis der Körper eindeutig signalisiert: Jetzt! Eine liebende Person wird gerne warten und anderen sollte man sich nicht »hingeben«.

Was aber tun, wenn zwar die Erektion da ist, beim Eindringen aber »zusammenfällt«? Nichts! Sie kommt schon wieder – oder auch nicht. Man(n) darf beim Streicheln bleiben, beim Küssen, beim Umarmen ... Von Bert Brecht stammt die Formulierung: »Wer A sagt, muss auch B sagen – außer er kommt darauf, dass A falsch war.«

So erinnere ich mich an einen Klienten, einen Vertreter, der in jeder größeren Stadt eine Freundin hatte, bei der er kostensparend speisen und schlafen konnte. Allerdings fühlte er sich verpflichtet (und das wurde auch von ihm erwartet), sich mit sexuellen Dienstleistungen zu revanchieren. Sein Penis streikte. Beim therapiebegleiteten Nachsinnen über seine eigenen Bedürfnisse entdeckte er, dass er die Frauen eigentlich nicht begehrte (sondern seiner geschiedenen Frau nachtrauerte, und Trauer nimmt Sexualkraft). Was er primär brauchte, war ein Modell, wie er seinen Gastgeberinnen sanft klarmachen konnte, dass er ihre Gastfreundschaft und sie als Freundinnen wertschätze, sie aber nicht als »Trostfrauen« sexuell ausbeuten wolle, weil ihm der Sinn nicht nach geschlechtlicher Vereinigung stehe. Nach den ersten erfolgreichen Klarstellungen war auch die Erektion in alter Größe wieder da – wenn er genau wusste, dass er Beischlaf wollte.

Mental ist es von Vorteil, wenn man(n) sich selbst mag und akzeptiert, egal, ob man(n) gerade Heldentaten vollbringt, sich ausruht oder übt, auch mit Versagen souverän umzugehen. Luisa Francia, eine Ikone der spirituellen Frauenbewegung, hat ihrem Buch »Spielend scheitern« (Francia 1990/91) ein Vorwort vorangestellt, in dem es heißt: »Dieses Buch ist meiner Katze TIGA gewidmet. Sie ist zwar Analphabetin, aber sie hat nie Schuldgefühle, hilft mir nicht bei der Arbeit, kommt und geht, wie sie will, und während ich Tochter und Haushalt versorge und im Dreieck springe, liegt sie schnurrend in der Sonne ... Ich lerne von ihr.«

Schnurrend in der Sonne liegen – das ist es, was man(n) lernen sollte! Und: Er darf ruhig das Objekt seiner Begierde anschnurren.

- Stellen Sie sich also vor, Sie liegen schnurrend in der Sonne.
- Sie schließen die Augen.

- Sie spüren die Wärme auf Ihrem Bauch und
- hören die Vibrationen Ihrer schnurrenden Stimme.
- Sie spüren sie auch in Ihrem Inneren – wie das Vibrieren eines Dieselmotors …
- Sie wissen um Ihre Kraft, aber Sie müssen sie nicht demonstrieren …
- Sie wissen, dass auch andere darum wissen …
- Die Wärme wird immer stärker und dehnt sich aus
- und auch Ihr Körper dehnt sich aus und wird immer wärmer …
- Sie spüren das in Ihren Armen … und Beinen …
- Es pulsiert in Ihrem Becken …
- Mit jedem Atemzug schicken Sie langsam mehr von Ihrer Energie in die Beine … bis Sie merken, dass diese gefüllt sind mit Standfestigkeit …
- Sie laden sich so auf …
- Und tun nichts, außer sich an Ihrem Körper zu erfreuen … und atmen … und riechen … und lauschen … und wachsen … Ihre Kraft wächst und wächst … wahrscheinlich schwillt auch ihr Geschlecht an …
- Irgendwann werden Sie merken, dass Ihr Atem schneller geht, Ihr Herz weiter wird und sich Ihr Körper paarungsbereit macht – egal, ob jemand zum Lieben anwesend ist oder nicht.
- Sie entscheiden, ob Sie diese Erregung in dem Bereich zwischen Herz und Geschlecht verdichten wollen oder über die Beine und Füße in den Boden ableiten oder in Schwebe halten – und üben, diese Energie bei sich zu halten (und nicht gleich abführen zu wollen).

Diese Übung können selbstverständlich auch Frauen machen, die ihr Körpergefühl und Lustempfinden verbessern wollen. Denn auch bei der Frau ist Paarungsbereitschaft erst erreicht, wenn sie vibriert und »anschwillt«. Das zuvor kritisierte Hetzen stammt nämlich (abgesehen von in der Pubertät fehlerlerntem Verhalten oder dem Vermeiden ehemals traumatischer Situationen) vor allem aus der Unfähigkeit, hohe Energiequalitäten »bei sich« zu behalten. Das kann man aber lernen, man muss nur üben. Aber denken Sie daran, wie lange es braucht, ein Instrument zu beherrschen! Unser Instrument des Selbstausdrucks wie der Kommunikation aber ist unser Körper.

ESSSTÖRUNGEN

Mein unvergesslicher Lehrer, der Sozialpsychiater und Psychoanalytiker Hans Strotzka, sagte einmal in einem Vortrag: »Wenn ich eine übergewichtige Frau verstehen will, muss ich sie analysieren, wenn ich ihr helfen will, schicke ich sie zu den Weight Watchers.«

Egal, ob einen Gier zum sinnlosen Fressen drängt, Ekel von Nahrungsaufnahme abhält oder Zwangsgedanken immer nur um eine bestimmte Form von Essen (und Ausscheiden) kreisen: Dahinter stehen wieder Neurosignaturen; statt der destruktiven, gesundheitsschädigenden aber braucht man neue, →*salutogene*. Mittels detektivischer Aufdeckung der Vergangenheit findet man vielleicht die Auslöser der Störung, und mit systemischen Interventionen oder Verhaltenstraining kann man neues Verhalten einüben.

Da durch die Lektüre eines Buches die Schwere der Störung nicht eingeschätzt werden kann, empfehle ich bei Essstörungen, unbedingt eine spezialisierte Fachperson aus den Berufsfeldern der Psychiatrie oder Psychotherapie beizuziehen. Ab einer gewissen Auszehrung besteht bei Mangelernährung Todesgefahr, ab einem gewissen Maß an Überernährung droht die Krankheitsursache Nummer eins der westlichen Welt, der Herzinfarkt.

Beiden Patient/innengruppen fehlt die Sorge um sich, die Selbstliebe. Manche Psycholog/innen empfehlen deshalb, sich ein Foto von sich selbst, auf dem man – noch – so aussieht, wie man gerne wieder aussehen möchte, auf die Eisschranktür zu kleben, quasi als Motivation, diesem Vor-Bild nachzueifern. Ich kenne allerdings Menschen, denen diese optische Mahnung so viel Kummer bereitete, dass sie sich erst recht mit Süßigkeiten trösten mussten …

FANTASIE

Das Wort Fantasie besitzt viele Bedeutungen: Vorstellungsvermögen, Einbildung, Erfindungsgabe, Einfallsreichtum, Trugbild. Nicht alle sind positiv besetzt. Nehmen wir nur die wohl bekannten Sätze: »Das bildest du dir nur ein« oder: »Bilde dir nur nichts ein.« Der erste Satz verwirft die Wahrnehmung eines anderen Menschen – meist von Frauen und Kindern –, der zweite unterbindet die Entwicklung eines positiven Selbstbildes und hat damit Fluchcharakter.

Wenn jemand solch einen Satz sagt, will er Macht ausüben: Kontrollmacht über die Gedanken, Gefühle, Bewertungen und damit auch über die geistige Gesundheit anderer. Indem man jemandem unterstellt, er fantasiere, jubelt man ihm die eigenen Fantasien unter. Eine Wahrheit wird gegen die andere gestellt.

Dass jeder Mensch seine eigene Wahrnehmung besitzt, ergibt sich bereits aus der räumlichen Dimension, in der wir leben. Sie brauchen nur einen x-beliebigen Gegenstand jeweils aus einer der vier Himmelsrichtungen zu betrachten ...

Lange bevor wir die Worte kennen, mit denen wir Wahr-Nehmungen mitteilen können, haben wir Abbilder dieser Objekte samt zugehörigen Gefühlen in unser neuronales Netzwerk eingespeichert. Wir haben uns »ein Bild gemacht«. Je mehr wir im Laufe der Zeit darüber erfahren, desto mehr kann sich dieses Ur-Bild wandeln – ebenso wie die dazugehörigen Gefühle. Sie haben sicher schon einmal nach vielen Jahren wieder einen Ort besucht, ein Buch gelesen oder einen Film gesehen und sich gewundert, was Sie ursprünglich daran so toll gefunden hatten – oder? Dann wird Ihre Ein-Bildung auf die Probe gestellt: Stimmt sie noch – oder nicht mehr?

Genau darum geht es: zu überprüfen und auseinander zu halten, was Realität ist, Erinnerungsbild, Fantasie, Wunsch, Anspruch, Forderung ... oder auch Halluzination, Wahnvorstellung.

Wenn jemand etwas sieht, heißt das noch lange nicht, dass es da ist – und wenn jemand etwas nicht sieht, bedeutet das nicht, dass es nicht da ist! So gehört es zu beliebten Manipulationsstrategien, Menschen ihre Wahrnehmung auszureden, indem man ihnen weismacht, sie würden sich etwas nur einbilden, »spinnen« oder gar lügen.

In dem Film »Gaslicht« (»Das Haus der Lady Almquist«) versucht der erbschleichende Ehemann seine Frau in den Wahnsinn zu treiben, indem er vom

Nachbarhaus aus das Gaslicht flackern lässt, dies jedoch abstreitet; später entfernt er heimlich ein Bild von der Wand und behauptet auf die Fragen seiner Frau, wo es hingekommen sei, steif und fest, dort habe nie eines gehangen. Erst als der Hausarzt das böse Spiel durchschaut und die Frau in ihrer Wahrnehmung bestärkt, kann sie der absichtlich gezüchteten Fantasie, sie sei verrückt, entkommen.

F

Wenn Ihnen so etwas widerfährt – vor allem, wenn Sie laufend mit →*Kaktusmenschen* zu tun haben –, brauchen Sie Halt, →*Widerstands*kraft und →*Struktur.*

Körperlich überprüfen Sie zuerst wie ein Psychiater Ihre Realitätssicht:

- Bin ich zeitlich, örtlich orientiert? Weiß ich, in welcher Zeit ich mich befinde? Was war gestern? Vorgestern? (Überlastete Menschen mit vollen Terminkalendern könnten hier eine kleine Nachdenkpause benötigen ...)
- Kenne ich den Ort, wo ich bin?
- Kann ich Gerüche, Geschmäcker wahrnehmen und erinnern?
- Funktionieren meine Gliedmaßen, spüre ich Hautsensationen und Schmerz?
- Finden mich andere Menschen, die mich gut kennen – nicht die, denen ich etwas vorspiele oder die sich aus manipulativen Gründen mit mir solidarisieren – in Ordnung?

Mental überlegen Sie:

- Worum geht es? Wer will seine Sicht weswegen gegen eine andere durchsetzen?
- Verzichten Sie auf den Impuls des Durchsetzen-Wollens und ersetzen Sie ihn durch das gelassene Wissen, dass Sie in Demut (= Verzicht auf Hochmut) bereit waren, Ihre Sichtweise und sich selbst kritisch zu hinterfragen, doch keinen Anlass gefunden haben, Ihre Sicht zu ändern.
- Stellen Sie sich nun vor, Sie blicken ruhig und freundlich auf die andere Person und teilen ihr respektvoll mit, dass Sie hier eben offenbar zu keiner Einigung kommen und daher die Kommunikation abbrechen. Spielen Sie das Spiel nicht mit!

Sollten Sie allerdings mehr Fantasie benötigen, um vielleicht künstlerisch tätig werden zu können, dann lesen Sie unter →*Kreativität* nach.

FEHLLEISTUNGEN

Sigmund Freud zählt dazu das Vergessen von Eigennamen, Bezeichnungen und Wortfolgen, das Versprechen, Verlesen und Verschreiben, das Vergessen von Eindrücken und Vorsätzen, das Vergreifen, Symptom- und Zufallshandlungen, Irrtümer und Aberglauben sowie die unterschiedlichen Kombinationen von alledem (Freud 1954). In Fehlleistungen wird das Unbewusste erkennbar: Das, was die innerseelische Zensur nicht ins Bewusstsein dringen lassen will, kommt sozusagen über die Hintertür doch herein. So wird in Wien kolportiert, dass ein vor allem in den Medien berühmter Psychiatrieprofessor und Psychotherapeut, als ein amerikanischer Kollege im Rahmen seines Universitätsinstituts Vorlesungen halten sollte und daher ein Arbeitszimmer benötigte, verzweifelt in die Runde fragte: »Wo sollen wir ihn denn umbringen?« statt »unterbringen«. Eine häufige Wortvertauschung!

Überhaupt tauchen in den so genannten Freud'schen Versprechern oft »verbotene« Impulse auf, meist aggressive oder sexuell gefärbte. Freud selbst zitiert etwa seinen Kollegen Wilhelm Stekel, der in einer stürmischen Generalversammlung mit den Worten »Wir streiten (schreiten) nun zu Punkt vier der Tagesordnung« (Freud 1954) überleitete.

Ein doppelter Versprecher/Verschreiber findet sich in einer Fallgeschichte, die ein anderer seiner Kollegen, Otto Rank, Freud berichtete: »Ein jung verheirateter Ehemann, dem seine um ihr mädchenhaftes Aussehen besorgte Frau den häufigen Geschlechtsverkehr nur ungern gestattet, erzählte mir folgende nachträglich auch für ihn und seine Frau höchst belustigende Geschichte: Nach einer Nacht, in welcher er das Abstinenzverbot (Es sollte wohl Abstinenzgebot heißen; R. P.) seiner Frau wieder einmal übertreten hat, rasiert er sich morgens in ihrem gemeinsamen Schlafzimmer und benützt dabei – wie schon öfter aus Bequemlichkeit – die auf dem Nachtkästchen liegende Puderquaste seiner noch ruhenden Gattin. Die um ihren Teint äußerst besorgte Dame hatte ihm auch dies schon mehrmals verwiesen und ruft ihm darum geärgert zu: ›Du puderst mich ja schon wieder mit deiner Quaste!‹ Durch des Mannes Gelächter auf ihr Versprechen aufmerksam gemacht (sie wollte sagen: du puderst dich schon wieder mit meiner Quaste), lacht sie schließlich belustigt mit …«

Ähnliche »Fehlleistungen« konnte ich in meiner Zeit als Kommunalpolitikerin lustvoll sammeln. Deswegen bezeichnete ich Politiker auch als Berufsversprecher: »Ihre Bandbreite reicht von Absichtserklärungen, Paktationen und Wahlversprechen bis zur Camouflage ersten (das eigene Gesicht wahren) und zweiten Grades (alle anderen einseifen). Oft stellen sie sich als Fürsten *und* ihre eigenen Hofnarren dar – schließlich wurden komplette Politikergenerationen (ich auch) darauf trainiert, immer die Lacher auf ihrer Seite zu haben.« Sätze wie »Vor welchem Hintergrund in der Partei spielt sich die Frauenfrage auf – äh – ab?« (Johanna Dohnal 1979), »Uns ist jedes Mittel recht, das das Budgetdefizit heruntertrügt« (-drückt) (Multiminister Erwin Lanc) oder »Wir müssen unsere Erfolge ins lechte Richt lügen« (rechte Licht rücken; der spätere Bundeskanzler Franz Vranitzky, als er noch Finanzminister war, 1986) waren in diesen Jahren an der Tagesordnung. Damals war es auch noch nicht üblich, dass sich Politiker bemühten, »authentisch« zu sein und auch mal unwillkommene Aussagen zu treffen.

Häufig kommt es auch zu Zusammenziehungen; ich nenne das »stenologieren«. Dazu wieder ein Beispiel von Freud selbst: Ein junger Mann spricht eine Dame auf der Straße mit den Worten an: »Wenn Sie gestatten, mein Fräulein, möchte ich Sie begleit-digen« (Freud 1954). Hier hat sich die Furcht, die Angesprochene zu beleidigen, eingeschlichen.

Wenn Ihnen eine solche Fehlleistung passiert: Nehmen Sie es mit Humor! Es ist nicht nötig, dass Sie sich schämen, rechtfertigen, entschuldigen oder lange tiefenpsychologische Erklärungen abgeben (damit machen Sie sich nur klein). Wenn Ihr Versprecher sehr peinlich sein sollte, können Sie um Nachsicht (soeben habe ich mich vertippt und »Nachstich« geschrieben – interessant, nicht?) oder Verständnis bitten. Ebenso, wenn jemand anderer ähnlich »ausrutscht«: Gönnen Sie sich und ihm/ihr ein spontanes Lächeln oder einen Lachanfall. Ärgern, Nachtragen schaden nur Ihrer beider Gesundheit.

FEIGHEIT

Leider werden Menschen oft als feige verspottet, wenn sie sich »nicht trauen«, was andere von ihnen an mutigem Auftreten erwarten; dabei sollten die angeblichen Feiglinge lieber diesen Menschen nicht trauen. Die so genannte Feigheit ist nämlich oft nichts anderes als Folgsamkeit gegenüber der inneren Stimme – dem Gewissen, aber auch der →*Intuition.*

Eine andere Form von so genannter Feigheit stellt hingegen die übergroße Flexibilität dar, den Blickwinkel und das Verhalten je nach Opportunität zu wechseln. Wendehälse nennt man solche Menschen (und lange, dünne Hälse haben sie oft tatsächlich), wogegen die Prinzipientreuen stur geschimpft werden (und diesen Charakterzug auch durch kurze Stiernacken verkörpern; Kurtz/Prestera 1979/1991).

Auch wenn es schmerzt, wenn sich ein Wendehals nicht an Vereinbartes hält, und empört, wenn er oder sie nur den eigenen Vorteil sucht: Im Hintergrund lauert immer die →*Angst*, nicht zu überleben, wenn man zu sich hält und nicht zu mächtigen anderen.

Wenn Sie bei sich selbst diese Angst (»Feigheit«) herankommen spüren, lohnt es sich jedenfalls, innezuhalten und sich zu fragen, was konkret dieses Gefühl auslöst. Wahrscheinlich werden Sie dann eine ziemlich präzise Antwort aus Ihrem »Bauch« aufsteigen fühlen. Überlegen Sie, ob Sie dieses Risiko – »mutig« – auf sich nehmen wollen oder – »feige« – nicht.

Einige Tipps, um mutiger zu werden:

Körperlich bringen Sie sich in die Haltung, die der geplanten Handlung am besten entspricht.

Mental – auch verbal – können Sie nun sich selbst und Ihre Absicht demonstrieren:

- Stellen Sie sich selbst in einem Film vor, allerdings einem, in dem Sie den Blickwinkel der Person einnehmen, die die Kamera führt,
- blicken Sie auf Ihr Gegenüber (Menschen oder auch im Überblick eine Situation),
- geben Sie sich das Gefühl von Sicherheit und Gelassenheit (es genügt, diese Worte zu denken) und das Gefühl von
- →*Selbstbehauptung:* »Ich will jetzt … sagen/tun/bewirken …«
- Und dann tun Sie es auch.

Im Endeffekt geht es ja darum, Verantwortung für das eigene Tun zu übernehmen, und wem das in Kindheit und Jugend verboten, verleidet wurde, der muss es eben nachlernen.

Sollten Sie sich aber nicht zu mutigerem Auftreten entscheiden wollen – was ja in Ihrer Verantwortung liegt –, dann stehen Sie zu sich! Sie sind Expert/in für Ihre Entscheidungen.

Dann brauchen Sie zu dieser Form von Selbstbehauptung nur

- eine passende Körperhaltung,
- einen passenden Gesichtsausdruck und
- eine passende Stimmlage und Artikulation (Letztere bitte nicht weich und sanft, sondern durchschnittlich laut, kraftvoll und bestimmt) sowie
- einige passende Sätze wie: »Ich habe mir das überlegt; ich werde/möchte/will das nicht tun« oder: »Sie haben mich nicht überzeugt, ich werde mich Ihrer Sichtweise nicht anschließen« oder: »Nach reiflicher Überlegung habe ich beschlossen, Sie nicht zu unterstützen.« Alles klar?

FRIGIDITÄT

Ähnlich wie das Wort Impotenz ist auch der Begriff Frigidität heute in Fachkreisen verpönt. Dank dreißig Jahren Frauenbewegung und vielen Selbstzeugnissen betroffener Frauen wissen wir, dass Verlust der Empfindsamkeit, Berührungsphobien, Vermeidungsverhalten in sexuellen Beziehungen fast immer Folgen einer Traumatisierung sind; traumatisierend kann eine leibfeindliche Erziehung gewesen sein, aber auch eine angeblich leibfreundliche, nämlich übergriffige.

Als der Psychoanalytiker Wilhelm Stekel sein Buch über die »Geschlechtskälte der Frau« (Stekel 1920) schrieb, machte sich kaum ein Wissenschafter Gedanken darüber, ob es nicht unfair sei, Frauen am männlichen Modell zu messen. Erst seit wenigen Jahren setzen sich Gender-Sichtweisen durch (Gender als »soziales«, also gesellschaftlich bestimmtes und anerzogenes Geschlechtsverhalten im Gegensatz zu Sex als biologischer Geschlechtlichkeit).

Der korrekte Ausdruck für die Schwierigkeiten, die viele Frauen als »auf der Schwelle stehen und nicht weiterkommen« beschreiben, ist Orgasmushemmung oder Orgasmusstörung. Und wie bei jeder Störung findet man zeitlich davor liegende auslösende Elemente. Eines, das vielfach unterschätzt wird, aber bei Studien, in deren Rahmen diese Frage gestellt wird, hohe Bedeutung besitzt, ist Ekel vor ungepflegten, unsauberen, alkoholisierten Ehemännern. Ich ergänze aus meinem psychotherapeutischen Erfahrungswissen: und vor groben Zugriffen.

Ein Gedicht Traude Zehentners lautet:

»Was ist das schon?
meine Sexualität!
ein hungriges Tier
das die Nahrung verweigert
ein wilder Löwe
eingesperrt
eine saftige Frucht
ungenießbar
wollüstige Unersättlichkeit
auf Verzicht programmiert
ein kurzes Streicheln
meiner selbst
an gutbekannten Stellen
ein kleiner Orgasmus
ein wenig Weinen
damit ich einschlafen kann
und träumen
von *meiner* Sexualität«

(Zehentner o. J.)

»Warum nur davon träumen?« nannten auch die Journalistinnen Alexandra Berger und Andrea Ketterer ihren – durchaus empfehlenswerten – Sex-Ratgeber für Frauen (Berger/Ketterer 1997/98). Allerdings orientieren auch sie sich darin immer wieder am männlichen Modell (das sich wiederum oft an Porno-Filmen orientiert), zum Beispiel wenn sie schreiben: »Rein wissenschaftlich betrachtet, ist der Orgasmus der Höhepunkt sexueller Erregung und Anspannung, die sich explosionsartig entladen. Jeder Mensch ist potenziell dazu fähig, einen Höhepunkt zu erreichen. Die Betonung liegt auf potenziell. Denn tatsächlich haben Frauen oftmals große Mühe, sich zum Gipfel der Lust aufzuschwingen« (Berger/Ketterer 1997/98).

F

Solche Formulierungen bewerte ich in meiner Kompetenz als Psychotherapeutin, Methodenforscherin und Universitätslehrerin für Therapeutische Kommunikation als gesundheitsschädigend.

- Zum einen ist der Orgasmus nicht »Höhepunkt« von Erregung und Anspannung, sondern bereits nachfolgendes Entladungs- und Entspannungsgeschehen,
- zweitens gibt es bei beiden Geschlechtern viele Arten von Orgasmen; nicht alle sind »Explosionen« (nur im Porno-Film wird das aus Inszenierungsgründen gerne so dargestellt),
- daher passen Worte wie »fähig« und »Höhepunkt« nicht zusammen. Es gibt Frauen, für die das Eindringen des Mannes in ihren Körper der Höhepunkt ist; ich kenne eine Frau, bei der schon der Blick ihres Herzensmannes genügt, und etliche Paare, die ohne genitale Vereinigung gleichzeitige Orgasmen (nicht zu verwechseln mit dem Samenerguss des Mannes; siehe →*Vorzeitiger Samenerguss)* erleben. Und da der Orgasmus ein Reflex ist (wie Niesen), »schwingt« man oder besser frau sich dazu nicht auf.

Außerdem wird hier wieder unterstellt, dass der Orgasmus der »Gipfel der Lust« sein solle – und das ist er bei vielen, aber bei weitem nicht bei allen. Wieder eine männliche Sichtweise: Viele Männer ignorieren, weil sie es selbst nicht erfahren haben, dass es auch trockene Orgasmen gibt und lustlose Samenergüsse (»Ausrinnen«); und weil sie auch nicht wagen, Geschlechtsverkehr anders als durch eine Ejakulation zu beenden (und diese dann auch öfter als man glaubt vortäuschen!), »mühen« sie sich ab, auf diesen »Gipfel« zu kommen. Mit Lust hat das allerdings wenig zu tun, eher mit Plage.

Durchschauen Sie also die versteckten Verunsicherungen; sie schleichen sich immer wieder ein, weil es so verlockend ist, bei den gewohnten Bild-, Sprach- und Denkformen zu bleiben, anstatt nachzuforschen, wo weibliches Erleben ignoriert, versteckt oder verleugnet wird. (Ich will nicht behaupten, dass mir das nicht auch passieren kann; doch wenn es mir auffällt, will ich es enttarnen.)

Lassen Sie sich daher auch nicht auf Diskurse über vaginale oder klitoridale Orgasmen ein (Sie erkennen Halbgebildete schon daran, dass sie den Begriff »klitoral« gebrauchen). Auch Berger/Ketterer irren, wenn sie schreiben: »Der Orgasmus wird sowohl durch direkte als auch durch indirekte Stimulation der

Klitoris ausgelöst.« Zwar erwähnen sie später, dass es auch »extragenitale« Orgasmen gibt, lassen diese aber nicht als gleichberechtigt gelten. Sie schreiben über diese Frauen: »Ihnen genügt die ausgiebige Stimulierung der Brustwarzen ... Das beweist, dass Sex vor allem im Kopf passiert. Das Geheimnis dieser Frauen sind nämlich ihre besonders lebendigen erotischen Fantasien und Gedanken, während ihr Partner sie liebkost ...«

Dazu ist anzumerken: Alles, was wir äußerlich wie innerlich, oben wie unten, links wie rechts erleben, läuft über das Zentralnervensystem. Man kann auch »Kopf« dazu sagen. Das Geheimnis besonders erregbar erscheinender Frauen kann deren hypersensibles Sensorium sein – oder eine hyperintensive Ausrichtung ihrer Partnerperson. Es liegt nämlich an der Erregungsintensität, am →*Begehren*, ob optimale Voraussetzungen für ein Gipfelerlebnis herrschen. Dieses kann auch durch extensives Fantasieren stimuliert werden; üblicherweise wird Erregung aber durch Reibung (auch eine zarte mittels der Zunge) ausgelöst oder durch die bioelektrische »Ausstrahlung« einer anderen Person, sogar über große Distanz (auch wenn das früher als »Besessenheit«, »Hysterie« oder »Wahnvorstellung« abgetan wurde). Nur: Heute gehen Paare miteinander ins Bett oder an sonst einen mehr oder weniger geeigneten Platz, weil sie erwarten, nur durch den Gebrauch ihrer Genitalien zur großen Lust zu kommen, egal, wie übermüdet, →*frust*riert oder einander fremd sie sind. Früher – in der Zeit der Schwangerschaftsängste, also vor der »Pille«– musste man(n) balzen, damit frau so erregt wurde, dass sie ihre Befürchtungen, Mutters Warnungen und die »Moral« vergaß ... Als verheiratete Frau musste sie hingegen »nur« ihre »eheliche Pflicht« erfüllen. Lust oder gar Orgasmen waren da nicht vorgesehen.

Heute verlangt man(n) von frau, dass sie wie im Pornofilm stöhnt, sich windet und vor Ekstase beinahe aus dem Bett kippt. Das braucht er für seine Selbstvergewisserung, ein guter Liebhaber zu sein. Dabei besagt dieses Wort, dass es ums Liebhaben geht – sonst hieße es ja Orgasmusmacher.

Leider verkommt so mancher Geschlechtsakt zur Nötigung oder gar Vergewaltigung. Ich erinnere mich an eine Klientin, ein überschlankes Ex-Model, die beklagte, dass ihr bulliger Ehemann sich abends einfach auf sie lege und sich mit ihr befriedige. Das war eben sein Stil, auf den er stolz war und den er keinesfalls ändern wollte. Wen wundert es, dass seine Frau sich benützt fühlte? Und sie war und ist damit kein Einzelfall.

Traude Zehentner, meine Lieblingsdichterin, weiß dazu:

SCHEIDUNGSFRAGE

»Und wann hatten Sie das letzte Mal
Geschlechtsverkehr mit Ihrem Mann?«
Sie: »Ich mit ihm überhaupt
noch nie, wir beide zusammen, das ist
schon lange her, aber er mit mir
gestern abend!«

(Zehentner o. J.)

F

Und was kann frau dazu tun, den nötigen Hitzegrad zu erreichen?

Körperlich heißt das Orgasmusprogramm

- sich selbst kennen. Daher: den eigenen Körper erforschen, ausprobieren, an welchen Stellen bei welcher Stimulation sich welche Empfindungen einstellen. Dabei hilft →*Selbstbefriedigung* – aber nicht mit dem Ziel, zum Orgasmus zu kommen, sondern um gutes Einvernehmen mit dem eigenen Körper zu »pflegen« (Anleitung bei Barbach ...). Dazu hilft es, zehn Teile des Körpers zu finden, die einem gefallen, und sie jeden Morgen liebevoll zu begrüßen.
- Gefühle körperlich ausdrücken: darauf achten, welche zärtlichen Impulse im eigenen Körper spürbar werden – zum Beispiel zu umarmen, sich anzuschmiegen, zu reiben – und diese in die Tat umsetzen (keine Zurückhaltung, außer es sprechen ernsthafte und gemeinsam besprochene Gründe dafür, etwa Krankheiten oder Behinderungen).
- Atmen: »Der Atem ist die Brücke, über die einzelne Bereiche unseres Körpers und verschiedene Energiezentren *(→Chakren)* harmonisch zusammenkommen«, erklären die Tantriker Michael Plesse und Gabriele St. Clair (Plesse/St. Clair 1992). Der tantrische Atemkreis besteht aus drei Sequenzen: Beckenatmung – sexuelles Atmen – Strömungsatmen:
  Beckenatmung (um Energie zu wecken):
  - in Rückenlage (weiche Unterlage) Füße aufstellen,
  - durch den geöffneten Mund ein paar Minuten tief ein- und ausatmen, dabei Töne aus dem Bauch kommen lassen,
  - das Becken beim Einatmen anheben und beim Ausatmen auf die Unterlage fallen lassen, immer schneller, wilder, lauter werden –

– ausruhen, dabei Hände auf Bauch und Genitalien liegen lassen, Atem soll spontan fließen.

Sexuelles Atmen (um die Energie aufwärts zu lenken und eben nicht, wie im Westen üblich, auf die Entladung zu zielen):

– Den Atem mit Hilfe der Vorstellungskraft sanft durch einen gedachten Tunnel (»Bambusrohr«, »innere Flöte«) von den Genitalien aufwärts bis zum Mund und Scheitel – so hoch es eben geht – hinaufziehen.
– Beim Ausatmen verlässt der Atem den Körper sanft wieder auf demselben Weg, nur hinab. Den Rhythmus bestimmt man selbst, er soll anstrengungslos und angenehm sein. Die Hände ruhen auf dem Bauch beziehungsweise Genitalbereich.

Strömungsatmen (um die Energie im ganzen Körper zu verteilen):

– Der Mund wird wie zu einem »O« geformt, die Lippen ein wenig gespitzt, dann wird langsam durch den Mund eingeatmet, wobei ein leises Geräusch entstehen darf.
– Während durch das »Bambusrohr« eingeatmet wird, werden die Arme mit ausgestreckten Fingerspitzen im gleichen Rhythmus senkrecht in die Höhe gestreckt, und
– beim Ausatmen (durch das »Bambusrohr«) wieder gesenkt, gleichzeitig soll ein Atemgeräusch entstehen.

- Bewegen:
  – Barfuß, entspannt, »knieweich«, mit den Füße im Abstand der Hüftknochen auseinander dastehen,
  – die Arme auf die Hüftknochen stützen und
  – das Becken langsam und sanft vor und zurück schaukeln lassen (dabei den Oberkörper ruhig halten), bei der Rückbewegung rhythmisch ein-, bei der Vorbewegung ausatmen. Sexuell traumatisierte Menschen atmen oft im verkehrten Rhythmus (Perner 1994/b), weil sie sich unbewusst – aber durchaus zu Recht – vor unerwünschter Energieüberflutung schützen wollen. Für sie ist es wichtig, sich neue – positivere – Erfahrungen zu gestatten, daher empfehle ich immer: Abwarten, was passiert, den anderen wegstoßen kann man noch immer (es gehört zur →*Selbstbehauptung).*
- Muskeln anspannen. Frauen sollten – wie auch Männer (siehe →*Vorzeitiger Samenerguss)* – regelmäßig ihren Beckenboden trainieren. Das bedeutet, in

Situationen, wo die Aufmerksamkeit nichts anderem gewidmet werden muss, den *musculus pubococcygeus* (er wird eingesetzt, um den Harnstrahl zu unterbrechen) beim Einatmen langsam (zuerst bis drei, später bis fünf zählen) zusammenziehen, beim Ausatmen entspannen. Das wird immer öfter, immer schneller durchgeführt, bis es vibriert, als würde man mit den Augenlidern klimpern. Anfangs geht das noch nicht so gut, aber nach dem zweiten und dritten Übungsversuch hat frau meist ein sicheres Gespür für diesen PCC-Muskel und kann auch vermeiden, dass Bauch- oder Aftermuskeln mit bewegt werden. (In Hinblick auf drohende Inkontinenz im Alter lohnt es sich, alle diese Muskelpartien getrennt zu trainieren; das verleiht Sicherheit und außerdem hebt es das →*Energie*-Niveau und gibt Kraft.)

Anders in der landläufigen Ansicht strömt →*Liebe* vom Herzen aus und erfüllt unser Denken und unsere Körperlichkeit. Wenn der Orgasmus ausgelöst wird, reagiert der Genitalbereich und damit auch die Klitoris. Er kann durch vaginale oder klitoridale Stimulation ausgelöst werden, aber auch durch anale, durch willentliche Kontraktionen der Beckenbodenmuskulatur, durch Druck auf den Unterbauch, durch Streicheln der Brüste, durch Küssen … und auch mittels posthypnotischer Befehle und anderer Trancetechniken, aber nicht bei jeder Frau in gleicher Weise. Das bedeutet keinerlei Mangel, sondern ist Zeichen von Individualität. Wir sind eben unterschiedlich.

Mental können Sie Ihre Orgasmusfähigkeit stärken, wenn Sie

- Ihre Hemmungen erkennen (meist elterliche Verbote aus der Pubertät oder religiöse Moralgebote, deren Sinn nicht erklärt wird). Wer Sexualität vor allem in ihrer spirituellen Form erleben will, muss die Sexualenergie »nach oben« lenken, um »geistige Kinder« zu schaffen, und nicht »nach unten« um Materie (fleischliche Kinder) zu erzeugen (Perner 2002/b).
- Es helfen aber auch paradoxe Befehle: versuchen, mittels der oben beschriebenen vaginalen Muskelkontraktionen zwar den Partner zu »massieren«, sich selber aber zurückzuhalten. Es wird wahrscheinlich nicht gelingen …

Die Anleitung zu verschiedenen Trancetechniken sollte erfahrenen Psychosexualtherapeut/innen vorbehalten bleiben. Eine davon möchte ich – grob formuliert – aber doch erwähnen:

- Stellen Sie sich Ihren letzten Geschlechtsverkehr mit Partner (mit Partnerin gibt es diese Probleme meist nicht) wie einen Film vor,
- beobachten Sie, was Ihr – hoffentlich – Geliebter mit Ihnen gemacht hat und
- stellen Sie sich vor, Sie steigen in ihn ein, sodass Sie jetzt aus seinen Augen auf sich selbst blicken. Jetzt achten Sie nur mehr auf die auftauchenden Gefühle.
- Möglicherweise spüren Sie dann auch, wie sehr Sie Ihr Partner liebt (oder auch nicht, das ist das Risiko!) und
- achten mehr auf Ihre Gefühle als auf die »Funktionstüchtigkeit« Ihres Unterleibs.

Ein Mensch ist nun mal kein Kraftfahrzeug, bei dem man nur den Choker bedienen muss, und es läuft und läuft und läuft …

FRUST

Frustration, populärjournalistisch verkürzt zu Frust, wurde Mitte der Achtzigerjahre des vorigen Jahrhunderts zum Modewort. Vorher unterschied man ziemlich genau zwischen Gefühlen von Enttäuschung, Widerwillen, Lustlosigkeit, Überdruss, Ekel etc. und akzeptierte diese Befindlichkeiten als »vorübergehend«.

Heute wird uns von der allgegenwärtigen Produkt- und Dienstleistungswerbung suggeriert, es gebe gegen und für alles das passende Mittel. Aber wie ich schon in der Einleitung zu diesem »Vademecum« (zu Deutsch: »Begleite mich«) aufzeigte: Erste Hilfe ist keine Langzeitbehandlung. Reinigung – auch seelische! – ist keine Prävention gegen Schmutzfinke, und Anleitungen zum positiven Denken helfen nicht gegen die Realität von Frustrationen.

Die Kunst des zufriedenen Lebens besteht wohl darin, Wünsche und Erwartungen der Realität anzupassen. Das ist →*salutogen.* Realitätssicht heißt das in der Sprache der Psychoanalyse. Es sind nicht die Ereignisse, die uns ängstlich, wütend, verzweifelt oder auch heiter und gelassen machen, sondern unsere Bewertungen – und die können wir als strenge Lehrkräfte oder als lässige abgeben.

Es gibt im Wesentlichen drei Arten zu denken, wissen Arnold und Clifford Lazarus (Lazarus/Lazarus 1999):

- rationales (es stützt sich eher auf objektive Tatsachen als auf subjektive Meinungen),
- irrationales (ihm mangelt es an objektiven Grundlagen, es dient eher der Selbstinszenierung, führt daher zu Konflikten und gefährdet das soziale Überleben) und
- rationalisierendes (damit werden nachträglich Erklärungen gesucht, um subjektiv-emotionale Verhaltensweisen mit scheinbar objektiven Notwendigkeiten zu begründen).

Ob Sie also die im Alltagsleben unvermeidlichen Frustrationen hüten und pflegen wollen oder als lästige Begleiterscheinung eher minderbewerten, hängt von Ihrer jeweiligen Entscheidung ab. Erinnern Sie sich: Sie können Ihre gewohnten Neurosignaturen durch selbst geprägte neue, bessere ersetzen!

Einer meiner liebsten Klientinnen bot ich dazu folgendes geistiges Bild an: Sie komme mir vor, sagte ich, wie jemand, der über eine niedrige Brücke gehen wolle, unter der in einem Fluss Krokodile schwämmen. Statt nun aber zügig voranzuschreiten, bleibe sie fasziniert stehen, setze sich nieder, lasse die Beine im Wasser baumeln – und wundere sich dann, wenn die Krokodile zubissen. Da musste sie lachen. In späteren Stunden kam sie gelegentlich schuldbewusst mit der Meldung: »Ich bin schon wieder auf der Krokodilsbrücke gesessen!« Heute achtet sie darauf, schnell über die Brücke zu kommen. Und genau darum geht es: Frustrationen nicht überzubewerten, zum chronischen Lebensthema zu machen, sondern zu klären, wie man damit umgehen soll.

Körperlich hilft es wie so oft,

- sich der unwillkürlichen Körperhaltung bewusst zu werden, mit der man das frustrane Erleben signalisiert. Meist besteht es im Zusammensinken des Oberkörpers, Hängenlassen des Kopfes, in Seufzen und Jammern (Wutausbrüche sind eher selten, wären aber die gesündere Form; bitte nicht auf andere richten, sondern in nützliche Aktivitäten wie Holzhacken, Bodenputzen, ersatzweise Squash oder Crawlen umlenken!) und
- in die Gegenbewegung gehen: aufrichten, durchatmen, »Kopf hoch« und: Gähnen! Gähnen befreit von negativen Energien, entspannt die Kiefer- und Nackenpartie, reinigt Seele und Geist und macht frischer. In der therapeutischen Arbeit fällt mir immer wieder auf, wie meine Klient/innen ihr Gähnen

im Ansatz ersticken wollen, wenn sich gerade etwas Altes, Behinderndes gelöst hat; sie wollen ja nicht »unhöflich« sein. Dann ermutige ich sie ausdrücklich dazu, und sie gähnen und gähnen und sind ganz überrascht, wie lange sie brauchen, um alles aus der Lunge herauszubekommen, was sie jahrelang zurückgehalten haben. Daher mein Appell vor allem an Lehrpersonen: Missdeuten Sie Gähnen bei Schülern nicht als Desinteresse oder Müdigkeit, sondern als einen Selbstheilungsversuch – vielleicht gegen das lange Stillsitzen oder die schlechte Luft im Klassenzimmer. Wenn Sie selbstsicher genug sind, bieten Sie dem jungen Volk an, sich ein wenig zu bewegen (Qui-Gong-Übungen sind dazu bestens geeignet) – oder die Fenster aufzureißen.

In einem Heft der leider nicht mehr existierenden satirischen Zeitschrift *Pardon* gab es Comics, wo in verschiedenen Alltagssituationen ein strubbeliger Gnom in den Zimmerecken auftauchte und Kommentare abgab: der Frust. Genau dieses Bild können Sie nutzen, um zu verhindern, dass der Frust bei Ihnen Logis bezieht. Wenn er auftaucht, begrüßen Sie ihn freundlich und erklären ihm, dass Sie leider kein Zimmer frei haben und er sich bitte im nächsten Hotel einquartieren soll …

GEFÜHLSSTÜRME

Je mehr Sie von Gefühlen überflutet werden, desto weniger können Sie vernünftig denken. Wir sprechen dann oft von »blind« verliebt, blind vor Zorn, vor Schmerz, und deuten damit an, dass wir keinen Über-Blick mehr haben, keinen Weit-Blick, keine Realitäts-Sicht und leider auch Rück-Sicht, und an Vor-Sicht mangelt es auch … Die Liste ließe sich noch lange weiterführen.

Von dem Schweizer Psychiater und Freud-Schüler Carl Gustav Jung stammt das Schema der vier Bewusstseinsfunktionen: Denken und im Gegensatz dazu Fühlen, körperlich Empfinden und als Gegenteil Intuieren (Ahnen; Jacobi 1977/1982). Jung widmete sein Augenmerk bei der Entwicklung dieses Modells von Ganzheit nicht dem Inhalt des Denkens, sondern der Wahrnehmungsfunktion, mit der man äußere oder innere Erscheinungsformen aufnimmt und verarbeitet. Jolande Jacobi, eine seiner engsten Mitarbeiterinnen, erklärt dies so: »Denken ist daher jene Funktion, welche mittels einer Denkarbeit, also der Erkenntnis – d. h. begrifflicher Zusammenhänge und logischer Folgerungen –, zum Verstehen der Gegebenheiten der Welt und zur Anpassung an sie zu gelangen sucht. Als Gegensatz dazu wird es durch die Funktion des Fühlens auf Grund einer Bewertung durch die Begriffe ›angenehm oder unangenehm, bzw. annehmen oder abwehren‹ erfasst … Die Empfindung nimmt die Dinge wahr, so wie sie sind, und nicht anders … Die Intuition nimmt ebenfalls ›wahr‹, doch weniger durch den bewussten Sinnesapparat als durch die Fähigkeit einer unbewussten ›inneren Wahrnehmung‹ der Möglichkeiten, die in den Dingen liegen …« (Jacobi 1977/1982).

Je stärker man sich also in Gefühle verstrickt, desto mehr braucht man, um wieder in →*Balance* zu kommen, die Ergänzung durch das Denken – und dazu oft die Unterstützung von Berater/innen oder Psychotherapeut/innen. (Umgekehrt kommen oft Menschen in Beratung und Therapie, die ihre Gefühle abgespalten, verdrängt oder verleugnet haben und auch weiterhin →*abwehren* und nicht verstehen, weshalb sie von ihren Partnern, den beruflichen wie privaten, verlassen werden.)

Wenn Sie also von Gefühlsstürmen hin und her gebeutelt oder getrieben werden, hilft Folgendes:

Körperlich erstellt man sich schriftlich ein »erdendes« (zum Boden ableitendes) Trainingsprogramm wie Laufen, Walken, stampfende Tänze, also auch Steppen, Flamenco, Kasatschok etc. und arbeitet das stur ab.

Mental schlage ich folgende Übung vor:

- Sie stellen sich vor, die Gefühle, die Sie so durcheinander wirbeln, seien irgendwo in Ihrem Körper angesiedelt.
- Sie geben ihnen eine Form und eine Farbe und
- fühlen nach, wie sich dieser nun entstandene Gegenstand anfühlt. Wahrscheinlich gar nicht gut.
- Stellen Sie sich jetzt vor, dass Sie dieses Ding aus sich herausnehmen und in Händen halten, vor sich, sodass Sie es gut anschauen können. Wie ist es beschaffen? Welche Farbe hat es? Aus welchem Material besteht es? Hart oder weich? Kalt oder warm, heiß? Rau oder glatt? Fest oder durchlässig? Biegsam? Schleimig? Stachelig?
- Was ist das Unangenehmste an diesem Gegenstand? Die Farbe? Die Beschaffenheit?
- Beginnen Sie nun in diesem geistigen Bild eins nach dem anderen zu ändern: zuerst das Unangenehmste, und zwar in die angenehmste Alternative (zum Beispiel giftgrün in mittelblau, rau in samtweich, kratzig in glatt, aber auch die gesamte Form, etwa einen Kegel in eine Feder).
- Wenn Sie alles Unangenehme durch etwas Angenehmes ersetzt haben, werden Sie vor Ihrem geistigen Auge einen neuen Gegenstand erblicken. Wenn er Ihnen angenehm *und* nützlich erscheint, können Sie ihn jetzt dorthin platzieren, wohin Sie ihn haben wollen, in sich hinein oder irgendwo anders hin.

Allein durch den Ablauf dieser Übung werden Sie mehr Ruhe finden, überdies Ihr kreatives Potenzial wecken und – denken!

GELASSENHEIT

Ihre Gefühle sind keine spontan überfallenden Kumpane, sondern vergessene Altbekannte, die Sie aus dem Freundes- beziehungsweise Feindeskreis Ihrer Eltern oder sonstigen Bezugspersonen übernommen haben. Sprache hat bekanntlich Suggestivkraft, und wenn beispielsweise Ihr Vater oft gebrüllt hat: »Das ist ja zum Aus-der-Haut-Fahren!«, dann haben Sie diese Bewertung jedes Mal unbewusst eingespeichert. Dieses »Programm« läuft nun auch bei Ihnen, samt diesem »Virus« oder »Wurm« – es sei denn, Sie löschen ihn oder ersetzen gleich das gesamte Programm. Und das geht so:

- Überlegen Sie, in welchen Situationen Sie mit Gefühlen und Verhaltensweisen reagieren, die Ihnen nicht nützen, sondern eher Schaden bringen.
- Geben Sie diesem Verhalten die korrekte Bezeichnung, zum Beispiel ärgerlich, wütend, verzweifelt, feige …
- Überlegen Sie, welches Gefühl oder Verhalten Sie stattdessen für besser geeignet halten. Was auf jeden Fall passt, ist Gelassenheit (weil es sowohl Gefühl als auch Verhalten umfasst).
- Spüren Sie unabhängig von einer konkreten Situation, wie sich das Gefühl der Gelassenheit anfühlt
- und wie es sich verkörpert. Nehmen Sie diese Körperhaltung ein.
- Von jetzt an gewöhnen Sie sich bitte an, wann immer Ihnen eine Situation zu entgleiten droht, sich kurz mental die Frage zu stellen: Mit welchem Gefühl (Verhalten) will ich jetzt reagieren?
- Wählen Sie jedenfalls Gelassenheit! Egal, was Sie vorhaben – zu viel →*Energie* zerstört, nicht nur die Gesundheit der anderen, sondern auch Ihre eigene.

GENERATIONENKONFLIKTE siehe →*Altern,* →*Jugendwahn,* →*Konflikte,* →*Mediation*

GEWALT

Schon bei der Definition von Gewalt werden viele Menschen gewalttätig: Sie versuchen dann, ihre Sichtweise gegen die anderer durchzusetzen, blähen sich furchterregend auf, →*demütigen* ihre Gegner und schädigen so deren leib-seelisch-geistige Gesundheit. Das ist doch nicht so arg, denken Sie? Es ist so arg! Denn auch wenn viele Menschen ihre reaktiven Gefühle ausblenden oder vor sich selbst verleugnen, die negative Kampf-→*Energie* trifft doch und zwar meist tief ins Sonnengeflecht.

Üblicherweise wird Gewalt als vorsätzliche Handlung mit dem Ziel definiert, jemandem körperlichen Schaden zuzufügen. Früher dachte man dabei nur an den sichtbaren Körper beziehungsweise an Körperverletzungen, die man im Röntgenbild oder bei der Öffnung des Körpers erkennen konnte. Heute sehen wir dank der Computertechnik auch die neuronalen Spuren im Gehirn, können sie mittels chemischer Analysen im Blut, im Schweiß und in anderen Körpersekretionen nachweisen und mit Hilfe von Biofeedback-Techniken auch die Auswirkungen von →*Stress*-Belastungen auf den emotionalen »Haushalt« sichtbar machen.

Cheryl Benard und Edit Schlaffer verwenden in ihrer Studie über Gewalt gegen Frauen (Benard/Schlaffer 1991) folgende Analysekategorien:

- körperliche Gewalt (wie Schläge, Tritte, Würgen, aber auch zum Beispiel den Kopf in den Mülleimer stecken),
- sexuelle Gewalt (Nötigung unter Zufügung körperlicher Gewalt),
- finanzielle Gewalt (unkontrolliertes Verfügen über das Familieneinkommen bei finanzieller Abhängigkeit, aber auch unentlohnte Mitarbeit im Betrieb),
- sozialer Sadismus (psychische und verbale Gewalt, die das Selbstwertgefühl zerstört, wie Verweigerung von Anerkennung und direkte Abwertung, Beschimpfungen, Beleidigungen etc.),
- soziale Gewalt (gesellschaftliche Abhängigkeit vom Ehepartner, Kontrolle des sozialen Umfelds, Beschneidung von Ressourcen und Vergleichsmöglichkeiten etc.).

Der norwegische Friedensforscher und Träger des Alternativen Nobelpreises, Johan Galtung, führte darüber hinaus den Begriff der »strukturellen« (oder »indirekten«) Gewalt ein, mit dem die Unterdrückung durch ein System sozialer Ungerechtigkeit gemeint ist. Menschen können an dieser Gewaltform auch physisch und psychisch zugrunde gehen (Hunger, Slums). Diese Schädigung wird zwar nicht durch aktives, zielgerichtetes Verhalten sichtbarer Akteure herbeigeführt; allerdings gibt es »Verantwortliche«.

Verantwortung ist überhaupt der Schlüsselbegriff, wenn es um Gewalt geht. Echte Gewalttäter übernehmen keine Verantwortung; schuld sind immer die anderen!

Gewalttäter leugnen – und nach den meisten Rechtsordnungen ist das auch ihr Recht (»Der Beschuldigte darf alles seiner Verteidigung Dienliche vorbringen«; stimmen muss es nicht. Unter Wahrheitspflicht stehen bei Gericht nur die Zeug/innen). Dennoch ist es wichtig,

- bei Gewalttäter/innen darauf zu dringen, dass sie ihre Verantwortlichkeit akzeptieren, denn
- es darf nicht der Eindruck entstehen, dass ihr Verhalten stillschweigend geduldet werde.
- Außerdem sollte man Gewalttäter/innen zu der Realitätssicht verhelfen, dass sie »Geisterfahrer« auf der Autobahn des sozialen Verkehrs sind und nicht »über dem Gesetz« stehen, sondern sich an die soziale »Straßenverkehrsordnung« zu halten haben, da man sie sonst »aus dem Verkehr ziehen« müsse.
- Damit soll vermittelt werden, dass es nicht geduldet wird, die Wahrheit und ihre Konsequenzen abzustreiten.

Infolge ausgiebiger Täterforschung weiß man heute (in Anlehnung an Trepper/Barrett 1991), dass Täter (am Beispiel sexueller Ausbeutung beziehungsweise Körperverletzung)

1. die Tatsachen leugnen (»Das muss jemand anderer gewesen sein«; »Ich bin doch kein ...«),
2. das Wissen um das Geschehen leugnen (»dann muss mir die Hand im Schlaf hinübergerutscht sein«, »er muss von selber gestürzt sein«),
3. die Verantwortung leugnen (»aber der/die hat das doch gewollt«, »der hat doch den Streit angefangen«) und
4. die Auswirkungen leugnen (»das kann doch nicht geschadet haben«, »der kann nie solche Verletzungen gehabt haben«).

Mir gefällt die ebenfalls auf Galtung zurückgehende Definition, Gewalt sei jeder feindselige Akt, der geeignet ist, das Potenzial der betroffenen Person zu schädigen.

Wenn Sie also mit Gewalttäter/innen zu tun haben, rate ich, die Grundprinzipien der →*Salutogenese* im Auge zu behalten:

- Erkennen, was sich im Augenblick abspielt (Verunsicherungsstrategien als solche erkennen, egal wie selbstsicher und »fest im Glauben« der Leugnende auftritt) und diese Situation als Teil der eigenen Biografie annehmen.

- Erkennen, dass die eigene Gestaltungsmöglichkeit darin besteht, sich nicht einschüchtern, »über den Tisch ziehen« zu lassen, sondern auf der eigenen Sichtweise zu beharren.
- Erkennen, dass der Sinn dieses Beharrens darin besteht, die Spielregel: »Wer lauter schreit (= mächtiger, gefährlicher ist), hat Recht« zu durchbrechen – für sich und für alle anderen, die in der gleichen Lage sind.

Körperlich ist wichtig:
- aufrecht bleiben (Wirbelsäule gerade aufgerichtet), standfest (beide Beine symmetrisch im Hüftknochenabstand auf dem Boden),
- ruhig atmen.

Mental bleiben Sie im Bewusstsein und Vertrauen, Gott (oder was immer Ihre Vorstellung von geistigem Ordnungsprinzip ist) sorge für Wahrheit und Gerechtigkeit.

GLÜCK

Im Grimm'schen Märchen vom »Hans im Glück« wird die Botschaft vermittelt, dass das allgemein als Glück Bezeichnete – etwa Reichtum – auch Belastung mit sich bringt und wirklich glücklich wohl der sei, der sich um nichts sorgen müsse. Aber stimmt das? Besteht nicht ein ganz wesentliches Glücksmoment darin, sich um etwas oder jemand »in Liebe« sorgen zu dürfen?

Die computerunterstützte Hirnforschung zeigt, dass die Bilder von Gehirnen glücklicher und trauriger Menschen Schaltungen für angenehme und unangenehme Gefühle aufweisen. Neurochemisch stehen angenehme Gefühle (beispielsweise Begehren, sexuelle Anziehung, Zufriedenheit) mit den Botenstoffen Dopamin, Oxytocin und Beta-Endorphin in Zusammenhang, unangenehme (wie etwa Angst, Anspannung, Niedergeschlagenheit) hingegen mit Acetylcholin und Cortisol (Klein 2002). Außerdem wurde am Beispiel von Schlaganfallpatienten festgestellt, dass Blutgerinnsel im rechten Vorderhirn Fröhlichkeit auslösten, im linken hingegen Depressionen. Daraus und aufgrund vieler ähnlicher Beobachtungen wurde geschlossen, dass die rechte Gehirnhälfte eher zum Auftreten negativer Gefühle beiträgt, die linke hingegen zur Entstehung positiver. Lampenfieber rechts – Genuss von Speisen links (Klein 2002).

Da aber bereits positive Erwartungen – die sich ja meist auf Erfahrungen, also Gedächtnisspuren im Gehirn, gründen – die Ausschüttung von Glückshormonen bewirken können, liegt es in unserer Eigenmacht, diese Mechanismen zu nutzen, um uns in den Zustand des Glücks, der Zufriedenheit, der Liebe zu versetzen. (→*Negaholiker* tun das leider nicht; sie sind nach Negativem süchtig und suchen es immer und überall zu entdecken.)

Damit sich unser Verhalten oder unsere Emotionen verändern können, braucht es ein Umgestaltungsgeschehen im Gehirn. Jedes Neuron (die berühmten »kleinen grauen Zellen«) kann als Minicomputer verstanden werden, der mit anderen Neuronen in Verbindung steht; deren Signale verrechnet es und leitet sie weiter, je nach den bisherigen Erfahrungen. Diese Weiterleitung geschieht aber nicht als gleichmäßiger Strom, sondern impulshaft. Feuern zwei Neuronen immer wieder zur gleichen Zeit, so wird die Verbindung zwischen ihnen, die Synapse, verstärkt. So lernen wir etwa durch die Erfahrung »spitz« und »sticht« in Verbindung mit »Rose« und »Duft« automatisch, unbewusst, Acht zu geben, wenn wir diese Blume anfassen. Ebenso erklärt sich, wieso ein Kind, das sexuell misshandelt wurde, später als Erwachsene/r zurückschreckt oder wie gelähmt still hält, wenn es das sexuelle Begehren seines Partners spürt, mit Hautausschlägen reagiert oder mit Schmerzen …

»Fröhlichkeit kann zur Gewohnheit werden, Missmut ebenso«, warnt Stefan Klein davor, Misserfolgsstrategien einen neuronalen Weg zu bahnen. »Seine Wut mit einem Wutanfall bekämpfen zu wollen, heißt also, Öl in die Flammen zu gießen. Statt das unangenehme Gefühl zu beherrschen, werden wir ihm in Zukunft nur noch mehr ausgeliefert sein« (Klein 2002).

Wie also trainiert man Glück?

Körperlich, indem man wie ein Schauspieler oder Pantomime die Körperhaltung auswählt, die Glück ausdrückt: Kopf hoch, freier Blick, Lächeln, Schultern zurück, Arme weit, Schnurren … Den Tag begrüßen: die Sonne anlächeln, den Wind küssen, die Erde streicheln, den Nachbarn zunicken, die Kinder loben, den Partner lieben (und auf jeden Fall eine Portion Heiterkeit mit an den Arbeitsplatz nehmen!).

Mental rate ich,

- sich mit allen Sinnen an eine Situation zu erinnern, in der man von Herzen glücklich war.
- Wie war die Körperhaltung, welches Gefühl war im Herzen,
- was hat man gemacht
- und wie hat sich das angefühlt?
- So zu atmen wie damals und die wesentlichen Sinneswahrnehmungen noch einmal abzurufen.
- Das Glücksgefühl mit einem Wort neuronal zu vertiefen. (Wenn es eine Liebesszene war, nehmen Sie den Namen Ihres/r Geliebten oder des Ortes, wo alles stattgefunden hat, und wiederholen Sie, wiederholen Sie!)
- Holen Sie sich dieses Gefühl – oder ein gleichwertiges – immer wieder über die Abrufung des »Namens« in Ihr Körpergedächtnis, vor allem dann, wenn Ihnen Glücksgefühle abgehen und
- machen Sie daraus eine Grundhaltung der heiteren Zufriedenheit.

Jede Psychotherapie basiert darauf, alte Gefühle aus schmerzlichen Situationen durch andere, gesündere zu ersetzen. »Erinnern, Wiederholen, Durcharbeiten« nannte das Sigmund Freud. Auch wenn Sie sich keinesfalls ohne fachkundige Begleitung an das Durcharbeiten traumatischer Erfahrungen machen sollten, können Sie unbesorgt »kleine« hemmende Gefühle wie Schüchternheit oder →*Lampenfieber* dadurch zum Abklingen bringen, dass Sie sich in den Zustand des Glücks (oder Liebens oder was immer Sie für ein passendes Gegengefühl halten) bringen.

GRANT

Mit dem Wort »grantig« wird eine Stimmungslage bezeichnet, die manche als Grundverfassung des Wieners ansehen (in Filmen beispielhaft verkörpert durch Hans Moser). Der Duden listet auf: »mürrisch, übellaunig, unwillig« und vermutet, dass das Wort von Grat, Gräte, also »hervorstechend, spitz, scharf«, abstammt. Grant tut weh – dem, der ihn hat, und dem, der damit konfrontiert wird.

Wenn Sie an sich selbst Anzeichen von Grant bemerken, können Sie ihn folgendermaßen ausdrücken:

Körperlich, indem Sie beispielsweise

- à la Rumpelstilzchen hüpfen, bis Sie ihn aus sich herausgeärgert haben, oder ihn
- mit hoher Stimme aus sich heraussingen, am besten auf den Laut »I«.
- Sie können auch mit den Zähnen klappern (aber nicht knirschen, das gehört zum →*Groll!).*
- Sollten Sie sich aber entschlossen haben, ein edler Mensch zu sein, können Sie Ihren Grant auch in bleibender Form veredeln: mit einem Gedicht, einer Zeichnung …

Mentale Hilfsmittel: Ich schlage vor, vor dem geistigen Auge

- eine Landschaft samt Wetter entstehen zu lassen, die dieser Stimmungslage entspricht: vielleicht ein kahles Feld, über das ein scharfer Wind bläst, oder ein eiskaltes Gewässer, in das ein spitzer Stein hineingeworfen wurde …
- Beginnen Sie nun, das Wetter zu ändern: Lassen Sie die Sonne scheinen, den Wind sanfter und wärmer werden, Vögel zwitschern, leise Musik aus der Ferne tönen, den Duft von wildem Majoran oder Flieder an Ihre geistige Nase dringen … Vielleicht gelingt es Ihnen auch, die Umarmung des Menschen zu spüren, der ihnen der liebste ist …
- Bedenken Sie: Der Wettergott Ihrer Seelenatmosphäre sind Sie!

Wenn Ihnen aber jemand anderer seinen/ihren Grant aufzwingen will: Hüten Sie sich vor Ansteckung! Dazu verhelfen Ihnen

- körperlich deutliche →*Grenzsetzungen,*
- mental →*Schutz*techniken.

GRENZSETZUNGEN

Um den Raum, der uns zur Verfügung steht, aufzuteilen, brauchen wir Grenzen: Wo endet mein Revier, wo beginnt deines? Aber auch geistig tut es gut zu wissen: Wie weit darf ich gehen? Wo komme ich dir zu nahe? Und ab wann verlierst du mich aus den Augen?

Unsere natürliche Grenze ist unsere Haut; mehr oder weniger weit über die Haut hinaus jedoch besitzt jeder Mensch eine empfindliche Zone, die auf

Annäherung mit Veränderungen des elektrischen Hautwiderstandes reagiert. Wenn Kinder Opfer von Gewalt werden, wird diese Sensibilität zerstört, sodass sie auch späterhin – wenn überhaupt – sehr verzögert auf Grenzverletzungen reagieren. Ray Wyre hat in seinen Studien, wie Gewalttäter ihre Opfer aussuchen, festgestellt, dass sie bereits an der Körpersprache erkennen, ob sich jemand – erfolgreich – wehren wird oder nicht (Wyre/Swift 1991).

Es gibt Forscher, die meinen, der »Reviersinn« gehöre zu den Erbanlagen bei Tier wie Mensch; allerdings warnt Julius Fast vor der Minderbewertung kultureller Einflüsse, weil diese solch ein Grundbedürfnis nach Sicherheit und Absicherung fördern oder einschränken können (Fast 1971/1979). Er beschreibt, wie eine ganz alltägliche »Revierverletzung« – ein Freund schiebt seine Zigarettenschachtel auf dem Tisch immer näher und näher – sofort Unbehagen auslöst, auch wenn einem nicht bewusst ist, weshalb.

Aus der Beobachtung menschlichen Verhaltens beziehungsweise Unbehagens lassen sich vier Zonen bestimmen, innerhalb der Menschen unterschiedlich auf Distanzeinbrüche reagieren:

- Intime Distanz: sehr nahe bis etwa einen halben Meter. Sie ist in nördlichen Ländern Paaren oder nahen Verwandten vorbehalten. Wenn jemand anderer so nahe kommt, wird man irritiert. In mediterranen Ländern hingegen wird das ganz anders gesehen: Da dürfen sich auch Männer umarmen oder küssen, ohne dass gleich ein Moralapostel von seinen sexuellen Fantasien übermannt wird.
- Persönliche Distanz: Sie wird als »nahe persönliche Distanz« mit sechzig bis neunzig Zentimetern angenommen, als »entfernte« von sechzig Zentimetern bis eineinhalb Meter. Da kann man noch gut miteinander reden. In Übungen zur Steigerung der →*Intuition* spüren Menschen meist, wenn jemand von hinten in ihre persönliche Distanz eintritt.
- Gesellschaftliche Distanz (eineinhalb bis zwei Meter im Berufsleben, zwei bis vier Meter bei straffer hierarchischer Festlegung von Über- und Unterordnung).
- Öffentliche Distanz (vier bis acht Meter, etwa beim Unterrichten) oder noch weiter bei Annäherung an attentatsgefährdete Personen wie Politiker oder auch manche Künstler.

Dominante Menschen nehmen wie selbstverständlich das Recht in Anspruch, den besten und größten Platz zu beanspruchen, definieren damit andere als »Untergebene« und behandeln sie oft dementsprechend. Dagegen hilft Protest (bei Kampf wird man womöglich unterliegen) und Einforderung von Solidarität durch andere.

Körperlich kann dieser Protest durch einen bewussten Schritt zurück oder das abwehrende Heben einer Hand als Distanzsignal gezeigt werden. Nicht jede/r Gesprächspartner/in respektiert (oder versteht) jedoch solch ein Zeichen. Oder er/sie will einfach nicht Rücksicht nehmen. Dann können Sie wählen: Wollen Sie verbal die Grenzüberschreitung ansprechen? Wollen Sie die Grenzverletzung tolerieren? Das bewirkt Stress. Und der gehört so schnell wie möglich abgebaut.

Zum Stressabbau nach einem Über- oder Untergriff hilft es,

- sich breitbeinig mit lockeren Knien hinzustellen,
- die Arme mit abgewinkelten Ellbogen in Schulterhöhe,
- die Hände zu Fäusten geballt,
- jeweils eine rechte Gerade, dann eine linke Gerade gegen einen unsichtbaren Gegner in die Luft zu knallen
- und dabei zu schreien: »Geh weg!«
- Diese Übung sollte bis zur Erschöpfung wiederholt werden, bis Frust und Ärger über das respektlose Verhalten der anderen Person draußen sind und man sich wieder frei und locker fühlt.

Man kann Grenzen aber auch verbal setzen: Nach dem »Du-Ich-Bitte-Modell« folgt die Grenzsetzung in drei Schritten. Am Beispiel einer sexuellen Belästigung:

- »Du«: Sie haben mir soeben auf den Schenkel gegriffen.
- »Ich«: Ich will das nicht.
- »Bitte«: Geben Sie sofort die Hand weg.

Oder bei einem sexistischen Witz:

- »Du«: Sie haben soeben einen sexistischen Witz erzählt.
- »Ich«: Ich finde so etwas nicht lustig.
- »Bitte«: Bitte unterlassen Sie derartige Grobheiten.

Solche Sätze müssen aber mit voller Kraft gesprochen werden; der Grenzüberschreiter muss merken, dass es ernst ist. Und manchmal muss man einen »zweiten Durchgang« zulegen. Manche Menschen haben dabei oft große Schwierigkeiten: Sie haben kein Bewusstsein ihrer eigenen Kraft (entwickeln dürfen), werden aktuell massiv bedroht oder geben anderen zu viel Macht über sich. Vor allem Frauen piepsen oft nur, wo sie eigentlich brüllen müssten. Ein Innsbrucker Arzt und Verhaltensforscher – er heißt tatsächlich Dr. Medicus! – klärte mich einmal bei einem gemeinsamen Mittagessen über die wahren Hintergründe des ärgerlichen »Witzes« auf, wenn eine Frau Nein sage, dann heiße das Vielleicht, und wenn sie Vielleicht sage, dann heiße das Ja. Männer, so meinte er, reagierten bei sexuell gefärbter Kommunikation mit dem Stammhirn, wie Hunde: Die würden ja auch immer wieder versuchen, sich aufs Sofa oder in Frauchens Bett zu legen, wenn man sie nicht klar und deutlich »anbelle«. Bei Männern sei das ebenso: Sie würden immer wieder versuchen, dort zu landen, wo sie gerne hin möchten – außer sie würden brutal genug daran erinnert, dass sie mit kriegerischer Gegenwehr zu rechnen hätten ...

G

Mental kann man sich verstärkten Schutz gegen Grenzverletzungen visualisieren oder mit Geisteskraft Grenzüberschreitern entgegentreten.

Ich lade in meinen Seminaren zur Thematik der sexuellen Belästigung am Arbeitsplatz gerne zu einer Tagtraumreise ein, in der ich die Teilnehmer/innen auffordere, sich eine – ihre – Behausung vorzustellen, als Hütte, Villa, Schloss etc., und auf die Begrenzung zu achten. Manche haben überhaupt keine! Oder es fehlt ein klar ausgewiesener Zugang mit Signalsystem. Hier muss ein Besucher ja irgendwie über die Mauer oder den Zaun oder die Dornröschenhecke klettern, wenn er (oder sie) näher herankommen will. Es braucht eben klar erkennbare Abgrenzungen, ebenso wie ein Überwachungssystem. Das kann man selbst erfüllen, indem man »Augen und Ohren offen hält«, oder man lässt einen Hund herumstreifen oder installiert eine Überwachungskamera ...

Wichtig ist bei solch einem Grenzaufbau, das geistige Bild mehrfach zu variieren, bis man ein gutes Gefühl von Sicherheit hat. Dieses Gefühl gehört dann wieder verankert. Das tut man, indem man ihm einen Namen gibt und immer wieder den Namen in Verbindung mit dem Gefühl in Erinnerung bringt.

Wenn man hingegen einer grenzverletzenden Person anders als mit kräftiger Stimme Einhalt gebieten will, empfiehlt sich als »sanfte« Form, sich vorzustellen, man schenke ihr einen Goldregen aus glitzerndem Licht, der sanft wie ein warmer Sommerregen die Fehleinschätzung, was gestattet ist und was nicht, von ihrer übergriffigen Hand, ihrem vorlauten Mund oder ihrem frechen Denken wegspült.

GROLL

Gegen jemanden Groll zu hegen heißt, aus augenblicklichem Zorn ein chronisches Nachtragen zu machen. Groll ist ein dumpfes Gefühl (man spricht ja auch von fernem Donnergrollen), und mit Gewitterstimmung hat diese Befindlichkeit ziemliche Ähnlichkeit.

Wenn Ihnen also jemand grollt und Sie möchten sich weder den Blitzschlägen noch den Regengüssen aussetzen, gebe ich folgenden Rat:

Körperlich
- gehen Sie aus der Schusslinie. Vermeiden Sie, in direkter Opposition zu stehen, sondern
- suchen Sie seitlich auszuweichen, aber
- achten Sie darauf, wo der gefährliche Ort ist, wo man vom Regen in die Traufe kommt; also nicht zu nahe an den Donnergott heran!

Mental helfen Autosuggestionen:
- Man spannt über sich einen Regenschirm auf oder
- hüllt sich in eine Wetterhaut
- oder verwandelt sich in eine Wetterhexe und zischt blitzschnell davon …

Gewitter sind von Zeit zu Zeit unvermeidlich und auch reinigend. Der Groll ist dabei nur die Ouvertüre oder Begleitmusik. Wenn allerdings apokalyptische Unwetter auf Sie herabprasseln, begeben Sie sich an einen geschützten Ort.

Körperlich tun Sie das, indem Sie sich real entfernen. Der Ringrichter beim Boxen trennt die Kämpfenden mit »Break!« Sie dürfen sich selbst diesen Distanzierungsbefehl geben. Bei solch einer Wetterlage verhandelt man nicht, da flüchtet man.

Mental hingegen lohnt es sich – auch für andere Fälle –, einen Zufluchtsort in der eigenen Seele zu besitzen:

- Schaffen Sie sich ein ruhiges Plätzchen, wo Sie ungestört tagträumen können.
- Entspannen Sie sich und
- stellen Sie sich vor, Sie machen einen Spaziergang zu einem wunderbaren Ort.
- Den visualisieren Sie sich nun ganz genau: Wie sieht er aus, wie riecht es dort, was kann man hören, wie ist die Atmosphäre ... Spüren Sie etwas auf Ihrer Haut? Wie warm ist es dort? Vielleicht löst der Geruch auch einen Geschmack im Mund aus.
- Und jetzt suchen Sie an diesem Ort – egal, ob es eine Behausung ist oder ein Wald, eine Höhle, ein Fahrzeug, ein Schiff – genau die Stelle, von der Sie spüren, dass von ihr die Kraft und der Geist dieses Ortes ausgeht
- Machen Sie es sich dort gemütlich, fühlen Sie sich geborgen – und merken Sie, wie Sie immer mehr erfrischt werden ...
- Achten Sie darauf, wie sich das anfühlt ...
- und wo in Ihrem Inneren Sie diesen Ort einspeichern wollen.
- Geben Sie diesem Ort einen Namen, damit Sie ihn bei Bedarf schnell abrufen können.

G

Wann immer Sie sich an die Quelle Ihrer Kraft zurückziehen wollen, können Sie nun in dieses Erinnerungsbild eintauchen (oder auch ein neues schaffen).

Sollten Sie aber selbst von Groll erfasst werden, dann verkleinern Sie ihn zu →*Ärger* oder →*Grant*. Man muss nicht allem seinen Lauf lassen, man darf auch »zügelnd« eingreifen! (Und wenn Sie die →*Selbstprogrammierung*stechnik schon durchschaut haben, wissen Sie: Sie können vor Ihrem geistigen Auge zwei Pferde losrennen lassen, den Ärger und den Grant, und sie beide einfangen und zureiten. Ihre geistige Ranch bestücken Sie, der Cowboy sind Sie, den Zaun stellen Sie auf!)

HALLUZINATIONEN siehe →*Fantasie*

HEIMWEH siehe →*Sehnsucht*

HEULENDES ELEND

Mit diesem eher abwertenden Namen werden Menschen, die zu ihrer Traurigkeit stehen, unter Druck gesetzt, andere nicht mit ihren Seelenschmerzen zu belästigen oder anzustecken. Heulendes Elend kann eine Phase in der Bewältigung von →*Krisen* sein, dann nämlich, wenn nach anfänglicher Lähmung und Nicht-wahrhaben-Wollen die →*Depression* einsetzt. Wenn jemand durch einen gesellschaftlich als schwer anerkannten Schicksalsschlag in Depression verfällt, wird das meist respektiert. Ist dieser Schicksalsschlag jedoch ein alltäglicher (etwa wenn jemand vom Partner/der Partnerin verlassen wird), finden die Trauernden kaum soziale Unterstützung. Ebenso werden die Hormonschwankungen in Pubertät oder Klimakterium abgewiegelt, egal wie schlecht es der leidenden Person geht. Und Alkoholvergiftete werden in ihren sentimentalen Schüben der Selbsterkenntnis ohnedies kaum ertragen (außer von ihresgleichen).

Wer etwas gegen solche Verstimmungen unternehmen will (und nicht den »guten Ratschlägen« derjenigen, die es »gut meinen« – was bekanntlich nicht wirklich »gut« bedeutet –, folgen will), kann versuchen, seine Stimmungslage auszudrücken.

Körperlich geht das
- im Tanz, im Gesang, vielleicht auch durch
- Gestalten der Umwelt, indem man etwas pflanzt und dem Baum, Strauch, der Blume die Erinnerung anvertraut, die man »begraben« muss.
- Man kann aber auch alles aufschreiben, aufzeichnen, auf Papier bannen, und damit ablegen.

Mental empfiehlt sich als erste Hilfe,
- sich bewusst zu machen, dass hier die tiefe Verzweiflung des kleinen Kindes, das man einmal war, aus der Seelentiefe aufgestiegen ist: das Gefühl, nicht verstanden, unterstützt, geliebt zu werden – oder auch, sich selbst nicht zu ver-

stehen, zu unterstützen, zu lieben. Dann hat man die Wahl, sich selbst zu beschimpfen, wie man es in der Kindheit erlebt hat – oder sich so zu lieben, wie man es in der Kindheit gebraucht hätte. Also dann doch lieber lieben – oder?

- Dazu kann man sich vorstellen, sich selbst – so wie man in diesem frühen Alter war – in die Arme zu nehmen und sich all die Liebe und den Trost zu geben, die man braucht und die einem so oft verweigert werden.

HINTERLIST

Von Odysseus, König von Ithaka, berichtet die Sage, er habe die List mit dem Trojanischen Pferd ersonnen. Als die Griechen vor Troja lagerten und die Stadt uneinnehmbar schien, riet der listige Held, den Abzug vorzutäuschen, aber ein riesiges hölzernes Pferd zu bauen, in dessen Bauch sich die Krieger verbergen könnten, und es quasi als Opfergabe am Strand zurückzulassen. Wie vermutet schleppten die Trojaner das Holzross in die Stadt, und die Griechen brauchten nur noch die Schlafenden niederzumetzeln.

Hinterlist bedeutet immer Vertrauensbruch: Die vordere Ansicht scheint vertrauenswürdig, die Hinteransicht lässt Vernichtungswillen oder sonst eine Schadensabsicht erkennen. Solche Doppelstrategien tauchen vielfach dort auf, wo bei einem Trennungsgeschehen jemand versucht, den anderen zu täuschen. Ich kenne solche unfairen Vorgehensweisen von Firmenauflösungen ebenso wie aus Ehescheidungsprozessen oder Erbschaftsstreitigkeiten. Der eine versucht dann beim anderen mittels vorgegebener Freundlichkeit etc. dessen/deren Lebensumstände auszuspionieren, um so unter Berufung auf »persönliche Wahrnehmung« glaubwürdiger behaupten zu können, der andere sei reicher als zugegeben oder in einer neuen Partnerbeziehung, vernachlässige Kinder oder Haushalt oder die Pflicht, einer geregelten Arbeit nachzugehen. Da braucht es eiserne Nerven, um nicht in die Falle zu tappen, um sich nicht so aufzuführen, dass die listig aufgebaute Verleumdung wahr erscheint.

Hinterlist beabsichtigt, die zu täuschende Person in Sicherheit zu wiegen. Umso mehr verletzt ist diese, wenn sie dies durchschaut hat: Zur Tatsache, benachteiligt worden zu sein, kommt noch die Täuschung. Besonders schmerzlich ist dies, wenn die Hinterlistigen Verwandte oder Nahestehende sind.

In solchen Fällen sollte die erste Reaktion ein erleichtertes Aha-Erlebnis sein: Die Täuschung ist aufgehoben, man weiß, woran man ist.

Körperlich sind Aha-Erlebnisse mit einem Aufrichten des Oberkörpers und einem tiefen Atemzug verbunden. Wenn man das weiß, kann man diese Reaktion willentlich unterstützen.

Mental geht es ebenfalls um ein Aufrichten. So hat man wieder Über-Blick, selbst wenn dieser nicht angenehm ist. Und wenn man Überblick hat, kann man Fallen oder Absturzgefahren besser erkennen.

Sich emotional auf den Verlust des sicheren Standorts einzulassen, bedeutet, das Gefühl des Absturzes zu suggerieren. Überlegen Sie: Sie waren der Meinung, die anderen wären so fair, wie sie vorgegeben haben, so gesprächsbereit, rücksichtsvoll, korrekt. Plötzlich erkennen Sie: Das war mit doppelter Zunge gesprochen, sollte Sie nur in Sicherheit wiegen. Sie haben das geschehen lassen und jetzt landen Sie unsanft auf dem Boden der Realität. Und dort müssen Sie zunächst wieder »Fuß fassen« – also bitte nicht weiterrollen, dem Gefühlsabgrund zu!

- Stellen Sie sich diesen Abgrund vor Ihrem geistigen Auge vor.
- Bringen Sie nun in sicherem Abstand Absperrungen an, wie es etwa die Polizei beim City-Marathon macht. Vielleicht sollten Sie noch blinkende Warnlaternen dazuhängen … Das ist die Grenze. Näher an den Abgrund sollten Sie keinesfalls herangehen. Möglicherweise müssen Sie noch einen Wächter davor postieren, eine akustische Signalanlage installieren – je nachdem, wie sehr Sie dazu neigen, sich in der Märtyrerrolle gemütlich einzurichten.

Hüten Sie sich vor dem Märtyrersein! Es wirkt verlockend: Man bekommt Aufmerksamkeit, wahrscheinlich auch Mitleid, daher Zuwendung und Energie quasi als Almosen. Aber man wird auch zur Passivität verführt; wird man nämlich aktiv oder gar aggressiv, können sich die Mitleidigen nicht mehr überlegen fühlen.

Erklären Sie sachlich, dass Sie die hinterlistige Vorgehensweise inkorrekt finden und fordern Sie von den Zaungästen Solidarität ein. Aber achten Sie in Hinkunft darauf, Informationen, die gegen Sie verwendet werden könnten, bei sich zu behalten. Und trainieren Sie Ihre →*Intuition* – sie ist das beste Warnsignal gegen Gewalt.

HUMOR

Mit Humor geht alles besser, heißt es, aber auch: Humor ist, wenn man trotzdem lacht. Wenn man das Wort Humor auf seinen Ursprung, die im Körper wirksamen »Säfte« (lateinisch *humores*) und damit auf die von ihnen angeblich bestimmten Grundtemperamente (cholerisch, melancholisch, phlegmatisch, sanguinisch) zurückführt, kann man aus diesen Sätzen schließen, dass es einerseits für jede Aufgabe das passende Temperament gibt, andererseits aber auch eines, das selbst für schwierigste Situationen Erleichterung bringt.

- Das cholerische Temperament (von griechisch *chole*, Galle) bedeutet hitzig, reizbar, aufbrausend; es passt für spontane →*Grenzsetzungen*.
- Das melancholische Temperament (von griechisch *melas*, schwarz, und *chole*, Galle) bedeutet Schwermut und passt für Trauerarbeit.
- Das phlegmatische Temperament (von griechisch *phlegma*, Brandrückstand) bedeutet Schwerfälligkeit, Trägheit, und passt zum Ertragen von Ereignissen, die man nicht ändern kann.
- Das sanguinische Temperament (von lateinisch *sanguis*, Blut) bedeutet Leichtblütigkeit, Flexibilität und passt immer, wenn es gilt, dem Leben mit oberflächlicher Leichtigkeit zu begegnen. Genau dieses Temperament braucht man, um den oben zitierten Humor aufzubringen.

Wer also merkt, dass er/sie dazu neigt, bevorzugt cholerisch, melancholisch zu reagieren – oder phlegmatisch gar nicht –, sollte sich vielleicht von Sanguinikern abschauen, wie deren Lebensstil aussieht: heiter! Und wenn es nicht gelingt, ihn nachzuahmen, kann man ja den »Engel der Heiterkeit« bitten, einem dabei zu helfen.

»Heiterkeit«, schreibt Anselm Grün, »ist nicht einfach nur eine Charaktereigenschaft, mit der man geboren wird. Sie entsteht durch ein großes Vertrauen, dass man so, wie man ist, bedingungslos angenommen ist, dass alles letztlich gut ist. Und sie entsteht durch den Mut, die eigene Wahrheit anzuschauen. Christen sind überzeugt: Nur wer das Licht Gottes in alle Abgründe seiner Seele eindringen lässt, der kann Heiterkeit ausstrahlen« (Grün 1997/2004). Und der Benediktinermönch weiß: »Er vertraut, dass dieses Licht, das in seinem Herzen gesiegt hat, sich auch in der Welt durchsetzen wird.« Vertrauen Sie doch auch darauf!

HYSTERIE

Zu Freuds Zeiten verstand man unter dieser Diagnose, dass jemand körperliche Symptome, etwa Lähmungserscheinungen, aufwies, ohne dass eine organische Ursache zu finden war. Man nahm dann an, die Person »übertreibe« seelische Konflikte, indem sie sie unbewusst verkörpere – und so war es denn auch oft in der damaligen Zeit mit ihren vielen Sexualtabus. Heute wird diese Diagnose nicht mehr als Konversionshysterie benannt, sondern als »dissoziative Störung«, und sie tritt – wahrscheinlich wegen der größeren Freiheiten – auch nicht mehr so häufig in Erscheinung (dafür fallen immer mehr Borderline-Persönlichkeitsstörungen auf).

»Du bist ja hysterisch!« ist zu einer Beschimpfung à la »Du bist ja verrückt!« mutiert. Korrekt formuliert müsste die schimpfende Person sagen: »Ich verstehe deine Übererregung nicht« oder: »Dein Verhalten ist so ganz anders als meines, ich verstehe dich nicht.« Aber das bedeutet für selbstunsichere Personen, Schwäche zugeben, daher versuchen sie, mit angemaßter Arzt- oder Psychotherapeutenkompetenz Überlegenheit vorzuspielen. Eine klassische »schiefe« Kommunikation: Indem man die andere Person als Patienten/in denunziert, versucht man, die eigene Überlegenheit zu vergrößern.

Wie bei allen derart ungleichgewichtigen Transaktionen empfiehlt es sich, nicht in die angebotene Rollenzuweisung einzusteigen. Verzichten Sie daher auf Widerstand und Kampf, sondern fragen Sie einfach nach, was der andere Ihnen sagen will. Voraussetzung dazu ist, dass Sie selbst ruhig und souverän – eben nicht »hysterisch« – reagieren.

Körperlich bedeutet dies, sich zu zentrieren:

- Bringen Sie Ihre jeweilige Körperhaltung in Symmetrie: Beine parallel fest auf dem Boden, Hände parallel auf die Oberschenkel oder links und rechts vom Nabel aufgelegt, Wirbelsäule aufgerichtet, Schultern abgesenkt, Blick distanziert frei geradeaus.
- Nehmen Sie sich Zeit, bis Sie ruhig und gleichmäßig atmen können,
- dann erst reden Sie!

Sie kennen das sicher: »Nachher fallen einem immer die guten Bemerkungen ein.« Ich antworte auf solche Sätze stets: »Sehen Sie, so lange hätten Sie mit Ihrer Antwort warten sollen.«

Mental gilt es gleichermaßen,

- sich in voller gedanklicher Ruhe vom anderen zu distanzieren: nach oben (auf eine gedachte Wolke), nach unten (langsam in den Untergrund gehen) oder seitlich (wie auf einem rollenden Gehsteig langsam rückwärts gleiten).
- Während man sich so gedanklich so weit entfernt, wie es nötig ist, um nicht vom Gluthauch der ausgespieenen Drachenenergie getroffen zu werden, überlegt man: Will ich überhaupt reagieren? Und wenn ja, »dolmetscht« man von der Sprache unbedachter Emotionalität in die Sprache sachlicher Vernunft: »Heißt das, dich stört mein Verhalten?«

Zwar heißt es oft: »Wer nicht kämpft, hat schon verloren«, doch sollten Sie, wenn Sie meinen, auf Provokationen reagieren zu müssen, dies nach den Regeln der Kriegskunst tun: das Gelände sondieren, die Waffengattung wählen, für Nachschub sorgen, Verbündete und Stützpunkte ausmachen und auf den richtigen Zeitpunkt für Ihren Gegenschlag warten. Solange man in Rage ist, ist er sicher nicht da!

IDENTIFIKATION

Haben Sie auch schon manchmal den Eindruck gehabt, jemand wiederhole völlig unkritisch »his master's voice«? Oder die der Mutter? Des Chefs? Eines »Führers«? Und sind Sie dann ärgerlich geworden, weil Sie die echte Meinung dieser Person erfahren wollten und sich mit Phrasen abgespeist fühlten? Dann haben Sie erkannt, dass Identifikation mit jemand anderem eine Schutzfunktion haben kann, und ärgerlich sind Sie geworden, weil Sie an diese Schutzwand gestoßen, also abgewehrt worden sind.

Wir lernen zwar anhand von Vor-Bildern, durch Nachahmung und Identifikation, werden durch Übung sicher und durch Lob und Anerkennung zur Wiederholung motiviert, doch früher oder später sollte ein Ablösungsprozess stattfinden, in dem wir verwerfen, was nicht mehr zu unserem Entwicklungsstand passt (zum Beispiel elterliche Kontrolle). Meist geschieht diese Ablösung in der Pubertät und zieht heftige Konflikte mit den Eltern nach sich, wenn sie die Eigenständigkeit ihrer Kinder nicht respektieren oder gar fördern wollen. Es gibt aber auch besonders »brave«, sprich angepasste Kinder, die diesen Protest nicht wagen. Männer holen dann gelegentlich ihre Pubertät mit vierzig oder fünfzig nach, tragen plötzlich Cowboystiefel, kaufen sich eine Harley Davidson und beginnen eine Affäre mit ihrer Sekretärin (und kommen dann ziemlich kopflos, von → *Gefühlsstürmen* oder besser: Hormonschwankungen überwältigt, in Beratung oder Therapie, meist wenn die Ehefrau das → *Chaos* nicht länger ertragen will).

Identifikationen jenseits der üblichen fallen vor allem nach der Trennung von einer geliebten Person auf oder zur Bewältigung von Gewalterfahrungen. So erinnere ich mich an eine Politologin, die ihre Bekannten mit psychoanalytischen Deutungen nervte. Die Mutter dreier Kinder hatte nach einer Langzeitehe eine schmerzliche und verletzende Scheidung von einem prominenten Psychoanalytiker sowie dessen Kollegenkreis hinter sich und damit den Verlust ihrer Identität als Ehefrau zu bewältigen. Sie tat dies, indem sie sich mit den Teilen ihres Exmannes identifizierte, die nicht mit Wut und Hass besetzt waren – und gab das fairerweise auch offen zu. Sie stand damit in der Tradition von Igor Caruso (Caruso 1968/2004), der aufgezeigt hat, wie verwitwete Personen oft wesentliche Eigenschaften des verlorenen Partners übernehmen.

Eine andere Form dieses Phänomens ist die so genannte Identifikation mit dem Aggressor: Wenn man mit übermächtiger Gewalt konfrontiert ist, bleibt oft keine Überlebensmöglichkeit als die, auf die Seite des Angreifers zu wechseln. Kleine Kinder beispielsweise, die sexuell misshandelt wurden, verteidigen oft ihre Peiniger: manchmal, weil sie deren Suggestionen glauben (»Das macht dir doch auch Spaß, nicht?« oder: »Du wolltest das ja auch, gib's nur zu« etc.), manchmal weil sie sich schuldig fühlen, in eine Situation geraten zu sein, die sie nicht wollten, häufig aber auch, weil sie gar nicht fähig sind, den eigenen Willen zu erkennen, geschweige denn zu verteidigen. Ähnliches kann man auch bei Vergewaltigungsopfern beobachten. Unter dem Namen »Stockholm-Syndrom« hingegen hat das Phänomen in die Fachliteratur Eingang gefunden, dass Geiseln nach einer Geiselnahme am Flughafen von Stockholm ihre Geiselnehmer nicht nur verteidigten, sondern auch mental wie real unterstützten: eine selbst induzierte Gehirnwäsche als Überlebenstechnik.

Wenn Sie daher bemerken, dass sich jemand völlig mit einem anderen Menschen oder auch einer Idee identifiziert, nützt es meist wenig, diese Person darauf aufmerksam zu machen. Sie wird eher aggressiv oder defensiv reagieren, weil ihre Sicherheit bedroht wird. Und Sie wollen ja auch nicht in Ihrer Sicherheit gefährdet werden – oder?

Besser ist es, mit einem »Aha, so siehst du das ...« distanzierte Akzeptanz zu schaffen. Offensichtlich sind Sie zu nahe am oder sogar schon im geistigen Revier des anderen und wirken daher bedrohlich. Oder umgekehrt: Was ist es, was auf Sie so bedrohlich wirkt? Vielleicht, dass Sie auf etwas gestoßen sind, worüber Sie keine Kontrolle haben? Auf Machtmissbrauch? Gewalt?

Es lohnt sich andererseits aber auch, darüber nachzudenken, womit Sie sich selbst identifizieren. Das können Ihre Werthaltungen sein und diejenigen, die diese vertreten oder gar geschaffen haben, oder diejenigen, denen Sie sich um des lieben Friedens willen unterwerfen.

IMMUNKRÄFTE

Das Wort immun bedeutet so viel wie unverletzt oder unverletzlich. (Abgeordnete sind beispielsweise bei Tätigkeiten in Ausübung ihres Mandats immun; sie dürfen deswegen nicht strafrechtlich verfolgt werden. Eine wichtige demokratische Errungenschaft, war es doch früher gang und gäbe, unliebsame Volksvertreter zum Beispiel wegen Majestätsbeleidigung zu verhaften und so aus dem Weg zu schaffen.) Unter Immunsystem versteht man die körpereigenen Abwehrkräfte; manche Poeten nennen sie auch unseren »inneren Heiler«.

Dass es gegenwärtig zu immer mehr Allergien und Autoimmunerkrankungen kommt, führen Forscher darauf zurück, dass unser Immunsystem »verlernt« hat, Gefährdungen zu erkennen, zu kontrollieren und zu vermeiden. Ein Grund kann beispielsweise sein, dass viele Menschen die häusliche Umwelt besonders steril halten wollen (eine Folge Schuldgefühle auslösender »harter« Wasch- und Reinigungsmittelwerbung), auf Impfkultur und Medikamentenmissbrauch und insgesamt auf die »zivilisierte« Lebensweise: Die Abwehrkräfte werden durch falsche Ernährung, Bewegungsmangel, Umweltgifte sowie psychische Belastungen *(→Stress)* geschwächt. Psychische Belastungen können Zeit- oder Leistungsdruck sein, lange Wegzeiten zwischen Wohn- und Arbeitsstätte, Krankheiten oder Todesfälle, aber auch Scheidungen und andere Trennungserlebnisse (Kündigungen inklusive). Da Letztere häufig vorkommen, werden Menschen, die aktuell solch eine Krise durchmachen, eher unter Druck gesetzt, ihre Gefühle *→wegzustecken*; das aber kann bei sehr verletzlichen, sprich noch nicht »abgebrühten« Menschen zu weiteren Kränkungen bis zum Krankwerden führen. (Ich finde es allerdings nicht in Ordnung, Menschen »abzubrühen«; das heißt ja im Klartext, sie mit etwas Kochendheißem wie Wut, Zorn, Rache, aber auch sexueller Rage zu überschütten!)

Im Zustand von psychischen Belastungen atmen wir entweder flach (eine Erbe aus der Urzeit: nur nicht noch mehr Aufmerksamkeit auf sich ziehen!) oder halten überhaupt immer wieder die Luft an, ein Totstellreflex. Deswegen ist Atemkontrolle so wichtig! Wann immer Sie also unangenehme Gefühle verspüren, achten Sie darauf, wie Sie atmen. Und ändern Sie notfalls Ihren Atemrhythmus auf tief, ruhig, gleichmäßig. Das stärkt Ihr Immunsystem ebenso wie rhythmische Bewegung; beim Stiegensteigen, Bodenputzen, Holzhacken, aber auch Wandern etc. ebenso wie bei einem diesem Modell folgenden zärtlich-sanften Geschlechtsverkehr wird die vertiefte Atmung angeregt.

Wenn Sie aber wenig Zeit oder Raum für atmungsstimulierende Bewegungen finden, könnten Sie ja auch

- singen: Wo ist die alte Tradition geblieben, bei der Arbeit zu singen? Findet sie sich nur noch in Filmen wie »Bitterer Reis«?

- Oder lachen. Vom indischen Kardiologen Madan Kataria stammt das Konzept des Lachyoga. »Lachen ohne Grund« – so der Titel seines Buches – besteht in einer Abfolge von Körperbewegungen, verbunden mit herzhaftem lautem Lachen auf die verschiedenen Selbstlaute hin. Sein Wahlspruch »Wir lachen nicht, weil wir glücklich sind, wir sind glücklich, weil wir lachen!« könnte ja auch als Eigentherapie gegen depressive Stimmungen eingesetzt werden. Dem Immunsystem tut Lachen jedenfalls gut.
- Seufzen: Im Gegensatz dazu hilft auch absichtliches tiefes (!) Seufzen, die Lungen mit Luft zu füllen und beim Ausatmen alles loszulassen, was man in sich hineingefressen hat. Und wenn dabei Tränen herauskommen – umso besser! Tränen entgiften von eingespeicherten Stresshormonausschüttungen.
- Stöhnen: Seufzen kann zum Stöhnen weiterentwickelt werden, bis zum Drachengebrüll, und auch damit wird man alten →*Grant* und →*Groll* los! Erinnern Sie sich: Depression kann auch als nach innen gerichtete Aggression interpretiert werden. Also heraus damit!
- Gähnen: Dass dieses verpönte Luftschnappen reinigt und entspannt, habe ich schon als Hilfsmittel gegen den →*Frust* beschrieben. Lassen Sie sich nicht durch Benimm-Appelle einschüchtern! Gähnen ist gesundheitsfördernd. Sie sollten nur anderen den Anblick Ihres weit aufgerissenen Mundes ersparen, daher: Hand vorhalten!

Und nicht vergessen: Sorgen Sie für frische Luft! Gewitterstimmung macht gereizt und führt zu →*Konflikten*, und da nicht jede/r Lust zum Duellieren hat, bauen sie nur unverbesserliche Haudegen auf. Die bekämpfen nämlich mit Streit und Kampf ihre latente Depressivität. Allen anderen nehmen sie →*Energie*. Und Sie wissen wahrscheinlich, wie sich verbrauchte – und womöglich noch mit Nikotinschwaden angereicherte – Luft auf die Stimmung auswirkt; daher: Fenster auf! Luft reinigen! Und damit auch die Seele.

INNERES KIND siehe →*Ohnmachtsgefühle*

INTUITION

Intuition wird unterschiedlich umschrieben: als Einfühlungsvermögen, Instinkt in gefährlichen Situationen, als Bestandteil der kreativen Begabung (Thiele-Dohrmann 1990) oder als »unterschwellige Wahrnehmung«, »mystische Erleuchtung«, künstlerische Inspiration, »Vorauswissen«, »guter Riecher«, »Gedankenübertragung«. Manchmal allerdings erleben hochintuitive Menschen Ablehnung, →*Diskriminierung* als Spinner, psychiatrische Diagnosen oder auch strafrechtliche Verfolgung als Scharlatane oder Betrüger (wenn sie wagen, ihre Fähigkeiten in medizinische Berufsfelder hineinzutragen).

Vor allem Frauen werden oft wegen ihres »sechsten Sinns« verspottet. Dabei ist seit einiger Zeit aus der Hirnforschung bekannt, dass dieses »Ahnen« vermutlich damit zusammenhängt, dass der Balken *(corpus callosum)*, der die beiden Gehirnhälften verbindet, bei Frauen stärker »verdrahtet« ist als bei Männern, dass daher bei ihnen die Eigenschaften und Fähigkeiten der rechten, der so genannten künstlerischen Gehirnhemisphäre umfangreicher und leichter verfügbar sind. Ob man dies verallgemeinern kann, bezweifle ich. Da wir wissen, dass die Vernetzungen im Gehirn von der Vielzahl erfahrener Reize (daher auch Förderungen) und Bewältigungserfahrungen abhängen, scheint es doch eher so, dass bei Buben von klein auf die Optionen der linken (»logischen«) Gehirnhälfte gezielt einseitig gefördert werden: Will die Gesellschaft »soldatische« Männer, werden Gefühl und vor allem Mitgefühl mit Absicht vernichtet. (Solchen Zielen dienen auch Foltersimulationen in der militärischen Ausbildung.) Will die Gesellschaft andere Charaktereigenschaften bei Männern fördern, muss sie andere Rollenbilder (zum Beispiel via Medien) vorgeben.

Unsichtbares, jedoch Spürbares, das erst, wenn es einen Namen besitzt, kommunizierbar und damit auch kontrollierbar wird, macht den Inhalt dessen aus, was intuitiv wahrgenommen wird. Wir bezeichnen es als »primitiv«, wenn Götter oder Geister als Urheber der Wahrnehmungsinhalte benannt werden; wir »aufgeklärte« Westeuropäer/innen sprechen eben lieber in der Sprache der Physik oder Chemie und tun uns bei Strahlungen schwer, wenn sie nicht in einem sichtbaren Ergebnis münden (wie Röntgenstrahlen). Denken wir nur an Tschernobyl: Manche haben es schon »gerochen« und »geahnt«, dass der Regen anders war als sonst, aber erst nachdem die Messwerte veröffentlicht waren, »gewusst«, was es war. Je feiner Unterschiede etwa in der »Atmosphäre« registriert werden, desto eher kann man sich vor Gefahren schützen. In der »primitiven« Lebensweise sichert dies oft das Überleben. Bei uns merkt man erst jetzt, dass Intuition vor Gewalt oder unliebsamen Überraschungen schützen kann. Deswegen ist Intuition in der Krankenpflege mancherorts bereits ein Forschungsgegenstand: Wieso geht die eine Krankenschwester ohne optisches oder akustisches Signal in ein bestimmtes Krankenzimmer und verhindert einen Notfall, eine andere hingegen nicht? Wieso wählt jemand ein anderes Reisemittel oder eine andere Reiseroute und entgeht damit einem Unfall? Wieso folgt jemand seinem »unguten Gefühl« und überlebt als Einziger einen Anschlag?

Doch wie trainiert man Intuition?

1. Durch Innehalten, Zeitlassen. Überlegen: Was kann ich noch ein wenig mehr entschleunigen?
2. Entspannen: einfach mal schlapp machen, alles hängen lassen (auch die Wangen), den Mund leicht öffnen, eventuell die Augen schließen.
3. Auf Ziele verzichten: Lassen Sie Langeweile aufkommen, üben Sie Absichtslosigkeit!
4. Auf logisches Denken verzichten: Stellen Sie sich vor, Sie seien ein Tier, das nur seinem Instinkt folgt. Schalten Sie auf Riechen und Lauschen um wie ein Hund – aber bitte ohne Krampf! Sie werden sich wahrscheinlich wundern, was es da alles zu riechen und zu hören gibt.
5. Auf Gefühle und Körperempfindungen achten: Wie fühlen Sie sich? Welche Botschaften kommen aus der Außenwelt auf Sie zu?

Milton Fisher, ein amerikanischer Kreativitätstrainer, empfiehlt, ab und zu eine Mahlzeit »blind« (oder »geruchsblind«, mit mittels Watte verschlossenen Nasenlöchern) einzunehmen oder »blind« zu duschen, »taub« fernzusehen und unbedacht und schnell »aus dem Bauch heraus« Entscheidungen zu treffen (nachher zeigt sich ja, ob dies intuitiv richtig war) oder auch Gegenstände (zum Beispiel eine Orange) in neugieriger Ruhe mit allen Sinnen zu erforschen (Fisher 1986).

Empathie (Einfühlungsvermögen) und mehr noch erprobte Intuition (Freud sprach von Kommunikation von Unbewusst zu Unbewusst) helfen in der Psychotherapie, die Klienten so zu begleiten, dass deren noch nicht ins Bewusstsein gedrungene innerseelische oder zwischenmenschliche Spannungen an-

und aussprechbar werden. So schreibt Theodor Reik: »Während der analytischen Sitzung teilt der Analytiker mit dem Patienten diesen Bereich zwischen Fantasie und Realität. Er erlebt die Erfahrungen seines Patienten stellvertretend und betrachtet ihn zugleich mit dem genauen Blick des Forschers. Er stürzt sich mit dem Patienten in das Leben alter und neuerer Erlebnisse, ist aber in jedem Augenblick bereit, das rettende Ufer der psychologischen Beobachtung wieder zu erreichen. Seine Aufgabe ist, das für diesen Bereich zwischen Realität und Fantasie Charakteristische unversehrt zu erhalten, das die Essenz der analytischen Situation bildet. Das bedeutet nicht, dass er etwas tun muss, um die Illusion zu fördern; es bedeutet nur, dass er nichts tun darf, um sie zu stören.«

Die Intuition zuzulassen, sie weder durch logisch-kritisches Denken noch Ursachensuche zu stören, genügt oft, um aus Erfahrung sicherer – selbst-sicherer – zu werden.

INZEST

Juristisch ist Inzest gleichbedeutend mit dem altertümlichen Ausdruck Blutschande, dem strafrechtlich verbotenen Geschlechtsverkehr zwischen Verwandten in auf- oder absteigender Linie, also Eltern, Großeltern, Urgroßeltern und Kindern beziehungsweise unter Geschwistern. Ursula Wirtz, Jungianische Psychoanalytikerin, verwendet den Begriff gleichbedeutend mit sexualisierter Gewalt als Kontroll- und Unterwerfungsritual: »Inzest ist der Missbrauch einer Machtbeziehung, nicht einer Blutsbeziehung und in diesem Sinn eine Form von subtiler → *Gewalt* und Kindesmisshandlung.« Sie betont auch die politische Dimension: Es werden gesellschaftliche Strukturen sichtbar, die diese Herrschaftsverhältnisse und Unterdrückungsmechanismen ermöglichen. Dazu muss man aus heutiger Sicht ergänzen: und die es erlauben, die Misshandelten sowie die Dokumentation der Misshandlung weltweit zu vermarkten.

Bei der Frage, welche Handlungen sexueller »Missbrauch«[1] von Kindern umfasst, gehen die Ansichten auseinander:

1 Manche Autor/innen lehnen dieses Wort ab (auch ich habe dies in meinen frühen Schriften getan): Sie sehen darin die Verknüpfung mit einer Begrifflichkeit von einem »rechten Gebrauch«, daher noch immer eine Verdinglichung von Kindern. Ich interpretiere das Wort heute als einen leider weit verbreiteten »Brauch« (analog etwa Miss- oder Fehlhandlung zu Handlung).

- Juristisch wird darunter jeder Genitalkontakt einzuordnen sein, egal wessen Genital an oder in welche andere Körperstelle positioniert wird. Leider gibt es noch immer Gerichtsurteile, in denen formuliert wird, das Gesäß sei kein Genital. Ich führe das auf mangelnde sexualwissenschaftliche Ausbildung der Richter zurück oder auf Unsicherheit, ohne Orientierung an vorliegenden Höchstgerichtsurteilen quasi als Erster »Rechtsgeschichte« zu schreiben. Allerdings gibt es auch fortschrittliche Richter, die es etwa wagen, das (mit Erlaubnis der Eltern durchgeführte) mehrfache Klistieren (und Ablichten) eines Jungen durch seinen Erzieher als Missbrauch zu bewerten und zu verurteilen.
- Aus psychotherapeutischer Sicht liegt das Augenmerk auf dem »Seelenmord« (der Zerstörung der seelischen Sicherheit des Ich, das ja eng mit den eigenen Körpergrenzen verbunden ist, und des Gewissens, des Gefühls für Recht und Unrecht) und den Akut- wie auch Spätfolgen (wie auch bei → *Vergewaltigung*). Wirtz zitiert dazu die Definition des amerikanischen Kinderarztes Kempe als »Inanspruchnahme von abhängigen, entwicklungsmäßig unreifen Kindern und Adoleszenten für sexuelle Handlungen, die sie nicht gänzlich verstehen, denen gegenüber sie unfähig sind, ihre bewusste Zustimmung zu geben, oder die die sozialen Tabus von Familienrollen verletzen« (Wirtz 1989). Diese Formulierung gefällt mir nicht besonders. Ich erinnere mich an den Prozess gegen den international als Künstler des »Wiener Aktionismus« vermarkteten Zeichenprofessor Otto Muehl, der sich verantwortete, die zwölf- und dreizehnjährigen Mädchen seiner von ihm aufgebauten Kommune, für die er der »Über-Vater« war und mit denen er Geschlechtsverkehr vollzogen hatte, seien »voll entwickelt« gewesen. Das beweist wieder einmal, wie sehr sich der »Bock als Gärtner« nur an Äußerlichkeiten orientiert. Richtungweisend ist aber in der Kempe-Formulierung, dass die fundamentale Asymmetrie der Beziehung aufgezeigt wird, welche bewirkt, dass ein Kind in eine sexuelle Beziehung mit einem Erwachsenen gar nicht einwilligen kann. (Die übliche Formulierung »informed consent«, aufgeklärte Einwilligung, lässt offen, welche Informationen unabdingbar sind, etwa die über Spätfolgen.) Wirtz zitiert aber auch die Definition von Suzanne M. Sgroi, die ich sehr treffend finde: »Sexuelle Ausbeutung von Kindern durch Erwachsene (oder ältere Jugendliche) ist eine sexuelle Handlung eines Erwachsenen mit einem Kind, das aufgrund seiner emotionalen und intel-

lektuellen Entwicklung nicht in der Lage ist, dieser sexuellen Handlung informiert und frei zuzustimmen. Dabei nützt der Erwachsene die ungleichen Machtverhältnisse zwischen Erwachsenen und Kindern aus, um das Kind zur Kooperation zu überreden und zu zwingen. Zentral ist dabei die Verpflichtung zu Geheimhaltung, die das Kind zur Sprachlosigkeit, Wehrlosigkeit und Hilflosigkeit verurteilt« (Wirtz 1989).

- Aus gesundheitspolitischer Sicht werden Menschen, die innerhalb oder außerhalb der Familie sexuell misshandelt wurden, nicht nur um ihre ungestörte sexuelle Entwicklung (und damit sexuelle Selbstbestimmung) gebracht; es werden ihnen neben physischen Verletzungen und Schmerzzuständen sowie der Auslösung psychosomatischer Reaktionen auch eine Vielzahl psychischer, sozialer und sexueller Behinderungen zugefügt. Da wenige Menschen (Kinder schon gar nicht) ihre Missbefindlichkeiten als posttraumatische Belastungsstörungen erkennen und benennen können, finden sie auch selten die liebevolle Zuwendung, die es ihnen möglich machen würde, zu den Hilfsangeboten zu gelangen, die ihnen Rehabilitation gewähren könnten. Im Gegenteil, sie werden als »schwierig« abgestempelt, als aufdringlich oder abweisend kritisiert und damit wieder verletzt.

Das wesentlichste Handicap sehe ich in der Zerstörung der psychischen → *Grenzen:* Es wird die Wahrnehmung für Übergriffe und andere toxische (giftige) Beziehungsmuster vernichtet. So kommen zu den alten Stresshormonausschüttungen der »Urszene/n« in ihrem Bindegewebe immer neue, und jedes Mal werden die Immunkräfte geschwächt. Meist wird die negative Einstellung zu sich selbst, dem eigenen Körper, der eigenen Sexualität und die sich daraus ergebende Beziehungsproblematik auch an die eigenen Kinder weitervermittelt.

Glücklicherweise gibt es zumindest in den Großstädten einige Hilfsangebote[2], an die sich Betroffene wenden können. Üblicherweise geschieht dies aber erst im Erwachsenenalter (und oft dann, wenn die eigenen Kinder als gefährdet erkannt werden).

Die Schlüsselperson bei sexuellen Übergriffen auf Kinder ist die Mutter. Und gerade Mütter finden in ihrer schwierigen Situation zwischen Angst vor Vor-

2 Kinderschutzzentren, Notrufe für vergewaltigte Frauen, Kriseninterventionszentren, aber auch jede Familienberatungsstelle oder die Telefonseelsorge helfen weiter.

würfen, sie hätten zu wenig auf ihr Kind geachtet, Angst vor der Gewalttätigkeit und →*Rache* des Täters und Angst um ihr Kind selten den Weg zu den Hilfseinrichtungen – sofern sie überhaupt mitbekommen, was vor sich geht. Denn es ist ja das Charakteristikum von Straftaten, dass sie im Verborgenen ausgeführt werden!

Wenn Sie also Verdacht schöpfen, Ihrem Kind könnte etwas zugestoßen sein, weil es

- plötzlich Kontakte vermeidet, sich zurückzieht, ängstlich wird, sich weigert, allein zu bleiben (und das völlig neu ist)
- oder im Gegenteil besonders aufdringlich, grenzverletzend, altersunangemessen »sexuell« agiert (»sexualisiertes Verhalten« heißt dies in der Fachsprache),
- alters- und situationsunangemessen einnässt oder einkotet oder sonst sehr kindlich agiert,
- sich äußerlich verunstaltet oder andere autoaggressive Verhaltensweisen (schneiden, stechen etc.) aufweist,

bleiben Sie wachsam und nutzen Sie Ihre →*Intuition*, um herauszufinden, worauf beziehungsweise auf wen Ihr Kind besonders reagiert.

- Verzichten Sie auf drängende Fragen, missbilligende Gesichts- oder andere Ausdrücke.
- Vermitteln Sie Ihrem Kind: Egal was passiert, du kannst mit allem zu mir kommen und wir werden schon eine Lösung finden. (Verbannen Sie Formulierungen wie »Hast du etwas angestellt?« oder »Bist du krank?«, wenn Ihr Kind bedrückt erscheint, aus Ihrem Sprachschatz, und sagen Sie stattdessen: »Du wirkst auf mich so bedrückt; ist dir etwas zugestoßen? Kann ich dir irgendwie beistehen?« Wenn das Kind abwehrt und: »Nein, nichts« sagt, erinnern Sie es freundlich daran, dass es mit allem zu Ihnen kommen darf. Sie dürfen sich dann aber auch nicht aufregen; üben Sie →*Gelassenheit!)*
- Wenn Sie nun aber wissen, was und wer Ihrem Kind Schaden zugefügt hat, suchen Sie sich kompetente Gesprächspartner/innen, mit denen Sie die weitere Vorgehensweise konzipieren können, und vermeiden Sie, vorschnell und blindwütig zu agieren! Damit »überfahren« Sie nur Ihr Kind noch einmal. Es ist aber wichtig – und sollte auch immer ausdrücklich gesagt werden –, dass nichts (mehr) geschieht, was das Kind nicht will. Kinder wollen meist

nur, dass sie in Ruhe gelassen werden (und dass sich der Täter entschuldigt); alles andere sind unsere (verständlichen) →*Rache*-Gelüste.

- Üblicherweise ist es der erste Schritt, für das Kind ein Helfersystem zu finden, das es unterstützt, damit es innerhalb seiner gewohnten Lebensbedingungen die Sicherheit bekommt, die es vor weiteren Angriffen schützt. Und dann muss man dem Kind eine altersgemäße Erklärung geben, damit es das Erlebte in seine Biografie integrieren kann. Dazu braucht es Fachleute. Und die vermitteln die Schutzeinrichtungen.

Wichtig ist: →*Scham* ist nicht angebracht, Sie haben ja keine Straftat gesetzt. Die Person hingegen, die das getan hat, muss angehalten werden, die Verantwortung dafür zu übernehmen.

JAGDINSTINKT

Auf Jagdinstinkt berufen sich vor allem Männer, die damit grenzüberschreitendes Verhalten rechtfertigen wollen. (Frauen argumentieren in ähnlichen Fällen mit Erziehungsnotstand.) Mit Hinweis auf Jagdinstinkt wird behauptet, ein Lebewesen könne in einer Reizsituation nicht anders, als der Beute nachzujagen und sie zu »reißen«, an sich oder zu Boden. Bei niedriger entwickelten Tieren mag das vielleicht stimmen, doch bereits Hunde kann man so weit dressieren, dass sie nicht ihrem Instinkt folgen, sondern ihrem Herrn. Dabei besitzen Hunde kein derart hoch entwickeltes Großhirn wie Menschen. Wie leicht sollte es also einem Menschen fallen, sich selbst zu beherrschen – wenn er es will!

Und genau darum geht es: um das Wollen. Von dem Schweizer Schriftsteller Max Frisch stammt die Formulierung, jede Kommunikation hänge vom Wohlwollen des Gegenübers ab. Ich meine: Auch unsere innerseelische Kommunikation hängt davon ab, ob wir uns und auch anderen gegenüber wohlgesonnen sind oder auf dem Niveau eines Urzeitmenschen beharren, der nur unartikulierte Laute von sich geben, daher auch kaum Wünsche und Verneinungen in Sprache kleiden kann und deswegen seine Fäuste oder die Keule sprechen lässt.

Üblicherweise kommen uns derartige Verteidigungsargumente in der Tagespresse unter, und zwar in der Gerichtsaalberichterstattung. Besonders bei Vergewaltigungsprozessen beziehen sich – leider noch immer – Strafverteidiger auf längst widerlegte Spekulationen von Wissenschaftern (besonders beliebt sind diejenigen, die schon lange tot sind und daher nicht mehr befragt werden können) über das so genannte Triebgeschehen und auf die Versuche von Verhaltensforschern, die Entwicklung des Menschen vom Primaten zum *homo sapiens* zu erklären.

Jeder Beruf hat seine spezifische Sichtweise und Fachsprache, er will sich damit von anderen abgrenzen und seine Daseinsberechtigung (und Subventionswürdigkeit im universitären Bereich) nachweisen. Das ist ja auch legitim. Objektive Wahrheit allerdings entsteht auf diese Weise nicht, wie der weltberühmte österreichische Kommunikationswissenschafter und Psychotherapeut Paul Watzlawick trefflich aufgezeigt hat (Watzlawick 1976), sondern nur mehr oder weniger benachbarte oder oppositionelle Blickwinkel und Wahr-Nehmungen.

Ich lade Sie zu einem Experiment ein, das ich gerne in meinen Seminaren durchführe, um die Differenz von Ansichten zu verdeutlichen:

- Nehmen Sie eine Zündholzschachtel oder ein Buch, das noch in den Schutzumschlag gehüllt ist, oder einen Verpackungskarton (zum Beispiel von Waschpulver), der sich aufstellen lässt.
- Stellen Sie den Gegenstand so auf den Boden, dass rundum etwa zwei Meter Platz bleiben.
- Nehmen Sie jetzt am Rand dieses Umkreises Aufstellung und schauen Sie auf Ihr Betrachtungsobjekt. Was sehen Sie?
- Gehen Sie zum genau gegenüberliegenden Standpunkt. Was sehen Sie jetzt?
- Nehmen Sie eine Position in der Hälfte des soeben zurückgelegten Weges ein. Was bietet sich Ihnen jetzt für ein Anblick?
- Und nun stellen Sie sich vor, auf jeder der drei eingenommenen Stellen stünde jeweils eine andere Person und die drei würden über die Wahrheit des Gegenstandes streiten, den sie alle drei im Blick haben. Alle sehen dasselbe Objekt, nur eben aus unterschiedlichen Perspektiven, daher jede etwas anderes. So ist es auch mit unserer Wahrheit – auch der so genannten wissenschaftlichen! Jede Schule, jede Disziplin sieht etwas anderes.

Die Entwicklung vom Tier zum Menschen zeigt sich unter anderem an der Erweiterung und Ausformung des Denkapparats (der ja auch Wahrnehmungs- und Fühlapparat heißen sollte) und damit vom instinkthaften Stammhirn- zum reflektierenden Großhirndenken, ebenso vom animalischen zum humanen Handeln. Instinkte darf man haben, aber bevor man sich von ihnen zum Handeln anleiten lässt, sollte man überprüfen, ob sie nur für Urzeitsituationen passen oder auch für den neuzeitlichen Großstadtdschungel (und seine Gesetze).

JUGENDWAHN

Wenn man noch nicht volljährig ist, daher etliche gesetzliche Beschränkungen einhalten muss – man darf noch keine Kraftfahrzeuge lenken, legale Suchtmittel konsumieren oder sich an bestimmten Orten aufhalten –, wartet man oft sehnsüchtig auf den achtzehnten Geburtstag. Aber nicht nur die Jugendlichen warten, sondern auch alle diejenigen, die ihnen Kraftfahrzeuge, Alkohol und

Rauchwaren oder Produkte und Dienstleistungen der Sexindustrie verkaufen wollen. Jugendliche sind oft unkritische Konsument/innen, wenn es darum geht, für erwachsen genommen zu werden. Und das wird in unserer westlichen Zivilisation ja primär, wer ordentlich, nämlich regelmäßig und gesetzeskonform, Einkommen erzielt, also »der Gesellschaft« nicht zur Last fällt, und Steuern zahlt. Die zu jungen wie die zu alten Bürger hingegen müssen besondere Leistungen erbringen, um ebenso ernst genommen zu werden. Daher sind diese Personengruppen besonders verführbar für Produktwerbung, die ihnen Selbstsicherheit, Anerkennung oder Attraktivität verspricht (und den dahinter liegenden Sozialdarwinismus – Sicherheit nur für »Starke«, Ignoranz Schwächeren und »Schwachen« gegenüber – verleugnet).

Das Wort Wahn stammt vom althochdeutschen *wan,* Hoffnung, Verdacht, und hat im Laufe der Zeit die Bedeutung »krankhafte Einbildung« angenommen (Duden 1997). Das Wort Jugendwahn kann auf zweierlei Art interpretiert werden:

- Als kollektives Phänomen wird nur Jugend hoch bewertet und alles ab einem bestimmten Alter abgewertet oder verachtet. In den Sechzigerjahren des 20. Jahrhunderts wurde im Zuge der Studentenrevolten der Slogan geprägt: »Trau keinem über 30!« Der Satz bezog sich jedoch auf die Elterngeneration, der mangelnder Widerstand gegen den Nationalsozialismus vorgeworfen wurde, Autoritätshörigkeit und feiges Vermeiden von Kritik. Um sich gegen Autoritätsansprüche abzugrenzen, entstanden damals die Emanzipations- und Partizipationsbewegungen.[1] Als klar war, dass »die Jungen« sich nicht mehr unkritisch den Geboten einer hierarchiegläubigen Elternschaft und Elterngeneration unterwerfen würden, galt ihr die Aufmerksamkeit weiter Wirtschaftszweige: Sie wurden zur neuen Zielgruppe für neue, »jugendgerechte« Produkte, mit denen sie sich deutlich von den Eltern unterscheiden konnten: Musik, Mode, Haartracht, Lebensstil.
- Eine an Jugendwahn leidende Person wird alles Mögliche und Unmögliche versuchen, um dem Alterungsprozess zu entgehen. Sie wird sich trimmen und kasteien, liften lassen, mit Collagen und Botox unterspritzen und viel-

1 Emanzipation knüpft an das lateinische *emancipatio* (Entlassung eines Sklaven aus der Herrschaft) an und bedeutet so viel wie Selbstbefreiung. Mit Partizipation (Teilhabe) wurde die vor allem seit den Siebzigerjahren aufblühenden Mitbestimmungsbewegungen – im Betrieb, in Ehe und Familie, im Wohnbau, in der Schule, bei Planungsprozessen, im Gemeinwesen – bezeichnet.

> leicht auch Fett absaugen lassen, um auszusehen »wie einst im Mai«; sie wird in einer Art Michael-Jackson-Syndrom ihr wahres Ich verleugnen und als »ewiger Jüngling«, »ewiges Mädchen« oder gar »enfant terrible« (schreckliches Kind) Liebe – allerdings von der falschen Generation – einfordern.

Oft ist es →*Scham*, die Angehörige überfällt, wenn Vater oder Mutter mit der Sohn- beziehungsweise Tochtergeneration konkurrieren. Da sollte man sich daran erinnern, dass jeder Mensch – außer er ist entmündigt – für sich selbst verantwortlich ist; wenn man ihn oder sie vor negativen Rückmeldungen bewahren will, verhindert man, dass die Person selbst erkennt, wo sie an Grenzen stößt.

Oft ist es →*Neid*, der Eltern zu diesem →*Rivalisieren* verlockt: Man vergleicht die eigenen Chancen mit denen der nachfolgenden Generation, und anstatt sich zu freuen, welche gute Basis man ihr schaffen konnte, verzehrt man sich in Missgunst. In solch einem Fall liegt die Realitätssicht im Nachdenken, ob eine auf Äußerlichkeiten aufbauende Konkurrenz die problemlösende Verhaltensweise ist, wenn man Schwierigkeiten hat, seinen Platz Jüngeren zu überlassen. Oft ist es aber auch →*Angst*, nicht mehr gebraucht, gemocht, wahrgenommen zu werden, wenn man nicht seinen »Platz an der Sonne« verteidigt. Aber gerade dort sieht man die Falten und Runzeln genau – und vermutlich sind es keine Lach-, sondern Sorgenfalten. Wählen Sie also lieber einen Platz im Halbschatten oder Schatten und unterstützen Sie die Jungen, anstatt ihnen den Arbeitsplatz streitig zu machen, das ungestörte Wohnen oder Familienleben und die Vorbereitung auf ein würdiges Alter.

KAKTUSMENSCHEN

Mit dieser Wortschöpfung bezeichne ich Menschen, die sich Stacheln zugelegt haben, um sich vor Verletzungen zu schützen. Manche tarnen diese Stacheln mit wunderschönen Blüten – oder anders gedacht: Auch zwischen verletzenden Stacheln können schöne Blüten wachsen.

Viele Menschen wundern sich, weshalb andere grundsätzlich verletzend agieren. Das sind die Idealist/innen, die gerne ans Gute im Menschen glauben und daher nicht wahrhaben wollen, dass es eine Kettenreaktion der Zerstörung gibt, in der einer dem anderen antut, was ihm angetan wurde – bis irgendwann jemand beschließt, damit aufzuhören. Wiederholungszwang heißt das in der Sprache der Psychoanalyse.

So hat der amerikanische Soziologe David Finkelhor, der international wohl anerkannteste Experte in der Erforschung von Vernachlässigung und Gewalt gegenüber Kindern, in einer Untersuchung an Männern, die in ihrer Kindheit sexuell misshandelt wurden, festgestellt, dass diejenigen, welche sich in ihrer Entwicklung beeinträchtigt fühlten und das Verhalten ihrer Schädiger verurteilten, selbst keinerlei Übergriffe verübten, wohingegen jene, die ihre Kindheitserlebnisse verharmlosten, behübschten oder sich zynisch über jene äußerten, die sich ihrer Meinung nach nur wichtig machen wollten, selbst zu Tätern wurden.

In der psychotherapeutischen Arbeit findet man in den Biografien dieser »Unberührbaren« die Urszenen ihrer Seelenverhärtung sowie die Modelle, die sie nachspielen. Das darf aber kein Grund für entschuldigendes Mitleid werden – ganz im Gegenteil. Sie verdienen zwar Mitgefühl, brauchen aber gleichzeitig eindeutige Grenzziehungen. Ihnen eine Grenze zu setzen – also Distanzen festzulegen –, bedeutet auch den Respekt, ihnen zuzutrauen, dass sie sich ändern können, wenn sie ernst genommen und ernsthaft – ohne erhobenen Zeigefinger und ohne überhebliches Moralisieren – beantwortet werden.

Von Arthur Schopenhauer stammt das Gleichnis von den Stachelschweinen, die sich aneinander kuscheln wollen und mit ihren Stacheln verletzen, entsetzt auseinander stieben, wieder Einsamkeitsgefühle bekommen, zusammendrängen, einander weh tun, auseinander fahren und so fort – bis sie entdecken, dass sie ihre Stacheln umlegen müssen. So kommen auch die Zusammenlebenden darauf, dass sie ihr Gemeinwesen ordnen und Regeln einführen müssen, die Aggression und Verletzungsgefahr eindämmen, argumentiert Schopenhauer.

Gegenwärtig verlocken verbreiteter Wohlstand und eine Werbelandschaft, die Single-Haushalte glorifiziert (selbst ist der Mann beziehungsweise die Frau bedeutet ja pro Kopf eine Tiefkühltruhe, Mikrowelle, Waschmaschine etc.), auf konfliktträchtige Dauerbeziehungen als zu anstrengend zu verzichten und stattdessen die so genannte Lebensabschnittspartnerschaft dem Mondzyklus anzupassen. Da braucht man sich auch gar nicht mit Stachelumlege-Training abzumühen: Im Rausch der Leidenschaft merkt man Reibungsverluste ohnedies nicht, und das Erfahrungswissen, dass auch der glühendste Ofen ausgeht, wenn man die Gluthitze drosselt und nicht mehr nachheizt, geht im Zeitalter der Fernwärme verloren …

Wenn Sie also regelmäßig mit »Kaktusmenschen« zu tun haben, achten Sie auf →*salutogene* Distanz! Dazu müssen Sie einen verlässlichen energetischen Sinn haben – ihr bioelektrisches Signalsystem, das mit Hilfe eines Galvanometers (wie es etwa ein Lügendetektor[1] ist) oder anderen Biofeedback-Apparaten physikalisch gemessen werden kann und anzeigt, wenn und wie stark Sie in →*Stress* geraten.

Körperlich trainieren Sie dieses Feeling, indem Sie auf Ihren elektrischen Hautwiderstand achten.

- Suchen Sie sich Übungspersonen, die stehen, sitzen oder gehen.
- Gehen Sie ganz langsam auf sie zu. (Dazu brauchen Sie wahrscheinlich einiges an schauspielerischen Fähigkeiten, damit Ihre Annäherung nicht bedrohlich oder kriecherisch wirkt, sondern gleichgültig.
- Achten Sie nun darauf, ab wann beziehungsweise wo Sie das bioelektrische »Feld« – den Radius der Wärmeabstrahlung der Übungsperson – erspüren.
- Halten Sie dann inne, gehen Sie einen Schritt zurück und wieder einen vor. Achten Sie darauf, welche Gefühle und Fantasien das bei Ihnen auslöst.
- Vergleichen Sie diese Erfahrung mit der Wahrnehmungsintensität bei schneller Annäherung.

1 Lassen Sie sich nicht durch die Tatsache verunsichern, dass der Lügendetektor nicht als Beweismittel vor Gericht zugelassen ist. Erstens kann man mit ihm nur das Stressniveau anzeigen und das kann bereits durch die reine Tatsache einer Befragung in die Höhe schnellen (wir kennen dieses Phänomen von Bluthochdruckpatienten). Zweitens hat die mächtige Rechtsanwaltskammer als begutachtende Instanz bei Gesetzesvorhaben die Anerkennung dieses Beweismittels in der Strafprozessordnung zu verhindern gewusst, und dieses Bemühen ist ja wohl nachvollziehbar.

- Achten Sie in Hinkunft verstärkt auf diese »unsichtbare« – bei langsamer Beobachtung aber sehr wohl erfahrbare – »Reviergrenze«.

Sie werden bald merken, wie Tiere reagieren, wenn man in ihr Revier eindringt. Und es wird Ihnen wahrscheinlich auch auffallen, wie sich manche Menschen Reviergrenzen bauen: mit Aktenkoffern oder -stößen, Grünpflanzen im Büro oder schmutzigem Geschirr im Gasthaus. Und wie andere zurückzucken, wenn man ihnen zu nahe kommt. Oder auch – wie es sich für erwachsene Menschen geziemt – den Sprachschatz erwerben, besitzen und benützen, höflich um mehr Abstand zu bitten.

Mental gilt es, selbst eine Reviergrenze zu setzen. Dazu reicht an und für sich Gedankenkraft und die zu entwickeln, gibt es verschiedene Methoden:

- Man kann sich ein Vorbild suchen und imitieren. Das werden wahrscheinlich Menschen sein, die sehr ruhig und zentriert atmen, was man an ihrer selbstsicheren Sprache merkt, und die sich nicht aus dieser Ruhe bringen lassen. Der ehemalige österreichische Bundeskanzler Bruno Kreisky war ein solcher »Fels in der Brandung«, der nur aufschauen musste und man nahm sich zurück.
- Oder man kann sich voll aufrichten – Wirbelsäule »ins rechte Lot« bringen, tief, aber flach atmen (so wie ein Forscher im Dschungel, der vorsichtig vorwärts schreitet, aber nicht gehört werden will) und darauf achten, wie mit jedem Atemzug mehr Kraft in die Arme und Beine fließt – und weiter atmen – und die Kraft sich im ganzen Körper verteilt – und weiter atmen – und darauf achten, dass das Zentrum des Bewusstseins und der Kraft sich im Sonnengeflecht zentriert, also dort, wo Mönche ihre Arme in den Ärmeln ihrer Kutten verschwinden lassen. Das schützt einerseits die Leibmitte und hilft andererseits, die richtige Stelle der Kraftsammlung zu orten.
- Sie können auch »magische Gesten« erfinden und sich beispielsweise mit einem gedachten Schutzkreis abgrenzen. Oder indem Sie sich vorstellen, ein Wall von Flämmchen oder Flammen umschließe Sie und nur Sie könnten ihn durchschreiten. Sie können aber auch einen Wald wachsen lassen, einen Wassergraben, eine Schlangengrube … Allein durch den Gedanken, dass Sie geschützt sind, verändert sich Ihre Körper- und Geisteshaltung. Viele Anregungen für derartige Symbolisierungen finden Sie in den Märchen.

Im Endeffekt geht es wieder um die wesentlichen Elemente →*salutogenen* Verhaltens: Erkennen, was sich abspielt – eine Gestaltungsmöglichkeit finden –, und sich selbst fördern, indem man sein Verhaltensrepertoire erweitert, anstatt in passivem Entsetzen (außer sich sein statt sich zu zentrieren) zu verharren.

KLIMAKTERIUM siehe →*Wechselbeschwerden*

KOMMUNIKATIONSSTÖRUNGEN

K

Sie kennen sicher Situationen, in denen Sie sich klein fühlen, hilflos, unverstanden, und wieder andere, in denen Sie – hoffentlich! – merken, dass Ihr Brustkorb anschwillt vor Empörung, Wut oder auch Verzweiflung. In beiden Zuständen können Sie meist nicht mehr vernünftig denken – außer Sie gehören zu den »Schauspielern«, die sich bewusst in solche Befindlichkeiten hineinsteigern (können), um beim »Publikum« bestimmte Reaktionen auszulösen, Mitleid beispielsweise oder Furcht.

Von Virginia Satir, der »Mutter« der Systemischen Familientherapie, stammt eine Klassifikation dysfunktionaler Kommunikationsmuster (in Familien): Häufig – und nicht nur in Familien! – anzutreffen, gefährden sie das Zusammenleben und die Gesundheit der Betroffenen. Satir meint, dass jede Familienkommunikation, die nicht zu Echtheit und zu einer direkten, eindeutigen Bedeutungsebene führt, auf keinen Fall das Vertrauen und die Liebe aufbaut, die den Nährboden für inneres Wachstum der Familienmitglieder bieten (Satir 1975/1985). Die folgenden Verhaltensweisen verhindern Echtheit:

- beschwichtigen (versöhnlich stimmen),
- anklagen (beschuldigen),
- berechnen (rationalisieren) und
- ablenken (irrelevant reagieren).

Funktional hingegen ist eine Kommunikationsform, die nicht auf Bedrohung des Selbstwertgefühls anderer zielt, daher weder auf- noch abwiegelt, und bei der es nicht nötig ist, sich auf eine rein sachliche Position zurückzuziehen oder dauernd in ablenkender Bewegung zu sein.

In dem esoterischen Bestseller »Die Prophezeiungen von Celestine« listet der Autor James Redfield eine ähnliche Einteilung von Menschen auf, die mit ihrem Stil, mit anderen umzugehen, diesen Energie rauben. Er nennt diese Kommunikationsmuster »Kontroll-Dramen« und die Akteure heißen bei ihm:

- »Das arme Ich«: vermittelt anderen ein Gefühl von Schuld, obwohl es keinerlei Grund dafür gibt, und zapft so »Entschuldigungsenergie«.
- »Der Einschüchterer«: bedroht körperlich oder verbal, sodass man aus Angst, es könne einem etwas Schreckliches widerfahren, diesem aggressiven Angreifer Beachtung und damit Energie schenkt.
- »Der Vernehmungsbeamte«: hat versteckte Aggressionen und untergräbt, um an Energie zu gelangen, die Welt der anderen, indem er in ihr Fehler entdeckt (auch wenn diese nur in seiner Fantasie bestehen).
- »Der Unnahbare«: zieht sich zurück und versucht geheimnisvoll und verschlossen zu wirken, damit andere sich um ihn bemühen (Redfield 1994).

K

»Jeder Mensch bemüht sich um Energie, entweder aggressiv, das heißt, er zwingt Leute mit direkter Gewalt, ihre Energie an ihn abzugeben, oder passiv, indem jemand mit dem Mitleid oder der Neugierde anderer Menschen spielt, um auf diese Weise Aufmerksamkeit zu erregen«, heißt es bei Redfield. Erst wenn diese »Dramen« durchschaut werden, kann man seine »Rolle« frei wählen.

Es liegt meist am Selbstwert einer Person, ob sie es nötig hat, andere zu demütigen, herunterzumachen, um sich selbst zu erhöhen, oder sich schon chronisch klein und unerwünscht zu fühlen. »Das Nullerl« nannte sich einmal eine meiner Klientinnen.

In der psychotherapeutischen Schule der Transaktionsanalyse werden dem Kommunikationsverhalten von Menschen drei so genannte Ich-Zustände – Kindheits-Ich, Erwachsenen-Ich, Eltern-Ich – unterlegt (siehe →*Demütigung*):

- Im Kindheits-Ich fühlt man sich klein und schutzbedürftig und versucht jemanden als Vater- oder Mutterersatz zu akquirieren, oder man versucht durch »Aufdrehen« oder →*Empörung* dem Sich-klein-Fühlen zu entwachsen. Nach Satir könnte man den »Braven« die Beschwichtiger zuordnen oder auch die Ablenker und Verwirrer, nach Redfield das Arme Ich.
- Im Erwachsenen-Ich hat man Überblick und verhält sich korrekt. Das wäre die einzige »vernünftige« Kommunikationsform: symmetrisch, respektvoll, fair. Vielleicht ein wenig langweilig …

- Im Eltern-Ich hingegen fühlt man sich überlegen, groß und streichelt entweder andere Menschen gütig nieder oder ärgert sich über sie und kritisiert, nörgelt, verfolgt, straft. Nach Satir wären hier die Ankläger und die Computer einzuordnen, nach Redfield die Einschüchterer, Vernehmungsbeamten und Unnahbaren. Wer aus dem Eltern-Ich heraus agiert, will andere zur »kindlich« vertrauensseligen oder angstvollen Unterwerfung bringen.

Schiefe Kommunikation – von oben nach unten oder von unten nach oben – kann eine Zeit lang funktionieren – solange sich der unterlegene Teil nicht entwickelt. Gesund ist sie nicht, denn sie nimmt dem »kleinen« Partner Wachstumschancen und fordert vom »großen« unendlich viel →*Energie.* Viel einfacher wäre es, partnerschaftlich symmetrisch auszuhandeln, was man jeweils vom anderen will – aber dazu muss man überhaupt etwas vom anderen wollen, abgesehen von Unterwerfung!

Seit beinahe einem Vierteljahrhundert behauptet sich in der Kommunikationswissenschaft ein Sprachmodell, das eine leicht nachvollziehbare →*Struktur* bietet, um das →*Chaos* von Gedanken und Gefühlen zu ordnen, das uns oft sprachlos macht oder den »guten Ton« verfehlen lässt. Es stammt von dem Hamburger Psychologieprofessor Friedemann Schultz von Thun (Schultz von Thun 1981), der es aus der Beobachtung psychotherapeutischer Sprachkünste herausgearbeitet hat, und ist unter der Bezeichnung »Vier-Ohren-Modell« (weil jeder der vier Ebenen gelungener Kommunikation auch ein ebenenspezifischer Mund beziehungsweise ein Ohr zugeordnet werden kann, mit dem nur der eine Inhalt gesagt oder gehört wird) oder »Du-Ich-Bitte-Modell« Standardprogramm der meisten Kommunikationstrainings.

- Die erste Ebene (»Du«) umfasst dabei den Sachinhalt einer Botschaft, das, worum es geht. Er sollte klar und deutlich und objektiv von allen gleich wahrnehmbar sein. Nehmen wir als Beispiel einen Einschüchterungsversuch. Dann könnte die Du-Ebene etwa lauten: »Sie haben jetzt gesagt, wenn ich bis übermorgen nicht bezahle, werde ich etwas erleben.« Es wird also möglicherweise nur wiederholt, was die andere Person gesagt, getan hat und was der objektiven Wahrheit entspricht.
- Die zweite Ebene (»Ich«) umfasst nun die subjektiven Reaktionen, Interpretationen, Motive und Ziele, Sinngebungen und Vorhaben der sprechenden Person, die damit Einblick in ihr Inneres gibt (»Selbstoffenbarung«): »Für

mich klingt das nach Einschüchterungsversuch und ich fühle mich dadurch massiv unter Druck gesetzt, weil ich diese Forderung beim besten Willen nicht erfüllen kann. Ich bekomme erst in zehn Tagen eine größere Zahlung angewiesen.«
- Die dritte Ebene (»Bitte«) umfasst nun das, was die sprechende Person von der anderen will: »Ich möchte Sie daher um ein Zahlungsziel ersuchen, das auf meine Möglichkeiten Rücksicht nimmt.«
- Dann gibt es noch eine vierte Ebene, die Beziehungsebene, und die sollte symmetrisch sein, also dem Erwachsenen-Ich der Transaktionsanalytiker entsprechen: respektvoll, sachlich, unter Verzicht auf Machtspiele – und die kennen wir ja aus den »Drehbüchern«, nach denen Ankläger und Einschüchterer, Beschwichtiger und Arme Ichs etc. ihre »Rollen« anlegen …

Dieses Du-Ich-Bitte-Modell eignet sich zur Vorbereitung jeglicher schwieriger Aussagen, egal ob es sich um eine Kritik, eine →*Grenzsetzung* oder eine Liebeserklärung handelt. Es eignet sich aber auch, um die eigenen Reaktionen zu kontrollieren: Immer mit dem Sachohr hören, nicht mit dem schnell beleidigten oder empörten Beziehungsohr! (Und schon gar nicht mit dem in »vorauseilendem Gehorsam« bedienungsbereiten Appellohr, außer das gehört zu Ihrem Beruf.) Das Selbstoffenbarungsohr sollte dafür immer offen sein; es ermöglicht Ihnen, die Motive anderer besser zu verstehen, auf sie einzugehen und damit Konflikte klein zu halten.

KONFLIKTE

Da wir allein durch die Aufteilung des Raums zwischen uns unterschiedliche Blickwinkel einnehmen, sind widersprüchliche Sichtweisen unvermeidlich. Sie müssen aber nicht in Kampf und Krieg ausarten – vorausgesetzt man hält sich an die Spielregeln gelingender →*Kommunikation* und verzichtet auf →*Macht*-Spiele (»Power Plays«). Zu den Machtspielen gehört vor allem, sich zu furioser Größe aufzuplustern (»Bedrohliches Eltern-Ich«) und Gewitterstimmung zu produzieren: Dazu lassen die meisten Menschen ihre Augen »blitzen«, ihre Stimme donnergleich grollen und →*energie*geladene Wolken über dem Haupt ihrer Gegner sich zusammenbrauen. Ab einer bestimmten Aufladungsstärke jedoch erfolgt automatisch die Entladung, und da Menschen keine Blitzgötter sind, werden diese Kopfgewitter höchstens Erinnerungen an die Ängste ihrer Kindheit auslösen …

In der Konfliktlösungstechnik der →*Mediation* wird nach einer übergeordneten – dritten oder vierten etc. – Position gesucht, der sich alle Konfliktparteien anschließen können. Das kann beispielsweise auch nur das Ziel sein, den Konflikt friedlich zu lösen; wenn es sonst nichts Vorgelagertes gibt, braucht es eben sehr viel Zeit.

Wenn Sie die Absicht haben, an einer Konfliktlösung konstruktiv mitzuwirken (anstatt die Gelegenheit zu nutzen, für alte Streitigkeiten Rache zu üben), finden Sie wahrscheinlich leichter einen neuen Zugang, wenn Sie üben, »aus der Schusslinie zu gehen«. Das mag Ihnen schwer fallen, wenn Sie zu den Menschen gehören, die bereits als Kinder versucht haben, streitende Eltern zu trennen oder zu verbinden.

- Stellen Sie sich auf dem Fußboden oder auch nur gedanklich ein Dreieck vor. Jede der beiden Streitparteien – wenn Sie eine sind, gilt das eben auch für Sie – steht auf einem der Endpunkte desselben Schenkels; sie haben also eine gerade Schusslinie, die auf den jeweils anderen zielt, vor sich.
- Es ergibt sich nun die Möglichkeit, dem Streitpartner auf der Schusslinie näher zu kommen oder sich zu entfernen. Das kann die Situation verbessern oder verschlechtern.
- Es gibt aber auch die Möglichkeit, auf die dritte Position auszuweichen, die Situation sozusagen aus der Ferne, auch aus der Vogelperspektive, zu betrachten.
- Üblicherweise entkrampft sich die Situation – und Ihre Befindlichkeit – bereits durch diesen »Respektsabstand«. Außerdem sehen Sie besser, was vorher wahrscheinlich zu nahe, daher zu dicht war. Und: Sie haben mehr Raum zur Verfügung.

KOTZBROCKEN

Ein Kotzbrocken kann eine unverdauliche Botschaft sein – etwas, das man nicht annehmen kann, weil es einen vergiften würde – oder auch ein toxischer (giftiger) Mensch. Die böse Stiefmutter im Märchen vom Schneewittchen hat einen

Kotzbrocken (den vergifteten Apfel), sie ist aber auch ein Kotzbrocken, ein →*Kaktusmensch*. Es wäre zwar das Beste, unverdauliche Inhalte gar nicht in sich hineinzulassen; leider merkt man dies aber wie Schneewittchen zu spät, wenn einem übel geworden ist, oder gar nicht (wenn man nämlich bereits scheintot, also depressiv ist).

Wenn Ihnen also ein solcher Giftbrocken in die falsche Kehle – die, aus der Sie ihn nicht heraus»husten« können – geraten ist, können Sie ihn schnell entfernen.

Körperlich atmen Sie ihn heraus:
- Holen Sie tief Luft
- und lassen Sie diese hörbar aus sich herausströmen. Dabei stellen Sie sich vor, dass alles ausgeschwemmt wird, was Sie nicht in sich behalten wollen.

Mental stellen Sie sich ein geistiges Bild vor, in dem Sie das Unverdauliche aus Ihrem Schlund kommen lassen: als Feuerhauch, Erbsensuppe à la »Der Exorzist« oder Pech und Schwefel ... Sie können aber den Kotzbrocken auch zu Blümchen oder Schmetterlingen umwandeln, je nachdem, wie →*kreativ* Sie mit dem umgehen wollen, das Sie nur spüren, aber nicht sehen und für das Sie daher ohnedies eine Symbolisierung brauchen.

KRAFTQUELLEN siehe →*Energie*

KREATIVITÄT

Kreativität heißt zu Deutsch Schöpfungskraft, und viele Menschen behaupten von sich, sie hätten keine. Dabei braucht man nur kleine Kinder zu beobachten, wie sie versuchen, aus Alltagsmaterialien neue Kombinationen zusammenzubauen, Dingen neue Verwendungszwecke zuzuordnen oder neue Wortschöpfungen auszuprobieren. Zum Beispiel das wunderschöne Wort »zerscherben«. Ist es nicht viel trefflicher als »zerbrechen«? Zerbrechen kann nicht nur Glas, auch Porzellan, Holz, Knochen. Aber zerscherben, das ist etwas Besonderes! Und was tun wir, die »Großen«? Wir geifern: »Das heißt nicht zerscherben, das heißt zerbrechen« – und schon ist ein Stückchen Kreativität zerbrochen ...

Den letzten Rest an eigenständiger Kreativität verliert man dann meist im Schulunterricht. »Wir wissen jetzt mehr darüber, wie Kreativität behindert wird«, schreibt der international renommierte deutsch-amerikanische Kreativitätsforscher und Bildungsexperte Frederick Mayer. »Erfolgsstreben, Perfektionismus, der Drang nach Aufstieg in höhere Gesellschaftsschichten, die Doppelgleisigkeit von Arbeit und Freizeit, Minderwertigkeitsgefühle, das alles steht der Erreichung eines schöpferischen Lebensstils entgegen« (Mayer 1979). Die Gefahr, auf Kreativität zu verzichten, sieht Mayer in dem menschlichen Bedürfnis, der Freiheit zu entfliehen: »Er sucht eine unfehlbare Autorität. Er möchte eine einfache, vorgefertigte Lösung seiner Probleme. Frustriert von einer komplexen technologischen Gesellschaft, sucht er einen Sündenbock. Er findet Sicherheit in der Masse. Er predigt Liebe und lebt durch den Hass. Er wird oft zum Werkzeug von Diktatoren, weil er nicht gelernt hat, seinen Verstand zu gebrauchen ...« (Mayer 1979).

Genau den kreativen Verstand, der sich nicht mit Althergebrachtem zufrieden gibt, werden wir jedoch alle brauchen, wenn es gilt, die Herausforderungen der Zukunft zu bewältigen: Egal, ob wir Methoden zur Eindämmung von Umweltschäden erfinden sollen oder neue Jobs, neue Therapietechniken zur Behebung seelischer Verletzungen oder innovative Formen des familiären Zusammenlebens. Aber wie wird man kreativ?

Körperlich stärken Sie Ihre Kreativität durch Spielen, Basteln, Malen, durch das Musizieren mit selbst gebauten Instrumenten, durch rein akustische Sprachblödeleien oder zweckentfremdete Verwendung von Alltagsgegenständen ... »Werden wie die Kinder« – ein Gesundheitstraining!

Mental trainieren Sie Ihre Kreativität üblicherweise mit der

- Methode Brainstorming. Dabei wird zuerst vereinbart, dass niemand kritisieren darf. Dann nimmt man sich eine klar abgegrenzte Zeitspanne vor, in der man Ideen für eine bestimmte Problemlösung sammelt, je mehr, desto besser; es darf auch geblödelt werden. Danach gönnt man sich eine Pause, um wieder aus dem geistigen Höhenflug auf den Boden der Realität zurückzukehren. Erst dann beginnt man kritisch zu überprüfen, welche Vorschläge brauchbar sein könnten – und welche man für spätere Gelegenheiten aufhebt.

- Brainstorming funktioniert auch als Brainwriting; das kann man dann ohne Gruppenunterstützung allein durchführen. Die Technik ist die gleiche, nur schreibt man seine eigenen Ideen auf ein Blatt Papier anstatt Gruppenideen auf eine Flipchart. Wichtig: Kritik darf nicht geübt werden, sie ist *der* Kreativitätskiller schlechthin!
- Eine andere Methode besteht darin, Analogien – Vergleichsmöglichkeiten – zu erfinden. Die Eingangsfrage lautet dann: »Was ist so ähnlich?« oder »Mit welchem Gegenstand (Blume, Tier, Musik, Farbe ...) lässt sich dieses Gefühl symbolisieren?« Oder umgekehrt: »Mit welchem Gefühl kann man diesen Gegenstand symbolisieren?«

Es gibt noch einen völlig anderen Zugang zur Kreativität, den ich sehr liebe:
- Setzen oder legen Sie sich entspannt hin.
- Erinnern Sie sich an eine Situation, in der Sie sehr kreativ waren (egal, ob Sie dafür kritisiert wurden).
- Machen Sie sich nun ein möglichst konkretes mehrdimensionales Bild, wie das – und Sie – damals ausgesehen hat/haben, welche Töne dazugehören, welche Gerüche, Geschmäcker, was Sie gespürt haben, gefühlt, wie Sie sich körperlich gehalten haben, wie geatmet ...
- Suchen Sie noch ein, zwei ähnliche Situationen: Was haben diese Gedächtnisbilder gemeinsam? Ich beispielsweise bin so daraufgekommen, dass ich, um kreativ schreiben zu können, den Blick ins Grüne brauche. Den schaffe ich mir entweder durch entsprechende Platzierung meines Schreibtisches oder durch Grünpflanzen, ein Blumengesteck, ein Foto ...

Nach der gleichen Methode können Sie sich übrigens in jeden gewünschten Zustand versetzen, egal, was Sie gerade aus Ihrem verborgenen Erfahrungsschatz ans Tageslicht holen und nutzen wollen.

KRISEN

Psychosoziale Krisen werden durch Ereignisse oder Umstände ausgelöst, die die durch bisherige Erfahrungen erworbenen Fähigkeiten zur Bewältigung von Lebenssituationen quantitativ oder qualitativ überfordern. Sie stellen immer eine

Herausforderung dar, neue Fähigkeiten oder Anpassungsmechanismen zu entwickeln und stimulieren so psychisch-geistige Reifeprozesse. →*Pubertät* oder →*Wechsel* stellen beispielsweise solche Krisen dar, nicht nur, weil sich die Hormon- und oft auch die Stimmungslage ändert, sondern weil man in einen neuen Lebensabschnitt tritt und damit sozusagen »die alte Haut« abstreifen und sich eine neue wachsen lassen muss.

Abschied und Neubeginn, das sind die wesentlichen Aufgaben jeder Krisenbewältigung. Oft stellt dies eine Gratwanderung zwischen Pathologie und »Normalität« dar, vor allem dann, wenn einem nicht genug Zeit zum Verabschieden gelassen wird. Dann besteht die Gefahr der »Reliquienbildung«: Man verharrt in der Vergangenheit und widmet sich dem »Totenkult«, steigt also gleichsam hinab ins Schattenreich und führt dort ein Schattendasein ... Leben kann man aber nur in der Gegenwart.

Krisenbewältigung findet in Phasen statt:

- Zuerst fühlt man sich oft wie gelähmt, realisiert gar nicht, dass sich etwas und was sich verändert hat – eine Selbstschutzreaktion.
- Dann folgt die Phase des Nicht-wahrhaben-Wollens, oftmals mit hektischer Aktivität. Damit wird ein Kraftpotenzial freigesetzt, das es ermöglicht, notwendige Hilfsmaßnahmen zu organisieren – wenn diese noch Not wenden können. Das ist aber leider meist nicht der Fall. Deswegen stürzt man meist in die
- Phase der Depression: Man trauert, ist kraftlos, leckt seine (seelischen) Wunden und beginnt, sich langsam mit der unvermeidlichen Realitätssicht abzufinden. Dabei fallen einem die einen oder anderen Fehler und Versäumnisse auf, und man ereifert sich in der
- Rachephase, holt sich also seine Kraft wieder zurück und ist jetzt bereit für
- den Neubeginn.

Solch ein Phasenverlauf kann zwischen einem Monat – kürzer ist extrem selten und mir eigentlich nur bei Menschen bekannt geworden, die sich bereits vor dem krisenhaften Ereignis psychotherapeutische Begleitung organisiert hatten – und einem Jahr (»Trauerjahr«) oder gar Jahren liegen. Wir sollten daher Menschen, die Krisen zu verarbeiten haben, nicht mit Fragen wie: »Wieso dauert das bei dir so lange?« bedrängen, sondern ihnen Zeit – ihre Zeit – lassen. Je stärker unsensible »Nahestehende« Druck ausüben, Menschen in Krisensituationen sollten doch rasch wieder funktionieren (zum Beispiel mit Hilfe von Medikamenten) und sie nicht mit ihrem Leiden belästigen, desto mehr werden diese Menschen in ihrer »Verdauungsarbeit« behindert. Besonders krass ist dies bei Vergewaltigungsopfern: Durch die unterschwellige Unterstellung, diese Form sexualisierter Gewalt sei »ohnehin nicht so schlimm« und außerdem das Opfer vermutlich »selber schuld«, gelingt es vielen Betroffenen nicht, die Beschädigung ihrer leib-seelischen Unversehrtheit in ihre Biografie zu integrieren und die nötige Aggression (»→*Rache*« als Anspruch auf Gerechtigkeit) aufzubringen, um wieder vital zu werden. Verstärkt wird dieses Reaktionsmuster oft noch dadurch, dass das Opfer, wenn es in dieser »Rachephase« erst fähig ist, Anzeige zu erstatten, sich dann noch anhören muss: »Warum kommen Sie erst jetzt?« Oft folgt auf diese »sekundäre Viktimisierung« (wenn die Betroffenen ein zweites Mal zu Opfern werden) ein Rückfall in die erste Phase.

Wenn Sie oder jemand, dem/der Sie helfen wollen, eine Krise durchzustehen haben, erlauben Sie sich Folgendes:

Körperlich sollten Sie

- stehen bleiben. Sie entscheiden, wann für Sie der erste Schritt fällig – und möglich – wird!
- Kontrollieren Sie Ihren Ich-Zustand: Vermeiden Sie das weinerliche Kindheits-Ich, sondern stehen Sie erwachsen zu den Impulsen Ihres Körpers. Der Körper lügt nicht, das Hirn leider schon.
- Geben Sie daher den Menschen, die sich mit Ihnen auskennen sollen, die Information, wo Sie gerade stehen: »Ich brauche jetzt Ruhe« oder: »Bitte bleib bei mir.«
- Nur Sie können wissen, wie viel Zeit Sie brauchen, um Ihre Krise durchzustehen – lassen Sie sich die nicht rauben!

Mental empfiehlt es sich, sich einen Schutzraum – »Brutkasten«, »Backofen«, »Kokon« – vorzustellen, in dem Sie die Gefühlszutaten in Ruhe »reifen«, »vermischen«, »aufgehen«, »gären« oder »sich entpuppen« lassen können.

Auch hier hilft es jedenfalls, sich bewusst zu machen, dass man mitten in einem Prozess steckt, der Zeit braucht und den man nicht beschleunigen, aber auch nicht unterbrechen sollte.

L

LACHEN siehe →*Humor*

LAMPENFIEBER

Auch wenn Sie es anders erleben: Lampenfieber gehört zu den Hoch-Gefühlen wie auch die »bräutliche« Erregung vor der – heutzutage meist außerehelichen – Hochzeitsnacht. Aber Lampenfieber umfasst nicht nur Vorfreude, es beinhaltet auch →*Angst*. Angst vor dem Versagen, Angst vor Kritik, Angst vor Isolation.

»Lampenfieber ist niemandem angeboren«, weiß die ehemalige Konzertorganistin und Psychotherapeutin Irmtraud Tarr Krüger, »es bildet sich aus eigener, individueller Erfahrung.« Auch wenn die Ursprünge bereits in der frühen Kindheit zu liegen scheinen, meint die Expertin, ist doch die entscheidende Brutstätte die »Bühne der Schule, wo wir schon früh lernen, das Leben als Ablauf von angsterregenden Bewährungssituationen zu begreifen« (Tarr Krüger 1993).

Kinder beginnen meist mit drei oder vier Jahren, sich zu »produzieren«: Sie verkleiden sich, »spielen Theater« – nämlich uns Erwachsene nach –, singen, tanzen, turnen und treiben sonst noch allerlei sinnesfreudige Selbstdarstellungen – wenn man sie lässt. Aber wie viele hören dann: »Führ dich nicht so (albern, eitel, unsittlich) auf!« oder: »Spiel kein solches Theater!« Kein Wunder, wenn diese Verbote noch lange nachwirken, bis in die Schulzeit, wo man sich dann vor die Klassenkamerad/innen – oder noch schlimmer – Eltern hinstellen soll und all das und möglichst perfekt wiedergeben, was erfahrungsgemäß verlegenes Lachen oder gar Spott und Hohn nach sich zieht. Deswegen wird Tarr Krüger nicht müde zu betonen: »Unsere Bildungsinstitutionen, die nach dem Leistungs- und Rivalitätsprinzip funktionieren, sind Brutstätten für Lampenfieber.« Lampenfieber wäre vielleicht unnötig, wenn der »König Kunde« und der »Kaiser Kritiker« ihre Aufgabe nicht in der Suche nach Fehlern sähen, sondern im Genuss beziehungsweise in der vertiefenden Erklärung. In der Schule sind Kunde und Kritiker eins, in der Sport- oder Kulturberichterstattung divergieren die Ansichten von Publikum und Rezensent hingegen erfreulicherweise oft.

Im Begriff Lampenfieber steckt das Wort Lampe: Es erinnert an die Bühnenscheinwerfer wie an die Blitzlichter der Fotografen. Dieses Licht kann motivierende →*Energie*-Quelle sein – oder aber →*energiesaugender* Lichtschlucker. Es kann die Stimmung aufheizen oder ernüchternd nackte Tatsachen bloß stellen. Da ist sie wieder, die geteilte Welt! Daher empfiehlt es sich auch hier, in die Mitte zu kommen, gleichmütig zu werden.

Körperlich versucht man sich zu zentrieren, sich auf das Hara[1], die Leibmitte, zu fokussieren. Egal, wo man »auftritt«, es ist zuerst hilfreich,

- Fuß zu fassen: die Füße erspüren, sein Gewicht erfassen,
- bei jedem Ausatmen tiefer in den Boden hinein lasten,
- abwechselnd auf den Fußballen und den Fersen, dann in der Mitte,
- sich aufrichten und »aus der Erde emporwachsen« lassen: »Der Sinn des Erdens ist das ungestörte Wachsen«, lehrt Karlfried Graf Dürckheim (Dürckheim 1976).

Mental gilt es nicht allein, einen gelassenen Seelenzustand zu erlangen, frei zu werden von den Extremhaltungen Minderwertigkeitsangst und Größenwahn. Es gilt auch, sich auf alle Eventualitäten des Versagens vorzubereiten: Was tue ich, wenn ich im Text stecken bleibe, ausrutsche, hinfalle, mir eine Saite reißt oder ich disqualifiziert werde …

- Stellen Sie sich solche Situationen wie in einem geistigen Film vor, aber bleiben Sie fair. Wählen Sie weder die Sichtweise des spöttischen Rivalen noch die des vor Mitleid zerfließenden Kümmerers, sondern die eines fürsorglichen Teamchefs, dessen Ziel es ist, seine Crew gut »über die Bühne zu bringen«.
- Geben Sie nun Ihrem Schützling – das sind Sie selbst – die Anweisungen, die nötig sind, um den visualisierten Flop souverän durchzustehen.

Sammeln Sie also Vorbereitungstechniken für den »worst case«, den schlechtesten Fall. →*Humor* bitte mit einbeziehen!

Sie haben aber noch viel mehr Möglichkeiten, sich von Leistungsdruck und Versagensangst zu entlasten:

- Ziehen Sie Ihre Aufmerksamkeit vom Publikum ab und auf Ihre innere Befindlichkeit hin. Sagen Sie sich immer wieder: »Das, was ich tue, tue ich nur

1 Hara heißt auf Japanisch »Bauch« und meint im übertragenen Sinn die Gesamtverfassung des Menschen in seinem Leib, frei von der Vorherrschaft des kleinen Ichs (obere Körperhälfte, vor allem im Kopf), verankert im Schwerpunkt seiner Erdmitte (untere Körperhälfte, vor allem in den Fußsohlen).

zu meiner eigenen Freude.« Diese Einstellung sollten Sie andauernd pflegen! Denn: Ob Ihnen etwas Freude bereitet oder nicht, entscheiden letztlich Sie selbst.

Trennen Sie sich von der Vorstellung, dass Sie allein für Erfolg oder Misserfolg verantwortlich sind. Hier spielen alle mit, die die Inszenierung betreuen. Jede Person kann Ihnen Energie spenden oder abziehen, Sie unterstützen oder behindern, ebenso die Zuschauer. Denken Sie nur an die Quidditch-Spiele in Harry Potters College! Und warum freuen sich bei Fußballmannschaften alle auf ein »Heimspiel«? Oder erinnern Sie sich an Ihre Führerscheinprüfung: Man kann jede/n auf jede beliebige Note prüfen, egal wie gut er oder sie vorbereitet ist. Deswegen mag ich es auch nicht, wenn Nicht-Akademiker/innen über die langen Studienzeiten mancher Student/innen nörgeln; nur die »Eingeweihten« wissen, welche Professoren (hier wähle ich bewusst die männliche Form!) ihren →*Frust* unsachlich an den Student/innen auslassen (oder sich für Abfuhren revanchieren).

L

Als sehr hilfreich erweist sich auch der Beginn von Psalm 127:

Ein Lied Salomos im höhern Chor.

Wo der Herr nicht das Haus baut, so arbeiten umsonst, die daran bauen. Wo der Herr nicht die Stadt behütet, so wacht der Wächter umsonst.
Es ist umsonst, dass ihr früh aufstehet und hernach lange sitzet und esset euer Brot mit Sorgen; denn seinen Freunden gibt er's schlafend.

Zu den Grundprinzipien jeder →*Psychotherapie* gehört es, Menschen (im Gegensatz zu ihrem Verhalten) nicht zu bewerten, sondern so zu akzeptieren, wie sie im Augenblick sind – sie könnten sich ja bereits in der nächsten Sekunde ändern. Wertungen schaden, auch positive, da der Wertende sich damit über den Bewerteten erhöht. Wenn man sich mit solchen Zensoren →*identifiziert*, übernimmt man deren Werturteile. Und die können ewig sitzen …

Verzichten Sie daher auf solche unnötigen Erschwernisse. Bewerten Sie sich selbst, ob Sie zufrieden sind oder sich für verbesserungswürdig, -fähig oder -willig halten, aber bleiben Sie immer im Zustand der Selbstliebe!

LEBENSSTIL

Ob Sie einen →*salutogenen* Lebensstil pflegen oder einen →*pathogenen*, hängt vor allem davon ab, ob Sie sich selbst der Fürsorge wert halten. Selbstschädigendes Verhalten – ob Rauchen, Saufen, Autorasen oder sonst eine Form von Glücksspiel – hat immer Ihr Leben zum Einsatz. Dafür haben Sie es aber nicht geschenkt bekommen!

»Die Dosis macht das Gift«, warnte Paracelsus. Jedes Zuviel schadet ebenso wie jedes Zuwenig. Die rechte →*Balance* zu finden, ist daher eine das ganze Leben andauernde Aufgabe: zwischen Gier und Kasteiung, Trägheit und Hektik, →*Zorn* und Laschheit, Geiz und Verschwendungssucht, Stolz und Sozialphobie, emotionaler Taubheit und ausufernder Sentimentalität, →*Neid* und Ignoranz liegt die Position der Schattenintegration: Man ist sich bewusst, dass man nicht nur eine Licht-, sondern auch eine Schattenseite hat, die man ohne Spiegel beziehungsweise Selbstreflexion oder Rückmeldungen von anderen schwer erkennen kann.

Früher wurden die meisten Menschen zur Selbstbescheidung angehalten (wohl mit dem Gedanken, Revolten gegen die sozialen Ungerechtigkeiten hintanzuhalten). Dass diese Appelle die großen Sozialrevolutionen nicht verhindern konnten, wissen wir aus dem Geschichtsunterricht. Was damals Lesebücher und Predigten vermittelten, wird heute, allerdings mit gegensätzlichem Inhalt, medial auf uns losgelassen: »Ich will alles und mehr«, singen dann die Starmaniacs, denen man die große Karriere in Aussicht stellt, wenn sie sich für eine bestimmte Zeit von ihrer Privatheit und selbstbestimmten Zeiteinteilung verabschieden und dem Fernsehpublikum die Macht zugestehen, über ihr künftiges Berufsleben zu entscheiden …

Heute wird Lebensstil mittels Product Placement propagiert: Wenn Filmhelden ihr Geld lose aus der Sakkotasche fischen und unbesehen auf den Gasttisch legen – »Der Rest ist für Sie!« –, findet das bei unüberlegten Möchtegern-Lebemännern Nachahmung. Die Schuldnerberatungsstellen wissen ein Lied davon zu singen, wohin dieser Lebensstil führt. Die »smarte« Übung, heimzukommen, sofort den wohl gefüllten Barschrank anzusteuern und sich einen Drink zu mischen, kommt allerdings nur noch in alten Filmen vor, und auch Rauchen darf in neueren US-Filmen nur mehr der Bösewicht. Dafür werden Filmheldinnen zu Stil-Ikonen gekürt und ihre Mode zur Nachahmung empfohlen. So freuen sich der Modeschöpfer und das Billighaus, das die Kopien anbietet.

Bedenken Sie also, wenn Sie von Neu-Gier oder Hab-Gier ergriffen werden:

- Woher stammt die Information, die Ihnen ein Lusterlebnis in Aussicht gestellt hat?
- Ist das fantasierte Glückserleben gesundheitsfördernd oder nicht? Hat es mögliche Negativfolgen, zum Beispiel finanzieller Art, oder schädigt es Ihre Beziehungen?
- Wer verdient daran? Wollen Sie den oder die unterstützen?
- Können Sie das Gefühl, das Sie gerne hätten, auch anders erzielen?

Wahrscheinlich geht es wie so oft um Aufmerksamkeit, Anerkennung, Zuwendung und Liebe – und sich mit Mangelerfahrungen dieser Art ernsthaft auseinander zu setzen, gehört in den geschützten Rahmen von Beratung oder →*Psychotherapie*.

LIEBE

Was im Deutschen mit nur einem Wort bezeichnet wird, hat in anderen Sprachen unendlich viele Namen. So stammt beispielsweise die Unterscheidung in *eros* (sinnlich-fleischliche Liebe), *philia* (freundschaftliche Liebe) und *agape* (allumfassende kosmische Liebe) aus dem Griechischen, das aber noch mehr derartige Unterteilungen kennt.

Viele Menschen verstehen sich als Liebende, was sie aber verspüren, ist ihre emotionale Abhängigkeit von einer anderen Person (»Ohne dich kann ich nicht leben«); oder sie brauchen jemanden für ihre narzisstische Zufuhr (»Wenn du an meiner Seite bist, bin ich jemand«), sind verliebt (»Du gefällst mir so gut«), begehren (»Ich will dich haben, niemand anderer soll dich besitzen«) oder brauchen jemanden nur als Heilmittel gegen ihre Einsamkeit. All das ist nicht Liebe.

Oft ist es nur Anziehung, die in einem die Hoffnung weckt, von dieser Person geliebt zu werden oder auch nur romantische Abenteuer zu erleben, und schon wird dieses Gefühl von Hoffnung für Liebe gehalten. Für manche Menschen besteht ihre Strategie für Anziehung bloß darin, jemanden zu finden, der ihren äußeren visuellen Normen oder einem erträumten Zukunftsbild, etwa einem gesellschaftlichen Großauftritt, entspricht. Dabei beachten sie nicht, *wer* die andere Person tatsächlich ist, sondern nur, ob sie in ihr Schema passt.

Daher ist Verliebtheit nicht Liebe, auch keine Vorstufe dazu. In diesem rauschartigen Erwartungszustand neigt man dazu, den anderen über-, sich selbst aber unterzubewerten. Man entflammt sich am Anblick, an der Stimme, am Geruch oder Geschmack der anderen Person und kommt dadurch – oder auch nur durch Fantasien, wie schön und beglückend gemeinsame Erlebnisse sein könnten – in ein »Hoch-Gefühl«, den »siebenten Himmel«, »hebt ab« und steigert sich in einen beinahe manischen Zustand. »Verliebtsein bedeutet … ins Traumland abzudriften … Das kann nur im Unheil enden, weil du dann in deiner Fantasie bist. Du siehst nicht, was passiert«, warnt der Meditationslehrer Barry Long (Long 2001).

Liebe hingegen wurzelt in der Realität, will nicht besitzen, sondern nur mit weit offenem Herzen lieben (und das kann niemand verbieten!), daher folgt sie dem Mantra: »Lass gehen, wen du liebst! Entlasse ihn auf seinen eigenen Weg!« (Szepes 1995). Aber das beweist sich meist erst in →*Konflikt*- oder →*Krisen*-Situationen, wenn unterschiedliche Verhaltensweisen oder Bedürfnisse aufeinander prallen und ernsthafte Machtspiele – solche, die das Beisammenseinwollen in Frage stellen – beginnen.

Nun will wohl jeder Mensch geliebt werden (nur die ganz Ausgehungerten halten das Licht der Liebe – noch – nicht aus, wenn es endlich in ihre Dunkelheit strahlt) und sucht diese Form von →*Energie* (Licht). In der Transaktionsanalyse heißen diese Puzzlestückchen von seelischem Sonnenglanz »strokes« (Streicheleinheiten).

Körperliche Strokes sind Berührungen jeder Art: Umarmungen, Küsse, Zärtlichkeiten, Streicheln, Händehalten …

Mentale Strokes sind liebevolle Gedanken, Blicke; in Sprache ausgedrückt können sie Anerkennung werden, als Kompliment, Lob, aber auch als Bestätigung, dass man etwas wahrgenommen und positiv empfunden hat. Dabei geht es weniger um das Aussehen, sondern darum, dass man sich vom anderen »erkannt« fühlen kann. In der Bibel wird das Wort »erkennen« ja oft synonym für Geschlechtsverkehr verwendet, und darin liegt eine tiefe Wahrheit: Eigentlich sollte man sich geschlechtlich erst dann vereinen, wenn man einander so nahe gekommen ist, dass man sich eins mit dem anderen Menschen fühlt, so eins, dass man ihn erfühlt. Eben erkennt.

Dieses Erkennen hat Heilkraft, für beide. Für den, der erfährt: Ich war dem anderen so wichtig, dass er sich so auf mich eingelassen hat, dass er mich erkannt hat, weil das viel von erlittenem Übersehen-Werden, Fehlverstanden-Werden, Verleumdet-worden-Sein wieder gutmacht. Für den aber, der wagt, sein Schauen und Fühlen dem anderen zu offenbaren, heilt es viele Schuld an versäumten Gelegenheiten, zurückgehaltener Zartheit und Zärtlichkeit und gibt so Unschuld (darunter verstehe ich das Freisein von »bösen« Gedanken) zurück.

So beschreibt Claude Steiner, wie sehr es bei einer Frau, die sich immer dafür schämte, schnell in Tränen auszubrechen, Überraschung und Freude – ich sage »Heilung« – auslöste, als ihr Partner sich zu der Wertschätzung durchrang, ihr zu sagen: »Ich beneide dich um die Fähigkeit, spontane Gefühle zu zeigen. Ich wäre meiner Gefühle auch gerne so sicher. Ich mag es, dass du so stark empfinden kannst« (Steiner 1990).

Üblich hingegen ist es, Gefühle und besonders Mitgefühl eher zu vermeiden. Außer einem hingesagten »Mein Beileid« hält sich die Bereitschaft, nachzuforschen, wie es jemandem wirklich geht, in engen Grenzen. Besonders so genannte »starke Frauen« bekommen dann, wenn sie sich Schwäche erlauben (müssen) und für sich den Beistand erbitten, den sie sonst anderen gewähren, Sätze wie: »Na so arg wird's schon nicht sein« und: »Du schaffst das schon« oder »Das glaube ich nicht, du bist doch eine so starke Frau«, oder schlecht getarnten Triumph zu hören: »Sie ist ja ohnedies nicht so stark, wie sie tut.« Claude Steiner nennt solches Abschmetterungsverhalten »Stroke-Ökonomie«; eine Reihe von Regeln, die unser kritischer Elternteil – die nörgelnde Stimme in uns – auferlegen. Sie lauten:

- Gib die Strokes, die du eigentlich geben wolltest, nicht.
- Fordere keine Strokes ein, auch wenn du gerne welche hättest.
- Nimm keine Strokes an, auch wenn du sie gerne hättest.
- Weise unliebsame Strokes nicht zurück.
- Erteile dir selbst keine Strokes (Steiner 1990).

Als ersten Schritt zu mehr Liebesfähigkeit empfiehlt Steiner, von sich aus Strokes zu geben; er setzt dabei auf seine Erfahrung, dass »Menschen, die die Gesetze der Stroke-Ökonomie durchbrechen, automatisch ihre Herzen öffnen und viel mehr Liebe erfahren als je zuvor«. Allerdings sollte man vor Erteilung von Strokes die andere Person darauf vorbereiten (sie quasi um Erlaubnis fragen), zum Beispiel: »Ich möchte dir gerne sagen, was mir an dir so gut gefällt – darf ich?«

LIEBESKUMMER

Das Wort »Kummer« bedeutete ursprünglich »Schutt, Müll« und erst in zweiter Linie Not oder Gram. Liebeskummer tritt meist dann auf, wenn eine Illusion in Schutt zerfallen ist. Nun liegt der Seelenmüll da und gehört →*entsorgt,* aber man kann und will nicht aufräumen: einesteils aus Hoffnung, das zerbrochene Glück – oder was man dafür gehalten hat – könnte wie von Zauberhand wieder zusammengesetzt werden, andernteils weil man energielos ist (die vermeintliche →*Kraftquelle* ist ja verloren gegangen) und die Aggression dafür nicht aufbringen mag oder kann. Aber genau um Aggression geht es: um den Zorn, zuzugeben, dass der andere eben nicht so ist, wie man ihn gerne hätte, und dazu den Zorn auf sich selbst, dass man sich – bitte nicht: er oder sie mich! – so getäuscht hat.

Zur künftigen Vermeidung derartiger Selbsttäuschungen empfehlen Leslie Cameron-Bandler & Co (Cameron-Bandler/Gordon/Lebeau 1992),

- eine Liste von kurz- und langfristigen Kriterien der Partnerwahl zu erstellen. Wenn man kurzfristig vom anderen Hofnarrqualitäten (Spiel und Spaß) erwartet, langfristig aber seriöse Bankereigenschaften zwecks Aufbau einer mehrköpfigen Familie, wird das wahrscheinlich nicht zusammenpassen;
- die Kriterien danach zu überprüfen, woran man ihr Vorhandensein merken würde: Welches Verhalten wäre ein Ausdruck dafür, dass diese Eigenschaft vorhanden ist?
- Außerdem empfehlen die Expert/innen, eine Liste der früheren Fehler in Beziehungen aufzustellen und
- zu bestimmen, was diese Erfahrungen zu Fehlern macht.
- Dann sollte man suchen, was diese Fehler ermöglicht hat, damit man in Zukunft weiß, worauf man bei künftigen Partner/innen achten sollte (und nicht diese Fehler als Beweis des eigenen Versagens zu nutzen; Cameron-Bandler/Gordon/Lebeau 1992).

Ich empfehle bei Liebeskummer:

Körperlich macht man folgende Übungen:

- Zuerst durchs Zimmer schweben wie im »siebenten Himmel«,
- dann abrupt stehen bleiben – wie beim Kinderspiel des »Statuen-Werfens«,
- sich in die entgegengesetzte Richtung drehen und eine Körperhaltung einnehmen, die »Zusammennehmen« und »sich auf sich selbst zentrieren« symbolisiert.
- In dieser Stellung verharren und sich klar machen, wie viel Kraft wir in uns haben, warten, bis diese Haltung einengt,
- aufspringen, die Hände in die Luft werfen und sich für neue Erfahrungen bereit machen.

Mental bewährt sich folgende Visualisierung:

- Man stellt sich selbst und den/die abwesende(n), ungetreue(n), ignorante(n), verlorene(n) Geliebte/n in je einem eigenen Boot vor, wie man nebeneinander durch ein Bächlein, einen Fluss oder Strom rudert.
- Achten Sie darauf, wie weit die Boote voneinander entfernt sind und wie die beiden Rudernden miteinander kommunizieren.
- Verzichten Sie auf konstruierendes Denken, schauen Sie Ihrem geistigen Film nur zu. Wie verläuft die Reise? Welche Hindernisse und Gefahren tauchen auf?
- Achten Sie vor allem auf sich selbst, damit sie wieder gut am Ufer ankommen. Verhalten Sie sich daher im Tagtraum immer so, dass Ihr Überleben und Ihre Unversehrtheit gesichert sind. (Der andere ist ein erwachsener Mensch und kann und wird für sich selbst sorgen. Daher: Infantilisieren Sie andere nicht, sondern lassen Sie ihnen die Herrschaft über ihr eigenes Leben.)

Je mehr man sich in Gefühle einlässt, desto mehr nimmt das »vernünftige« Denken ab; deswegen suchen ja auch viele Menschen Beratung oder Therapie, um wieder in →*Balance* zu kommen. Auf Liebeskummer – oder andere Verlustängste – bezogen, lohnen sich daher immer auch Fragen wie: »Habe ich wirklich Grund, mich zu kränken?« oder: »Gibt es keine andere Verhaltensalternative?« Oft beginnt man nämlich mit dem Countdown zum Liebeskummer, obwohl der andere die Liebe gar nicht aufgekündigt hat. Manche selbstunsichere – oder tyrannische – Menschen verknüpfen insgeheim Testaufgaben mit der Bewertung als Liebesbeweis, so wie Turandot im Märchen ihren Freiern Rätsel aufgibt oder König Drosselbart der hochmütigen Königstochter. »Drum prüfe, wer sich ewig bindet« hat zwar durchaus Berechtigung, nach misslungener Prüfung (die einen ja vor Überschätzung bewahrt!) unglücklich zu sein aber nicht.

LOSLASSEN

»Wer etwas loslässt, hat die Hände frei für etwas Neues«, sagen die Chinesen. In unseren Breitengraden hingegen zählt der Satz: »Haste was, dann biste was.« Daher fürchten viele Menschen jegliche Verluste, bleiben viel zu lange grundlos in Verbindungen, obwohl längst der Tod der Beziehung das Band getrennt hat, müllen sich mit allerlei Sammelsurium zu (und vergraulen damit mögliche Partner/innen) und wundern sich, wieso sie allein bleiben, wenngleich in ihren Wohnungen gar kein Platz für jemanden anderen vorgesehen ist.

Es sind einerseits diejenigen, die sich nicht zutrauen, aus eigener Kraft bestimmen zu können, wenn sie etwas (vor allem Energie) benötigen, andererseits diejenigen, die Angst vor Leere (den so genannten *horror vacui)* empfinden, weil sie dann Entzugserscheinungen bekommen. Oder die, die als Sklaven ihrer →*Kreativität* »Spielmaterial« sammeln ...

Alles was lebt, lebt in Bewegung, hat Wellen, schwankt zwischen Gegensätzen. Einatmen – ausatmen, anspannen – entspannen, oben Essen hinein – unten Verdauungsprodukte hinaus. Wenn das nicht im rechten Rhythmus geschieht, sind wir bald vergiftet; das kennt jeder, der schon einmal unter Verstopfung gelitten hat.

Aber nicht nur Materielles gehört regelmäßig auf Nützlichkeit überprüft und gegebenenfalls →*entsorgt,* sondern auch Seelisches und Geistiges. Überprüfen Sie daher, welche Gewohnheiten zu früheren Anlässen gepasst haben, heute aber eher behindernd wirken. Wenn eine Mutter stolz berichtet, sie habe ihr Kind noch keine Nacht allein gelassen, ist das bei einem Vorschulkind beachtlich und lobenswert, bei einem Schulkind, das in der dritten oder vierten Klasse auf Schullandwochen fahren soll, eher unpassend. Auch sollten Kinder so bald wie möglich ihr eigenes Bett besetzen und verteidigen und nicht Nacht für Nacht ins

Elternbett einfallen wie Zecken vom Strauch. Was beim Ein- bis Zweijährigen noch durchgehen kann, ist beim Dreijährigen bereits Gewalt gegen Eltern.

Oder das Ehebett: Es passt für das mittlere Lebensdrittel, wo manche keine Gelegenheit zur Fortpflanzung auslassen mögen; im letzten hingegen, wo einen die senile Bettflucht des Öfteren nächtens zum Kühlschrank oder ins Badezimmer drängt, kann das bewachende Bein quer über den Bauch zur Partnerschaftsbelastung werden.

Üben Sie daher loslassen!

Körperlich geht das, indem man
- sich hinstellt und so tut, als würde man vielerlei Dinge an sich raffen,
- dann die Arme vor dem Rumpf verkreuzt, um alles festzuhalten,
- um dann mit einem Riesensatz die festgehaltenen Luft-Schätze von sich zu werfen.
- Sollten Sie zu wenig Platz haben, reicht es auch, eine Hand zur Faust zu ballen, sich vorzustellen, man habe etwas ganz Kostbares darin
- und es dann einfach wegzuschnippen.

Mental hingegen empfehlen sich Abschiedsrituale. Zelebrieren Sie Abschied, bauen Sie Grabstätten oder vertrauen Sie das, was Sie loslassen wollen, den Elementen an: Bei uns hat verbrennen oder in der Erde vergraben Tradition. Sie können aber alles auch zerkleinern und dem Wind oder dem Wasser (Klosett) anvertrauen … Ihrer Fantasie sind keine Grenzen gesetzt (außer durch das Strafgesetz).

LÜGEN

Es gibt verschiedene Arten von Unwahrheiten:
- Irrtümer und fahrlässiges Missverstehen; meist handelt es sich dabei um unbewusst inszenierte →*Fehlleistungen,*
- »gelenktes Mitteilen«; dabei werden wesentliche Informationen ausgelassen oder aber auch bewusst verschwiegen.
- Verharmlosungen, Behübschungen, Dramatisierungen und andere »Korrekturen« der Wirklichkeit.

- Notlügen.
- bewusste Täuschung.
  Bewusstes Lügen ist nur eine davon.
- Meist beruht es auf →*Angst:* Man befürchtet negative Folgen, wenn die Wahrheit ans Tageslicht käme.
- Eine andere Ursache kann aber auch in zu großer Einengung liegen. Dagegen anzukämpfen ist vielen zu anstrengend, besonders wenn der (meist mütterliche oder väterliche) Kerkermeister mit Drohungen arbeitet. Üblicherweise heiratet man dann auch jemanden, der diese Verhaltensweisen ebenfalls im Repertoire hat (auch wenn sie zur Zeit der Eheschließung gerade nicht auf dem Spielplan standen).
- Dann gibt es noch die »Ablenker«. Ablenken ist der Fachausdruck für eine →*Kommunikationsstörung,* bei der versucht wird, »unfassbar« zu sein: »Bin schon weg – bin schon wieder da« oder: »Ich bin nicht da, wo ihr mich sucht!« Auch dieses verwirrende Verhalten hat Ursachen in der Kindheit, oft Eltern mit einander widersprechenden Geboten, denen man beiden zu gehorchen sucht. Dann glaubt man oft, was man fantasiert, und versteht nicht, wieso die anderen so »kleinlich« sind …

Lügen bindet →*Energie:* Man braucht einen Teil seiner Lebenskraft zum Erfinden von Lügen, Erinnern von Lügen, Verteidigen von Lügen. Ohne Lügen lebt es sich daher viel leichter und gesünder, man hat weniger Stress und mehr Vitalität.

Wenn Sie also merken, dass Sie es mit der Wahrheit nicht immer ganz genau nehmen:

- Fragen Sie sich, was für ein Gefühl Sie in dem Augenblick haben, kurz bevor Sie zu lügen beginnen.
- Aus welcher Situation der Vergangenheit kennen Sie dieses Gefühl?
- Wie würden Sie mit Ihrem heutigen Wissen und Können die seinerzeitige Situation gestalten? Gibt es Alternativen zu dem Verhalten, das Ihnen als Erstes eingefallen ist?
- Und was wäre das Ärgste, das passieren könnte, wenn Sie »frei von der Leber weg« agierten? Ist es wirklich so arg? Oder durchaus Ihrem Alter angemessen?

- Sollte Ihre innere Stimme sofort zu jammern beginnen: »Aber das kannst du doch der (dem) nicht antun«, dann bedenken Sie: Wenn Sie jemandem nichts »antun« wollen, kommen Sie gar nicht auf die Idee (das »unschuldige Kind« hat keine bösen Gedanken). Wenn Sie aber erkennen, dass Sie unbewusst jemandem etwas antun wollen, dann wird es schon seinen Grund haben – also stehen Sie dazu!

Was aber, wenn Sie belogen werden? Dann stellt sich für Sie die Frage, wie Sie diesen Vertrauensbruch bewerten. Es ist Ihre Entscheidung, ob Sie ein belogener Partner sein wollen oder ein großzügiger, ein rachsüchtiger oder gutmütiger, ein kleinlicher oder ignoranter … Doch wofür immer Sie sich entscheiden: Machen Sie es publik. Sagen Sie: »Dieses Fehlverhalten von Ihnen möchte ich mit Gutmütigkeit übersehen«, oder: »Ich habe den Eindruck, Sie wollen mir nicht die volle Wahrheit sagen, aber ich möchte diesen Zug von Ihnen ignorieren« oder Ähnliches.

Spielen Sie nicht Gerichtssaal, dazu sind die echten Akteure vor Gericht zuständig (und manchmal werden Sie die auch brauchen). Behalten Sie Ihre Energie so weit wie möglich bei sich; man kann auch logische Konsequenzen ziehen, ohne ein Drama aufzuführen.

LUSTMANGEL siehe → *Orgasmusstörungen*

MACHTSTREBEN siehe →*Demütigung,* →*Gewalt,* →*Mediation,* →*Moral*

MEDIATION

Die Methode Mediation (zu Deutsch Vermittlung) zielt darauf, die Ziele von Streitparteien in respektvoller Weise so zu bearbeiten, dass juristische Konfliktlösungen mit Siegern und Verlierern unnötig werden und stattdessen eine neue Form erarbeitet wird, bei der alle Beteiligten ihre wesentlichen Bedürfnisse befriedigt bekommen. Dazu wird zu Beginn der Sitzungen ein Verhaltenskodex vereinbart, nach dem die Streitparteien übereinkommen, einander ausreden zu lassen, auf Untergriffe zu verzichten und all die Formen psychologischer Kriegsführung zu unterlassen, die nur darauf zielen, die andere »Partei« zu provozieren oder zu verunsichern, aber nichts zur sachlichen Konfliktlösung beitragen. Aufgabe der Mediator/innen ist es unter anderem, darauf zu achten, dass diese »Streitkultur« eingehalten wird.

Mediator/innen prüfen aber auch, wo die eine oder andere Streitpartei nur ihren Willen durchsetzen oder →*Macht* über die andere Partei ausüben will. So erschweren es vor allem bei Scheidungsmediationen oft verdeckte Bedürfnisse nach →*Rache,* dass man die andere Person mit ihren Zielen und Notwendigkeiten zu verstehen versucht. Oder man(n) will keinen Unterhalt leisten und sich mit allen Tricks ärmer darstellen, als er tatsächlich ist – auch eine Form von Machtausübung, diesmal mit einer behaupteten Schwäche. Parallel dazu versuchen viele Frauen, künstlich Sonderbedarf zu konstruieren, um mehr Alimente herauszuholen, als es der Sachlage entspräche. Auch bei Besuchsrechten bei den nunmehr zu »Scheidungswaisen« gewordenen Kindern haben viele das geheime Ziel, dem/der Ex-Ehepartner/in Schwierigkeiten zu bereiten und auf diese Weise immer noch in die verlassene Familie hineinzuregieren. In solchen Fällen weisen die Mediator/innen freundlich darauf hin, was das eigentliche Ziel der Mediation ist und was man als destruktiv weglassen sollte.

Mediator/innen sind allparteilich, das heißt, sie helfen nicht wie ein Anwalt zur einen oder anderen Partei, sondern zu allen. Sie unterstützen jede Streitpartei, ihre Ziele in korrekter Weise zu äußern und Alternativen zu finden, wie diese Ziele verwirklicht werden können (im Gegensatz zu einer Kompromisslösung, wo jede Partei ein wenig nachgibt oder Tauschgeschäfte anbietet, sich aber nicht um dritte, vierte etc. Lösungsmöglichkeiten bemüht).

MENSTRUATIONSBESCHWERDEN

Vor fünfzig Jahren lernten viele Frauen bereits von ihren Müttern und Großmüttern, dass Menstruation ein »Fluch« sei, schmerzhaft und peinlich, und dass frau sich deshalb am besten an diesen Tagen ins dunkle Zimmer zurückziehe und Bedienung einfordere. Möglicherweise hat sich dieses Bild aufgrund der häufigen Fernsehwerbung für die »unsichtbaren«, »geruchsfreien«, jede Sportart »mitmachenden« Tampons und Binden gewandelt; heute schämt sich kaum mehr eine junge Frau für dieses natürliche Geschehen. Ich erinnere mich sogar an eine, zu deren modischem Outfit eine juchtenfarbene Jagdtasche gehörte; in die Lederschlaufen, die für Patronen vorgesehen waren, hatte sie ihre Tampons gesteckt.

Körperlich helfen Mudras (das sind besondere Fingerstellungen), die Rhythmik von Zusammenziehen und Abstoßen zu balancieren:

- Rechte Hand: Daumenspitze auf den inneren Nagelfalz des Ringfingers (die linke Seite des Nagels, dort, wo die meisten ihre Dellen vom Schreiben haben) legen.
- Linke Hand: die Spitzen von Daumen und kleinem Finger zusammenlegen.
- Zweimal am Tag je drei Minuten, aber mindestens mit einer halben Stunde Abstand; im Akutfall wird empfohlen (da Silva 1991/2000), diese Übung auf neun Minuten, viermal täglich, selber Zeitabstand, zu steigern.

Mental empfiehlt es sich, entweder

- zu visualisieren, wie die Gebärmutter – bitte als Person vorstellen! – »Monatsputz« macht: wie sie wie in einer Show, mit musikalischer Untermalung, mit rhythmischen Bewegungen, »rosa Schleim« von den fleischigen Wänden schrubbt und abfließen lässt, oder
- Rituale zu erfinden, die eigene Weiblichkeit mit positiven Leitsätzen freudig zu begrüßen. Dazu schlägt die Wiener Lebensberaterin Gabriele Pröll Sätze vor wie: »Ich bin eine wertvolle Frau«; »Meine Blutung ist gut, sie gibt mir

die Chance, Altes loszulassen und mich regelmäßig zu erneuern«; »Ich komme mir selbst immer näher« oder: »Schritt für Schritt werde ich die Frau, die ich sein möchte« Pröll 2004).

MIDLIFE-CRISIS

Zu Deutsch heißt Midlife-Crisis »Krise um die Lebensmitte«. Würde man diese Bezeichnung wörtlich nehmen, könnte man sie gar nicht beschreiben: Wer weiß schon, wie alt man wird, wann daher die Lebensmitte anzusetzen ist – bei dreißig, vierzig, fünfzig?

Tatsächlich machen sich aber viele Menschen zu den runden Geburtstagen Gedanken über ihr bisheriges wie zukünftiges Leben (und vergessen darüber oft die Gegenwart), ziehen Bilanz und – werden unzufrieden. Sie vergleichen die Erwartungen, die sie bei Großjährigkeit, Berufseintritt oder Heirat etc. hatten, mit dem, was sie davon erreicht haben und was nicht. Damit aber folgen sie einer verbreiteten »Anleitung zum Unglücklichsein«. Sich kurz-, mittel- und langfristige Pläne zu machen, was man erreichen will, ist kein Fehler, ganz im Gegenteil. Aber stur daran zu kleben, schon!

Wenn man sein Leben drittelt, so entfällt das erste Drittel auf Lernen, das zweite auf Schaffen – die eigene Existenz, die nächste Generation, seinen Teil am Wohlergehen der Gesellschaft – und das letzte Drittel auf Lehren und Beistand für die Nachfahren. Früher bekam man für die Übergangszeiten Unterstützung aus der (dörflichen) Gemeinschaft; es gab Rituale, an denen alle teilnahmen und die auf diese Weise dokumentierten, wer man nun wurde und was man hinter sich ließ. Diese Traditionen sind in der anonymen Großstadt verloren gegangen. Die Familienmitglieder wohnen teilweise weit voneinander entfernt, die berufliche Flexibilität hat sich wesentlich erhöht, auch empfinden viele ihren Beruf als Last und nicht des Feierns wert, grämen sich über verpasste Aufstiegschancen und blicken voll →*Neid* auf andere, vermeintlich Erfolgreichere. Dazu kommt noch die Werbung für Faltenfrei-Cremes, Lifting, Fettabsaugen und Botox-Injektionen und frau, aber auch mann fragt sich, ob man mit Hilfe dieser Hexensalben und -zauber nicht dem Alter davonlaufen könnte …

Man kann nicht. Aber man kann es würde- und freudevoll angehen.

Verwerfen Sie daher fürs Erste Ihre Träume, durch Abenteuer die Unzufriedenheit in Ihrem Herzen zu beseitigen. Diese Unzufriedenheit signalisiert Ihnen nur, dass ein Wachstumsschritt fällig ist und der Körper dafür Energiereserven bereitstellt. Erneuerung ist angesagt! Großputz in Körper und Seele, damit Sie startklar werden für die Zeit der Weisheit.

Körperlich bedeutet dies,
- zunächst einmal die eigene Herkunftsfamilie zu betrachten: Wie sehen die Angehörigen des eigenen Geschlechts im Alter aus? Nach wem gerät man? Damit hat man bereits eine weitgehend zutreffende Zukunftssicht.
- Ist dieses Zukunftsbild aus eigener Kraft verbesserbar? Und was wäre dazu nötig? Andere Ernährung, weil Speckbauch? Mehr Bewegung, weil Bückhaltung? Verzicht auf Alkohol, weil Couperose (geplatzte Äderchen im Gesicht)? Mehr Kultur (weil schleichender geistiger Abbau)? Mehr Sozialkontakte (weil Vereinsamung)? Mehr Spiritualität (weil Verbitterung)?
- Manche dieser Ziele können auch gleichsam pantomimisch verkörpert werden. Stellen Sie sich also vor, Sie hätten Ihr Zukunftsprogramm schon erfüllt: Wie fühlt sich das an? Wie reagiert Ihr Körper auf dieses Gefühl?
- Bitte immer wieder einüben!

Mental gilt es ebenfalls, eine Vision zu entwerfen, wie man in fünf, zehn, zwanzig Jahren leben möchte – aber realistisch! Wenn man mit fünfzig im Mietshaus wohnt, wird man mit siebzig kaum in einem Zwanzig-Zimmer-Landsitz thronen, eher in eine kleinere, pflegeleichtere Wohnung gewechselt sein, aber womöglich in der Nähe von Wandermöglichkeiten. Also:
- Wie soll es in fünf Jahren aussehen? Alles beim Alten?
- Kann man langsam beruflich zurückschalten und dafür mehr für sich selbst tun? Sportlich, kulturell, sozial?
- Muss man im Gegenteil damit rechnen, sich beruflich mehr anstrengen zu müssen? Wie kann man sich darauf vorbereiten? Etwas Neues dazulernen? Neue Verbindungen eingehen?
- Wer wird einen verlassen – Kinder? Partner? Wie kann man erwünschte Bindungen verstärken, ohne zu fesseln? Wie kann man Distanzen ermöglichen, ohne jemanden zu verlieren?
- Wer wird einen brauchen? Die Nachbarschaft? Die Kommune? Wo sollte man schon Kontakte knüpfen, um später mitgestalten zu können?

Nehmen Sie sich immer wieder Zeit für diese Fragen, die den »Wechsel« vorbereiten, auch wenn er noch in weiter Ferne liegt. Vergessen Sie die Foreveryoung-Werbung! Die Energie, die Sie – im Endeffekt vergebens – darauf verwenden, das Rad der Zeit anzuhalten, können Sie auch dazu benützen, auf diesem Rad gemütlich mitzuradeln …

MIESMACHER siehe →*Negaholismus*

MISSBRAUCH siehe →*Demütigung,* →*Gewalt,* →*Inzest*

MISSGUNST siehe →*Neid*

MOBBING

In der Arbeitsmedizin spricht man von Mobbing, wenn jemand mindestens
- einmal in der Woche
- über den Zeitraum von sechs Monaten
- systematisch am Arbeitsplatz feindseligen Attacken ausgesetzt ist
- durch Kolleg/innen oder Vorgesetzte
- mit dem Ziel, die Person auszugrenzen (Perner 2001).

Wesentlich für die Diagnose Mobbing ist der Zeitverlauf. Ein einmaliger Bosheitsakt ist noch kein Mobbing, ebenso eine spürbare Antipathie; beides kann aber den Startschuss bedeuten, dass sich andere anschließen.

Gemobbt kann jede/r werden, auch der Chef; dann spricht man von Bossing. Besonders häufig trifft es aber Personen mit Außenseitereigenschaften: Jüngste, Älteste, Kränkste, Belastetste, Fremdartigste, Bestausgebildete, Bestverdienende, Bestleistende …

Mobbing läuft in Phasen ab, die sich steigern:
- Es muss nicht unbedingt ein unterschwelliger Konflikt sein, es kann auch mit einer Neckerei beginnen, gegen die sich das spätere Mobbingopfer nicht wehrt. Es entsteht eine latente Spannung (»Gewitterstimmung«).

- Aus dem verbogenen Misstrauen werden gezielte Angriffe. Man wird zur Zielscheibe und nimmt erste Stress-Symptome wahr (Muskelanspannungen, Magenbeschwerden, Hautreaktionen, Schlafstörungen, Angst).
- Die Leistung nimmt ab, man wird krank. Damit ergeben sich nun offiziell »gerechtfertigte« Angriffspunkte.
- »Die anderen« befinden, man sei nicht mehr »tragbar«. Es kommt zur Kündigung.

Mobbing ist Chefsache. Es liegt am jeweils Vorgesetzten, klarzustellen, dass Mobbing nicht geduldet wird, und auch Acht zu geben, dass man nicht in einen Prozess von Anschuldigungen und Gerüchten verstrickt wird. Nicht nur weil der Arbeitsausfall der gemobbten Person volkswirtschaftlichen Schaden anrichtet, sondern weil ja auch die Mobbenden nicht arbeiten, sondern eben mobben. Leider sind aber viele Vorgesetzte zu feige oder auch zu unbeholfen, um Mitarbeiter/innen, die man teilweise jahrzehntelang als verlässlich und korrekt kennt, abzumahnen. Ich höre immer wieder, dass vor allem Mobbing gegen junge, alleinstehende Frauen als »Weiberkram« abgetan und dem Mobbingopfer, wenn es die Sabotage seiner Arbeitsleistung aufzeigt, empfohlen wird, sich doch mit den anderen zu vertragen.

Wenn Sie also Gefahr laufen, Opfer eines Mobbings zu werden, sollten Sie auf Folgendes achten:

Körperlich pflegen Sie Ihre Vitalität; daher

- Haltung bewahren: aufrecht, Kopf hoch, ruhig atmen.
- Hilfreich ist dabei die Vorstellung, mit dem Schädeldach nach oben und hinten zu streben, quasi »aus sich heraus zu wachsen« (Trökes 2000) – das nimmt Spannung aus der Muskulatur und lässt den Nacken durchlässiger werden.
- Regelmäßig Wirbelsäulengymnastik. Man wird versuchen, Ihnen »das Genick zu brechen« – also üben Sie Biegsamkeit! Setzen Sie sich dazu aufrecht auf einen Stuhl, legen Sie die Hände auf die Oberschenkel und richten Sie sich mit der Kraft der Arme stockgerade auf. Dann neigen Sie sich aus den Hüftgelenken leicht nach vorne und heben dabei das Brustbein ein wenig nach vorn und oben. Verlagern Sie anschließend den Rumpf leicht nach

rechts, dann nach hinten, dann nach links (das Gesäß bleibt unbewegt). Kreisen Sie, drehen Sie sich aus der Hüfte, dann drehen Sie in gleicher Weise den Kopf.

- Achten Sie auf »Rückendeckung«: Wo immer Sie sitzen, versuchen Sie eine Wand oder etwas Ähnliches hinter sich zu haben, woran Sie sich anlehnen können.
- Und falls Sie an Feng Shui glauben: Aktivieren Sie in den Räumen, in denen Sie sich hauptsächlich aufhalten, die Zone der »Hilfreichen Freunde« (das ist, vom Eingang in den jeweiligen Raum her gesehen, die am nächsten gelegene rechte Ecke). Dort gehören Fotos oder andere Symbole von Helfergestalten hin, zum Beispiel Heiligenbilder, Fotos lieber Freunde, ein kleiner Schutzengel. Das stärkt zumindest autosuggestiv.

Mental sollten Sie das, was Sie erleben, ernst nehmen und sich selbst gegenüber zugeben. Also keine Verharmlosungsversuche! Mobbing ist Gewalt, der Versuch, jemanden sozial zu ermorden. Ich selbst habe in meinem Leben mehrere derartige »Mordversuche« überlebt – sogar öffentliche – und dabei haben mir folgende Schutztechniken geholfen:

- Erstens habe ich alle Beweise dokumentiert, um nicht die Realitätssicht zu verlieren. Heben Sie also alles auf, was Ihrer Rechtfertigung dient.
- Zweitens habe ich meine Erfahrungen öffentlich gemacht, zuerst bei meiner zuständigen Fachgewerkschaft, dann bei Freund/innen aus der Branche, und mich rechtlich beraten lassen. Das hat mich zumindest mit den Informationen versorgt, welche Handlungsmöglichkeiten ich habe, und damit Material für Visualisierungen geliefert, mit denen ich mir eine rosigere Zukunft ausmalen und mein Vertrauen in den Sieg der Gerechtigkeit bewahren konnte. Suchen Sie Beistand, am besten von Personen, die Ihr Arbeitsfeld kennen.
- Drittens habe ich meine Anteile am Geschehen herausgesucht. Ich bin darauf gestoßen, dass ich mehrfach dann die Wahrheit gesagt habe, wo Mächtigere als ich massives Interesse hatten, diese zu verbergen. Ich habe mich daraufhin gefragt, ob es nicht klüger wäre, zu schweigen – und habe diesen Gedanken verworfen. Meine Ethik gebietet mir zu sagen, wenn ich etwas nicht in Ordnung finde. Bleiben Sie daher Ihrem Gewissen treu! Leben müssen Sie mit sich, die anderen sind ersetzbar.

- Viertens habe ich immer rechtzeitig das Revier gewechselt, wenn ich gemerkt habe, dass meine Konkurrent/innen das Kain-und-Abel-Spiel begannen. Es stärkt das Selbstvertrauen in seine Kreativität und Kompetenz, wenn man die eigene Vielseitigkeit erkennt. Sich selbst etwas Neues zuzutrauen, erweitert Wissen, Sozialkontakte und gibt die Möglichkeit zu beweisen, dass man nicht so ist, wie es die Feind/innen behaupten. Bleiben Sie also präsent, aber außerhalb der Hieb- und Stichweite.

Das alles können Sie als Szenen wie aus einem Ritterfilm vor Ihrem geistigen Auge ablaufen lassen. Denken Sie beispielsweise an den alten Film »Ivanhoe« mit Robert Taylor in der Titelrolle. In einer Turnierszene verliert er alle seine Waffen; am Schluss stürzt er in eine Grube, sein Gegner kommt triumphierend und schwingt den Morgenstern. Taylor packt den Morgenstern an der Kette, zieht den Gegner zu sich in die Grube und kann ihn dann im Nahkampf, nur mit seiner Hände Kraft, besiegen.

Sie merken: Das Wichtigste ist, Selbstvertrauen und Handlungsmacht zu bewahren – und wenn dies nur in der Entscheidung mündet, der eigenen Gesundheit wegen selbst zu kündigen.

MORAL

Moral und Ethik werden manchmal als identische Begriffe verstanden; dem pflege ich entschieden zu widersprechen. Während Moral fremd vorgegebene Verhaltensregeln bezeichnet (»Das gehört sich nicht!«), benennt Ethik die selbst gewählten Verhaltensprinzipien (»Das gehört sich meiner Ansicht nach für mich nicht«).

Immer wenn Sie moralische (oder auch unmoralische! Hier denke ich beispielsweise an das medial vorgeführte Modell à la »Sex in the City«, sexuell aktiv und promiskuitiv – mit häufig wechselnden Geschlechtspartnern – sein zu sollen) Gebote vorgehalten bekommen, will jemand →*Macht* über Sie ausüben. Ist diese Person vielleicht schon Jahrhunderte tot, dann sind es eben ihre Nachfolger/innen. Prüfen Sie daher stets, ob das, was Ihnen als »Gehört-sich« in den Sinn kommt, auch mit Ihrer höchstpersönlichen Ethik übereinstimmt – und halten Sie zu sich (und nicht zu den anderen).

MOTIVATION siehe →*Selbstprogrammierung*

MUTLOSIGKEIT

Mut ist ein sehr dehnbarer Begriff. Manchmal steht er für Antrieb, dann wieder für gedankenloses Vorpreschen, manchmal für »schneidige« Furchtlosigkeit oder auch für mühselige Zivilcourage im Angesicht gefährlicher Übermacht.

Wenn Sie sich also mutlos fühlen, überprüfen Sie zunächst Ihre geistige Wortwahl und differenzieren Sie: Ist das, was Ihnen fehlt, wirklich Mut? Oder nicht eher →*Energie,* Antrieb? Oder eine rosige Zukunftssicht? Sind Sie nur »schlecht drauf«, müde, erschöpft, deprimiert, vielleicht sogar depressiv?

Wenn es aber wirklich Mut ist, an dem es Ihnen mangelt – also Risikofreude –, dann können Sie auf folgende Weise mehr Mut antrainieren:

Körperlich geht es in diesem Fall wirklich um Erwerb von Fitness, Anpassung an die künftige Herausforderung.

- Die Botschaft lautet also: trainieren! Was brauchen Sie, um mutiger aufzutreten? Verbale Fähigkeiten? Kann man lernen. Standfestigkeit? Kann man körperlich üben, gehört zur →*Selbstbehauptung* und zum →*Widerstand.* Geistige Stärke? Suchen Sie sich ein Vorbild, ahmen Sie es nach; wahrscheinlich werden Sie auf jemanden stoßen, der oder die regelmäßig meditiert oder betet. Auch das kann man lernen: Christliche Bildungseinrichtungen, Klöster und östlich ausgerichtete Meditationszentren bieten Kurse an. Oder lernen Sie eine östliche Kampfsportart (der deutsche Ausdruck für diese Form von Körpermeditation ist irreführend; es geht primär um Selbstbeherrschung und Aufbau geistiger Stärke!).

Mental gilt es, sich der Herausforderung anzunähern (noch nicht: zu stellen):

- Machen Sie sich ein geistiges Bild von dem, dem Sie mutiger entgegentreten möchten.
- Was ist das Bedrohlichste in diesem Bild? Welche Folgen wären das Ärgste, das Ihnen passieren könnte?
- Was würden Sie machen, wenn das Ärgste eintritt? Suchen Sie mindestens drei Möglichkeiten (es darf auch geblödelt werden).
- Wenn Sie keine Nahkampfübung haben, verlegen Sie sich lieber auf Reden!

NEGAHOLISMUS

Als Negaholiker – analog zu Alkoholikern oder Workaholikern – werden Menschen bezeichnet, die sich selbst (und andere) sabotieren, indem sie sich (und anderen) einreden, man könne das, was man sich wünscht, sicher nicht bekommen. Im Gegensatz zu Pessimisten, die »sicherheitshalber« immer das Schlechteste annehmen (insgeheim um sich vor Enttäuschungen zu schützen), sind sie direkt süchtig nach »Negativem« (Carter-Scott 1990). Sätze wie »Das geht nicht« (daher versuchen wir es gar nicht weiter), »Das war schon immer so« (und darf daher nicht geändert werden), »Da könnte ja jeder kommen« (und etwas ändern wollen) sind klassische Negaholikersätze, ebenso wie: »Solange du deine Füße unter meinem Tisch hast, geschieht, was ich sage!« oder: »Wer nicht arbeitet, braucht auch nicht zu essen!« Im Endeffekt läuft es immer auf »du darfst nicht«, »du sollst nicht« oder »du sollst«, »du musst« hinaus.

Negaholismus kann in unterschiedlichen Erscheinungsformen auftreten. Da gibt es

- Einstellungsnegaholiker: Egal, was erreicht wurde, es ist nichts wert (bei sich selbst wie bei anderen).
- Verhaltensnegaholiker: Sie bemühen sich, machen aber ihre potenziellen Erfolge selbst zunichte (zum Beispiel durch Zuspätkommen, verschämtes Ablehnen großartiger → *Chancen*, unpassende Bemerkungen, sexistische Witze, Rauchen in Nichtraucherkreisen, Trinken unter Abstinenzlern ...).
- Geistige Negaholiker: Sie geißeln sich unentwegt selbst, in Vergangenheit, Gegenwart und Zukunft (wie die »kluge Else« im gleichnamigen Märchen der Gebrüder Grimm); wenn sie sich selbst keinen passenden Anlass bieten, suchen sie bei anderen nach Fehlern, Schuld oder Unmoral.
- Verbale Negaholiker: Entweder sie berichten, was irgendwo irgendwem Furchtbares passiert sei, oder sie jammern generell, über das Wetter, über Umweltgefahren, wachsende Kriminalität, die Schlechtigkeit der heutigen Jugend – und dass sich niemand um sie kümmert (warum wohl?).

Wenn Sie selbst zu derartigem Negativdenken neigen, beachten Sie:

Körperlich können Sie Ihre Geistes- wie gleichzeitig Körperhaltung folgendermaßen schnell verändern:

- Stellen Sie sich mit leicht gebeugten Knien aufrecht hin.

- Strecken Sie die Arme ebenfalls locker in die Höhe (Handflächen nach oben).
- Beschreiben Sie nun sanft und biegsam einen Kreis.
- Strecken Sie die Arme zuletzt nach hinten und atmen Sie dabei tief ein, als wollten Sie die Frühlingsmorgensonne einatmen.
- Drehen Sie nun den Rumpf, als wollten Sie zu tanzen beginnen, leicht nach links und rechts und lächeln Sie in diese Richtungen, als wollten Sie andere einladen, mitzutanzen; wenn Sie Lust haben, können Sie auch mit den Fingern schnippen (oder überhaupt Sirtaki tanzen oder Csardas ...)

Wenn Sie diese Übung morgens und abends (und bei Bedarf) machen, hilft es nach einiger Zeit bereits, sie nur gedanklich auszuführen.

Sie wissen wahrscheinlich aus der Sport- oder Wissenschaftsberichterstattung, dass allein beim Zusehen, wenn andere trainieren, die eigene spezifische Muskulatur mit angeregt wird. Der Skistar Hermann Maier hat immer wieder darauf hingewiesen, wie sehr ihm dieses Mentaltraining nach seinem schweren Motorradunfall geholfen habe, in der Zeit der notgedrungenen Rast nicht zu rosten. Der Glaube kann also wirklich Berge versetzen!

Mental könnten Sie sich nun mit dem gedachten Körpertraining begnügen, um ein wenig mehr Lebensfreude einzuatmen. Es geht aber auch darum, die gewohnten – meist anerzogenen, weil von Bezugspersonen unbewusst übernommenen – Denkmuster durch →*salutogene* zu ersetzen. Beginnen Sie fürs Erste mit Ihrer nächsten Zukunft:

- Was erwarten Sie, dass in den nächsten vier Wochen geschehen wird?
- Dazu haben Sie – auch wenn es Ihnen vielleicht nicht bewusst ist – ein geistiges Bild. Wie sieht es aus?
- Wenn in diesem geistigen Bild negative Elemente sind – beispielsweise Pech, Unfälle, nörgelnde Menschen –, dann fragen Sie sich: Wie genau wissen Sie, dass das tatsächlich geschehen wird?
- Wenn Sie diese Negativerwartungen als realistisch einschätzen: Ist diese Ihre Ansicht wirklich wahr? (Im Klartext: Sie ist es nicht. Es ist eine Fantasie.)
- Was können Sie dazu beitragen, dass Ihre Negativfantasie nicht Wirklichkeit wird? Bitte einen neuen, einen Positivfilm! (Sie dürfen auch blödeln.)
- Diesen positiven Film sollten Sie in Ihrem Hirnkino mehrfach spielen; wie in jedem Kino bitte fixe Beginnzeiten einhalten!

Wenn Sie aber mit Negaholikern in Ihrer Umgebung konfrontiert sind: Vermeiden Sie so große Nähe, dass Sie angesteckt werden könnten. Sagen Sie einfach: »Oh je, so schwarz siehst du das« oder: »Aha, Sie vermuten, dass das schlecht ausgeht« oder einen ähnlichen Satz, der nur aussagt, dass die andere Person eben eine andere Sichtweise besitzt. Sie können auch betonen: »Ich kann mich dieser Sichtweise nicht anschließen«, aber das würde Sie womöglich in eine Endlosdiskussion verwickeln, und das nervt, kostet Ihre Energie und macht Sie weder gesünder, schöner, reicher noch glücklicher.

NEID

Im Gegensatz zu →*Eifersucht* (ein chronisches Gefühl) und →*Rivalität* (eine Verhaltensweise) ist Neid vorerst ein kurzer Impuls, ein Stich ins Herz, der mitteilt: »Achtung, da hat jemand etwas, das du auch willst.« Neid als Signal weist uns darauf hin, dass wir entweder benachteiligt sind (oder uns so fühlen) oder dass wir nicht aktiv, begabt, ausdauernd … genug sind oder waren, das, was wir begehren, auch zu gewinnen.

Kritisch wird ein Neidanfall erst, wenn er chronisch wird; wenn man nur noch sucht, wo jemand anderer bevorzugt oder anerkannt, gelobt, geliebt wird (oder werden könnte). Je anerkannter, gelobter, geliebter sich jemand fühlt, desto weniger muss er sich in Neid flüchten und andere schlecht machen oder sich gar in Neidtiraden hineinsteigern. (Dies darf jedoch nicht verwechselt werden mit der ehrlichen Klage, für seine – und vor allem: ihre! – Mühen nicht genug Respekt zu bekommen, und auch nicht mit ernsthafter Kritik an schwachen Leistungen anderer. Gerade dort, wo jemand sich zu Recht als Bluffer ertappt fühlt, wird ja oft den Kritikern Neid unterstellt, quasi nach dem Motto: »Angriff ist die beste Verteidigung.«)

Wenn man also selbst Gefahr läuft, sich in Neidgefühlen zu verhaspeln, hilft Folgendes:

Körperlich

- achtet man auf seinen Ausdruck. Der »scheele« Blick besteht in einer leichten Senkung und Drehung des Kopfes mit halb geschlossenen Augenlidern, an der Schulter vorbei. Je tiefer der Kopf gesenkt wird, desto scheeler wird der Blick.

- Daher: Kopf hoch, aufrecht – und aufrichtig – schauen,
- dann wird aus Neid Neugier.
- Mund auf! Und fragen: Wie hast du das gemacht/bekommen/erfahren?

Neid trägt die Gefahr in sich, sich selbst oder andere klein zu machen. Entweder wird die andere Person übergroß fantasiert oder man selbst sieht sich als unzulänglicher Zwerg.

Mental hilft gegen eigene Neidgedanken daher, sich selbst umfassend anzuerkennen. Mit Neid anderer hingegen (wieder nicht zu verwechseln mit kompetenter Kritik! Die sollte man ernst nehmen und das Gespräch mit dem Kritiker suchen, das zeigt, dass man stark genug ist, Kritik auszuhalten, und fair genug, sie und ihren Urheber nicht kleinlich abzuschmettern) sollte man sich nicht aufhalten. Aber wie macht man das?

- Ziehen Sie regelmäßig Bilanz über das, was Sie tun. Machen Sie kurz-, mittel- und langfristige Pläne, was Sie erreichen wollen, und überprüfen Sie, ob es Ihnen gelungen ist. Wenn ja, gestalten Sie für sich eine »Erfolgskurve«, wenn nein, suchen Sie herauszufinden, was verbessert gehört.
- Solch eine »Erfolgskurve« könnte in einem grafisch hübsch gestalteten Jahresbericht (oder Halbjahresbericht, Monatsbericht etc.) bestehen, wie bei einer Firma, nur eben privater. Den können Sie in Ihren Räumen aufhängen oder an Verwandte, Bekannte versenden oder ins Fenster stellen … was immer Ihnen passend erscheint (und was Sie sich trauen!).
- Einer Arztgattin, selbst Ärztin, aber nach Geburt von vier Kindern ins »Back Office« gewechselt, empfahl ich, analog zu den Babyfotos, die die gynäkologische Ordination des Gatten zierten, daheim ihren persönlichen Triumphbogen zu gestalten. Zuerst war die Familie irritiert, als sie nun rund um eine häufig frequentierte Tür die Fotos der mütterlichen Lebensstationen zu sehen bekam, aber nach Erklärung verstand sie den »Hinweis«. Der Frau ging es nachher viel besser: Keiner »übersah« mehr ihre Leistungen und demütigte sie als Nur-Hausfrau, alle wurden allein durch ihr Promotionsfoto und die Bilder aus ihrer Zeit als Turnusärztin daran erinnert, worauf sie der Familie zuliebe verzichtet hatte.

Ich selbst habe in meiner Praxis die Coverfotos meiner Bücher aufgehängt, damit ich, wenn ich mal keinen »Lichtblick« erkenne, etwas habe, was mein Auge erfreut (und mich daran erinnert, was ich schon alles geschafft habe).

Was aber hilft gegen Neider?

»Jede Art von Innovation, von Kreativität, somit jede Zivilisation, jede Entwicklung außerhalb der Urhorde setzt den Gleichmut gegenüber dem Neid der Genossen voraus«, warnt Helmut Schoeck (Schoeck 1982). »Und diesen Gleichmut erwirbt man am ehesten, wenn man sich früh darüber klar wird, dass man nicht schuld ist am Neid in der Welt.« Es blieben immer noch genug Unterschiede übrig, um die man sich beneiden könnte. Sogar in Klöstern, weiß der Mainzer Soziologieprofessor, beneidete man einander um die vermeintlich größere Gnadengunst ...

NIEDERTRACHT

Niedertracht bedeutet, dass jemand danach trachtet, einen anderen »niederzumachen«. Wie das geschieht, beschreibt die französische Psychoanalytikerin Marie-France Hirigoyen als »Techniken der Destabilisierung« (Hirigoyen 2002) und die amerikanische Kommunikationstrainerin Patricia Evans als »verbale Misshandlung« (Evans 1995).

Niedertracht wird beispielsweise mittels versteckter Anspielungen, böswilliger Andeutungen, Lügen, →*Demütigungen,* aber auch durch Sich-Entziehen, Widersprechen, Entwerten und Trivialisieren ausgeübt. Zorn wird als Einschüchterungsmittel eingesetzt oder »herzlose« Eiseskälte. Wenn sich aber die erniedrigte Person gegen diese Misshandlungen wehren will, werden sie abgestritten, verharmlost oder als Scherz bezeichnet,

Hirigoyen benennt solch ein Verhalten als →*pervers* im klinischen Sinn: ein psychischer Prozess psychologischer Zerstörungswut mit offen oder versteckt feindseligen Machenschaften. Sie weiß: »Durch scheinbar harmlose Worte, durch Anspielungen, Einflüsterungen oder Nichtausgesprochenes ist es in der Tat möglich, jemanden zu destabilisieren oder ihn gar zugrunde zu richten, ohne dass die Umgebung eingreift.« Jedem kann ein solches Fehlverhalten gelegentlich passieren, aber dann ist man erschrocken und versucht Schadensbegrenzung. Nicht so der Niederträchtige: Er oder sie ist fixiert auf diese Form von Beziehung und stellt sie in keinem Augenblick in Frage, sondern bestätigt sich selbst durch Wiederholung und Häufigkeit. Hirigoyen betont: »sie müssen« die andere Person »herabwürdigen, um Achtung vor sich selbst zu gewinnen und dadurch Macht; denn sie gieren nach Bewunderung und Anerkennung. Sie empfinden weder Mitgefühl noch Anerkennung für den anderen, da Beziehungen sie ja nicht berühren.« Und sie warnt: »Manchmal beneidet man die Perversen, weil man ihnen eine Überlegenheit zuspricht, die es ihnen erlaubt, stets Sieger zu sein«, denn: »Am meisten bewundert wird der, der es versteht, das Leben zu genießen und so wenig wie möglich zu leiden« (Hirigoyen 2002) – egal auf wessen Kosten!

Wie schwer es auch fallen mag, sich in →*Selbstbehauptung* zu üben: Es ist die gesundheitsförderndste Art, sich gegen die laufenden Attacken niederträchtiger Personen zu wehren und in der Folge die Kraft aufzubringen, sich von ihnen zu distanzieren, sich zu trennen, ihnen aus dem Weg zu gehen, sich vor ihnen zu schützen.

Körperlich gilt es daher, die eigene Position, die eigene Kraft zu spüren:

- Wurzeln Sie fest im Boden; stellen Sie die Füße etwa 25 Zentimeter voneinander entfernt,
- richten Sie sie parallel und verlagern Sie Ihr Gewicht nach vorn auf den Fußballen (ohne die Fersen vom Boden zu heben).
- Lassen Sie den Bauch hängen, ebenso die Schultern. Beugen Sie die Knie sechsmal und atmen Sie beim Beugen aus (»alles, was belastet – raus!«) und beim Strecken ein (»ich ziehe Kraft aus dem Boden«).
- Üben Sie Neinsagen! Vollführen Sie abwechselnd mit dem rechten und dem linken Bein (ausatmend, anders geht es ohnedies kaum) einen Tritt in die Luft und sagen Sie dabei laut und deutlich: »Nein!« Dann atmen Sie wieder ein und üben weiter.

Alexander Lowen erinnert daran, dass der Mensch sich mehr und mehr mit den oberen Regionen seines Körpers beschäftigt, mit intellektueller Betätigung, mit der Entwicklung der Sprache und manueller Fertigkeiten (ich ergänze: Dazu kommt noch das Leben am und mit dem Computer als Partner/in). Zusammen mit falschen Vorstellungen von Körpergestalt (überschlank) und Gesundheit (hochtrainierte Fitness) führt dies zu einer Verlagerung des Gefühls für die eigene Stärke von unten nach oben, in die Kopfregion. Damit verliert der Mensch aber den Zugang zu der Kraft, die in der unteren Wirbelsäule und der Beckenmuskulatur verankert ist (Lowen 1979/1985).

Niederträchtige Menschen befinden sich gedanklich stets »im Krieg«. Sie können nur in Sieger-und-Verlierer-Kategorien denken und verabscheuen mediatorische Lösungen als Eingeständnis von Schwäche beziehungsweise missdeuten die Kooperationsbereitschaft anderer als Unterwerfung und Beweis dafür, dass sie selbst »im Recht«, daher auch recht und rechtschaffen, sind. Oft sind sie auch →*Borderliner* oder von grausamen Eltern oder älteren Geschwistern in Niedertracht »angelernt« worden und vermeiden im Nachahmen die Erinnerung an den Schmerz, selbst Opfer gewesen zu sein. In anderen Fällen bauen sie sich eine Scheinwelt von Interpretationen, was jemand anderer denkt und vorhat, und sind nicht bereit, sich mit Tatsachen zu befassen, die ihrer Weltsicht widersprechen; da müssten sie ja aus dem Kopf in die langweilige Realität »herabsteigen«.

Genau deswegen, weil Niederträchtige »hoch hinaus« wollen, um ihre Überlegenheit zu demonstrieren, empfiehlt es sich, ihnen auf »unteren Ebenen« zu begegnen!

Mental rate ich daher, sich ein geeignetes Vorbild zu suchen, das in solchen »Kämpfen« anders als intellektuell reagieren würde, also zum Beispiel »erdig« (der Bauer) oder »dummschlau« (der brave Soldat Schwejk) oder »naiv« (Käthchen von Heilbronn) oder »müde« (die Dame auf dem Sofa) ...

- Erinnern Sie sich an zwei, drei Situationen, in denen eine niederträchtige Person Sie destabilisieren (verunsichern, wankend machen, →*Grant* und →*Groll* an ihnen auslassen) wollte.
- Suchen Sie sich ein passendes Vorbild aus Ihrer Verwandtschaft und Bekanntschaft oder aber aus Film und Theater, Sport oder Politik.
- Üben Sie Nachahmung; sammeln Sie humorvolle Sprüche, unschuldige Gesichtsausdrücke, witzige Gesten etc., bis Sie Ihren eigenen Stil gefunden haben.

Verzichten Sie auf Scham, Schuldgefühle und Schonung. Niederträchtige werden kein Mitleid mit Ihnen haben, sondern nur Triumphe auskosten.

Dass Sie selbst auf Niedertracht verzichten, versteht sich von selbst: Sie würden dadurch weder besser noch beliebter, sondern die Schuld auf sich laden, die Gesundheit anderer zu schädigen, und selbst Mangel an →*emotionaler Kompetenz* beweisen.

NYMPHOMANIE

Ebenso wie Impotenz oder Frigidität gehört auch Nymphomanie zu den Worten, die heute in der Sexualwissenschaft oder Sexualtherapie nicht mehr verwendet werden. Die Sichtweisen haben sich geändert, andere Begriffe wurden gefunden: statt Impotenz Erektionsprobleme, statt Frigidität (für beide Geschlechter!) Lustmangel, statt Nymphomanie (und als männliche Form: Don-Juanismus) Hypersexualität, gelegentlich auch Sexsucht. Das hängt damit zusammen, dass es heute doch vielen (leider nicht allen) Fachleuten ein echtes Anliegen ist, Respekt vor leidenden Menschen zu wahren. Daher achten sie darauf, keine Ausdrücke zu verwenden, die im Alltag üblicherweise als Beschimpfung verstanden werden.

Die Antwort auf die Grundfrage: »Wie viel Sex ist normal?« variiert nach Ort, Zeit, Alter und Geschlecht. Noch immer sind es Männer – und seien es auch nur die Chefredakteure von Männermagazinen –, die die gesellschaftlichen Rollenbilder zeichnen und damit ihre persönlichen Wünsche und Sehnsüchte als »richtiges« Verhalten propagieren wie auch unerwünschtes abwerten können. Sie machen »Kultur«: Die eigenen Ehefrauen sollten keusch und treu sein, alle anderen Frauen hingegen »aufgeschlossen« und zumindest verführbar.

»Medizinische Vorstellungen von der vermeintlichen sexuellen Unersättlichkeit der Frau und das traditionelle religiöse Bild Evas als Verführerin blieben bis ins 18. Jahrhundert hinein im Wesentlichen unangetastet«, berichtet die New Yorker Rechtshistorikerin Carol Groneman (Groneman 2001). »Dann vollzog sich ein grundlegender Wandel im Verständnis der weiblichen Sexualität. In den modernen Vorstellungen von Nymphomanie, wie der ›Furor uterinus‹ jetzt genannt wurde, spiegelt sich daher auch ein neues Bild vom weiblichen sexuellen Begehren.« Und sie zeigt den politischen Hintergrund auf: »Der Gleichheitsgrundsatz im Zuge der amerikanischen Revolution schien ganz besonders in den neu gegründeten Vereinigten Staaten den Frauen neue Chancen zu ver-

N

heißen. Wenn alle Menschen bestimmte unveräußerliche Rechte besaßen, wie es die Revolution und Aufklärung verkündeten, warum war dann die Hälfte der Menschheit davon ausgeschlossen? In den nachfolgenden Jahrzehnten lieferten Naturrecht, Wissenschaft und Medizin auf diese Frage Antworten, die traditionelle Hierarchien untermauerten: Ihre biologische Veranlagung hindere die Frauen, zusammen mit den Männern an den neu erworbenen politischen und sozialen Rechten zu partizipieren.« Groneman berichtet, wie das 19. Jahrhundert eine Welle moralischen Eifers brachte, wie protestantische Geistliche an die Frauen appellierten, für beide Geschlechter ein Vorbild an »Tugend und Reinheit« zu geben: »Das Ideal weiblicher ›Leidenschaftslosigkeit‹ ermöglichte es den Frauen, sich moralisch überlegen zu fühlen, gleichzeitig hob das neue Weiblichkeitsideal die Frau auf ein Podest«, und zwar mit der Aufgabe, die Glut männlicher Leidenschaft zu bändigen.

Immer größere Mobilität, immer anonymere Großstädte und immer weniger Kommunikation unter Nachbarn haben so ziemlich alle traditionellen sozialen Kontrollmechanismen zum Verschwinden gebracht – für viele eine echte Befreiung. Damit hat sich aber auch die Sicht auf die so genannte Hypersexualität verändert: Eingebettet in »romantische Liebe« (und dank frei erhältlicher empfängnisverhütender Mittel vor unerwünschten Schwangerschaften bewahrt) gilt sie eher als Garant für die Treue einer Beziehung. Alfred Kinsey, der Vater der empirischen Sexualforschung, ätzte sogar, eine Nymphomanin sei jemand, »die mehr Sex hat als man selbst« (Groneman 2001).

Heute gilt es als ausgemacht, dass jede Person ihre individuelle und gesellschaftliche Prägung erfahren hat, die weitgehend ihr soziales, daher auch sexuelles Verhalten bestimmt. Und da fällt auf, dass es nicht um die Häufigkeit sexueller Kontakte geht, wenn jemand (nach alter Definition) als nymphoman diagnostiziert wird, sondern um die Form: Als krank gilt eine Verzweiflung bringende Zunahme sexueller Aktivitäten mit Partnern, die nur als Gebrauchsobjekte (ohne Zuneigung oder Liebe) angesehen werden (Groneman 2001).

Auch wenn sich Fragen aufdrängen, wie weit – ohne dahin drängende Erziehung und Medienmanipulation – weibliche Sexualität auf Liebe und Bindung zielt, männliche hingegen nur auf »weite Verstreuung der Gene«, beweisen Selbstzeugnisse von Frauen wie auch psychotherapeutische Beobachtungen, wie sehr sie bereit sind, sich nach den Richtwerten der jeweiligen männlichen Bezugsperson – oder der Frauengruppe, wenn diese dominanter ist – zu richten. Hier zeigt sich wieder, wie viele Männer vor allem »versorgt« werden wollen wie einst von Mammi, unser aller Urbild von Weiblichkeit. Auch mit Sex. Und wie weit Frauen solche Forderungen verinnerlicht und die Pflicht übernommen haben, den Mann »anzumachen«.

Ich habe in etlichen Beratungs- und Therapiesituationen erlebt, dass Männer zwar theoretisch von der sexuell aktiven Frau träumten, in der Realität aber dann im wahrsten Sinn des Wortes »den Schwanz einzogen«; die Frau war ihnen zu bedrängend und für den Aufbau ihrer eigenen Aktivität kein Raum mehr da.

Dem gegenüber stellen Forschungsergebnisse der letzten zehn, fünfzehn Jahre klar fest: Promiskuitives oder übertrieben aggressives Sexualverhalten ist Folge von sexuellen Übergriffen und nicht deren Ursache. Ich ergänze aus meiner vier Jahrzehnte dauernden Praxis: Auch wenn gesteigerte Suche nach einer »endlich« befriedigenden sexuellen Beziehung meist zu größerer Bereitschaft zu baldigem und schnellem Sex führt, nicht aber zum ersehnten Gipfelerlebnis, liegt das an mangelnder Fähigkeit zu Hingabe, Kontrollverzicht und Abbau von Schutzverhalten – und dies hat biografisch meist einen guten Grund. Der wiederum liegt oft in sexuellen Übergriffen in Kindheit und Jugend.

Wenn Sie also mit dem Nymphomanie-Vorwurf konfrontiert sind – gegen Sie, gegen eine andere Frau –, treten Sie dem bitte energisch entgegen. Die Kritiker wissen nicht, aufgrund welcher Tatsachen die Frau handelt. Diese Motive zu erspüren, gehört in ein therapeutisches Setting – immerhin könnten furchtbare Traumata zum Vorschein kommen – und nicht in ein »gut gemeintes« Gespräch unter Freund/innen.

Und wenn eine Frau sexuell aggressiv ist, ist das keine Berechtigung zur Selbstbedienung! Es kann ein Betteln um Zuwendung, Unterstützung, aber auch Respekt oder Heilung sein, und sexuelle Traumatisierungen werden nicht durch sexuelle Aktivitäten geheilt, sondern durch den bewussten und auch so angesprochenen Verzicht auf sie.

Wie bei jedem so genannten Triebdruck (das Wort gefällt mir nicht, weil es unveränderbares Instinktverhalten suggeriert) gilt es zu lernen.

Körperlich, wie man hohe Erregungsqualitäten (besonders wenn sie sich aus Neugier, Angstlust, Aggression und Verzweiflung zusammensetzen) aushält. Das geht am besten, indem man

- sich aufrichtet (»wie eine Königin«),
- durchatmet,
- die verschiedenen Empfindungen im eigenen Körper beobachtet und
- annimmt (»Aha, da spüre ich dies und das – so reagiere ich also – und das ist gut so.«)

Das Verlangsamen von leib-seelischem Druck und den vorangehenden Fantasien lernt man auch als unbeabsichtigte Begleiterscheinung in östlichen Körpermeditationen, egal ob Tai-Chi, Qi-Gong, Yoga oder Tantra.

Mental empfehle ich als erste Hilfe,
- sich ein geistiges Bild von sich selbst zu machen, wie man sich in eben diesem Zustand »unter Druck« fühlt,
- und sich dann vorzustellen, man nehme sich selbst in die Arme,
- gebe sich all die Liebe und Geduld, die man so sehr ersehnt und die einem meist versagt wird,
- und sich dabei klar zu sein: Wir sind wertvolle Menschen, jede von uns, auch wenn wir uns manchmal unwürdig verhalten. Wir sind nicht bloß unser Verhalten, wir sind viel mehr (Und wenn das jemand nicht sieht oder sehen will, ist das dessen/deren Problem oder Absicht.)

OHNMACHTSGEFÜHLE

Wie schon der Name besagt, kann es Augenblicke oder auch längere Zeitfolgen geben, in denen man vermeint, einer Übermacht gegenüberzustehen und ihr keinesfalls widerstehen zu können. Je jünger man ist, je weniger →*Coping*-Strategien man – noch – besitzt, desto schlimmer können solche Gefühlslagen ausfallen und leider auch auf Dauer präsent bleiben: als →*Angst,* permanenter →*Frust,* →*Grant,* →*Groll,* →*Heulendes Elend,* →*Lustmangel* oder gar →*Posttraumatische Belastungsstörung.*

Ohnmachtsgefühle sind körpersprachliche Warnungen, dass man sich in einer bedrohlichen Situation befindet und →*Kreativität* entwickeln oder organisieren sollte. Man darf auch andere um Unterstützung bitten (und ihnen auch geben), ja man sollte und müsste, um sich aus dieser Lage zu befreien.

Körperlich ist es wichtig, sich an die eigene Macht zu erinnern. Diese Macht besteht nicht allein in freiem Raum, um kämpfen zu können, sondern auch in der Macht der Blicke, der Sprache (die im Endeffekt nichts anderes ist als gelenkte Atmung) und der eigenen Energie (und die hängt wiederum mit der Atmung zusammen).

- Erinnern Sie sich daher an eine Situation Ihres Lebens, in der Sie sich machtvoll gefühlt haben. Das kann ein positives Schulerlebnis gewesen sein oder eine geglückte Eroberung. Falls Ihnen nichts einfällt, »borgen« Sie sich solch eine Szene von einem Filmhelden aus[1] und →*identifizieren* Sie sich mit ihm oder ihr.
- Nehmen Sie die Körperhaltung ein, die dazugehört,
- und atmen Sie so, wie es dieser Situation entspricht.
- Achten Sie bei jedem Atemzug auf den Energiefluss in Ihrem Körper. Wahrscheinlich fällt Ihnen dann auch schon etwas ein, was Sie in Ihrer jeweiligen Situation tun können. Übrigens: Auch bewusst darauf zu verzichten, etwas (Unpassendes, Riskantes, nicht Erfolgversprechendes) zu tun, ist ein Tun!

1 Gut eignen sich diejenigen, die erfolgreich Widerstand geleistet haben und deren Leben auch verfilmt wurde: Martin Luther mit seinem »Hier stehe ich. Ich kann nicht anders. Gott helfe mir.« oder Mahatma Gandhi oder Erin Brockovich.

Mental sind Ohnmachtsgefühle die beste Gelegenheit, sich seinem Inneren Kind zuzuwenden.

- Bleiben Sie bei dem Gefühl der Machtlosigkeit, das augenblicklich in Ihnen wohnt.
- Schalten Sie Ihr Denken aus und verharren Sie im Fühlen (auch wenn es sehr weh tut) und fragen Sie sich selbst: Woher kenne ich dieses Gefühl? Wo habe ich es schon gehabt?
- Es werden Ihnen einige Gelegenheiten einfallen. Bleiben Sie bei der ältesten und versuchen Sie, sich bildlich zu erinnern. Wie alt sind Sie in diesem Erinnerungsbild? Wie sehen Sie aus? Und vor allem: Wie geht es Ihnen? Betrachten Sie diesen jungen Menschen im Erinnerungsbild wie ein eigenes Kind oder einen Bruder, eine Schwester; bleiben Sie unbedingt in der Zuseherposition.
- Und jetzt geben Sie – mit all Ihrem erwachsenen Wissen und Können – diesem Kind gedanklich all das, was es braucht: Verständnis, Zuwendung, Liebe, Schutz – und Verteidigung gegen Angreifer und andere Über-Mächte.
- Üben Sie, sich diesem »Inneren Kind« immer dann zuzuwenden und ihm Beistand und Trost zu gewähren, wenn es das braucht. Seien Sie ihm ein gutes »Elter«!
- Sie brauchen keine Sorge zu haben, mit solch einer Spaltungstechnik (in »mein großes starkes« und »mein kleines schwaches« Ich) den direkten Weg in die Schizophrenie zu beschreiten. Die entsteht anders. Sie schaffen sich im Gegenteil Überblick und Distanz, das, was ein kleines Kind oder ein/e Jugendliche/r allein aufgrund mangelnder Erfahrung gar nicht kann. Und Sie spenden sich selbst →*Energie!*

OPTIMISMUS

Optimismus bedeutet laut Duden eine »heitere, zuversichtliche Lebensauffassung«. Heute würde man wohl präzisieren und die Kunst, positiv zu denken, zitieren. Optimismus verstehe ich aber nicht allein als eine Grundstimmung – die kann leicht zur Manie ausarten –, sondern als eine Form von Gestaltungsfreude, die versucht, immer die bestmöglichen Ergebnisse zu erzielen und das, ohne sich besonders abzumühen.

Wir leben in einer geteilten Welt (Perner 2002/a); wir haben immer die Wahl zwischen Gegensätzen, zwischen Positiv- oder Negativbewertungen (daher auch Optimismus und Pessimismus; siehe →*Negaholismus)* – und immer die Chance, →*Balance* zu finden und zu halten. Das wäre dann Gleich-Mut.

Optimismus ist →*salutogen,* wenn er mit Realitätssicht gepaart ist. Sonst gehört er eher zu den wahnhaften →*Abwehr*formen.

Optimisten haben sich einige wesentliche Denkmuster und Verhaltensweisen zu Eigen gemacht:

- Sie können sich über sinnliche Wahrnehmungen freuen: über den Anblick eines schönen Hauses, das Zwitschern der Vögel, über Wohlgerüche, den Geschmack köstlicher Speisen, das Streicheln eines warmen Lüftchens – und über Menschen, die ihnen gut tun und denen auch sie Gutes tun. Ein »Engelskreis«! (Warum reden wir immer nur von »Teufelskreisen«? Von Friedrich Nietzsche stammt der Satz: »Was du von einem Menschen denkst, entzündest du in ihm.« Also aufgepasst, dass man nur Gutes denkt und entzündet.)
- Sie erlauben sich zu wünschen (wissen auch zwischen Wunsch und Erfüllung zu unterscheiden) und
- zu hoffen (ihr Zukunftsbild mit positiver Energie zu besetzen).
- Und sie glauben. Nicht im Sinne von: »Ich glaube dir, auch wenn ich ahne, dass du nicht die Wahrheit sagst«, sondern im Sinne von →*Intuition:* als tiefes Ahnen und Wissen, was oder wie etwas ist oder sein wird, ohne es beweisen zu können.
- Sie machen sich die Mühe, überall nach dem Schönen und Guten zu suchen – und wenn sie es selbst konstruieren müssen! Denn sie wissen: Das, was wir schön finden oder gut, was uns begeistert, macht das Herz weit und liebevoll, verstärkt unser Charisma (unsere Strahlkraft) und macht uns und andere gesünder.

Nachahmung empfohlen!

ORGANSPRACHE

Sie kennen sicher den Zusammenhang von volkstümlichen Redewendungen mit tatsächlichen Beschwerden. Da macht einem etwas Kopfzerbrechen oder etwas anderes lässt einem die Augen übergehen; da hat man die Nase voll; da steckt ein Kloß im Hals und es bleibt einem die Luft weg; da bricht einem das Herz oder etwas schlägt einem auf den Magen; da kriegt man Saures oder kaut an unverdaulichen Brocken, macht sich vor Angst in die Hosen, geht in die Knie oder überhaupt zu Boden und holt sich kalte Füße … All diese Formulierungen machen deutlich, dass viele so genannte psychosomatische Reaktionen Ursachen haben, die im zwischenmenschlichen Bereich beziehungsweise in seelischer Überforderung wurzeln.

In östlichen Gesundheitssystemen wie der Traditionellen Chinesischen Medizin (TCM), aber auch im Qi Gong (Chi Kung) oder im Prana-Heilen geht man von Energieungleichgewicht in den Energiebahnen (Meridianen oder Nadis) oder Energiezentren (Chakras) beziehungsweise im gesamten Energieumfeld des Körpers aus und versucht mit verschiedenen Methoden (Akupunktur, Schröpfen, Einsatz von Kräutern oder Rauchwaren etc.) Störungen zu beseitigen beziehungsweise das Energiegleichgewicht wieder herzustellen. Ähnliche »Techniken« (vom griechischen *techne,* Kunst und Kunstfertigkeit) finden sich auch in unserem Volksbrauchtum und werden seit einigen Jahren wieder verstärkt angewendet. Manche führen das auf die Krise unseres Gesundheitssystems zurück, das demnächst wahrscheinlich nicht mehr finanzierbar sein wird; Avantgardist/innen sorgen daher bereits vor, ausreichendes Selbstbehandlungswissen zu sammeln und auszutesten.

Es ist müßig, darüber zu streiten, ob man mit unbedachter Verwendung organsprachlicher Redewendungen Krankheit »herbeireden« kann. Man kann es, aber so leicht geht das denn doch nicht. Wichtiger ist es, darauf zu achten, mit welchen Sätzen wir unsere Befindlichkeiten sprachlich ausdrücken: Oft sitzt darin bereits ein Hinweis oder gar eine Lösung zum besseren Verständnis und Umgang mit einer körperlich erfahrenen Missbefindlichkeit. Hier kann man schon gegensteuern.

Mental geht das so:

- Stellen Sie sich das, was Sie gesagt oder gedacht haben, bildlich vor; zum Beispiel jemand gibt Ihnen Saures.
- Sie spielen nun in diesem soeben gestarteten Film. Was würden Sie tun, wenn man Ihnen Saures geben will? Tricks sind erlaubt – wir sind im Film!
- Und wenn Sie sich nun vorstellen, wie Sie die soeben ersonnene Abwehr durchführen, wahrscheinlich werden Sie kurzfristig Erleichterung spüren.

Diese soll Ihnen primär helfen, sich nicht auf das Erlebte zu fixieren (eine klassische →*Negaholiker*-Strategie), sondern nach ausführlicheren seelischen »Reinigungsmethoden« zu suchen, einer Psychotherapie (»talking cure«, Redekur) in der Methode Ihrer Wahl.

ORGASMUSSTÖRUNGEN

Jeder Orgasmus hat eine Geschichte. Sie beginnt bei Paaren, die zusammen wohnen, am Morgen nach dem Aufstehen: Freut man sich übereinander oder gibt es bereits den ersten →*Frust?* Wird der Tag immer wieder mit liebevollem Gedenken bereichert – oder taucht Angst auf vor Forderungen oder gar Überforderung?

Der Orgasmus ist körperlich ein bioelektrischer Muskelreflex, der auf unterschiedliche Weise ausgelöst werden kann. Zum Beispiel durch Reibung: Das wissen wir seit dem Physikunterricht, wenn mit dem Fuchsfell auf der Glasplatte gerieben wird und Funken stieben. Durch Druck. Durch Beckenbodengymnastik. Durch innerkörperliche Muskelbewegungen. Durch Fantasie (Erinnerung) – jeder Gedanke ist ein chemisch-elektrischer Prozess, der sich in den Körper fortsetzt – und durch Liebe (ein besonderes Gedankenmuster).

Aber bis es zum Orgasmus kommt, durchlaufen Menschen unterschiedliche Stadien der Annäherung. Ich habe sie als Kontakt – Beziehung – Intimität – Vereinigung beschrieben (Perner 1994/b) und kritisiert, dass heute oftmals die Phasen von Beziehung und Intimität übersprungen werden und daher das Lusterleben zum bloßen Samenerguss des Mannes verkümmert. Ich führe das auf die irreführenden audiovisuellen Vorbilder zurück. In Filmen herrscht »Kino-Zeit«: Ganze Familiensagas spielen sich in hundert Minuten ab, die Spielhandlungen werden auf das Wesentlichste beschränkt und durch Eye-Catcher spannend gemacht. Sexszenen gehören ebenso zu diesen »Blickfängern« wie Raufhändel oder Horroreinlagen. Sie sollen das Publikum ins Filmtheater locken oder vor die Glotze und das Zappen zu anderen Kanälen (welch doppelsinniges Wort!) verhindern. Und weil wir diese Abfolge von Kennenlernen und schon im Bett so oft gesehen haben, glauben wir: So gehört das also!

Aber gerade das Werbeverhalten oder auch der alltägliche Umgang miteinander ist wesentlich am Aufbau oder Abbau von zärtlichen Gefühlen und →*Be-*

gehren beteiligt. Daher werden sensible Sexualberater/innen oder -therapeut/innen auch darauf achten, wie die energetischen Spannungen zwischen Partner/innen wachsen oder schrumpfen, was fördert, was behindert, und nicht erst bei der Appetenz (dem konkreten Wunsch nach Geschlechtsverkehr) ansetzen.

Üblicherweise werden fünf physiologische Phasen im Verlauf einer sexuellen Begegnung beschrieben. Da sie, wie die Sexualforscher William Masters und Virginia Johnson nachgewiesen haben, bei Frauen anders, nämlich langsamer, genussvoller, dafür aber störungsanfälliger ablaufen als bei Männern, besteht die Kunst der körperlichen →*Liebe* darin, diese unterschiedliche Rhythmik aufeinander abzustimmen. Aber ist es immer auch Liebe, die Menschen veranlasst, sich geschlechtlich zu vereinen? Mitnichten! Zu den »Hemmungen der Lust« zählen nicht nur leibfeindliche Erziehung, Verhütungsmängel, hygienische Katastrophen, Partnerschaftskonflikte und subtile Machtkämpfe, sondern auch Desinteresse an der anderen Person, die nur als Mittel zur eigenen Befriedigung (oder was man dafür hält) benutzt wird.

- Schon die erste Phase – die Lust-Appetenz-Phase mit Erhöhung der Pulsfrequenz (»lässt das Herz höher schlagen«) und Zunahme der Durchblutung, vor allem im Gesicht, fehlt bei vielen Menschen. Man lässt den aktiven Teil gewähren und hofft, dass »der Appetit beim Essen kommt« – ein verhängnisvoller Irrtum! Selbst beim tatsächlichen Essen stellt sich selten der Appetit ein, wenn man ohne Hunger und Lust zu speisen beginnt; der Satz hat bestenfalls autosuggestive Wirkung.
- So geht denn auch oft die zweite, die Erregungsphase, nicht vom Herzen aus, sondern von dem Organ, das betastet oder gerieben wird – der Mundschleimhaut, den Brüsten, den Pobacken, den Genitalien –, und die reagieren (oder auch nicht) mit Anschwellen und Feuchtwerden. Eine matte Sache, wenn das Herz nicht mit dabei ist, aber genug, dass Geschlechtsverkehr nicht extrem schmerzhaft wird. Das ist er nämlich, wenn sich der Körper nicht »geöffnet« hat (egal wo) und diese Öffnung geschieht in einer direkten Herz-Genital-Verbindung (oder eben mit mehr oder weniger mechanischer Gewalt).
- Für die so genannte Plateauphase sollte die sexuelle Erregung ein Spannungsniveau erreicht haben, das den Orgasmusreflex freisetzen könnte –

vorausgesetzt, der Rhythmus wird nicht geändert, die Stärke des Drucks, die Position. Jedenfalls unterstützen viele Frauen den »Sprung über die Schwelle«, indem sie jetzt Teile ihrer Muskulatur anspannen. Aber auch Männer brauchen oftmals Unterstützung, um »über die Schwelle zu kommen«, und sind dabei recht einfallsreich, dies vor ihrer Partnerin zu verbergen …

- Orgasmusphase: Wenn immer wieder zitiert wird, sie dauere bei Frauen zwischen drei bis zwanzig Sekunden, bei manchen auch länger, ganz selten sogar einen Tag lang, beim Mann hingegen wenige Sekunden, so basieren diese Aussagen auf dem Filmen und Messen von Muskelkontraktionen; über Gefühlserleben besagt das wenig. »Poeten der Kamera fotografieren, um nicht zu sehen«, zitiert der Kopenhagener Sexuologe Preben Hertoft den Dichter Erik Knudsen (Hertoft 1983/1988). Und der Kopenhagener Anatom Frede Bro-Rasmussen weiß: »Oft erfolgt Orgasmus und Samenerguss gleichzeitig. Doch es ist wichtig, darauf hinzuweisen, dass Orgasmus und Samenerguss nicht notwendig dasselbe sind, selbst wenn die Ausdrücke oft synonym gebraucht und von vielen auch so aufgefasst werden … Die Männer haben es so leicht, zum Samenerguss zu kommen, dass man den männlichen Orgasmus als Selbstverständlichkeit betrachtet hat. Männer klagen über vorzeitigen Samenerguss und/oder über erektive Impotenz. Es ist selten, dass sie darüber klagen, keinen Orgasmus zu haben; sie klagen selten über das, was Wilhelm Reich orgastische Impotenz nennt (= mangelnde Fähigkeit ›zur Hingabe an das Strömen der biologischen Energie ohne jede Hemmung …‹)« (Bro-Rasmussen 1983/1988).

  Vielleicht erklärt diese Sichtweise auch, weshalb viele Männer scheinbar unersättlich nach Geschlechtsverkehr verlangen: Sie sind einfach unbefriedigt geblieben, genauso wie die Frauen, die mit »bitte noch einmal!« ihre Hoffnung ausdrücken, doch noch zur Erfüllung zu gelangen …
- Entspannungsphase: Physischer und motorischer Spannungsabfall bewirken behagliche Müdigkeit, meist auch Schlafbedürfnis, und werden oft von erhöhter Berührungsempfindlichkeit begleitet. Bei Männern – nur bei Männern? – wird eine refraktäre (reizunempfindliche) Phase beschrieben, innerhalb der kein neuerlicher Samenerguss auslösbar ist und die mit zunehmendem Alter länger dauert.

Vergessen Sie, was in etlichen Büchern geschrieben wurde. Vergessen Sie geistige Bilder, in denen Frau wie Mann vor Lust stöhnen, sich ineinander krallen und von Orgasmen geschüttelt aus dem Bett plumpsen; das sind Showeffekte aus Pornofilmen, die der Unterhaltung oder Stimulation dienen und bestenfalls Comic-Charakter haben. Mit befriedigendem sexuellem Energieaustausch haben sie wenig gemein. Den aber erzielen Sie am besten auf folgende Weise.

Körperlich

- atmen Sie tief und saugen bei jedem Atemzug ihre/n Liebste/n in sich ein,
- bewegen sich dazu rhythmisch aufeinander zu und reiben sich sanft und zärtlich aneinander,
- genießen – und lieben! – einander. Dazu ist Vertrauen nötig, nicht aber Penetration.

Sie entscheiden, ob Sie eine schnelle Entladung von Muskelanspannung durch Reibung herstellen wollen oder eine tief gehende, lang andauernde Verschmelzung durch leib-seelisch-geistiges Sich-aneinander-Entflammen. »Gepanzerte Ritter und Einsiedlerkrebse sind es gewohnt, in fremde Weichteile zu stechen«, heißt es im Einführungstext zu Tor Noerretranders Buch über den männlichen Orgasmus (Noerretrander 1983/1988), »um nicht von panischer Angst ergriffen zu werden, sobald ihre eigenen weichen Seiten erkennbar werden.«

Wer oder was weich ist oder hart, verliert im Augenblick der Verschmelzung an Bedeutung. Man wird ja eins. Das ist das Sakrament der Ehe (mit oder ohne Standesamt oder Pfarrer; diese Ritualisierung hat primär Dokumentationszweck), das sich bekanntlich die »Eheleute« gegenseitig spenden.

Mental empfiehlt es sich daher, das Denken auszuschalten – ein Paradoxon! Es gelingt am besten, wenn man sich nur mehr aufs Riechen, Schmecken, Hören, Schauen, Spüren konzentriert, auf die rein animalische Wahrnehmung – und das heißt, sich zu zeigen, wie man ist, ohne gut sein zu wollen.

PATHOGENESE

Mit diesem Begriff wird der Ursprung von körperlichen und geistigen oder auch seelischen Krankheiten bezeichnet. Pathogen im Gegensatz zu dem neuen Begriff →*salutogen* ist es, die Botschaften des Körpers oder der Seele zu ignorieren – beispielsweise keine Arbeitspausen einzulegen, wenn sich die erste Müdigkeit bemerkbar macht, oder weiterzuessen, obwohl der Magen bereits Übervölle signalisiert, oder vor der Glotze auf der Couch zu liegen und Salzgebäck zu futtern, statt zum Ausgleich für einen sitzenden Beruf Sport zu betreiben …

Pathogen kann aber auch der Stil sein, mit dem bestimmte Menschen andere →*demütigen* und ihnen so →*Stress* bereiten. Schiefe →*Kommunikation* besteht darin, dass sich einer über den anderen erhöht und von oben herab keift oder von unten queruliert oder aber sich anschleimt; beides kann nerven und Dauerstress auslösen.

Wenn Sie merken, dass Ihnen der Kommunikationsstil einer anderen Person nicht gut tut: Versuchen Sie, deren Worte in eine für Sie salutogene Form zu dolmetschen (siehe Umgang mit →*Borderlinern*) – und bleiben Sie in emotionaler Distanz!

PERVERSION

Manche Verhaltensforscher lehnen den Begriff Perversion ab, weil er einen moralischen Beiklang besitzt und von repressiven (unterdrückenden) Kräften in der Gesellschaft zur Diskriminierung missbraucht werden kann. Sie bevorzugen stattdessen die »milderen« Worte »Variante«, »Deviation« oder »Abweichung«. Damit wird aber das oft unerträgliche Leid von Partner/innen missachtet, die nicht verstehen oder aushalten können, dass nicht sie als Ganzes, sondern nur ein Körperteil von ihnen oder ein bestimmtes Kleidungsstück, eine bestimmte Verhaltensweise auf den geliebten Menschen erregend wirken.

Andere wollen auf dieses mit »Sünde« beladene Wort nicht verzichten, »um die altbewährte Sittlichkeit zu wahren, die der Gesellschaft Halt gibt« (Stoller 1998). Sie schaffen sich damit aber quasi einen Sündenbock, auf den sie die eigenen unannehmbaren sexuellen Fantasien projizieren können. Dabei entlasten sie sich selbst, denn bei den so genannten Perversionen handelt es sich weniger um Lust als um Bewältigung von Angst: Angst, die aus traumatischen Erfahrungen stammen kann, die aber auch aus Unzulänglichkeitsfantasien gespeist wird. (So haben mir in meinen Forschungsarbeiten immer wieder Männer, die sich auf sadomasochistische Praktiken »spezialisiert« hatten, »gestanden«, sie hätten ein besonders kleines Glied – ein einleuchtendes Motiv, Alternativen zum bevölkerungspolitisch propagierten Zeugungsakt zu suchen.)

Gelegentlich sexuelle Fantasien tabuierten Inhalts zu haben, bedeutet noch nicht, pervers zu sein, vor allem heute, wo sich die Sexindustrie immer wieder etwas angeblich sensationell Neues einfallen lassen muss, um die Nachfrage zu stimulieren. Da fallen einfache Gemüter leicht auf diese »Werbung« herein. Dies umso leichter, als fast alle so genannten Perversionen im Laufe der psychosexuellen Entwicklung eines Kleinkindes auftauchen: das extensive Saugen, das Zwicken und Beißen, die Kotspiele, das Verkleiden, das Exhibieren, das Zuschauen-Wollen, und wieder verschwinden, wenn es etwas Neues zu erforschen gilt. Dann »spielt« man wieder wie in der Kindheit – und dazu gibt es ja auch die »Spielklubs«, Neigungsgruppen Gleichgesinnter, wo sie ihre Subkultur pflegen können.

Perversion hingegen liegt nach Robert Stoller dort vor, wo eine Fantasiebildung – selbst geschaffen oder durch Fremdeinwirkung, meist Pornografie, »diktiert«– einerseits nötig ist, um volle Befriedigung zu erreichen, andererseits in Feindseligkeit (dem Wunsch, dem »Objekt« Schaden zuzufügen) wurzelt. Stoller schreibt: »Die in der Perversion liegende Feindseligkeit nimmt die Gestalt einer Rachefantasie an, die sich in den Handlungen, welche die Perversion ausmachen, verbirgt und dazu dient, ein Kindheitstrauma in den Triumph des Erwachsenen zu verwandeln. Um höchste Erregung hervorzurufen, muss sich die Perversion darüber hinaus als ein riskantes Unternehmen darstellen« (Stoller 1998).

Der Kriminalpsychologe Thomas Müller wies einmal in einer Fortbildungsveranstaltung für psychiatrische Gerichtssachverständige darauf hin, man möge darauf achten und auseinander halten, wo mittels sexueller Verhaltensweisen (zum Beispiel bei genitaler Vergewaltigung) nichtsexuelle Bedürfnisse (Demütigung, Machtdemonstration) und wo mit nichtsexuellem Verhalten (Gewalt, Verletzungen, Mord) sexuelle Bedürfnisse (Erregung, Orgasmus) befriedigt würden.

Marie-France Hirigoyen benützt das Wort Perversität, um diese Feindseligkeit, die auf Triumph über und Schaden für den anderen ausgerichtet ist, als charakterliche Grundhaltung auszuweisen: »Ein perverses Individuum ist beständig pervers; es ist fixiert auf diese Form der Beziehung zum anderen und stellt sich in keinem Augenblick in Frage« (Hirigoyen 2002). Dem möchte ich insofern zustimmen, als Menschen sich in ihrem Sexualverhalten ebenso als das darstellen, was sie in ihren übrigen Lebensbereichen auch präsentieren: Die Schüchternen sind schüchtern, die Draufgänger draufgängerisch, die Narzissten narzisstisch, die Perversen pervers. Es wird vielleicht beim ersten, zweiten Mal noch versteckt, aber mit zunehmender Gewöhnung fallen die Masken.

Die Klagen der Frauen über »perverse« Wünsche – und perverse Kommunikationsformen – ihrer Partner nehmen zu. (Das zeigen die Berichte meiner Ausbildungsteilnehmer/innen, das zeigt die Supervision von Kolleg/innen.) Diese Perversität tritt darin klar zum Ausdruck, dass sie den – als persönliches Werturteil jedenfalls zu respektierenden – Widerwillen und Widerstand ihrer Partnerinnen mit →*Demütigungen,* Abwertungen und anderer verbaler Gewalt zu vernichten suchen.

Wenn Sie also in solch einer Gewaltbeziehung verfangen sind, wird wohl Ihr Augenmerk vor allem darauf liegen müssen, sich diesen »Crazy-Making«-Strategien zu widersetzen und klug strategisch Ihre »Flucht« vorzubereiten. Täuschen Sie sich nicht: Er wird sich nicht ändern. Wozu auch? Es gibt genug selbst-unsichere Frauen, die sich von der Maske des Allwissenden, Allerfahrenen anziehen lassen und meinen, sich in solch einer Paarung den eigenen Entwicklungsweg ersparen zu können. Aber wer sich zum Lamm macht, den fressen die Wölfe!

Und es gibt genug selbst-unsichere Männer, die fürchten, als altmodisch, verklemmt, unwissend, inkompetent zu gelten und daher nicht wagen, sich zu distanzieren. Egal, ob es sich um Prostitution handelt – und die Mitbeteiligung (durch Nachfrage und Konsumtion) am internationalen Frauenhandel, an Gewalt gegen Frauen und finanzieller Ausbeutung oder Pornografie (Gewaltdarstellungen unter Vermittlung eines irrealen Frauenbildes), es wird kaum ein Mann wagen, sich von diesen Angeboten einer Sexindustrie, die Männer als hirnlose Tiere definiert, mit Protest abzuwenden. Denken Sie an das Märchen von Hans Christian Andersen, »Des Kaisers neue Kleider«: Wenn niemand wagt, zu rufen, »Aber der ist doch nackt!«, stolziert der selbstgefällige Kaiser weiter nackt herum, den Betrügern aufgesessen, und seine Analakrobaten tun es ihm nach.

PESSIMISMUS

Ob jemand an die Lösung von Problemen und das Leben als Ganzes mit »guter« oder »schlechter« Laune herangeht, kann vor allem als erlerntes Verhalten gewertet werden. Denn auch wenn manche Psychiater, die eher erbliche Dispositionen für depressive Grundstimmungen vermuten, nach genetischen Ursachen für permanente Stimmungstiefs suchen, gibt es andere Kollegen, die meinen, man könne eben nicht für jede Stimmungslage eine Auslösesituation orten. Und weil man erfolglose Suche nicht gerne zugebe, spreche man dann von Vererbung.

»Der Mensch hat eine Vorliebe für Tragik«, belehrt uns Stefan Klein. »Diese Voreinstellung hat sich im Laufe der Evolution bewährt: Angst, Trauer und Wut brachten unsere Vorfahren dazu, beim leisesten Rascheln im Gebüsch jede noch so fette Jagdbeute zu vergessen und sich in Sicherheit zu bringen. Auch heute noch scheuen wir das Risiko stärker, als wir das Glück suchen ...« (Klein 2002).

Dabei müssten wir nur die in unserem Gedächtnis abgespeicherten Erinnerungen an Glücksmomente abrufen und stets aufs Neue wiederholen, bis wir diesen Zustand heiterer Zufriedenheit so gewohnt sind, dass er unsere Grundhaltung ist. Stattdessen bevorzugen viele das Abrufen tragischer Lebensmomente – vielleicht in der Hoffnung, sich so »wichtig« zu machen und Zuwendungsenergie von anderen zu holen? Meist ist solch ein Verhalten unbewusst von einem →*Energiesauger* in der Herkunftsfamilie abgeschaut. Aber so wie ein Schauspieler ein und dieselbe Rolle unter jedem Regisseur anders gestaltet, können auch Sie als Regisseur Ihrer Gefühlswelt für sich als Hauptdarsteller/in eine neue Interpretation Ihres Parts kreieren.

Es liegt an uns, worauf wir unsere →*Energie* ausrichten: ob wir damit beweisen wollen, dass etwas nicht geht – oder ob wir herauszufinden versuchen, wie es vielleicht doch gehen könnte ...

PHOBIEN

Sie gehören zu den →*Angst*-Störungen und sind gut psychotherapeutisch behandelbar. Falls Sie an einer Phobie leiden, können Sie als erste Hilfe versuchen, die körperlichen Symptome, die sie begleiten, willentlich zu verstärken: also beispielsweise bei einer Sozialphobie genau das zu tun, wovon Sie fürchten, dass es Ihnen passieren könnte – etwa merkbar zittern. Oder bei einer Wespenphobie kreischend auf und ab hüpfen (ist nicht auch der sizilianische Volkstanz Tarantella von der Tarantel abgeleitet?).

Das lenkt ab, zieht die Aufmerksamkeit auf etwas anderes und nimmt zumindest die Angst vor der Angst: »Was werden die anderen denken, wenn ich …?«

Die Urszene zu finden und ihr den Horrorcharakter zu nehmen, braucht mehr Zeit und therapeutische Ausbildung. Ich denke dabei an eine Baupolizistin, der es unmöglich war, in den Aufzügen oder U-Bahn-Wagen, die sie für die allgemeine Benützung freigeben sollte, selbst mitzufahren. Peinlich, aber dank ihrer kreativen Begabung fand sie immer wieder gelungene Ausreden, weshalb sie die Strecken zu Fuß gehen wollte. Auf der Suche nach der Urszene fand sich ein Erlebnis aus ihrer Grundschulzeit: Sie hatte einen Herzfehler und als eine der Ersten die Chance bekommen, in einer Eisernen Lunge behandelt zu werden. Der übereifrige Kardiologe konnte seinen Stolz über die Neuerwerbung des Spitals nicht bezähmen und führte das Gerät bei jeder passenden, aber auch unpassenden Gelegenheit – nämlich wenn sie drinnen steckte – vor. Die Maschinenphobie der erwachsenen Frau war im Ursprung die Angst des kleinen Mädchens, in der Maschine zu sterben. Als wir diese Angst in der therapeutischen Intervention auflösen konnten, konnte sie Woche für Woche neue Erfolgserlebnisse berichten, bis zu ihrer ersten, wohl vorbereiteten U-Bahn-Fahrt – und genau da blieb ihr Zug tatsächlich stecken! Nun aber konnte sie den anderen, ängstlicheren Fahrgästen helfen, die nächstgelegenen Ausstiege zu erreichen – ein doppeltes Erfolgserlebnis.

Ich entsinne mich aber auch einer jungen Wissenschafterin, die tunlichst vermied, an großen Arbeitsessen teilzunehmen, weil die Angst, sich mit Fehlverhalten zu blamieren, übergroß war. Wir arbeiteten damals auf drei Ebenen: einerseits bearbeiteten wir die Ursprungssituation – ihre Herkunft, eine Großfamilie mit niedrigem Bildungsniveau, in der es herzlich, aber rau drunter und drüber ging. Andererseits widmeten wir unser Augenmerk den Menschen, deren Werturteil über sie für sie wichtig war; wie zu vermuten egozentrische →*Kaktusmenschen.* Und wir vereinbarten, welche gezielten Etikettebrüche à la Pippi Langstrumpf sie täglich verüben sollte, um zu beobachten, wie andere darauf reagierten – ein Forschungsvorhaben.

Wenn Sie also wissen, dass eine Alltagsangst bei Ihnen nicht nur ein mulmiges Gefühl auslöst, sondern bereits Phobie-Charakter angenommen hat, sollten Sie sich eine Fachkraft aus dem Bereich der Psychotherapie suchen, bevorzugt jemanden, der NLP (Neuro-Linguistisches Programmieren) beherrscht, wenn es schnell gehen soll, oder Verhaltenstherapie, wenn es ein bisschen länger dauern darf.

PORNOGRAFIE siehe →*Perversion*

POSTTRAUMATISCHE BELASTUNGSSTÖRUNGEN

Traumatische Erfahrungen haben nicht nur in der Zeit danach, sondern auch nach großen Zeiträumen Gesundheitsschäden zur Folge: anhaltende Erinnerungen, Wiedererleben der Belastung durch aufdringliche Nachhall-Erinnerungen (Flash-backs), sich wiederholende Träume, die Angst auslösen und Schlafstörungen bedeuten, innere Bedrängnis, Vermeidungsverhalten und damit Einschränkung von Sozialkontakten, besondere Schreckhaftigkeit, Konzentrationsschwierigkeiten oder unerklärliche Wutausbrüche.

Früher wurden Menschen deshalb einfach als »verrückt« abgetan – und sie wurden ja auch von ihrem ungestörten Lebensweg ver-rückt. Heute wissen zumindest Fachleute, dass unverständliches Verhalten oft ein Hinweis auf furchtbares Erleben bedeutet. Das kann ein Todesfall ebenso sein wie ein Unfall, Überfall oder sonst eine Erfahrung von massiver Gewalt und Hilflosigkeit, selbst wenn diese als Scherz getarnt war. Diese aufzudecken und neue Gedanken- und Bewertungsmuster zu entwickeln, ist Aufgabe erfahrener Psychotherapeut/innen.

POTENZSTÖRUNGEN

Eigentlich ist das Wort Potenzstörung bereits geeignet, die seelische Gesundheit zu beeinträchtigen, setzt es doch voraus, dass man(n) – und neuerdings auch frau – eine bestimmte Quantität an Potenz immer zur Verfügung haben sollte. Dabei ist doch klar, dass unsere Vitalität von vielerlei Variablen abhängt:

- vom Gesundheitszustand, insbesondere

- Ernährung,
- körperlicher Fitness (zum Beispiel ausreichend Schlaf!),
- seelischer Unbelastetheit (wer depressiv ist, gekränkt, ausgebrannt oder erschöpft, braucht seine verminderte Kraft zum reinen Überleben),
- Selbstsicherheit (keinen ewig plappernden inneren Nörgler zu haben, der einem immerzu ins geistige Ohr flüstert, wie mies man/frau doch ist),
- Angstfreiheit (etwa Freisein von Versagensängsten),
- ausreichenden Erfolgserlebnissen,
- und der Fähigkeit zum Genuss.

  Diese Liste erhebt keinen Anspruch auf Vollständigkeit!

Denken Sie nach: Als Sie sich einmal völlig vital und voll Lebenslust gefühlt haben:

- Was waren da ihre Ausgangs- und Umweltbedingungen?
- Wie haben Sie geatmet,
- wie haben Sie sich körperlich (und geistig) gehalten?
- Was haben Sie gesehen, gehört, gerochen, geschmeckt, gespürt ...
- Und: Können Sie das jetzt körperlich-seelisch-geistig erinnern?

Wenn Sie sich diese Erinnerung ganzheitlich ins Gedächtnis rufen, haben Sie den ersten körperlichen Schritt zu der Ausgangslage geschafft, die Ihr Immunsystem verbessert und damit Ihre Potenz ein wenig stärkt.

Ist Ihnen schon mal die Stimme weggeblieben? Ja? Dann wissen Sie auch, dass das nicht nur mit einer Erkältung zusammenhängen kann, mit Infektionen oder ärgeren Erkrankungen, mit Substanzmissbrauch (zum Beispiel zu viel Teer- und anderen Inhaltsstoffen in Rauchwaren), sondern auch mit seelischen Blockaden, die auftreten, wenn Sie etwas Gefährliches an- oder aussprechen wollen. Dann spürt und hört man den »Faden« in der Stimme, oder man hört überhaupt nichts mehr, spricht stumme Worte ins Ungewisse ... Das alles ist ganz normal, wenn vorübergehend, und kein Grund zur Beunruhigung. Erst wenn solch eine Störung chronisch auftritt, ist der Gang zum Profi anzuraten – und zwar zuerst zum medizinischen! Zunächst müssen Organerkrankungen ausgeschlossen werden, dann kommt der – zugegebenermaßen schwierigere – Weg in die eigene Tiefe, und der braucht psychotherapeutische Begleitung.

Was Sie aber selbst tun können, wenn Sie in einer sehr intimen Situation plötzlich merken, dass »rien ne va plus« (jetzt bemühe ich mich, geschlechtsneutral zu formulieren):

- Bringen Sie sich in eine entspannte Körperposition,
- atmen Sie langsam und gleichmäßig und konzentrieren Sie sich darauf, was Sie im Augenblick körperlich spüren. Kribbelt es irgendwo? Haben Sie angenehme Hautsensationen? Riechen Sie einen angenehmen Duft? Schmecken Sie etwas Köstliches? Hören Sie etwas Berauschendes? Wenn ja: Genießen Sie es so lange wie möglich. (Wenn nein: Ziehen Sie langsam den Bauch ein, achten Sie auf die Muskelempfindungen und spüren Sie, wie sich Ihr Gefühl verändert, wenn Sie Ihre Muskulatur unterhalb des Nabels rhythmisch anspannen und wieder entspannen. Lassen Sie Ihre Zunge langsam im eigenen Mund kreisen, liebkosen Sie Ihre Wangen innen, lecken Sie Ihre Lippen und genießen Sie Ihren Körper. Er hat es verdient, gut behandelt zu werden. Sie wollen ja etwas von ihm, oder?
- Nur wenn wir entspannt sind, sind unsere genitalen Blutgefäße offen und bereit, anzuschwellen und sich energetisch aufzuladen – und ohne »Aufladung« gibt es keinen »Strom« und schon gar kein Feuerwerk.
- Entspannen Sie sich daher wie ein Pascha oder eine Dschungelkönigin und lassen Sie sich verwöhnen (aber ja nicht hetzen oder gar beschimpfen). Es reicht, dass Sie da sind und Ihre Zeit und Ihr Feedback der anderen Person schenken.

Mental geht es ebenfalls um diese Geistes- wie Körperhaltung der Entspannung.

Entspannt sind wir, wenn wir keine Angst haben und keine Wut verspüren, keine quälende Selbstunsicherheit und keinen verhaltenen Groll (auf die Partnerperson, alle anderen des gleichen Geschlechts oder überhaupt alle Menschen). Haben wir solche ungebetenen »blinden Passagiere« auf unserem Luxusdampfer, dann gehören sie schleunigst verabschiedet. Das kann man

- allein besorgen, indem man sich wie in einem Film vorstellt, dass man diese als Personen verkörperten Gefühle freundlich ersucht, jetzt von Bord zu gehen, weil man »reinemachen« will.
- Man beschließt ganz bewusst, sich in Hinkunft von den »Untermietern« nicht mehr stören zu lassen, ignoriert sie also, falls sie Aufmerksamkeit erheischen wollen.
- Will man aber gemeinsam diesen Seelenmüll entsorgen, so empfiehlt sich zu-

erst eine Ankündigung (»Tagesordnung«), dass man etwas zur Verbesserung der Beziehung tun will.

- Dann vereinbart man »Spielregeln«: einander wohlwollend zuhören, nicht unterbrechen, kein Sarkasmus, keine Du-Anklagen (»Du hast schon wieder …«, »Du tust ja immer …«).
- Man geht in die Vergangenheit zurück bis dorthin, wo es noch gestimmt hat, und sucht:
- Was konkret ist gleichzeitig passiert, als sich bei mir die trennenden Gefühle breit machten?
- Wenn man dies herausgefunden hat, trifft man eine bewusste Vereinbarung (Spielregel), wie man sich diesbezüglich in Zukunft verhalten will (die Vergangenheit ist vorbei, wir lassen sie ruhen).
- Wichtig ist es, einander die echten Gefühle zu gestehen, die man hat und hatte, damit man für die andere Person spürbar wird ebenso wie für sich selbst. Wenn wir nämlich – wie im »offiziellen« Leben üblich – alles daransetzen, dass man unsere echten Gefühle nicht wahrnimmt, verschließen wir uns, unsere Strahlkraft (»Charisma«) kann nicht fließen und die andere Person nicht »entflammen«.

In meinem Buch »Ungeduld des Leibes« habe ich geschrieben, das Feuer der Liebe könne nur brennen, wenn man genau die Spielregeln beachte, die auch beim Anfeuern eines Sparherdes gelten:

- Zuerst muss die Aschenlade ausgeleert und auch der Kamin darf nicht verlegt sein, sonst »zieht« es nicht, nämlich den Rauch ab (den gibt es immer dort, wo etwas brennt; wenn er nicht abzieht, schlägt er zurück und vergiftet einen).
- Der Ofen selbst sollte »dicht« sein (daher: Intimität braucht Diskretion!).
- Dann braucht man Unterfeuerung (Späne, und die fallen bekanntlich dort ab, wo gehobelt, wo groben Klötzen Form gegeben wird).
- Papier (Geschichten erzählen, von sich, was einen bewegt und die andere Person hoffentlich auch).
- Dann erst dürfen die Scheite (das, was lange brennen, Wärme und Energie spenden soll) darauf gelegt werden.
- Wichtiger Sicherheitshinweis: Erst wenn die Glut erloschen ist, darf man die Asche ausräumen und wieder neu Feuer machen! Aber das jeden Tag …

Es liegt an uns, darauf zu achten, in welcher Phase des Feuermachens wir uns gerade befinden. Das habe ich in »Ungeduld des Leibes« mit dem Vergleich von Elektroherd und Gasherd formuliert. Viele Männer meinen, eine Frau (und sie selbst) seien wie ein Gasherd: Man zündet schnell die Flamme an und schon kann man Spiegeleier braten. Dabei sind wir selbst bei großer Sehnsucht und Begierde wie Elektroherde: Auch wenn die Software Geist noch so bereitwillig ist, die Hardware Materie braucht ihre Zeit, bis sie die richtige Temperatur hat.

PSYCHOTHERAPIE

Im Gegensatz zu Beratung, die darauf zielt, Menschen, die sich gesund fühlen, in schwierigen Situationen als kompetenter Gesprächspartner Entscheidungsfindungen zu erleichtern, ist das Ziel fast aller psychotherapeutischen Methoden, leidende Menschen aus diesen körperlich und seelisch belastenden Zuständen zu helfen. Als psychotherapeutische Verfahren werden jene angesehen, die

- auf dem Hintergrund einer wissenschaftlichen Theorie über psychische Gesundheit und Erkrankung beziehungsweise Störung
- eine Zugangsweise zur Behebung oder Linderung derselben beschreiben und
- deren Zugangsweise lernbar und wiederholbar ist (Stumm/Wirth 1991).

Psychotherapie bekennt sich dazu, seelische Kräfte »umzugewichten«, was so viel bedeutet wie Bedingungen herzustellen, unter denen die Klient/innen neue Neurosignaturen bilden können. Sigmund Freud nannte als Ziel »Arbeits- und Liebesfähigkeit« – und das ist, wenn man an den Umsatz an Psychopharmaka, ohne die viele Menschen ihren Berufsalltag nicht mehr durchstehen können, oder an die hohen Scheidungszahlen denkt, gar nicht so wenig.

Psychotherapie bewährt sich bei Depressionen, Ängsten und anderen seelischen Leidenszuständen wie etwa auch →*Posttraumatischen Belastungsstörungen,* psychosomatischen Erkrankungen oder sexuellen Dysfunktionen (»Organneurosen«) sowie begleitend bei der Behandlung von Suchterkrankungen.[1]

1 Psychotherapeut/innen werden in Österreich ebenso wie ihre Ausbildungseinrichtungen vom Gesundheitsministerium lizenziert. Dort erhält man entsprechende Auskünfte, ebenso wie in jeder Landeshauptstadt bei den regionalen Berufsverbänden, in der Bundeshauptstadt Wien beim Österreichischen Berufsverband der Psychotherapeut/innen.

PUBERTÄT

In der Adoleszenz oder Pubertät – der Zeit, in der der Körper geschlechtsreif, also fortpflanzungsfähig wird – stehen die meisten Jugendlichen wie auch ihre Eltern ziemlich ratlos den »phasenspezifischen« Stimmungsschwankungen (»himmelhoch jauchzend, zu Tode betrübt«) gegenüber, die das Zusammenleben so gar nicht einfach machen.

Wenn Sie also Kinder fair durch diese schwierige Altersphase begleiten wollen – oder auch selbst gerade drin stecken –, bitten beziehungsweise vereinbaren Sie, sich in dieser Zeit behutsam zu begegnen, auf Worte des Ärgers zu verzichten (eventuell mit Bußgeld in ein Sparschwein) und Nachsicht zu üben (Übung braucht man da wirklich!).

Sorgen Sie für umfassende Literatur zum Nachlesen, für sich selbst ebenso wie für das junge Volk, und stellen Sie sich der Diskussion, aber bitte unter Wahrung der Inzestschranke, also Töchter zu Müttern, Söhne zu Vätern. Sollten sich Eltern überfordert fühlen, bitte umleiten zu einer Familienberatungsstelle oder Jugendsexualberatungsstelle, wie es sie in manchen Spitälern gibt. (In Oberösterreich gibt es ein einzigartiges Projekt, »Love Tours«, wobei ein zu einer mobilen Beratungsstelle umgebauter roter Autobus Schulen, Jugendzentren etc. anfährt und die anwesenden Diplomsexualberater/innen den Jugendlichen, aber auch Erwachsenen Information und Beratung anbieten.)

Verzichten Sie auf Angstmache und Drohungen. Sie bewirken nur Verlust von Selbstwertgefühl und das ist in dieser Zeit, wo sich so viel verändert (der Körper, die Gesichtszüge, der Geruch), wo man mit unwillkürlichen Erektionen und Samenergüssen zu unpassender Zeit, mit Menstruationsrhythmik und Akne etc. fertig werden muss, ohnedies sehr labil. Wann immer Sie etwas zu sagen haben, tun Sie es »cool«, ohne heftige Emotionen, sachlich. Formulieren Sie Angebote, aber bedrängen Sie nicht. Und haben Sie Vertrauen: Die Jungen sind oft kompetenter als die Alten, zumindest wenn es darum geht, sich in der heutigen hektischen Welt zurechtzufinden.

Was Jugendliche in dieser Zeit brauchen, sind einerseits Erwachsene, die immer für sie da sind (aber nicht anwesend!) und sie andererseits in Ruhe lassen (aber doch in erreichbarer Nähe sind, wenn sie Beistand brauchen) und die vermitteln, dass man sich bedingungslos (daher auch ohne Nörgeln und Jammern) auf sie verlassen kann.

Q

QUÄLGEIST

Üblicherweise spricht man von Kindern als Quälgeistern. Genauso aber kann ein/e Chef/in, ein/e Verehrer/in oder jemand Verwandter Quälgeistqualitäten besitzen. Ob solch eine Person ein echter Gewalttäter ist, zeigt sich dann, wenn man ihr eine Grenze setzt: Unechte, nämlich Nicht-Gewalttäter hören sofort auf, echte Gewalttäter legen noch etwas nach; sie beenden ihr Tun nicht, sondern intensivieren es.

Für derartige →*Grenzsetzungen* empfiehlt sich je nach Situation

- bei Kindern: sich ihnen liebevoll zuzuwenden, zu erklären, dass man verstehe, was sie jetzt wollten/brauchten, dass man es ihnen aber im Augenblick nicht geben könne. Eine Begründung ist wichtig, und die sollte stimmen! Kinder merken sofort, wenn gelogen wird; dann verliert man entweder ihr Vertrauen oder man zerstört das Gefühl für Wahrheit und damit das Gewissen der Kinder. Anschließend bietet man ihnen einen Ersatz (eine Anregung oder Anleitung), was sie stattdessen tun könnten.
- Bei lästigen Verehrer/innen: Gut gemeinte Aufdringlichkeit kann sich bis zum gesundheitsschädigenden →*Stalking* (siehe →*Belästigung*) ausweiten. Unerwünschte Bewunderung sollte in einem respektvollen Gespräch in Bezug zu ihren Folgen beim Idol gesetzt werden. Entweder die verehrende Person ist beziehungsfähig, dann kann man mit ihr einen »Vertrag« schließen, wie man in Hinkunft miteinander umgehen will, so dass es beiden gut geht. Ist sie das aber nicht, wird ihr Verhalten voraussichtlich eskalieren und sich in →*Stalking* verwandeln.

→*Stalking* hingegen ist Gewalt (Verletzung der seelischen und nachfolgend körperlichen Gesundheit durch die als Reaktion erfolgende Stresshormonausschüttung), gehört öffentlich gemacht und juristisch – zum Beispiel durch eine Zivilklage auf Unterlassung oder Strafanzeige wegen versuchter Nötigung, Einschränkung der persönlichen Freiheit etc. – abgestellt.

Bei Chefs bietet sich das Du–Ich–Bitte-Modell an (siehe →*Grenzsetzung*, →*Kommunikation*, →*Vergewaltigung*). Man kündigt an, was man besprechen möchte (Du), schildert, dass man ein Problem hat und welches das ist (Ich), und macht einen Vorschlag, was man sich in Hinkunft wünscht/erwartet/vorstellt (Bitte).

Ist der Quälgeist hingegen ein Eltern- oder Schwiegerelternteil, Bruder/ Schwester oder sonst jemand Nahestehender, empfehle ich den Gang zu einer Familienberatungsstelle; man muss nicht alle Reviergrenzen selbst abstecken. So sage ich meinen Klient/innen oft: »Kleine Schmutzwäsche täglich ins Waschbecken, größere einmal die Woche in die Waschmaschine, Riesenschmutzwäsche einmal im Monat in die Reinigung. Und die Reinigung bin ich.«

QUARTERLIFE-CRISIS

Darunter versteht man die Sinnlosigkeitsgefühle und Selbstzweifel, die derzeit viele End-Twens (Fünfundzwanzig- bis Dreißigjährige) überfallen. Sie sind meist mit sehr guter Ausbildung, vielleicht auch Auslandserfahrung, daher auch hervorragenden Fremdsprachen- und Kulturkenntnissen, und mit großem Elan ins Berufsleben gestartet, haben oft überraschend schnell großes Geld verdient und viel Verantwortung übertragen bekommen – und plötzlich geht nichts mehr weiter. Der Eilzug steht, der nächste Bahnhof scheint unerreichbar weit. Entzugserscheinungen melden sich an ...

Was man nun braucht, ist eine unvoreingenommene Vertrauensperson, die solche Krisen selbst schon durchgestanden hat und die einem die Angst, die Flaute würde ewig dauern, in eine realistische Lernsituation verwandeln hilft. Manche holen sich professionelle Hilfe bei einem strategischen Coach[1]; wenn Sie das tun wollen, sehen Sie sich aber die Biografie der Coaching anbietenden Person genau an! Ich kenne etliche ehemalige Volksschullehrer/innen, die sich Wirtschaftscoach nennen, weil sie irgendwann einmal als Nachhilfelehrer/innen oder Psychagog/innen[2] freiberuflich wirtschaftlich erfolgreich waren. Sie

1 Ein Coach muss nach Geißler sowohl eine betriebswirtschaftliche oder juristische als auch eine psychologische oder psychotherapeutische Ausbildung absolviert haben, mehrere Jahre erfolgreich in dem Berufsfeld gearbeitet haben, aus dem seine jeweilige Klientel stammt, und sich regelmäßig der Überprüfung durch kompetente Kollegen unterziehen (indem er oder sie beispielsweise mit anderen so zusammenarbeitet, dass die Qualifikation erkennbar beziehungsweise kritisierbar ist. Einzelkämpfertum ist immer verdächtig!).

2 Psychagog/innen wurden in den Siebzigerjahren des vorigen Jahrhunderts speziell ausgebildet, um innerhalb des Schulbetriebs auffälligen Schüler/innen Aussprachemöglichkeit und Unterstützung zur Bewältigung schwieriger häuslicher Lern- und Lebensbedingungen zu bieten. Als diese Fachleute begannen, auch den Unterricht und das Schulsystem »verbessern« zu wollen, wurden ihre Dienstposten wegrationalisiert. Manche blieben den Kindern und Jugendlichen treu und arbeiteten als Sozialpädagogen mit psychotherapeutischen Zusatzqualifikationen in sozialpädagogischen Beratungsstellen oder therapeutischen Wohnge-

Q

wären nur qualifiziert, Personen aus ihrem Stammberufen zu coachen; alles andere wäre bloß hilfreiches Gespräch zur Reflexion der eigenen Handlungen.

Was aber tut jemand, der niemand Vertrauenswürdigen kennt? Dem die Kolleg/innen Konkurrenz sind und die Freund/innen nicht kompetent genug, die Berufssituation zu bewerten? Und außerdem neigen nahe Stehende dazu, ihre eigenen Lebensrezepte als die richtigen anzubieten. Deswegen dauern ja Ausbildungen in »Psychoberufen« so lange: weil es Zeit braucht, erstens sich selbst zurücknehmen zu lernen und zweitens das geheime Helfersyndrom abzubauen.

Was man selbst tun kann:

Körperlich

- stellt man sich aufrecht hin, führt die Arme rechtwinkelig und in den Ellbogen leicht gebogen seitlich vor die Brust (so wie Pantomimen oft Puppen darstellen, in einer angedeuteten Umarmung, aber ganz weich und leicht),
- und bewegt jetzt die Arme langsam und sanft, als würde man einen Mantel auf und zu machen. Dabei hilft die Vorstellung, man signalisiere der Welt, man sei bereit, auf- und anzunehmen, was immer auf einen zukommen mag und nicht gesundheitsschädlich oder strafrechtlich verboten ist.

Das Wesentliche bei dieser Übung ist, die Rückenmuskulatur zu entspannen und absichtslos zu warten: nur da sein, in unterschiedlicher Offenheit, vertrauensvoll und gelassen.

Mental empfehle ich, sich wiederholt die Autosuggestion zu geben,

- dass jedes Flugzeug regelmäßig im Hangar, jedes Schiff im Trockendock überprüft und überholt werden muss und dass
- augenblicklich solch eine Zeit gekommen scheint, in der man sich selbst ein körperliches, seelisches und geistiges Service gönnen kann. Zum Beispiel indem man kontrolliert, ob die →*Work-Life-Balance* gestimmt oder vielleicht zu viel Arbeit, zu wenig Regeneration der Sozialkompetenzen dazu geführt hat, dass die Anzeichen drohender Stagnation, vielleicht sogar beginnendes →*Burn-out,* übersehen wurden.

meinschaften weiter, manche ließen sich zu vollausgebildeten Psychotherapeut/innen (erkennbar an der Zusatzbezeichnung der Schule, der sie zugehören) »aufschulen«, andere deklarierten sich als Trainer/innen oder Coaches.

Im Chinesischen bedeutet das Schriftzeichen für Krise gleichzeitig auch Chance. Daran sollten wir uns erinnern, wenn wir merken, dass das Hoch sich zu einem Tief wandelt. Der nächste Aufschwung kommt bestimmt! (Weil Lebendes immer durch Wellen gekennzeichnet ist.) Es liegt an der forcierten Schnelllebigkeit unserer Zeit, dass wir kaum mehr warten können. Denken Sie nur an Ihre Ungeduld, wenn Sie im Stau stecken oder wenn der Computer nicht schnell genug hochfährt oder beim Faxen die Gegenstelle besetzt ist.

→*Krisen* sind dazu geeignet, an ihnen zu wachsen, neue Lernschritte, das eigene Verhaltensrepertoire zu bewältigen. Dazu gehört auch: warten lernen und Vertrauen üben. Das löst beim ersten Mal meist Protest und → *Widerstand* aus; mit zunehmender Erfahrung jedoch findet man meist den für einen selbst hilfreichen Stil.

Christlich orientierten Menschen hilft dabei oft der Psalm 23 (siehe → *Versagen*), vor allem der zweite Absatz (aber bitte in der Luther-Übersetzung!), sich in den Zustand des Gottvertrauens gleiten zu lassen. Übrigens ist durch wissenschaftliche Studien an Herz- und Krebspatienten nachgewiesen, dass diejenigen, die voll Gottvertrauen innig beteten, ihren Gesundheitszustand gegenüber den Angehörigen der Kontrollgruppe, die das nicht taten (Benson 1997), wesentlich verbessern konnten. Nach einiger Zeit genügte es bereits, nur die erste Zeile des Psalms 23 zu denken (»Der Herr ist mein Hirte«) – und die Placebo-Reaktion (Erhöhung der Immunkräfte durch Entspannung) trat ein.

R

RACHE

»Gerechtigkeit statt Rache«: So lautet die von »Nazi-Jäger« Simon Wiesenthal formulierte Antwort auf die unausgesprochene Frage, weshalb er und seine Helfer/innen die Vergangenheit nicht ruhen ließen. Er sagt damit in kurzen Worten, wie gerne beide Begriffe verwechselt werden. Eine wohl getarnte Strategie: Jemand soll davon abgehalten werden, Missetäter zur Verantwortung zu ziehen.

Von Anbeginn der Zeit haben die Menschen Rache gefürchtet. Tief im Herzen war ihnen bewusst, dass böse Gedanken oder Taten Rück-Schläge auslösen (können). Um zu verhindern, dass Gleiches mit Gleichem vergolten oder der Wettergott Rache nehmen, die Erntegötter zürnen würden oder das personifizierte Böse einen holen könnte, erfanden sie individuelle und kollektive Rituale, Opferungen beispielsweise oder die Wahl eines Sündenbocks, den man dann, beladen mit all den Vergehen einer Dorfgemeinschaft, in die Wüste schicken konnte, um sich von Übeltaten zu »reinigen«.

Viele verstehen die Talion – das älteste ethische Prinzip – falsch: »Gleiches mit Gleichem vergelten« oder »Aug um Auge, Zahn um Zahn« bedeutet kein Recht, sondern eine Einschränkung. Nicht zwei Augen gegen eines, das ist die Botschaft – aber man kann auch auf diese Art von »Genug-Tuung« verzichten. Dass gerade dieser – vor allem durch Jesus Christus vorgelebte – Verzicht von großer menschlicher Reife und Seelenstärke zeugt, wird gerne ignoriert; es ist eben schwer, hohe (Kampf-) →*Energie* bei sich zu behalten und nicht einfach loszudreschen oder hinterlistige Racheaktionen zu ersinnen …

»Jeder Schritt, den eine Frau unternimmt, um sich Gerechtigkeit zu holen, kann Rache heißen, kann ebenso als Rachsucht abgewertet werden«, zeigt die Soziologin Ursula Richter eine Geschlechterdifferenz auf (Richter 1991). Rachsüchtige Männer gelten als Helden, Rache übende Frauen als Furien. »Ein Mann sieht rot« darf sein, »Eine verhängnisvolle Affäre« nicht. Kaum jemand spricht von Rache, wenn, wie leider häufig, ein gewalttätiger Ehemann seine Frau ermordet oder gleich die ganze Familie ausrottet; da heißt es dann in den Medien »Verzweiflungstat«, weil »Scheidung drohte«; dass möglicherweise seine Gewalttätigkeit der Grund für das Scheidungsbegehren war, wird gar nicht nachgefragt. Oder es heißt: »Sie hatte einen neuen Partner gefunden«, und der »betrogene« Lebensgefährte wollte die Frau keinem anderen lassen … Kein Wort von Rache am »Frauenräuber«.

Wenn Frauen sich rächen wollen, kenne ich aus meiner Praxis zerschnittene Hemden und zerkratzte Autos. Oder Zettel am schwarzen Brett der Arbeitsstätte der →*Rivalin,* auf denen sie des Ehebruchs geziehen wird. Manche betreiben auch →*Stalking* und labern der gehassten »Anderen« die Mailbox mit Drohungen voll – ein deutlicher Unterschied zu männlichen Racheaktionen!

»Die Ursache der Rache der Frauen ist jedoch nicht der Kampf um den Mann«, weiß Richter, »auch nicht die ›Schwäche des Weibes‹. Es sind vielmehr die zählebigen Herrschaftsverhältnisse, die die Bedingungen liefern für den Rachedurst der Frauen. Sie versuchen immer noch, ihr die untergeordnete Rolle aufzuzwingen und sie im geschlossenen Kreis der Privatsphäre festzuhalten, beziehungsweise sie dorthin zurückzudrängen. Durch die Bewertung ›Rachsucht‹ wird die Rache der Frau benutzt, um den Anspruch männlicher Überlegenheit abzustützen.« Und sie pointiert: »Das Etikett der Rachsucht für die sich rächende, dadurch Unrecht anprangernde und selbstbehauptende Frau ist absurd. Es hilft dem Mann, seine unterwerfenden Hände weißzuwaschen. Er rechtfertigt sich als unschuldiges Opfer weiblicher Angriffe. So wird nicht zuletzt auch der männliche Größenwahn verschleiert, demzufolge nur männliche Rachetaten gerechtfertigt sind als ›gerecht‹ und heldenhaft« (Richter 1991).

Wenn Sie – auch als Mann – von (männlichen oder weiblichen) Racheaktionen bedroht oder belästigt werden, dann spielen Sie bitte nicht Held oder Heldin, sondern tun Sie das einzig Korrekte: Informieren Sie die Polizei. Europa besteht aus demokratischen Rechtsstaaten, der Staat besitzt das Gewaltmonopol, sonst niemand. Möglicherweise brauchen Sie aber manchmal noch zusätzlich mediale Unterstützung. Gegen Gewalt hilft nur Öffentlichkeit; Verbrechen werden im Verborgenen erdacht und ausgeführt. Was hingegen redlich ist, kann ausgeredet werden, und dabei hilft möglicherweise →*Mediation.*

Rache kann »heiß« ausgelebt werden oder »kühl« konzipiert; davor gibt es aber einen Racheimpuls, und der ist immer »heiß«. Er setzt sich zusammen aus Unverständnis und Mangel an Information, vielleicht auch dem Gefühl, hintergangen, belogen worden zu sein, der Empfindung von Ungerechtigkeit, Schmerz und einem Antrieb, sich zu wehren, zumindest die fehlenden Informationen zu bekommen.

Wenn Sie aber selbst von diesem →*Gefühlssturm* durchweht werden (hier steckt auch das Wort »Weh« drinnen), haben Sie die Wahl, eines der darin verpackten Sub-Gefühle zu wählen und damit die weitere Vorgangsweise zu starten. Aber Sie sollten jedenfalls nachdenken – und aus der →*Empörung* wieder auf den Boden der Tatsachen herabkommen –, bevor Sie eine Handlung setzen. Es ist nicht nötig, sich dem Vorwurf der Rache auszusetzen; logische Konsequenzen zu ziehen genügt!

Von Traude Zehentner stammen die nachfolgenden Zeilen, die ein gutes Motto abgeben könnten:

»du tust mir weh
ich tu dir weh
tu dir doch gleich
selber weh!«
(Zehentner o. J.)

REUE

Das Wort Reue leitet sich vom althochdeutschen *(h)riuwa* ab, Schmerz über etwas, das man getan oder unterlassen hat. Wird dieser Schmerz in Sprache ausgedrückt, reinigt er die Seele.

Besonders im Ringen um therapeutische Interventionstechniken zur Heilung von Folgen sexueller Misshandlungen wird von manchen Psychotherapeut/innen eine rituelle Entschuldigung des Täters gefordert oder empfohlen. So schreibt Cloé Madanes: » … besteht das Hauptproblem der Familienmitglieder darin, zu bereuen und zu vergeben. Wenn Menschen sich gegenseitig Traumen zugefügt und Ungerechtigkeiten und Gewalt erlitten haben, sind die Interaktionen durch Leid, →*Groll*, →*Lügen*, Heimlichkeiten, Betrug, Herabwürdigung der eigenen Person, Isolation und Dissoziation (Aufspaltung der Wahrnehmung, R. P.) gekennzeichnet. Das vorherrschende Gefühl ist →*Scham:* für das, was man getan hat, für das, was man zu tun unterlassen hat, oder weil man nicht vergeben kann. Wenn die Familienmitglieder weiterhin miteinander verbunden bleiben sollen, muss der Therapeut die Scham neu verteilen …« (Madanes 1997). Ich würde zwar lieber gelesen haben: »muss in der Therapie die Scham neu verteilt werden«, weil ich es gerade in Fällen, wo jemand vergewaltigt wurde, für dringend nötig halte, dass sich diese Person ihre Eigenmacht zurückholen kann und darf, aber ich verstehe die Notwendigkeit der Umverteilung von Scham. Um nicht bereuen zu müssen, werden die verrücktesten Schuldverschiebungen und Schuldzuweisungen angestellt – und das traditionelle Rechtswesen fördert das auch noch. In den USA können sogar richtige »Deals« ausgehandelt werden: Ein Vergewaltiger gibt beispielsweise den Einbruch – das »ehrenhaftere« Delikt – zu und erklärt sich bereit, eine dafür größere Strafe anzunehmen als üblich, dafür verzichtet der Staatsanwalt auf die Anklage wegen der in derselben Tathandlung begangenen Vergewaltigung, des ehrenrührigeren Verbrechens (Vachss 1995). Welch Schlag ins Gesicht der verletzten Person dies bedeutet, kann sich wohl jeder vorstellen, dem Gerechtigkeit ein Anliegen ist.

Um bereuen zu können, muss man dem eigenen Schatten begegnen und Akzeptanz bieten. Man muss sich also dem Licht stellen, dem Scheinwerfer, der unerbittlich auf das Verhalten leuchtet, das man gerne ungeschehen wüsste. Leugnen, verleugnen, verheimlichen, abstreiten: All diese Versuche, etwas aus dem eigenen wie fremden Wahrnehmungsbereich zu löschen, dienen auch dazu, vor sich selbst gut – so gut, wie man gerne möchte – dastehen zu können.

Genau dieses Bedürfnis ist ein ehrenvolles, aber durch Abspaltung eines Teils seiner Selbst ist es nicht erfüllbar. (Denken Sie nur an die Stiefschwestern im Märchen vom Aschenbrödel; sie schneiden sich Teile ihrer Füße ab, um in den gläsernen Pantoffel zu passen, um also die Anforderungen an »Güte« zu erfüllen, doch das herausquellende Blut verrät die geheime Verstümmelung!) Man muss schon sein Herz »ausbluten«, damit es wieder rein werden kann.

Reue wird nicht dadurch erfüllt, dass sich jemand anderer stellvertretend entschuldigt – auch nicht ein Kardinal oder der Papst für sexuelle Übergriffe seiner Priester oder Willy Brandt für die Morde der Nationalsozialisten. Sie können nur ihre Scham ausdrücken. Bereuen muss derjenige, der fehlgehandelt hat. Dazu ist aber notwendig, dass diese Person

- die tatsächlichen Handlungen zugibt und sich entscheidet, sie nicht mehr auszuüben,
- die Verheimlichungen zugibt und sich entscheidet, sie nicht mehr zu machen,
- sich bewusst ist, dass die Handlungen falsch waren und das zugibt,
- sich bewusst ist, was sie damit angerichtet hat, und das zugibt,
- sich bewusst ist, was sie damit in der Gemeinschaft angerichtet hat – Vertrauen zerstört, schlechte Geheimnisse eingeführt, Schmerz und Schaden zugefügt – und das zugibt,
- die volle Verantwortung übernimmt, diese Last auch fühlt, und weiß, dass sie

- Wiedergutmachung betreiben muss, sosehr sie auch Angst davor haben mag,
- sich ohne Plan, nur mit ehrlichem Bemühen um Schadensbehebung an die verletzte Person heranwagt und
- dieser die Wahl lässt, ob überhaupt und wenn ja dann wie Wiedergutmachung erfolgen soll.

Bereuen ist wie Kotzen: Da liegt ein unverdaulicher Brocken im Magen und will heraus. Meist versucht man das zu verhindern: Man legt sich hin, kaut Tierkohle und hofft, dass das Magendrücken vorübergehen wird. Und dann kommt er hoch, der Kotzbrocken, und der Würgereflex ist fürchterlich ... Aber nachher fühlt es sich wundervoll an, rein und leer, eben giftfrei!

Mir hat unlängst ein tief katholischer Klient berichtet, er sei darauf gekommen, dass er widerlich eitel sei; er würde nie in einer Vorstadtkirche ministrieren, es müsse schon der Stephansdom sein. Und dann warf er mir einen schiefen Blick zu (»Wie wird sie jetzt reagieren?«) und erzählte weiter, das habe er seinem Beichtvater gestanden. Doch der habe ihn getröstet, die Mitwirkung an der heiligen Handlung lösche quasi alle unedlen Gedanken. Ich meinte lakonisch: »Also hat Ihnen der Herr Pfarrer die Chance auf echte Reue vermasselt.« Er darauf, erstaunt, aber ehrlich: »Ja ...«

Lassen Sie sich nicht die Chance auf Seelenreinigung nehmen, nur weil jemand anderer Ihre tiefen Gefühle nicht aushält (oder sonst einen Grund besitzt, Sie »schonen« zu wollen). Aber überlegen Sie sich immer, wer vertrauenswürdig genug ist, Sie bei diesem »Höllengang« zu begleiten. Die nächsten Anverwandten sind es fast nie.

RIVALITÄT

Im Gegensatz zur unvermeidlichen Konkurrenz sprechen wir von Rivalität, wenn eine feindliche Grundtendenz spürbar wird. Da ist zuerst ein Machtanspruch, dann kommt die Furcht vor Machtverlust, zuletzt wird der vermutete Feind, der einem die Macht streitig machen könnte, offen oder hinterlistig bekämpft.

Das kostbare Gut, dessen Verlust das eigene Machtgefühl so in Frage stellt, dass man sich auf Kampf einlässt, kann variieren. Im Märchen vom Schneewittchen beruht der Dominanzanspruch der bösen Stiefmutter-Hexe auf dem Wahn, die Schönste im Lande sein zu müssen. Was ich von etlichen derartigen Mutter-Tochter-Konflikten noch kenne, ist der Versuch, die Verehrer der Tochter mit Charme für sich zu gewinnen, manchmal auch mit sexuellen Angeboten. Ganz böse Mütter machen auch die Tochter vor potenziellen Partnern oder Arbeitgebern herunter. Rivalisieren mittels der Kochkünste hingegen tritt erst nach der Eheschließung auf; hier sind es eher die Schwiegermütter, die sich und dem Sohn beweisen wollen, dass sie die Einzigen sind, die den Weg der »Liebe durch den Magen« kennen ... Ich vermute allerdings, dass mit zunehmender Berufstätigkeit, Mehrfachbelastung einerseits und Identität in der Berufsrolle andererseits dieses →*Energie* raubende Rivalisieren unter Frauen verschwindet. Mir jedenfalls kommt es in meiner Praxis eher dort unter, wo mehrere Generationen unter einem Dach leben und zusammen arbeiten, in der Landwirtschaft und in anderen Familienbetrieben.

Wesentlich häufiger hingegen beobachte ich Rivalität unter Männern. Das beginnt oft schon, wenn ein Sohn geboren wird und logischerweise mehr Zuwendung bekommt als das »Kind im Manne« seines Erzeugers. So erinnere ich mich an ein Lehrerehepaar mit zwei Kindern, die regelmäßig am Samstagmorgen in Mutters Single-Bett krochen – und flugs war auch der Vater da, imitierte die Kleinen und bettelte: »Lieb haben!« Dass seiner Frau das auf die Nerven ging, wollte ihm nicht einleuchten; sie wollte einen Mann und Partner, kein drittes Kind, er hingegen eine Mami.

Wenn aber Söhne heranwachsen, größer, stärker, gebildeter (dank jährlichem Wissenszuwachs) und womöglich noch schöner oder gar erfolgreicher bei der Damenwelt werden und überdies nicht nur ein Kraftfahrzeug, sondern auch den Computer beherrschen, kommt so manche Vaterwelt ins Wanken. Nicht alle können dann genug Väterlichkeit in sich entwickeln und die Frucht ihrer – oder jemand anderes – Lenden fördern. Sie setzen auf Gehorsam statt Beziehung und ernten Rebellion oder eine andere Form von Distanzierung statt Unterwerfung.

Erst neulich berichtete mir ein Student der Geschichtswissenschaften, sein (mütterlicher) Großvater, ein Diplomingenieur, habe ihn – vierzehn Tage vor seiner Diplomprüfung – aufgeklärt, dass erstens Geisteswissenschaften nichts wert seien, zweitens ein Magisterium weit unter einem Diplomingenieursgrad liege und er drittens ohnedies ein Versager sei. Der junge Mann wusste sich nicht anders vor so viel →*Niedertracht* zu retten, als das ungastliche Haus schleunigst zu verlassen; nun aber plagten ihn →*Schuldgefühle* vor allem seiner Großmutter gegenüber. Es sei ihm vorher noch nie aufgefallen, wie sehr sich sein Großvater – Jahrgang 1926 – von seiner Frau bedienen lasse, wunderte er sich – und entschloss sich dann doch, das als ein historisches Problem zu sehen. Ich fügte hinzu, der alte Herr halte es wohl nicht aus, dass nun erstmals ein zweiter Mann seiner Verwandtschaftslinie zu akademischen Würden komme und müsse daher auf primitive Weise – ich formulierte suggestiv: »eines Akademikers unwürdig« – rivalisieren.

Das »Patriarchat« trifft also nicht nur die Frauen – die haben das nur früher erkannt –, sondern auch die Männer. Die Generäle sitzen im Bunker und schicken die Söhne in den Krieg: wieder ein paar Rivalen weniger. Der zitierte Großvater rivalisiert um akademische Grade, andere tun dies um Gehälter, Dienstwagen, Kronleuchter und Anzahl der Sekretärinnen. Um das größte Schnitzel. Den besten Platz an der Sonne …

Wenn Ihnen Ähnliches widerfährt: Gehen Sie auf Distanz, dann fallen

- erstens Größenunterschiede nicht mehr so auf,
- zweitens sind Sie außer Reichweite,
- drittens können Sie besser wahrnehmen
- und viertens ersparen Sie sich Negativenergie von →*Kaktusmenschen* oder solchen, die es werden könnten.

ROTWERDEN

Meist wird Erröten als Zeichen von →*Scham* interpretiert; dann schämen sich die Betroffenen wegen der Scham, so wie andere →*Angst* vor der Angst empfinden. Dabei gibt es so viele Arten von Rotwerden: aus Freude, aus Lampenfieber, aus Überraschung, aus Wut, aus Zorn … Aus fast allen diesen Motiven heraus kann man auch erblassen, sogar aus Freude (dann meist begleitet von Zittern), je nachdem, ob sich die Blutgefäße erweitern oder zusammenziehen.

Es gibt eine einzige Form von seelisch-körperlicher Veränderung, die nur von Rotwerden, nicht aber auch von Bleichwerden begleitet werden kann: sexuelle Erregung. Vermutlich ist es genau diese Reaktion, die man unbewusst fürchtet (wodurch das Erröten sich noch verstärkt. Aber was ist denn verboten an sexueller Erregung sprich Vor-Freude?).

Allerdings sind wir in hoch emotionaler Verfassung auch sehr verletzlich. Unsere Aufmerksamkeit ist dann nämlich entweder bei unserer Befindlichkeit oder bei dem, was diese ausgelöst hat, und nicht bei möglichen anderen Gefahren. In der Urzeit des Menschen waren das wohl Konkurrenten, die uns entweder die angepeilte Beute oder den Lebensraum überhaupt streitig machen wollten. Heute sind es noch immer Konkurrenten, aber solche im Geiste: Menschen, die kaum eine Gelegenheit auslassen, sich über andere zu erhöhen (um ihre eigene Kleinheit zu verdecken), die nörgeln, höhnen, spotten oder auf andere Weise ihre verbalen Kaktusstacheln in unser Herz pieksen wollen.

Je wichtiger uns das ist, worauf wir reagieren (ein geheimnisvoll verpacktes Geschenk, eine berufliche Herausforderung, ein verehrter Mensch, aber auch unsere Eigendefinition beziehungsweise unser Selbstwertgefühl), desto stärker kann die physiologische Reaktion ausfallen. Logisch: Was uns egal ist, uns gleich-gültig lässt, lässt uns auch »kalt«. Aber diese Kälte verletzt auch. Vieles an →*Liebeskummer* könnte ausgespart bleiben, wenn nicht so oft versucht würde, »Hitze« in »Kälte« zu verwandeln. Doch weil so viele von uns durch Negativerfahrungen aus den ersten Verliebtheiten in der Pubertät oder ähnlichen Situationen belastet sind, läuft sofort das neuronale Warnsystem ab, wenn eine ähnliche Gefahr droht wie damals, als sich die Mitschüler/innen, vielleicht sogar die Eltern über uns lustig gemacht haben. Der innere Wächter meint es zwar immer gut mit uns, in solchen Fällen gibt er aber nur den Befehl: »Lass dir nichts anmerken!« Wie wir wissen, registriert unser Biocomputer im Kopf kein »nicht«, sondern er decodiert: »Lass dir anmerken!« und erfüllt das Gebot auch prompt.

Je mehr wir unsere Emotionen zu unterdrücken suchen, desto eher werden sie ausgedrückt. Je mehr wir aber unsere Gefühle und Reaktionen wahrnehmen und annehmen, desto mehr sind wir bei uns und »in Fassung«.

Wenn Sie also registrieren, dass Ihnen die Röte zu Kopf steigt, können Sie Folgendes tun:

Körperlich bedeutet das entweder

- sich entspannen, zum Beispiel durch →*autogenes Training:* Röte ganz gleichgültig (langsamer atmen, Schultern sinken lassen, Muskeln relaxieren),

- oder im Gegenteil versuchen, die Röte noch stärker werden zu lassen (Luft anhalten und in den Kopf pressen, Schultern leicht hochziehen, Muskeln anspannen).

Mental hingegen empfehle ich,
- das Grundgefühl zu orten,
- ebenso die Erwartungen, die wir damit verbinden: Wie wird wohl wer darauf reagieren?
- Dann gilt es, die eigenen Gefühle, Impulse, aber auch Befürchtungen, Reaktionen liebevoll anzunehmen
- und so viel sanfte Distanzierung wie nötig zu aktivieren, damit einem die Verhaltensweisen anderer nur so nahe kommen, wie man zur Beobachtung braucht. (Ich verzichte bewusst auf die Formulierung »nicht zu nahe kommen«, um die Negativsuggestion zu vermeiden, und ersetze diese Wortwahl durch eine positive.) »Aha, die reagieren jetzt so auf mich …«

Wie andere reagieren, liegt außerhalb unserer Macht; weshalb ihnen dann Aufmerksamkeit = →*Energie* schenken?

SALUTOGENESE

Mit dieser Wortschöpfung wendete der israelische Medizinsoziologe Aaron Antonovsky das Augenmerk vom üblichen Forschungsblickpunkt der Entstehung und Vermeidung von Krankheitsursachen *(→Pathogenese)* hin zur Frage nach den Bedingungen, die verhindern, dass Menschen auch unter schwersten Belastungen krank werden, beziehungsweise was es bewirkt, dass Menschen gesund bleiben oder gesünder werden. Eine Folge seiner Erkenntnisse ist die boomende Wellness-Bewegung und ihr neuestes Geschwister namens Mindness. Boom deshalb, weil sich zum »körperlichen Wohlbefinden« in den Medien leicht verständliche Anleitungen für gesunde Ernährung, gesunde Bewegung und gesunde Entspannung vom Alltagsstress geben lassen. Das aber sind nur winzige Teilbereiche der Salutogenese, die gerne als Gesundheitsförderung übersetzt wird. Dieses Wort greift jedoch zu kurz, so wie auch der im Zuge dieser Sichtweise erweiterte Name »Gesundheits- und Krankenhäuser« noch lange nicht besagt, dass in diesen Institutionen wirklich salutogen gewirkt wird (ich denke an meine Erfahrungen aus der Supervision, wie viel an *→Demütigung, →Mobbing,* sexuellen Übergriffen aber auch *→Diskriminierungen* in der Kolleg/innenschaft verübt werden).

Salutogen leben bedeutet, gesundheitsbewusst zu sein. Damit sind nicht Essensfanatismus oder tägliches Joggen oder regelmäßiges Om-Singen gemeint. Eher gilt es zu merken, wenn einem eine Fernsehsendung nicht gut tut, und einfach auszuschalten, oder welche Kommunikationsformen das Immunsystem schädigen, solche mit *→Kaktusmenschen* beispielsweise.

Salutogenese heißt, einen »gesundheitsaktiven« Lebensstil zu entwickeln. Dabei nur Zustände der Freude und des Genießens anzupeilen, verleugnet aber die Erschwernisse, Belastungen und Verletzungen, die das Leben mit sich bringt. Wieso werden manche Menschen relativ schnell, leicht und gut mit ihnen fertig, andere aber nicht? Zu dieser Frage fand die Salutogenese-Forschung drei wichtige Antworten. Gesund blieben die Menschen,

- die widrige Ereignisse als Herausforderungen im ganz normalen Lebensverlauf verstanden (und nicht als Katastrophen, für die man dem Schicksal, den Eltern, Partnern oder wem auch immer grollen müsse),
- die Formen fanden, diesen Herausforderungen zu begegnen – sie zu verän-

dern, neue Techniken zu erfinden, sich (oder auch anderen) soziale Unterstützung zu organisieren, kurz, die sich geeignete →*Coping*-Strategien erarbeiten konnten (oder erarbeitet hatten) und
- die auch motiviert waren, Sinn darin sahen, sich für die Gestaltung ihres Lebens einzusetzen.

Egal, welches Widrige einem geschieht: Allein das Planen weiterer Vorgehensweisen (auch wenn man sich bloß ruhig oder passiv verhält) hat also schon salutogene Wirkung. Das allerdings lässt sich nicht so leicht schriftlich vermitteln (ausgenommen bei hoher dichterischer Begabung), das braucht den Dialog mit jemandem, der das alles schon »durchgemacht« hat. Mindness – ein paar Anregungen zum bewussteren Denken – hingegen kann man einfach in ein paar Tipps im Sonntagsblatt verpacken und es ist anzunehmen, dass etliche Trainer sich aus der reichen Psychotherapieliteratur ein paar passende Brocken herauspicken und als tiefgründige Berufserfahrung vermarkten werden.

Egal, was Sie selbst nun tun – essen, gehen, lesen, fernsehen, reden –, bedenken Sie immer: Ist das, was ich tue, was ich zulasse, salutogen? Macht es mich gesünder, schöner, glücklicher? Und bin ich dann für andere bereichernd, beglückend? Im Zweifelsfall: Verzichten Sie auf pathogene Genüsse, Verhaltensweisen und vor allem: Sprüche!

SCHAM

Wenn man sich schämt, macht man sich klein. Das lernen wir in der Kindheit, wenn uns befohlen wird: »Schäm dich!« Dann senken wir den Kopf, ziehen die Schultern ein und wenden den Blick nach innen und unten. Arme-Sünder-Miene heißt das auch.

Aber sind kleine Kinder, denen etwas misslungen ist, arme Sünder? Oder nicht eher Sündenböcke (oder Sündenziegen) für diejenigen, die jemand Schwächeren brauchen, an dem sie ihre Wut auslassen können?

Wann schämen Sie sich? Wenn andere über Sie spotten, triumphieren, Sie heruntermachen. Die Schamesröte im Gesicht ist also eigentlich verleugnete Zornesröte. Aber weil Sie nicht zornig werden dürfen/sollen/wollen, entscheiden Sie sich, den Zorn bei sich zu behalten (und sich zu verkleinern, damit Sie sich nur ja nicht vergrößern. Das wagen Sie in diesen Situationen nicht, und wahrscheinlich ist das auch gut so, also eine Überlebenstechnik).

Daher trenne ich zwischen Scham und Scheu oder →*Schüchternheit.* Scham macht krank – so auch der Titel eines meiner Bücher (Perner 1997/c) –, Scheu hingegen bewahrt oft vor Schäden. Schüchternheit wiederum zeugt nur von Mangel an Übung, Erfahrung und – Anerkennung.

Wenn Sie also merken, dass unerwünschte Schamgefühle in Ihnen aufsteigen, eine erste Hilfe:

Körperlich empfehle ich, ganz bewusst, also in voller Verantwortung für das, was Sie (freiwillig oder unfreiwillig) getan haben,

- den Kopf zu heben,
- durchzuatmen,
- der Person (oder Personengruppe), vor der Sie sich schämen, aufrecht in die Augen zu schauen und zu sich zu »stehen« (nicht zurückweichen). Ob Sie das trotzig tun wollen, entschuldigend lächelnd, amüsiert oder souverän, bleibt Ihnen überlassen (es sollte bloß zum Anlass passen).

Mental hingegen gefällt mir folgendes geistige Bild:

- Wie im Märchen, wo es oft heißt, »er versank tausend Klafter tief in die Erde«, stellen Sie sich vor, Sie versinken ganz kurz etwa einen Meter tief in die Erde,
- »Mutter Erde« reinigt und stärkt Sie,
- Sie tauchen wieder auf und haben alles abgestreift, was Ihnen nicht weiterhilft.

Letzteres empfehle ich vor allem denjenigen Ehefrauen, die sich für ihren Mann, beziehungsweise Müttern, die sich für ihre Kinder schämen. Ich rate auch allen Frauen, die sich für Angehörige schämen (und damit viel zu viel Verantwortung für diese übernehmen): Egal ob jemand lügt, spielt, alkoholabhängig ist und/ oder gewalttätig, »hurt« oder andere unehrenhafte Verhaltensweisen an den Tag legt: Es liegt im Verantwortungsbereich dieser Person! Sie können nicht für jemanden anderen leben, Sie müssen sich höchstens klar darüber werden, wie nah oder wie weit in Distanz Sie zu dieser Person gehen wollen, damit Sie selbst noch gesund bleiben.

SCHEIDENKRAMPF

Wahrscheinlich haben Sie auch im jugendlichen Alter Schauergeschichten gehört von Pärchen, die auf einem Ball oder in einer Theaterloge oder an sonst einem Ort, der sich eigentlich nicht für intimere Begegnungen eignet, Geschlechtsverkehr hatten. »Und dann ist der Mann in ihr stecken geblieben und konnte nicht mehr heraus und dann hat man die beiden mit einer Tragbahre ins Spital bringen müssen ...« Mir hat mein Vater diese Horrorstory erzählt, als ich in die Tanzstunde kam – sehr gegen seinen Willen, aber gefördert von meiner gesellschaftshungrigen Mutter. Heute ist mir klar, er wollte damit verhindern, dass ich allzu sorglos meinem flammenden Temperament nachgäbe. Eine ungeeignete Methode! Besser erklärt man Jugendlichen, wie man Hormonschwankungen und -stürme merkt und beherrscht; die dazu geeigneten Techniken finden sich unter →*Begehren.*

Mir ist in meiner nunmehr vierzigjährigen Praxis nie ein derartiger Fall vorgekommen und den Ärzt/innen, mit denen ich zusammengearbeitet habe, auch nicht. Wir halten diese Geschichten daher für einen Mythos, so wie die Legende von »Welcome to the AIDS-Club« (ein Mann schleppt eine Frau zu sich nach Hause ab, sie schlafen miteinander, am nächsten Morgen ist sie weg und auf dem Badezimmerspiegel steht mit Lippenstift eben dieser Satz).

Gelegentlich waren wir hingegen mit Frauen mit Vaginismus (Scheidenkrampf) konfrontiert. Hier ist die Scheidenmuskulatur so stark verspannt, dass ein Eindringen unmöglich ist (ebenso das Einführen eines Tampons). Die Ursachen dafür liegen in traumatischen Erfahrungen. Horrorerzählungen wie die obige können allerdings ebenfalls solche Wirkungen auslösen. Entsprechend der traditionellen verhaltenstherapeutischen Behandlung kann man – wenn man es überhaupt will – eine Entspannung versuchen.

Körperlich hilft es, einmal allein

- den eigenen Unterleib zu erforschen: sich zuerst im Spiegel betrachten, dann betasten, herausfinden, was sich wie anfühlt, was weh tut, was angenehm ist.
- In weiterer Folge – den Zeitabstand bestimmt immer die Frau – versuchen, einen Finger langsam und vorsichtig ein wenig einzuführen, dabei ganz ruhig atmen und sich entspannen. Bei Widerstand einfach ruhig verharren, abwarten, etwas später wieder versuchen ...

- Zart und lieb zu sich zu sein wie zu einem verschreckten Kind, dem man beweisen will, dass man ihm nichts gegen seinen Willen antut.
- Wenn sich Erfolg zeigt, ein wenig tiefer gehen, später einen zweiten Finger dazunehmen und so weiter.

Wichtig ist: Zuerst muss frau sich selbst gut kennen, ehe sie jemand anderen in sich hinein (was nicht gleichbedeutend ist mit: an sich heran) lässt. Und: Geduld, Geduld, Geduld! Vaginismustherapien können gut ein Jahr dauern.

Ich erinnere mich an eine Frau, die in die Sexualberatungsstelle kam, als das erste Kind »fällig« war. Die Eltern, der Ehemann, sie selbst dachten, jetzt sei es an der Zeit, aber sie hatte noch nie Geschlechtsverkehr ausgeübt, eben weil ein Eindringen unmöglich war. Sie stand wegen der »geforderten« Fortpflanzung unter Druck – und verschloss sich, so wie immer, wenn sie bedrängt wurde. In der Anamnese ergaben sich zwei massive Verletzungen, die sie noch nie jemandem erzählt hatte. Als Dreizehnjähriger war ihr einmal in der Schule schlecht geworden; man brachte sie ins Spital, wo sie als vermeintlich Schwangere, die das nur nicht zugeben wolle, »verhört« wurde; eine Untersuchung durch die »Vernehmungsbeamten« war nicht durchführbar. Später, nach der – mit hervorragendem Erfolg bestandenen – Reifeprüfung in einer wirtschaftlich orientierten Ausbildungsstätte, fand sie lange keine Arbeit. Als es endlich doch gelang, verlangte der Chef, ein Steuerberater, von ihr Überstunden; dabei musste sie, nackt auf einer Leiter turnend, Akten einordnen, während er ihr von unten zusah. Ihre Angst vor den nörgelnden Eltern, die ohnedies nicht verstanden hatten, wieso ihr Superstar so lange keine Arbeitsstelle gefunden hatte, war so groß, dass sie viel zu lange an diesem Arbeitsplatz ausharrte – bis ihr Mann sie heiratete.

Heute ist solch eine Ausbeutung und →*Demütigung* für viele nicht vorstellbar und dank der Aufklärungsarbeit von Frauenbewegung, Arbeiterkammer und Medien auch immer seltener (aber doch noch vorhanden). Vor zwanzig Jahren war es leider vielfach üblich, dass Männer mit Macht versuchten, sich Frauen untertan zu machen, auch als Sexsklavinnen. Was sie damit an Körper, Seele und Geist der derart Unterworfenen anrichteten, ist vielen weder klar noch wichtig. Nur zu oft habe ich den Satz gehört: »Es ist ja nichts passiert«, weil eben viele zwar die Jungfernschaft nicht antasten (das könnte ja zivilrechtliche Schadenersatzansprüche, wenn nicht strafrechtliche Verfolgung nach sich ziehen), aber sonst keinerlei Respekt vor der sexuellen Selbstbestimmung – einem Menschenrecht! – zeigen.

Mental bedeutet dieses extreme Sich-Verschließen Schutz vor bedrohlichen Eindringlingen. Daher gehört zuerst der nötige Schutzmechanismus aufgebaut. In der Nibelungensage ist es ein Feuerkreis, der die von Wotan in Schlaf versetzte Brunhilde vor Männern schützt, die schwächer sind als sie. Dornröschen wiederum wird von der wild wuchernden Rosenhecke abgeschirmt. Im entsprechenden geistigen Bild

- sucht frau sich ein derartiges Symbol; das kann auch ein Wassergraben sein oder eine Düne aus Treibsand, in der man einsinkt, wenn man sich zu schnell, zu direkt, zu brutal nähert.
- Dann identifiziert man sich mit dieser abschreckenden »Hürde« und der darin verborgenen Naturgewalt und
- übt gedanklich das Aufbauen und Zurücknehmen.

Solches Einüben der seelischen Befindlichkeit, die notwendig ist, um das eigene Revier gegen ungebetene oder unhöfliche Gäste zu verteidigen, hilft auch in anderen Situationen, in denen sich jemand »penetrant« aufführt, sich der eigenen Fähigkeit, sich anzupassen oder abzustoßen, bewusst zu werden und die darin liegende Kraft zu spüren und auszustrahlen. Denn →*Grenzsetzungen* sind jedenfalls zu respektieren – und wer das nicht tut, enttarnt sich als echte/r Gewalttäter/in.

SCHLAFSTÖRUNGEN

Wir alle kennen die Bilderwitze mit über Hürden springenden Schäfchen oder dem Opa, der mit Kissen unter dem Arm vor dem Bett des frisch verheirateten Enkels steht und fragt: »Darf ich zwischen euch?« Manche lästern dann über »senile Bettflucht« und vergessen, dass es ein ernstes Krankheitssymptom sein kann, wenn jemand oft nicht oder nur schwer einschlafen kann.

Bei Kindern kann das vielerlei Ursachen haben: Angst vor Albträumen oder realen nächtlichen Attacken, Sorge, dass die Eltern streiten könnten ... Auch bei Erwachsenen ist »ein ruhiges Gewissen ein sanftes Ruhekissen«, wobei Gewissen bedeutet, keine Seelenqualen zu leiden (zum Beispiel wegen drohendem Arbeitsplatzverlust, Scheidung oder Schulden). Es lohnt sich also die Frage: Womit könnte es zu tun haben, wenn ich mich nicht so entspannen kann, dass ich schnell in Schlaf falle?

Unabhängig von dieser – selbst oder durch jemand anderen durchgeführten – Seelenbefragung gibt es Erste-Hilfe-Techniken, die entweder auf Monotonie setzen (wie die oben zitierten Schäfchen) oder im Gegenteil eintönige Gewohnheiten durchbrechen. Falsch ist beispielsweise die weit verbreitete Übung, sich (oder etwa ein Kind) zum Schlafen zwingen zu wollen. Viel besser ist es, ein entspannendes Programm für die Zeit zu erfinden, in der man dem Körper bereits Ruhe gönnen kann, dem unruhigen Geist aber etwas Gutes tun möchte. Sanfte Musik hören vielleicht oder Märchen lesen (solche, die man schon kennt). Sich Düfte oder Geschmäcker der Kindheit ins Gedächtnis rufen (natürlich nur, falls die Kindheit Geborgenheit spendete) und Wärme zuführen (bitte äußerlich. Feuerwasser liefert Albträume).

Körperlich mag es zweckdienlich sein, darauf zu achten, in welcher Haltung man den Einschlaf-Count-down startet. Der italoamerikanische Psychiater und Hypnotherapeut Ernest L. Rossi (Rossi/Nimmons 1993/94) vermutet, dass wir meist unbewusst den Kopf auf eine bestimmte Seite verlagern, um das nasale Gleichgewicht zu verändern. Wer sich beim Einschlafen hin und her wälzt, sucht noch nach dem optimalen Verhältnis zwischen den dafür passenden Gehirnfunktionen und der Atmung. Wir legen wohl instinktiv den Kopf auf diejenige Seite, auf der wir besser einschlafen, und verlagern innerhalb des vegetativen Nervensystems das Gewicht vom sympathischen, Erregung vermittelnden, zum entspannenden parasympathischen Nervensystem und bereiten so das Gehirn auf den Schlaf vor.

In der Schwangerschaftsbetreuung wird den werdenden Müttern oft geraten, auf der rechten Seite zu schlafen, das rechte Bein ausgestreckt, das linke angezogen darüber gelegt, sodass es bei zunehmendem Bauchumfang unterhalb des Bauches diesen stützen kann. Wenn man

- diese Lage ganz langsam einnimmt und
- im Rhythmus der Bewegung atmet,
- kann man mit jedem Atemzug

- eine Portion Muskelanspannung und
- eine Portion Tagesbelastung

loslassen.

Mental hilft vor allem →*autogenes Training,* sich so tief zu entspannen, dass man sanft in Schlummer gleitet. Vor allem wenn man gut trainiert ist, genügt die Kurzformel: »Schwere, Wärme, Ruhe« oder auch nur die Erinnerung daran, um schon entspannt zu sein. Aber nicht für jede Person ist das klassische autogene Training die Entspannungsform der ersten Wahl, meist deshalb, weil das Trainingsprogramm zu lange dauert und zu viel Geduld erfordert. Diese Ungeduldigen mögen eher körperliche Programme mit abwechselndem Anspannen und nachfolgendem Entspannen von Muskeln in absteigender Reihenfolge entlang der Körpergröße.

Ich liebe folgende Autosuggestion:

- Stellen Sie sich eine Situation vor, in der Sie an jemanden oder etwas gelehnt waren, das Ihnen ein beglückendes Gefühl von Wärme, Sicherheit und Geliebtwerden vermittelte. Das kann ein Sonnenuntergang auf einer Parkbank sein. Oder die Arme Ihrer Mutter, die Sie umfangen hält. Oder die Frau oder der Mann, der oder dem Ihr Herz gehört. Oder ein Baum, ein Tier, Ihr Bett, die Badewanne …
- Stellen Sie sich jetzt vor, wie Sie sich zurück- und anlehnen.
- Achten Sie dabei darauf, wie sich während dieser Vorstellung Ihr Nacken entspannt und Sie tief atmen, und
- bei jedem Atemzug ein wenig Tagesanspannung aus sich herausdrücken …
- und noch einmal mehr …
- Den Nacken entspannen und noch tiefer atmen …
- und so weiter und so fort.

SCHOCK

Vom Stammhirn her – dem ältesten Teil unseres Gehirns – kennen wir, wie Tiere, nur die Verhaltensweisen Spielen, Fressen, Schlafen oder Kämpfen, Flüchten, Totstellen. (Wo Sie Sex einordnen wollen, hängt wohl vom jeweiligen Beziehungsmuster ab …)

Wenn wir unvorbereitet in eine Situation kommen, in der wir eigentlich kämpfen (wenn wir uns für stärker halten) oder flüchten (wenn der Gegner sichtlich übermächtig ist) wollten, das aber aus welchen Gründen auch immer nicht geht, bietet sich als schnellste Akutreaktion immer Totstellen an: Wir steigen geistig aus der Situation aus. Sie kennen das wahrscheinlich vom Fahren auf der Autobahn: nicht aufgepasst, der Leitplanke (oder dem Nachbarauto) zu nahe gekommen – ein urtümlicher Adrenalinstoß (Körper macht sich kampf- oder fluchtbereit) – ein Stich ins Herz – Sie lenken aus und fahren weiter; erst nach ein paar hundert Metern wird Ihnen die soeben bewältigte Gefahr bewusst und Ihr Großhirn schickt Ihnen dankbare, beruhigende, ermahnende Sätze. Sie hatten einen Minischock. Bei einem Maxischock kann es Jahre dauern, bis Ihnen bewusst wird, was Sie überlebt haben.

Es muss nicht das Entkommen aus einer Gefahr sein, das diesen →*Stress* bewirkt. Es genügen schon schockierende Nachrichten, beispielsweise die Aufkündigung einer Beziehung – beruflich wie privat –, auf die man »gebaut« hat, die Basis-Funktion hatte, Identität gespendet hat. Was bei langsamer Vorbereitung zwar weh tut und Widerstand hervorruft, kann bei Überraschung ein Trauma bewirken, psychosomatische Symptome hervorrufen und in Ausnahmesituationen sogar zum Tod (Schmid 2000) führen.

Schockierende Nachrichten haben →*Krisen*-Charakter und Krisen werden in Phasen bewältigt. Die erste zeichnet sich durch »Lähmung« aus; oft funktioniert man sogar noch, vollführt noch begonnene Handlungen, findet den Weg nach Hause, erledigt dort etliches aus Routine – wie Hühner, denen der Kopf abgeschnitten wurde und die herumlaufen, weil die Nervenimpulse noch nicht erlahmt sind. So wird verständlich, wieso Unfallverletzte manchmal scheinbar ungeschädigt heimfahren, sich schlafen legen und am nächsten Tag tot sind. Ich erinnere mich an einen Vorfall, als ich einmal bei strömendem Regen von einem Auto überholt und geschnitten wurde, weil der Fahrer nach rechts in eine Einbahn abbiegen wollte. Ein Ausweichen war nicht möglich: Der linke Rückspiegel zeigte starken Abendverkehr, der rechte eine nahende Straßenbahn. Ich konnte nur hoffen, dass der andere schneller war als ich und das war er auch; die Kollision vereinte meinen vorderen und seinen hinteren rechten Kotflügel. Er fuhr weiter, ich fuhr weiter, wie in →*Trance,* ganz benommen, kurzfristig noch mit dem Gedanken, ich müsste ins nächste Wachzimmer; stehen bleiben war aber unmöglich. Mir wurde eiskalt, alle Lebenskräfte schwanden, der Muskeltonus ließ nach … Nur mehr der Gedanke: rasch heim und ins Bett. Dort schlief ich siebzehn Stunden lang, dann erst war ich in der Lage, die beiderseitige Fahrerflucht anzuzeigen.

Polizisten werden in ihrer Ausbildung darauf hingewiesen, dass man Beteiligte an schweren Unfällen am Ort des Geschehens nicht aus den Augen lassen sollte; sie könnten sich etwas antun (oder auch anderen). Ebenso lernen Hebammen, dass man Frauen rund um die Entbindung in Beobachtung halten soll, da sie psychotisch werden können, denn auch Geburten sind trotz allem technischen Wissen und Können immer noch ein Weg zwischen Leben und Tod.

Wenn Sie also merken, dass jemand im klinischen Sinn schockiert ist (und nicht nur Macht ausüben, schlechtes Gewissen machen will, indem er oder sie behauptet: »Ich bin schockiert«), dann bieten Sie so viel Fürsorglichkeit auf, wie Sie nur können. Nehmen Sie die Person in die Arme, halten Sie sie, so lange sie es braucht (meist bis das Weinen oder Zittern aufsteigt und die Lähmung sich löst). Leider lassen sich viele Menschen vom Anblick einer schockierten Person mit Angst anstecken und beginnen ihre Hilflosigkeit in Ärger oder Zorn umzuwandeln. Dann versuchen sie, den ohnedies »Angeschlagenen« zu beweisen, dass sie selber schuld waren, oder sonst irgendwelche Vorwürfe zu machen. Wenn Sie davon Augen- oder Ohrenzeuge werden, dann stoppen Sie die Nörgler, indem Sie auch ihnen Fürsorge angedeihen lassen, etwa indem Sie fragen: »Hast du dich jetzt sehr aufgeregt?« Fragen, auf die man mit einem befreienden »Ja« antworten kann, entkrampfen und das hilft allen.

SCHÜCHTERNHEIT

Meist wird Schüchternheit als Feigheit fehlinterpretiert oder als Dummheit, manchmal auch als Taktik. Aber Schüchternheit ist etwas ganz anderes; oft sind es gerade die Draufgänger/innen, die sich zurücknehmen, um andere nicht zu überfahren, oder die besonders Klugen, die Risiken abschätzen und sich auch Zeit nehmen, günstige Augenblicke abzuwägen – und die kommen eben nicht immer! Und wer taktieren kann, der oder die ist sicherlich nicht schüchtern.

Schüchternheit bedeutet vor allem, die unsichtbaren Grenzen zwischen Menschen zu spüren und diese nicht überrennen zu wollen. Aber weil unsere Spaßgesellschaft nur die Lustigen, Mutigen und Pflegeleichten mag und nicht die Zeit aufbringen will, sich mit den Schwermütigen, Bedächtigen und Komplizierten auseinander zu setzen, überspielen viele ihre natürliche – und, wie sich ja zeigt, auch berechtigte – Scheu und überkompensieren mit meist erfolglosen Versuchen, das erfolgreichste Modell ihrer Umgebung zu kopieren. Dabei wäre dies durchaus eine geeignete Methode; sie muss nur individuell angepasst werden. Die Frage lautet also nicht: »Wie wer will ich sein?«, sondern: »Wer ist ähnlich wie ich und hat schon geschafft, was mir noch schwer fällt?«

Bei Schüchternheit geht es immer um die Zeit, den Stil und den Mut, einander näher zu kommen und sich zu zeigen, wie man ist, mit all seinen Gefühlen. Erst unlängst habe ich in einer Supervisionsgruppe miterlebt, wie der Chef eines Arbeitstrainingsprojekts – ein herablassend lächelnder →*Kaktusmensch* – einem fachlich anders, nämlich psychologisch ausgebildeten, sehr zurückhaltenden Kollegen vorwarf, er sei aggressiv, als dieser seine wahren Gefühle nicht nur aussprach, sondern auch fühlen ließ. Der Kollege hatte deutlich erregt gesagt, er wolle es nicht mit ansehen, wenn der Chef eine bestimmte Frau, die auf Wiedereinstig ins Berufsleben trainiert werden sollte, hinter deren Rücken als »fette Sau« bezeichne. Der Chef versuchte in seiner üblichen Art, also von oben herab, den »schwarzen Peter« dem Kollegen zurückzuspielen, und verwechselte (ob absichtlich oder nicht, bleibe dahingestellt) eine deutliche Ich-Botschaft mit einer Du-Anklage. Wenn jemand sagt: »Ich mag diese Verhalten nicht« heißt das nicht: »Ich mag dich als Person nicht.« Im ersten Fall bleibt der Sprecher in seinem eigenen Revier, im zweiten Fall würde er das Revier der anderen Person verletzen.

Dass sensible Menschen zu vorsichtig sind, sich »weit aus dem Fenster« zu lehnen, wenn drunten keiner steht, der sie auffängt, halte ich für klug. Dass dies als Lebensstil die Kontaktmöglichkeiten behindert, liegt an fehlendem Zeitmanagement. Darunter verstehe ich nämlich nicht wie manche Manager, möglichst viel Arbeit einer Woche in einem Tagesablauf unterzubringen, sondern abschätzen zu können, wie viel Zeit man für eine bestimmte Aufgabe braucht. Für Befehle braucht man wenig Zeit, für Vertrauensaufbau viel.

Der Chef in obigem Beispiel, ein Arbeitsanleiter, pflegte den Befehlsstil. Und er pochte auf hierarchische Unterordnung. Nur: Für Sozialarbeiter, Sozialpädagogen, Psychologen etc. gehört es zu ihrem Berufsverständnis, mit Menschen gleichrangig zu kommunizieren, also auch mit übergeordneten so genannten Autoritäten. Immerhin sind Hierarchien nur juristische Konstruktionen, um Zuständigkeiten, Weisungsrechte, Verantwortlichkeiten und Sanktionsbefugnisse festzulegen; sie sind kein Freibrief für schlechtes Benehmen (oder die Zufügung von Gesundheitsschäden).

Wollen Sie also wirklich etwas gegen Ihre vermeintliche Schüchternheit tun (anstatt zu ihr als Ihrer persönlichen Selbstschutztechnik zu stehen)?

Körperlich rate ich Ihnen,

- jemanden, der oder die nicht schüchtern »auftritt«, wie ein Schauspieler nachzuahmen: Mimik, Gestik, Sprache, Bewegungen …
- und in sich hineinzuspüren, wie sich das anfühlt, ob es zu einem/r passt oder nicht, und allenfalls die erforderlichen Korrekturen vorzunehmen, bis man sich wohl fühlt.

Mental überlegen Sie:

- Was wäre das Ärgste, das passieren könnte, wenn Sie ohne Schüchternheit auf jemand anderen zugehen würden?
- Wie realistisch ist, dass dies geschieht?
- Was könnten Sie dazu beitragen, dass es nicht geschieht?
- Und wenn doch, was tun Sie dann am besten?

»Eine Frau, die sich mit einem Mann einlässt, der eine zerstörerische Wirkung auf sie ausübt, muss sich darüber klar werden, dass sie, wenn sie ihm wirklich ihre innersten Bedürfnisse enthüllt, Gefahr läuft, dass er dieses Wissen dazu einsetzt, um sie kaputt zu machen«, warnt Barbara Fast. »Lohnt sich dann das Risiko?« (Fast 1987)

Wenn es sich lohnt: Beginnen Sie mit kleinen Schritten. Jemanden, der Ihnen wichtig ist, kritisieren und warten, ob der Himmel einstürzt. Dann die Risikoqualität steigern und immer nachfragen, ob sich das Risiko lohnt. Bei Leuten, mit denen man nicht täglich zu tun hat, lohnt es sich oft nicht, außer man ist in einem Meinungsbildnerberuf. Hier ist es besonders wichtig, anderen ein Vorbild zu geben. Ich frage meine Klient/innen oft schmunzelnd: »Aber Sie wollen die Person nicht etwa heiraten?« Und auf die verblüffte Frage: »Wieso?« antworte ich: »Weil Ihnen deren Wohlwollen so wichtig ist.« Übrigens ein Zeichen, dass »der Tod« eine Ehe »geschieden« hat: wenn einem das Wohlwollen der anderen Person unerheblich geworden ist, wenn die Beziehung nicht mehr »lebt«.

Mit einer Elefantenhaut spürt man weniger als mit Schmetterlingsflügeln; daher muss ein Schmetterling schnell wegfliegen können, wenn die große Menschentatze nach ihm greift, wogegen der Elefant ruhig stehen bleiben kann, wenn dieselbe, nun aber kleine Menschentatze ihn schlägt; das spürt er wahrscheinlich gar nicht.

Streichen Sie also das Wort »schüchtern« aus Ihrem Wörterbuch! Sagen Sie stattdessen »vorsichtig«, »bedacht«, »misstrauisch« oder »abwartend«. Und überlegen Sie: Wenn Sie jemandem näher kommen wollen, gibt es auch Gruppenveranstaltungen, in denen man die Rolle des stillen Beobachters einnehmen kann, Briefe, Faxe, Mails, das Telefon, Call-in-Sendungen, Inserate, Kleinplakate und – vermittelnde »Diplomat/innen«.

SCHULDGEFÜHLE

Eng verwandt mit Schamgefühlen, wurzeln auch Schuldgefühle – nicht zu verwechseln mit echter Schuld! – in verdeckten Aggressionen. Der autogene Mechanismus zum Aufbau von Schuldgefühlen läuft etwa so ab: Ich sollte, aber ich will nicht, und werde aggressiv, weil man mich nicht in Ruhe lässt – ich weiß, dass ich auch nicht aggressiv sein soll – und weil ich nicht so bin, wie andere es von mir wollen, und zusätzlich noch aggressiv, fühle ich mich schuldig.

Traude Zehentner, mein Geheimtipp für verborgene österreichische Lyrik, hat einmal gedichtet:

»weil du mich
so wie ich bin
nicht aushältst
soll ich es aushalten
nicht so zu sein
wie ich bin?«
(Zehentner o. J.)

Ich erinnere mich an eine Situation, als mein damals halbwüchsiger jüngerer Sohn ausgehen wollte und ich nicht aufhören konnte, meine mütterliche Sorge in weit ausholenden Tiraden darzustellen. Er sagte damals zwei markante Sätze: »Ich bin nicht so naiv, wie du meinst«; das nahm ich zweifelnd zur Kenntnis.

S

Der zweite lautete: »Willst du mir Schuldgefühle machen?« Das saß! Da musste ich »Nein« sagen. Eine präzise Gegenstrategie gegen derartige – meist unbewusste, weil von eigenen Eltern oder anderen »Autoritäten« unreflektiert übernommene – Manipulationsversuche. Ich nenne es die »Exorzismustechnik« (und mein Sohn hat sie offensichtlich verstanden und gegen mich angewendet): Man muss den Namen aussprechen, erst dann geht der »böse Geist« weg. Wenn man nur »Apage« (»Hebe dich hinweg!«) sagt, fühlt er sich nicht angesprochen; erst mit den Worten »Apage, Satanas!« – gesprochen in vollem Bewusstsein der eigenen Kraft – kann man ihn wegschicken.

Echte Schuld hingegen entsteht dort, wo man wider sein Gewissen handelt, mit böser Absicht oder grob fahrlässig. Echte Schuld gehört vor Gericht oder in den Beichtstuhl – oder zu der Person, der gegenüber man sich entschuldigen sollte.

SCHUTZ siehe →*Kaktusmenschen*

SEHNSUCHT

So wie man Acht geben sollte, Verliebtheit und Liebe oder Eifersucht, Neid und Rivalität nicht zu verwechseln, lohnt es sich auch, Sehnsucht, →*Begehren,* →*Abhängigkeit,* →*Zwangsgedanken* und Entzugserscheinungen auseinander zu halten. Wenn man sich nach jemandem sehnt, spürt man, dass man eine tiefe emotionale Bindung zu einem Menschen hat und einem diese Person abgeht. Man hat Heimweh nach ihr. Entzugserscheinungen bekommt man, wenn etwas Gewohntes plötzlich ausfällt; emotionale Bindung muss man deshalb noch lange keine haben. (Deshalb kommt es häufig vor, dass Geschiedene oder frisch Getrennte »Rückfälle« ins Bett haben. Ich pflege Klient/innen in solchen Situationen immer darauf vorzubereiten, dass sie von Sentimentalität übermannt werden und dann in nostalgische Remake-Versuche verfallen können. Doch echte Remakes sind mit viel Selbstreflexion, →*Reue,* Wiedergutmachungsdrang, Wachstumsschritten, Reifewegen verbunden, und das alles braucht viel Zeit. Nachzulesen in der Parzival-Sage oder nachzuhören in Richard Wagners Oper »Parsifal«.)

Sehnsucht muss man aushalten lernen.

Körperlich geht das besser, wenn man tief und langsam atmet und mitspürt, wie sich das Herz dehnt. In meinen Seminaren empfehle ich manchmal als Körperübung,

- sich aufrecht hinzustellen,
- die Arme seitlich in Schulterhöhe (!) nach hinten zu führen (als wollte man hinter dem Rücken klatschen) und
- langsam die Handflächen einander anzunähern; wenn es zu schmerzen beginnt,
- tief und langsam in die Arme hineinatmen. Die Seminarteilnehmer/innen sind immer ganz überrascht, wie weit sie kommen, viel weiter, als sie es sich vorgestellt hatten. Es ist ein Trick aus der Zeit, als ich Ballett lernte: jeden Tag ein wenig länger atmen und gleichzeitig ein wenig mehr dehnen.

Mental hingegen hilft es wieder einmal, den geistigen Videorecorder einzuschalten:

- Denken Sie an eine Situation, in der Sie die Person (das Haus, die Musik, die Speise), wonach Sie sich sehnen, erlebt haben.
- Stellen Sie sich dieses Erlebnis mit allen Sinnen vor: Wie hat es ausgesehen, gerochen, geschmeckt , sich angehört, angefühlt?
- Wie haben Sie sich dabei körperlich gehalten?
- Steigen Sie nun in den Film ein und gehen Sie wieder in diese Position.
- Atmen Sie und holen Sie die Erinnerungen aus Ihrem biografischen Schatzkästlein.
- Genießen Sie
- und wenn Sie wollen, schicken Sie Ihre Liebe dorthin, denn lieben dürfen Sie immer und wen und was auch immer (Achtung: Besitzen wollen ist etwas ganz anderes, das dürfen Sie nur, wenn man Sie lässt).

SELBSTBEFRIEDIGUNG

Kaum eine der weit verbreiteten Sexualpraktiken wird so diskriminiert wie die Selbststimulation. Dabei gibt es Psycholog/innen wie Caroline Erb und Deborah Klingler (Erb/Klingler 2004), die »Autosexualität« gleichberechtigt neben Homo- und Heterosexualität sehen wollen. Es liegt wohl am Blickwinkel, ob

Masturbation als Mangel (etwa an Beziehungsfähigkeit), als Mängelbehebung (zum Beispiel Frauenmangel in »geschlossenen Systemen« wie Gefängnis oder Psychiatrie) oder als etwas Eigenes (à la Woody Allen: »eine sexuelle Beziehung mit jemand, den ich sehr mag«) definiert wird.

So dichtete schon Friedrich von Schlegel (1772–1829), der Autor von »Lucinde«, besser bekannt als Kulturphilosoph, Sprachforscher und Führer der Deutschen Romantik:

»Du meine Hand bist mehr als alle Weiber
Du bist stets da, wie keine Frau erprobt,
Du hast noch nie in Eifersucht getobt,
Und bist auch nie zu weit, du enger Reiber.«
(in Frank 1989)

Die nachfolgenden Zeilen sind mir zu zotig, die lasse ich weg. (Weniger zotig ist ein Sprüchlein, das heute noch heranwachsende Männer zum Lächeln bringt: »Und ist das Mädchen noch so lieb – Handbetrieb bleibt Handbetrieb!«)

In Goethes »Faust« weiß Mephistopheles: »Man darf das nicht vor keuschen Ohren nennen, was keusche Herzen nicht entbehren können.« Deswegen wurden auch allerlei Gerätschaften und Übungen ersonnen, beispielsweise von dem legendären Arzt und Pädagogen Daniel Gottlob Schreber (1808–1861), der seine Epoche für moralisch »schlaff« und kraftlos hielt und mit seinen Schriften den Erziehungsstil des 19. Jahrhunderts maßgeblich prägte, um Kinderhände die ganze Nacht über oberhalb der Decke zu fixieren (Schatzman 1974/1984).

»Die Liste der Ärzte, nach deren Meinung Masturbation seelische, geistige und körperliche Schäden verursache, nimmt sich wie ein *Who is Who* der Psychiatrie des 19. Jahrhunderts aus«, ätzt der amerikanische Psychiater Morton Schatzman. Um nur einige der angekündigten Folgeschäden der »Selbstbefleckung«, die Schatzman zusammengestellt hat, aufzulisten: Apathie, Verzweiflung, Reizbarkeit, mürrisches Wesen, Gefühlsträgheit, Verlust der Selbstachtung, Besessenheit, Ejaculatio praecox, Impotenz, sexuelle Anästhesie, Abneigung gegen Koitus, Erregung, Melancholie, Hysterie, Wahnvorstellungen, zu schwache Durchblutung des Gehirns, Rückenmarkschwindsucht, Verlust der Sehkraft, Gedächtnisschwund, Demenz, Asthma, Verdauungsstörungen, Krebs, Tuberkulose, Wachstumshemmung, Auszehrung, Tod. Und er führt auch an, mit welchen Methoden man »Onanisten aller Altersgruppen« (auch weibliche) von ihrem »Laster« abhalten wollte: »Kastration, Beschneidung, abschließbare Keuschheitsgürtel … Elektrisierung des Rückgrats und der Genitalien, Fesselung oder Einbindung der Hände in Säcke vor dem Schlafengehen …« Nur bei männlichen: »man bandagierte den Penis; man zog Metallspangen oder Drähte durch die Vorhaut … man trennte die Dorsalnerven des Penis durch … man erzeugte künstlich Blasen auf der Vorhaut und legte zur Nacht Metallringe mit Zähnen und Stacheln um den Penis …« Bei weiblichen entfernte man die Klitoris oder infabulierte die großen Schamlippen. (Es ist also gar nicht so lange her, dass Genitalverstümmelungen auch in unserem »Kulturbereich« befürwortet wurden.)

Ich erkenne in den angedrohten Folgeschäden – abgesehen von reinen Fantasien aus Sexualangst – eher die Ursachen, dass sich jemand auf sich selbst zurückzieht, in Hormonschwankungen während der Pubertät, dazu Depressionen, wahrscheinlich auch in Zusammenhang mit unsicheren, daher überstrengen Eltern, und den Versuch, Trostgefühle hervorzurufen, die er oder sie sich eigenhändig spenden kann. In den »Behandlungsmethoden« hingegen orte ich sexuellen Sadismus.

Aber auch »bis weit in die Mitte des 20. Jahrhunderts hinein war es üblich, Kinder und Jugendliche bei der Suche nach ihrem sexuellen Selbst zu stören«, klagte Volker Elis Pilgrim (Pilgrim 1975/1985). »Eltern, Erwachsene und ältere Kinder transportierten zum Kind ungeheuerliche Nachrichten, damit es aufhört oder nicht erst anfängt, sich mit seinen Lustregionen zu beschäftigen. Da aber Masturbation hohen Trostcharakter besitzt und auch eine Zeremonie darstellen kann, um innere Ängste abzuwehren, wird genau durch Angstmache ein unendlicher Teufelskreis von →*Scham* und →*Schuldgefühlen* in Gang gesetzt.«

S

Wie nett lesen sich hingegen die Zeilen, die der in den Fünfzigerjahren des vorigen Jahrhunderts berühmte deutsche Kabarettist Werner Fink Volker Elis Pilgrim widmete:

»… und immer war ich tief beschämt,
doch immer tat ich's neu;
ein andrer wäre längst gelähmt.
Ich bin noch – toi toi toi« *(in Pilgrim 1975/1985)*.

Es liegt aber nicht nur an den noch immer herumschwirrenden Mythen von Verderbtheit und Gesundheitsschädigung, weswegen viele Menschen Probleme mit ihrer eigenen wie mit fremder Wollust haben. Starke Gefühle sind ansteckend, und wenn man die fremde Intimität – auch wenn sie etwa von der vierjährigen Tochter ausgeht – nicht »annehmen« will, braucht man eine sichere Distanzierungsmethode.

Körperlich empfehle ich die einfachste →*Entspannungs*methode, die ich kenne:
- Atmung verlangsamen,
- beim Einatmen Brust und Schultern leicht anheben,
- beim Ausatmen Brust und Schultern so tief wie möglich absinken lassen,
- Hals entspannen (eigentlich wollen wir ja »den Kopf einziehen«),
- die Realität gleichmütig betrachten und
- sagen, was man möchte; beispielsweise, dass man nicht belästigt werden will (oder dass das nicht der richtige Ort, die richtige Zeit ist).

Mental bietet sich das »umgekehrte Fernglas« an:
- Man stellt sich vor, durch einen Feldstecher zu schauen,
- und dreht ihn um: Jetzt ist alles weit weg, ganz klein und berührt einen kaum.

Es gibt aber noch einen anderen Grund, weswegen viele der Selbstbefriedigung ablehnend gegenüberstehen: Manche erleben es als →*Demütigung* oder Beweis eigenen Versagens, es sich selbst »machen« zu müssen. Das sind die, welche versorgt werden wollen, wie ein Baby.

SELBSTBEHAUPTUNG siehe →*Widerstand*

SELBSTMORDGEDANKEN

Wahrscheinlich hat es jeder schon einmal gehabt, meist in der Pubertät: das Gefühl, man halte das alles nicht aus und möchte am liebsten tot sein. Dann ist zwar die Stimmung auf einem Tief und kein Lichtblick in der Nähe, aber meist auch der Antrieb weg. Und so hängt man in dieser depressiven Stimmung, leidet unendlich, aber schafft es, diesen Zustand zu »durchleiden«.

Selbstmordtendenzen wachsen aus negativen Erwartungen: Man sieht keine attraktive Zukunft vor sich, die es lohnen würde, die Gegenwart auszuhalten, oder erwartet – oftmals sogar zu Recht – noch ärgere Verschlechterungen. Man weiß keinen Ausweg mehr. Nichts erscheint mehr Sinn-voll.

Abgesehen von Kurzschlussreaktionen entwickelt sich der Gedanke an eine Selbsttötung nicht plötzlich; er kann sich über Jahre aufbauen. Kurzschlussreaktionen drohen dann, wenn eine Vielzahl von negativen Folgen zu befürchten ist, wo Angst vor aggressiven Reaktionen Nahestehender übermächtig wird und der Selbstwert auf Null absinkt. Solche Zustände kennt man von Autounfällen, wenn jemand, der vor seinem »Totalschaden« steht, sein Auto aber berufsbedingt nicht entbehren kann, Schulden hat, einen so engen Terminkalender, dass er gar nicht weiß, wie er sich um Ordnung kümmern sollte, nörgelnde Angehörige, die nun ihrem →*Negaholismus* frönen können, und womöglich ohnedies nicht in bester psychischer Verfassung, weil überarbeitet, sich kurzerhand umbringt. Oder von Personen, denen plötzlich die Arbeit gekündigt wurde (oder die in der Schule durchgefallen sind) und sich nicht »heim« (was für ein »Heim« ist das schon?) wagen.

Will man Kurzschlussreaktionen verhindern, erfordert dies das Wissen der Anwesenden, dass solche →*Krisen* durchaus »normal« im Sinne von menschengerecht sind: Sie sind *eine* Möglichkeit, eine Sondersituation zu bewältigen, aber leider eine tödliche. Wenn man Selbstmord (als Sünde oder pathologische Hormonentgleisung im Gehirn) verteufelt, nimmt man dem suizidalen Menschen primär die Möglichkeit, über sein Leiden zu sprechen. Genau das braucht er jedoch: jemanden, zu dem er Vertrauen haben kann, der spürt, in welchem Ausnahmezustand er sich befindet, und der »hält«: den Körper, die Seele und – den Mund.

Wenn aber niemand anwesend ist? Dann sollte es zum eingespeicherten Standardverhalten gehören, sich sofort Beistand zu suchen. Ist kein Telefonbuch zur Hand, in dem man unter Krisenintervention, Kummernummer (dort dürfen auch Erwachsene anrufen!), Telefonseelsorge nachschlagen kann, dann irgendjemanden. Man darf durchaus aggressiv, verzweifelt Hilfe einfordern! Man muss nur klar und deutlich sagen: »Mir ist etwas Schreckliches passiert und ich brauche jemanden, der mir beisteht.« Trauen Sie sich nur! Unterlassene Hilfeleistung ist ein Straftatbestand.

Wenn Sie aber zu den so Angesprochenen gehören: Vermeiden Sie Fantasien, was Sie nun nicht alles können oder tun müssten. Es reicht, wenn Sie einfach da sind. Wenn etwas zu veranlassen ist, werden Sie es schon merken. Sollten Sie sich überfordert fühlen, holen Sie weitere Unterstützung. Wohl eine der grundlegenden Ursachen für Selbsttötungen ist die (anerzogene) Fehlmeinung, man müsse immer alles selbst – und perfekt – »schaffen«, sonst sei man nichts wert.

Wenn der Entschluss zum »Schlussmachen« jedoch langsam wächst, was dann?

Zuerst: Geben Sie vor sich selbst diese Entwicklung zu. Sie beginnt zumeist mit einer

- Einengung: Die Fülle der erstrebten Möglichkeiten (Arbeitsplatz, Liebesbeziehungen, finanzielle oder körperliche Fähigkeiten etc.) verringert sich, es kommt zu Angst vor weiteren Niederlagen oder Verlusten, man setzt sich nicht mehr ein, zieht sich zurück … Es beginnt das
- Grübeln: die Gedanken kreisen um die negative Gegenwart und die Sorge um die Zukunft. Meist geht man damit den Nahestehenden auf die Nerven, erhält daher kein Verständnis, sondern nur falschen Trost oder oberflächliche Aufmunterung. Jetzt wäre es an der Zeit, sich jemand Kompetenteren zu suchen.
- Die bisherigen Werte »verschieben« sich; vieles, was bisher lebenswert erschien, wird nun abgelehnt. Das kann bis zu einer totalen Verneinung der Lebenswerte gehen. Es tritt Stagnation ein: Nichts geht mehr weiter. Nun ist es schon dringend, sich eine/n Berater/in zu suchen; man braucht neue Energie – »frischen Wind« –, um wieder in Bewegung zu kommen, und den bekommt man meist nur von »Professionellen«. Bitte nicht durch Alkohol oder andere Drogen!
- Oft tritt nun noch einmal ein Bedürfnis nach Aussprache, Geborgenheit und Schutz auf (und wird oft als ohnedies nicht erfüllbar abgetan). Deshalb ist es wichtig, zu wissen, dass dieses »präsuizidale Syndrom« den üblichen Prozess einer wachsenden seelischen Abstumpfung darstellt: Man ist eigentlich schon tot, die Tötungshandlung erfolgt nur noch automatisch.
- Diese »letzte« Sehnsucht nach Geborgenheit – Erinnerung an Schutz und Sicherheit in frühester Kindheit – wird oft als »Regression«, als Rückschritt, bezeichnet, als Abwehr der verzweifelten Stimmung und ihrer Ursachen und Begleitumstände verstanden. Ich interpretiere sie hingegen als Hinweis auf

die geplante Rückkehr zum Ursprung, aus dem realen Leben, hin zu »Mutter Erde«. Spätestens hier ist die letzte →*Chance,* dass sich im realen Leben eine Mutterfigur (sie kann auch männlich sein) findet, die einen in die Arme nimmt und »liebt«, also in seiner Not liebevoll und einfühlsam erträgt.

Wenn Sie also selbst von solchen Stimmungen überflutet werden: Suchen Sie sich eine kompetente Vertrauensperson. Und wenn sich diese nicht respektvoll oder einfühlsam benimmt, legen Sie Protest ein. Wenn sich in Ihnen nur ein Fünkchen Aggression entwickelt: raus damit! Jede nach außen gebrachte Aggression kann die Innenkehr verhindern, aufschieben oder abschwächen und Sie aus dem gefährlichen Zustand holen. Auch wenn Sie sich das wahrscheinlich nicht vorstellen können – geben Sie sich eine →*Chance!*

Wenn Sie hingegen mit jemand anderem konfrontiert sind, der sich in solch einem existenziellen Tief befindet, haben Sie (abgesehen davon, diese Person in die nächste Kriseninterventionsstelle oder Psychiatrie-Ambulanz zu schleppen, damit sie dort fachkundige Hilfe bekommt) folgende karge Möglichkeiten:

Körperlich können Sie die Person zu motivieren versuchen, dass sie sich bewegt. Sie dazu zu bringen, mit Ihnen gemeinsam spazieren zu gehen, ist wahrscheinlich bereits das Maximum dessen, was erreicht werden kann.

Mental zeichnet man eine Vision, die zumindest kurzfristig dem Leben Sinn gibt. Von Erwin Ringel, der international als Selbstmordforscher anerkannt war, geht die Legende, dass er, der große Musikliebhaber, präsuizidalen Patienten oft das Versprechen abnahm, sich unbedingt noch eine bestimmte Oper anzuhören (die allerdings erst etliche Wochen später auf dem Spielplan der Wiener Staatsoper stand); umbringen könnten sie sich nachher immer noch. Er soll mit dieser konkreten Art von Zukunftsperspektive sehr erfolgreich gewesen sein.

Und genau darum geht es: Vielen Menschen mangelt es an mehr als einem Lebensinhalt. Wenn dieser nur im Beruf, nur in einer Person, nur in einer bestimmten Fähigkeit besteht, fällt man leicht in das »schwarze Loch« (das Energie frisst, so wie die Schwarzen Löcher im Kosmos). Hat man aber mehrere Bereiche, die dem Leben Sinn geben, egal, ob es sich um religiöse (Glaube, Liebe, Hoffnung), geistige (Wissenschaft, Kunst, Ethik), existenzielle (Familie, Partnerschaft, Beruf, Gesundheit, Ordnung, Zufriedenheit) oder fundamentale (Lust,

Macht, Besitz) handelt (Dubitscher 1971), kann man sein Augenmerk von einem Bereich auf einen anderen verlagern. Das ist eine →*Coping*-Strategie, und sie ist →*salutogen.*

SELBSTMOTIVATION siehe →*Selbstprogrammierung*

SELBSTPROGRAMMIERUNG

»Glücksgefühle sind kein Zufall, sondern eine Folge der richtigen Gedanken und Handlungen«, weist Stefan Klein auf die Übereinstimmung von moderner Neurowissenschaft mit antiker Philosophie und Buddhismus hin (Klein 2002). Was wir denken, bestimmt unsere Gefühle; umgekehrt: Was wir fühlen, hat seine Entsprechung in einem neuronalen Prozess. Bewusstheit – die Voraussetzung der Erkenntnis, wie wir neuronal »programmiert« wurden beziehungsweise uns selbst programmiert haben – bedeutet, instinkthafte automatische Verhaltensmuster zu hinterfragen und die Fülle möglicher Antworten nach der bevorzugten zu durchforsten. Um das zu bewerkstelligen, brauchen wir Sprache und die Fähigkeit, zwischen Vergangenheit, Gegenwart und Zukunft zu unterscheiden.

Alles, was wir bewusst wahrnehmen, hat also einen Namen, und durch Namensgebung erschaffen wir auch unsere Wirklichkeit. (Auch der Gott der Genesis erschafft, indem er teilt und benennt). Denken Sie nur an Begriffe wie →*Burn-out* oder →*Mobbing:* Solange sie keinen Namen hatten, konnte man nicht über sie reden, die Erscheinungsbilder waren zwar da, aber sie wurden als schlechte Stimmung oder schlechtes Benehmen entweder verharmlost oder dramatisiert. Jetzt gibt es eine (soziologische) Definition, eine (medizinische) Diagnose oder auch einen (juristischen) Tatbestand und man kann etwas dagegen tun. Die überwiegende Mehrzahl hat nun dank medialer Multiplikation ein »Burn-out«-Neuron oder ein »Mobbing«-Neuron.

Wie entsteht ein Neuron? Nehmen wir an, ein Baby liegt in der Wiege. Es erscheint etwas Rundes, Rosiges, weiß Umrahmtes, weiter unten ist es hellgrün, es riecht nach 4711. Dieses Etwas deutet mit etwas ebenfalls Rosigem auf sich und gurrt: »Oma!« Am nächsten Tag erscheint dasselbe Rosige, Weißumrahmte wieder, riecht noch immer nach 4711, nur ist es diesmal weiter unten hellblau, aber es deutet wieder auf sich und gurrt wieder: »Oma!« Am nächsten Tag ist es wieder da, alles wie gehabt, nur ist diesmal das »Unterhalb« fliederfarben. So erwirbt das Baby ein »Oma-Neuron« und erkennt seine Großmutter auch, falls sie einmal nicht nach 4711 riechen sollte, sondern bloß nach Palmolive, und nicht gurrt, sondern krächzt, weil sie heiser ist.

Auf die gleiche Art und Weise schaffen wir uns die neuronalen Verdrahtungen im Gehirn, die unsere Verhaltensweisen bestimmen. Das kann unbewusst ablaufen wie beim oben zitierten Baby oder bewusst: Wir entscheiden uns beispielsweise konkret, das Verhalten einer anderen Person zu übernehmen, und das kann auch deren Gefühlsreaktion sein. Oder wir erfinden überhaupt eine neue.

Körperlich vollführt man das einfach dadurch, dass man sich in die Körperhaltung bringt, die dem erwünschten Erfolg entspricht.

Mental brauchen Sie dazu eine Entscheidung, wie Sie etwas in Zukunft machen (oder anders machen) wollen. Das gelingt Ihnen am besten, wenn Sie sich von den alternativen Verhaltensweisen ein geistiges Bild machen. Vielleicht kennen Sie eines aus Ihrer Vergangenheit oder von jemand anderem aus Vergangenheit oder Gegenwart? Oder Sie kennen jemanden, dem Sie das zutrauen? Lassen Sie einen geistigen Film mit Ihrer Starbesetzung ablaufen und achten Sie genau darauf, wie er oder sie das tut, was Sie verbessern wollen. Dann ahmen Sie es zuerst in Ihrem geistigen Film (hier können Sie noch zusätzliche Regieanweisungen geben), dann real nach. (Kritische Erfolgskontrolle nicht vergessen! Eventuell müssen Sie Ihre Szenen wiederholen.)

Nehmen wir als Beispiel →*Selbstmotivation:*

S

Körperlich die Haltung eines motivierten Menschen einzunehmen, wird Ihnen zwar eine aktivere Stimmungslage verschaffen, ob sie aber anhält, hängt davon ab, wie viel Beharrungsvermögen Sie zusätzlich aufbringen. Wahrscheinlich werden Sie diese aktivierte Geisteshaltung durch Selbstsuggestionen à la →*autogenes Training* verstärken müssen.

Mental hingegen wird es sehr zielführend sein, sich zu erinnern, wie das war,

- als Sie einmal trotz widriger Umstände sehr motiviert waren.
- Lassen Sie den geistigen Erinnerungsfilm ablaufen und

- achten Sie auf Details in der Umgebung, in Ihrem Verhalten, in der Reaktion anderer.
- Beachten Sie Ihre damaligen Sinneseindrücke; auch Geruch oder Geschmack können motivierend sein. Von Friedrich Schiller weiß man, dass er faule Äpfel in seiner Schreibtischschublade hortete, weil ihn der Geruch inspirierte.
- Suchen Sie zwei, drei weitere Motivationserlebnisse. Gibt es etwas, das allen gemeinsam ist? Ist das etwas, das Sie wiederholen können? Dann tun Sie es.

SEXUALSTÖRUNGEN siehe →*Autogenes Training,* →*Erektionsstörungen,* →*Frigidität,* →*Lustmangel,* →*Potenzstörungen,* →*Scheidenkrampf,* → *Vorzeitiger Samenerguss*

SICHERHEIT

Sich unsicher zu fühlen, kann eine körperliche oder eine seelische Ausprägung haben. Die einen fürchten um ihre materielle Sicherheit, die anderen fühlen sich als Person selbst-unsicher.

Um seine existenzielle Sicherheit zu fürchten, kann ein hilfreiches Signal bedeuten, mehr Vorsorge zu betreiben, ob es nun um die Sicherung der Altersvorsorge, der Ausbildung der Kinder, die Wohn- oder die Arbeitssituation geht. Es gibt professionelle Berater, die einem vorrechnen, wie viel man in »guten Zeiten« weglegen muss, damit man in »schlechten Zeiten« vorgesorgt hat. Denken Sie an die drei kleinen Schweinchen bei Walt Disney; zwei singen und tanzen und bauen ihre Häuser aus Stroh oder Holz und verspotten das dritte, das sein Haus mühsam, weil ohne Hilfe der Brüder, aus Ziegeln mauert. Dann aber schauen sie dumm, wenn der große böse Wolf ihre Häuser einfach wegpustet – und zittern, ob ihnen Bruder Schweinchen Schlau Zuflucht gewähren wird.

Allerdings kann Zukunftssorge auch die Qualität von →*Zwangsgedanken* erreichen.

Mental stellen Sie sich in einem solchen Fall eine Situation vor, die in der Zukunft liegt und beinhaltet, dass die befürchteten Katastrophen nicht eingetreten sind.

Ich habe das immer dann praktiziert, wenn meine Söhne auf Schikurs waren und ich Furcht aufsteigen spürte, es könnte ihnen ein schwerer Unfall geschehen. Dann sagte ich mir:

- Erstens weiß ich nicht, was morgen geschieht, es kann gut sein, es kann schlecht sein;
- zweitens ist es kontraproduktiv, Teufel an die Wand zu malen; es sollten immer nur Engel sein.
- Daher male ich drittens ein Bild, wie mein Sorgen auslösender Sohn im folgenden Sommer braun gebrannt am Esstisch sitzt und sich so benimmt, wie er sich eben zu benehmen pflegt (nur kein zu positives Bild malen! Es sollte immer realistisch sein) ...

Sollten Sie sich aber selbst-unsicher fühlen, möchte ich Sie entängstigen: Es ist ganz normal, dass sich Sicherheitsgefühle und Unsicherheitsregungen abwechseln.

Körperlich können Sie das leicht ausprobieren:

- Stellen Sie sich so hin, dass vor Ihnen Raum ist, in den Sie hineinschreiten können.
- Machen Sie nun so langsam wie möglich einen Schritt nach vorn. Sie haben jetzt nur einen Fuß am Boden und den anderen in der Luft. Wie fühlt sich das an? Sicher? Oder unsicher?
- Jetzt stellen Sie den Fuß auf den Boden und bleiben einige Zeit ruhig stehen. Wie fühlt sich das an? Sicher? Unsicher?
- Jetzt machen Sie ganz langsam den nächsten Schritt. Sie haben wieder einen Fuß in der Luft. Wie fühlt sich das an? Eben!

Immer wenn Sie einen Schritt weiter gehen, gibt es einen Augenblick der Unsicherheit. Sie wissen – noch – nicht, wie genau der Platz sein wird, auf dem Sie ankommen. Sicher sind Sie dann, wenn Sie Ihren Platz bereits erforscht haben und kennen und dort fest und sicher stehen – aber das bedeutet auch Stillstand!

Mental hilft es, sich selbst schwerer, gewichtiger zu denken, als man vielleicht real ist, sozusagen ein geistiges Sit-in zu betreiben:

- Sie wissen nun, dass Unsicherheit eine Begleiterscheinung jeder Bewegung, jedes Wachstumsprozesses, jeder Entwicklung ist. (In der Pubertät haben manche sogar körperlich Wachstumsschmerzen, weil die Dehnung und Streckung des Körpers zu mehr Größe zu schnell abläuft.)

- Wenn Sie nun die Geschwindigkeit der Bewegung erhöhen, merken Sie vielleicht Ihre Unsicherheit nicht, haben aber auch weniger Kontrolle über den Bewegungsablauf und den Landeplatz. Wenn Sie sich aber schwerer machen, gewinnen Sie mehr Bodenhaftung, man kann Sie nicht so leicht »aushebeln« oder wegblasen.
- Stellen Sie sich daher vor, wie Sie geistig und auch körperlich »mehr Gewicht« gewinnen (ohne dicker zu werden!), wie Sie Ihren Platz im Leben ausfüllen – gut ausfüllen – und dennoch immer noch die Flexibilität besitzen, wie ein Space Shuttle abzuheben, wenn Sie Ihren Platz wechseln wollen.

Außerdem sollten Sie regelmäßig überprüfen, was die Auslöser für Unsicherheitsgefühle sind: Konkurrenz? →*Eifersucht?* →*Rivalität?* Oder die Stacheln von →*Kaktusmenschen?* Dann distanzieren Sie sich von allem, was Ihnen nicht gut tut, auch wenn das bedeutet, lieb gewonnene Erwartungshaltungen oder Hoffnungen loslassen zu müssen.

STALKING siehe →*Belästigung*

STRESS

Das Wort Stress kommt aus dem Englischen und bedeutet Belastung beziehungsweise Belastbarkeit. Wenn in der Fernsehreklame eines Möbelhauses eine Stampfmaschine einen Polstersessel malträtiert, so erzeugt sie dem armen Fauteuil Stress und soll beweisen, wie viel der aushalten kann. Bei einem Möbelstück mag das auch angehen; Menschen jedoch Stress zu bereiten, um ihre Belastbarkeit zu testen (und alle, die das nicht aushalten, als »Ausschussware« zu bezeichnen, wie es unlängst eine junge Krankenschwester tat, auf deren Station sich ausgebrannte Zwanzigjährige von den körperlichen Ursachen ihrer →*Quarterlife-Crisis* erholen sollten), ist einfach Gewalt.

»Wenn du zulässt, dass deine →*Energie* sinkt, leidet dein Körper. Das erklärt die Beziehung zwischen Stress und Krankheit«, heißt es in den »Prophezeiungen von Celestine«. »Liebe ist der einzige Weg zur Aufrechterhaltung deines Energielevels. Sie hält uns gesund. Sie ist das Wichtigste überhaupt« (Redfield 1994). Deswegen versuchen →*Energiesauger* sich mit der Energie anderer aufzufüllen, während →*Kaktusmenschen* eher darauf hinarbeiten, die Energiereserven anderer zu zerstören (damit es denen nicht besser geht als ihnen). Leider geben Eltern oder Vorgesetzte – die in ihrer gesetzlich vorgeschriebenen Fürsorgepflicht ja etwas Ähnliches wie elterliche Obsorge ausüben sollten – oft die stressenden →*Kommunikationsstörungen* weiter, unter denen sie zu leiden hatten; dieses Leiden versuchen viele dadurch →*abzuwehren,* dass sie es verleugnen oder gar zur einzig richtigen Umgangsform (»Ohne Druck lernen die Gören ja nichts!«) umdeuten.

Ich warne immer vor drei wesentlichen Stressfallen (Perner 2004/b):

- Die Perfektionismusfalle basiert auf dem elterlichen Gebot: »Das ist nicht gut genug, du musst noch besser werden.« So erzeugt man in Kindern aber nur Leistungsdruck und Angst und das Gefühl, nur beachtenswert zu sein, wenn sie eine besonders gute Leistung erbringen. Menschen, die so erzogen wurden, bevölkern zuhauf die psychotherapeutischen Praxen, um endlich den →*Quälgeist* Vater oder Mutter vom Hals zu bekommen.
  Reißen Sie daher nie Ihrem Kind Seiten aus dem Heft, weil die »nicht schön genug« beschrieben wurden. Erstens weiß dann die Lehrkraft nicht, dass Ihr Kind sich nochmals bemüht hat (außer das Schulheft ist schon ganz dünn), zweitens nehmen Sie Ihrem Kind Unternehmungslust (es erwartet früher oder später nur mehr, dass seine Leistungen ohnedies nie genügen werden), und drittens gewöhnt sich Ihr Kind Gewalt an (denn was sonst ist Herausreißen?).
- Die Gefälligkeitsfalle wird aufgebaut, indem man einem Kind mit Liebesentzug droht, wenn es nicht macht, was man von ihm will. Das beginnt mit Sätzen wie (Zitat!): »Da muss der Papa aber weinen«, wenn das Kindlein mal nicht »brav« essen will, und endet mit: »Das kannst du schon für mich tun, immerhin habe ich dich unter Schmerzen geboren.« Später wundern sich diese Eltern, wenn ihr Kind unter Schuldgefühlen leidet oder immer wieder auf Partner/innen hereinfällt, die es emotional erpressen und/oder finanziell ausnehmen.

- In der Zeitfalle wird dem Kind suggeriert, dass es zu langsam ist, keine Pausen machen darf, mehrere Dinge gleichzeitig erledigen und vor allem seine übertrieben umtriebigen Eltern nicht daran erinnern soll, dass Lebensqualität vor allem im Genießen besteht. »Hast du nichts zu tun?« lautet der zugehörige Fluch der Workaholics, die mit ihrem ununterbrochenen Arbeitseinsatz ihrer latenten Depressivität davonzulaufen versuchen.

Die meisten Menschen verstehen Stress nur als Zeitdruck oder als Überlastung, bestimmte Leistungen erbringen zu sollen und zu wissen, dass das nicht gelingen wird, so wie die Müllerstochter im Märchen vom Rumpelstilzchen. Sie wehren zwar zusätzliche Ansprüche mit dem Hinweis: »Kann nicht, bin im Stress!« ab, merken aber erst, wenn der Körper bereits Stressfolgen aufweist, wo sie Raubbau an ihrer Gesundheit betrieben – oder geduldet – haben.

Aber auch Untätigkeit, Nicht-gebraucht-Werden, →*Demütigung* können Stress bedeuten. Ich warne oft: »Auch untertourig gefahren wird ein Motor kaputt.«

Woran merken Sie, dass Stress beginnt? Wissen Sie dann, wie Sie gegensteuern können?

Körperlich

- merken Sie Stress, wenn Sie den Atem anhalten oder zu hecheln beginnen.
- Dann heißt es innehalten, überprüfen: Was konkret ist der Auslöser, dass sich mein Körper fluchtbereit macht oder den Totstellreflex einübt?
- Überlegen Sie: Wie kann ich die Situation ändern, damit es meinem Körper wieder gut geht? Pausen einlegen, zusätzliche Unterstützung (Menschen, technische Errungenschaften, Vitamingaben etc.) organisieren – oder auch gewerkschaftliche Hilfe zur Änderung unmenschlicher Arbeitsbedingungen. Schlimmstenfalls – wenn nichts nützt – aus der Stress-Situation aussteigen.

Mental helfen Autosuggestionen von Ruhe und Gelassenheit (und von Vertrauen in Gott oder wie Sie das »ordnende Prinzip« nennen wollen), sich körperlich, seelisch und geistig aus dem Anspannungszustand zu holen. Oft hilft auch, sich solch einen Entspannungszustand zu visualisieren oder ein Foto, das dieselbe Wirkung auslöst, in sichtbarer Entfernung aufzustellen.

Jedes Innehalten und Nachdenken oder körperlich Nachspüren hilft, die Aufmerksamkeit und damit →*Energie* von dem Objekt, das Energie schluckt, abzuziehen und auf sich selbst zurückzuleiten. Denken Sie im Notfall immer daran: Im Zustand der Aufregung oder Hetze denkt man nicht gut. Daher nützt solch eine Umkehr der Aufmerksamkeit, in einen leistungsstärkeren Zustand zu gelangen.

STRUKTUR

Von dem Psychoanalytiker Fritz Riemann (Riemann 1984) stammt nicht nur der Hinweis darauf, dass es Menschen gibt, deren Grundangst entweder auf Vermeidung von zu viel Nähe oder umgekehrt auf Vermeidung von Verlassenwerden und Einsamkeit gerichtet ist, sondern auch auf Menschen, die vor Chaos Angst haben, während den gegensätzlich Orientierten zu viel Ordnung Angst macht.

Auch wenn im zivilisierten Mittel- und Westeuropa diejenigen als »reif« angesehen werden, die Einsamkeit ertragen und Ordnung schaffen können, gehört die Fähigkeit, Nähe herzustellen und zu genießen, zur Beziehungsfähigkeit, und die Großzügigkeit, Unordnung auszuhalten, zur →*Kreativität.* Nur weil wir als Kinder noch lieben können und in unserer Neugier und Experimentierfreude mehr Kreativität zeigen als später in der Schule, wo wir Aufgaben zu erfüllen haben, heißt das nicht, dass diese Eigenschaften kindisch wären und man sie wegerziehen sollte. Wenn man allerdings grausame, liebesunfähige und absolut gehorsame (daher nicht durch soziale Kreativität von Partnerschaft und Gleichberechtigung träumende) Menschen züchten will, dann muss man Menschen isolieren und abstumpfen. Dazu eignen sich militärischer Drill ebenso wie Anklagen und erzwungene öffentliche Schuldbekenntnisse.

Wer also an sich selbst arbeiten will, um eine funktionale →*Balance* zu entwickeln, braucht sich nur bewusst zu machen: Gegen Chaos hilft Struktur – gegen zu viel Struktur hilft Chaos.

Körperlich kann Struktur durch Verweilen in Ruhe und Stille hergestellt werden (wie in vielen Meditationstechniken), Chaos durch Bewegung und Stimmeinsatz (wie beispielsweise in der Dynamischen Meditation nach Osho oder African Dance).

Mental bieten sich räumliche oder zeitliche Strukturen an, Rituale beispielsweise, bei denen man Handlungen in bestimmter Zeitfolge an verschiedenen Orten ausführt. Fast jede religiöse Liturgie kennt solche Abläufe, aber auch die Volkskultur schafft damit ruhende Pole in stürmischen Übergangszeiten. Ebenso gibt es Feste, in denen die geltende Ordnung vorübergehend außer Kraft gesetzt wird, damit neue Energien aufbrechen können. Der Karneval, der Winterkehraus vor dem einsetzenden Frühlingssturm, besitzt solche Kraft.

Wenn Sie also selbst von →*Gefühlsstürmen* gebeutelt werden, suchen Sie Struktur: Planen Sie Ihren Tagesablauf, schaffen Sie Fixpunkte, die Sie einhalten, genießen Sie selbst erfundene Rituale. Wenn Sie sich irgendwann wieder durch zu viel Struktur eingeengt fühlen, brauchen Sie diese Regeln nur zu brechen …

SÜCHTE

Hinter jeder Sucht ist eine Sehnsucht: So lautet der Titel eines Buches des Frankfurter Psychologen Werner Groß (Groß 1985/86). Er zitiert Raymond Battegay (Battegay 1978), der unter Suchtverhalten ein unwiderstehliches Verlangen nach – wenigstens scheinbarer – Überwindung der dem Individuum in der sozialen Realität gesetzten Schranken mit Hilfe von Mitteln oder Handlungen versteht, die dem Lustgewinn, der Unlustverhütung, der Verminderung sozialer Distanz und der Leistungssteigerung dienen.

Süchtige Menschen suchen ein bestimmtes Gefühl, den »Kick«, aber der muss nicht unbedingt ein Hoch-Gefühl sein; für manche besteht er in Betäubung, Beruhigung von Schuldgefühlen oder Ängsten, zum Beispiel der Angst, aus dem Freundeskreis herauszufallen. Zur Krankheit wandelt sich ein Suchtverhalten, wenn die Abhängigkeit von einer Substanz (Alkohol, Nikotin, Drogen, Medikamenten, aber auch Süßigkeiten) oder Verhaltensweisen (Essen beziehungsweise Hungern und Erbrechen, Fernsehen, Computerspielen, Glücksspielen, Extremsport oder Körperkorrekturen, Einkaufen beziehungsweise Stehlen, Arbeiten und »Lieben«) zwanghaften Charakter annimmt und bei Abstinenz panische Angst, Hypererregung, Vernichtungsgefühle und andere physische Entzugserscheinungen (Zittern, Schlaflosigkeit, Unfähigkeit zu essen, Verwirrtheitszustände) hervorruft. Dann ist das Ziel nicht mehr der – vermeintliche – Genuss, sondern die Behebung des unerträglichen körperlichen Zustands.

Wenn Sie bei sich Tendenzen zu Suchtverhalten feststellen, scheuen Sie sich bitte nicht, spezialisierte Fachleute aufzusuchen! Oft verbirgt sich hinter dem scheinbar »nur« unersättlichen Verhalten ein »Loch in der Seele« (Zitat eines sexsüchtigen Klienten), das während traumatischer Kindheitserfahrungen aufgerissen wurde. Auch wenn Sie die Erfahrung machen, dass das Gefühl »Mir fehlt etwas« durch den Einsatz des gewohnten Suchtmittels oder Suchtverhaltens verschwindet – es ist ja doch nur ein Ersatz für etwas Tieferliegendes. Und auch wenn Sie sich nun wehren, das zuzugeben: Sie sollten sich wichtig genug sein, sich wirklich kennen zu lernen, sich auf die Tricks draufzukommen, mit denen Sie sich selbst belügen, um sich vermeintlich unerträglichen Schmerz zu ersparen. Doch auf lange Sicht überwiegt der Schaden den Nutzen.

Auch hier rufe ich wieder in Erinnerung: Wir erwerben unsere Neurosignaturen und verstärken sie im Laufe unseres Lebens, aber wir können sie auch ändern! Wir vergiften uns, teils gegen unseren Willen, wie etwa durch Umweltschmutz und schädigende Kommunikationsmuster anderer, teils durch unsere Ignoranz, wie etwa durch häuslichen Elektrosmog und mediale Geistesverschmutzung, teils aber auch bewusst durch selbstschädigendes Verhalten. Dagegen: Was für ein wundervolles Gefühl ist es doch, wenn man verschwitzt und verdreckt unter die Dusche steigt und sich selbst mit Seife einstreichelt, das köstliche Nass an sich herabrinnen spürt, um dann gereinigt und nach Frische duftend aus dem Becken zu steigen?

Freuen Sie sich über jedes Reinigungsgeschehen. Holen Sie sich diese Erfahrung täglich. Genießen Sie sich selbst im Zustand der Sauberkeit, der Freiheit von Nervengiften und der Verfügbarkeit Ihrer Geisteskräfte. Das sind dann nämlich wirklich Sie, mit all Ihren echten Gefühlen, kein ferngesteuerter Zombie.

Wenn Sie aber als Angehörige zusehen müssen, wie sich jemand langsam ins Grab säuft oder raucht, spritzt oder schluckt, seine wirtschaftliche oder soziale Existenz und/oder familiale Beziehungsfähigkeit zerstört: Gestehen Sie sich Ihre →*Ohnmacht* ein. Sie können nicht für jemand anderen leben, egal, ob das Ihre Partnerperson ist, ein Elternteil oder Kind. Gehen Sie in schützende Distanz und hören Sie auf zu schonen, zu beschönigen oder zu verheimlichen (Lambrou 1996)! »Grausame Liebe« heißt das in der Fachsprache. Damit vermeiden Sie, Elternrolle für einen suchtgefährdeten oder -kranken Menschen zu übernehmen und ihn oder sie damit zum Kind zu machen. So wird er oder sie keinen Anlass sehen, etwas am bisherigen Verhalten zu ändern.

T

TRANCE

Sicher kennen Sie die so genannte Autobahntrance: Durch den »Weitwinkelblick«, mit dem man die gesamte Panoramabreite der Strecke im Auge hat (wobei man den Blick nur bei Störung zielgerichtet auf das Irritierende »umschaltet«), läuft man Gefahr, zu starren und durch die Unbewegtheit der weiter gestellten Augenachsen in ein leichtes Hypnoid (schlafähnlicher Zustand) zu fallen.

Monotonie fördert Trancezustände: Unbewegt auf ein Ziel (etwa eine Lichtquelle) zu schauen, gleichförmige Klangreihen (wie das Ticken einer Uhr oder eines Metronoms, das Tropfen eines Wasserhahns, rhythmisches Klopfen, geflüsterte Satzwiederholungen wie beim Rosenkranz oder auch das Atemgeräusch beim Schaukeln, Wiegen, Drehen etc.) auf sich einwirken zu lassen oder eben auch sanfte rhythmische Bewegungen bringen es mit sich, dass man nach einiger Zeit den Wachzustand vermindert und damit offener wird für unterschwellige innere, aber auch äußere Wahrnehmungen. Damit arbeiten manche psychotherapeutische Schulen. Man kann sich aber auch selbst in eine leichte Trance reden oder denken, sollte sich dabei aber jedenfalls eine Zeitgrenze geben und klugerweise auch einen posthypnotischen Befehl dazukoppeln (etwa »frisch und munter« oder »gut aufgelegt« oder »im Besitz neuer Ideen«), zu dem man wieder in den Wachzustand zurückkehren will.

Ich bevorzuge eine Tranceinduktion, mit der ich mich einerseits kurzfristig entspannen beziehungsweise regenerieren kann, andererseits aber auch kreative Ideen freisetze (beispielsweise »erfinde« ich so meine Buchtitel). Sie verbindet Körperliches und Mentales und kann nicht nur zur Autosuggestion, sondern auch zur Fremdbeeinflussung eingesetzt werden. So habe ich mich seinerzeit, wenn meine Söhne Schularbeiten oder Prüfungen hatten, am Vorabend an ihr Bett gesetzt und sie mit dieser Methode sanft und leise in den Schlaf geredet. Zwischen den einzelnen Abschnitten, in denen ich das jeweilige Sinnesorgan angesprochen hatte, flocht ich Sätze ein wie: »Und dir wird zum passenden Zeitpunkt all das einfallen, was du als Antwort auf die Frage wissen musst« oder: »Und du weißt, du hast gelernt und es wird dir auch einfallen, wenn du es brauchst.«

Wichtig ist, dass man beim Designen der Suggestionen Negativformulierungen wie »nicht« oder »kein« vermeidet. »Habe keine Angst!« wird vom Gehirn als »Hab Angst!« entschlüsselt.

Die Methode geht so:

- Man setzt oder legt sich in möglichst entspannter Haltung hin,
- schaut ins Leere oder schließt die Augen,
- geht gedanklich (oder sprachlich, wenn man damit jemand anderen unterstützen will, dann aber bitte in einem »langweiligen« leisen Singsang),
- durch die drei Hauptsinne: »Ich sehe ...« (»Du siehst ...«) – »Ich höre ...« (Du hörst ...«) – »Ich spüre ...« (»Du spürst ...«) und verbindet diese drei Abschnitte mit dem Wörtchen »während«.
- In unserem Beispiel versuchen wir, einem kleinen Kind Prüfungsangst wegzureden beziehungsweise Selbstsicherheit einzureden:
- »Du liegst jetzt in deinem Bett und du schaust zum Fenster und die Vorhänge sind zu und es ist dunkel ... Und du merkst, wie dein Körper schwer wird ... Und du hörst meine Stimme ... und du wirst müde ... und du weißt, dass du für morgen gut vorbereitet bist ... und du spürst deine Fersen auf dem Leintuch ... und du wirst ganz sicher, dass du morgen ziemlich alles ruhig und gelassen wissen wirst ... und du schließt die Augen und siehst nur mehr Schatten ... und du wirst immer ruhiger ... und du hörst noch immer meine Stimme (Wiederholungen sind zulässig) ... und du merkst, wie du dir selbst vertraust, jetzt und auch morgen ... und du spürst deinen Körper unter der kühlen Bettdecke ... und du schläfst jetzt im Bewusstsein deiner Selbstsicherheit ein ... du wachst morgen Früh voll Selbstvertrauen und heiterer Gelassenheit auf und freust dich, dass du bald wieder das viele Lernen hinter dir haben wirst ...«

Üblicherweise geschieht es vielfach gerade umgekehrt: Kleinen Kindern wird von elterlichen →*Miesmachern* Prüfungsangst ein- und Selbstvertrauen ausgeredet. Und ähnlich gehen auch viele Menschen mit sich selbst um: Sie verfluchen sich quasi jeden Tag selbst aufs Neue – eine sehr erfolgreiche Misserfolgsstrategie.

Also malen Sie bitte keine Teufel an die Wand, sondern nur Engel!

TRAUER

Heutzutage, wo es fast für oder gegen jede Befindlichkeit eine Pille oder ein (homöopathisches) Kügelchen, eine (Bach-) Blüte oder ein (Schüssler-) Salz gibt, erwarten viele Menschen von sich und von anderen, mit deren Hilfe funktionieren zu können oder auch zu müssen wie ein Roboter – gefühllos. (Dabei gehört Gefühlsvermeidung zu den →*Kommunikationsstörungen.* Wie sollen sich Menschen miteinander auskennen, wenn keiner dem anderen mitteilt, was die jeweiligen Botschaften und Verhaltensweisen bei ihm oder ihr auslösen?)

Etwas zu verlieren, das man geliebt hat, etwas loszulassen, das Sicherheit gegeben hat, eine Veränderung zu bewältigen, die massive Anpassungsleistungen (→*Coping*-Strategien) erfordert, kann unterschiedlichste psychische Reaktionen hervorrufen – von →*Angst* bis →*Depression,* von →*Verzweiflung* bis →*Zorn.* Aber immer wenn etwas verschwindet, das man gewohnt war, folgt eine Zeit mit Entzugserscheinungen – und dagegen hilft: Trauern. Aber gerade vor der Trauerarbeit haben viele Menschen wiederum Angst – vor dem Unverständnis anderer, die erwarten, dass man rasch wieder funktioniert. So finde ich die unterschwellige Botschaft, mit zwei Tagen Urlaub nach einem Todesfall unter nächsten Familienangehörigen müsse der Trauerfall erledigt sein, unmenschlich. Nicht umsonst hat ein Trauerjahr Tradition. Wenn man einen Zahn extrahiert bekommt, dauert es ja auch etwa ein Jahr, bis sich die Lücke geschlossen hat – und analog braucht es Zeit, bis die Leere, die durch Tod, Trennung oder Verlust geschaffen wurde, von selbst wieder »Erfüllung« gefunden hat.

Die persönliche Form zu finden, wie man sich zurückziehen, Abschied nehmen, Andenken bewahren oder gestalten will, das sind die Aufgaben, die bewältigt werden müssen. Wie bei allen Krisen und Veränderungsprozessen helfen dabei Rituale.

Die traditionellen Rituale unseres Kulturbereichs für einen Todesfall waren lange Zeit beinahe verschwunden; es hat ja auch kaum mehr jemand die Zeit (und die Nerven), zwischen den medieninszenierten Ansprüchen an Power und Success (Macht und Erfolg) einige Gänge herunterzuschalten, innezuhalten und sich der Trauer zu widmen. Mit der Hospizbewegung wird zumindest als Alternative zum isolierten Sterben in Kliniken eine humanere, liebevollere Neugestaltung versucht. Aber je mehr die individuelle Fähigkeit, besondere Anlässe ritualisiert zu feiern, als unmodern bezeichnet wird und verschwindet, desto eher müsste es schon bald für alle Abschiedsaufgaben mobile Trauerhelfer geben.

Wenn Sie also Ihre Trauergefühle wertschätzen (und sich nicht von Peitschenknallern, für die nur das Schaffen zählt, von sich selbst wegjagen lassen) wollen, dann probieren Sie aus, welche Haltung für Sie Trauern am sinnigsten ausdrückt:

Körperlich:
- Knien? Im Lotossitz sitzen? Auf dem Bauch liegen? Die Stirne in die Handflächen stützen?
- Wie wollen Sie das, was Sie betrauern wollen, symbolisieren? Mit einer Fotografie? Einer Zeichnung? Etwas Selbstgebasteltem? Einem Gegenstand? Einer Pflanze? Einem Stein?
- Wie wollen sie es betrauern? Durch Sprache? Gesang? Mit tänzerischen Wegwerfbewegungen? Mit Briefen ans Nirgendwo? Mit Tränen?
- Was wollen Sie danach damit tun? Ihm einen Ehrenplatz geben? Ein »Denkmal« daraus machen? Es verbrennen? Eingraben? Verarbeiten?

Das sollen nur einige Anregungen sein. Sie müssen selbst herausfinden, wie Sie Abschied feiern wollen: von einem Menschen, einem Lebensabschnitt, einer Arbeit, einem Körperteil …

Mental reicht es wohl, sich das Trauern zu erlauben. Bleiben Sie bei sich und Ihren echten Gefühlen – und widerstehen Sie der Verlockung, Ihre Gefühle zu unterdrücken, nur weil andere es nicht aushalten, dass jemand traurig ist (weil Sie dann womöglich an ihre eigene Traurigkeit erinnert werden könnten).

TRAUMATA

Trauma, Mehrzahl Traumata, bedeutet Verletzung, körperliche wie seelische. Letztere wurden wissenschaftlich und in der Folge gesellschaftlich erst ein Thema, als die US-Regierung nicht mehr darüber hinwegsehen konnte, dass sehr viele Vietnam-Veteranen psychisch auffällig waren und kaum wieder ins »Normalleben« integriert werden konnten. Das hat auch damit zu tun, dass es erstmals in den USA massiven öffentlichen Widerstand gegen diesen Krieg gab – im Gegensatz zu Europa, wo vor Ende des Zweiten Weltkriegs Kritik lebensgefährlich war und nach dessen Beendigung Schock, Schuldgefühle und Schweigen, aber öffentlich Einigkeit über die Schrecken des Krieges vorherrschten.

Bei der Arbeit mit psychisch traumatisierten Kriegsheimkehrern fiel einigen Psychiater/innen auf, dass die Symptome denen von Menschen glichen, die als Geiseln genommen oder sexuell misshandelt worden waren. (Dafür wurden allerdings keine Forschungsgelder zur Verfügung gestellt, es betraf ja »nur« überwiegend Frauen und Kinder und damit nicht den Verantwortungsbereich des Pentagon; Lewis Herman 1993).

»Das Trauma entsteht in dem Augenblick, wo das Opfer von einer überwältigenden Macht hilflos gemacht wird«, schreibt Judith L. Herman, amerikanische Psychiaterin und Professorin an der Harvard Medical School (Lewis Herman 1993). Das können Naturkatastrophen sein oder Gewalt durch Menschen. (Ich ergänze: auch durch Tiere oder Maschinen.) »Traumatische Ereignisse schalten das soziale Netz aus, das dem Menschen gewöhnlich das Gefühl von Kontrolle, Zugehörigkeit zu einem Beziehungssystem und Sinn gibt.« (Das entspricht den drei Hauptkriterien von →*Salutogenese.*) Und Herman betont: »Traumatische Reaktionen treten auf, wenn Handeln keinen Sinn hat.«

Solche Reaktionen können in drei Hauptkategorien eingeteilt werden:

- Übererregung, zum Beispiel Angstsymptome, besondere Schreckhaftigkeit, Lärmempfindlichkeit, Schlafstörungen,
- Intrusion, zum Beispiel »Flash-backs« (unauslöschliche Bilder, die überfallsartig ins Bewusstsein treten), wiederkehrende Albträume mit Sequenzen des traumatischen Erlebens, Wiederholungszwänge in Handlungen,
- Konstriktion, zum Beispiel Veränderung des Bewusstseinszustands, völlige Passivität, Depersonalisation, Derealisation, Verlust des Schmerzgefühls, verändertes Zeitgefühl.

Dazu kommen vielfach noch andere, etwa psychosomatische Symptome, Beziehungsstörungen, Konzentrationsstörungen, Arbeitsstörungen etc.

Traumatisierte Menschen brauchen vor allem Respekt (und nicht Kritik) und soziale Einbindung. Wenn daher ein Traumatisierter verlangt, in Ruhe gelassen zu werden, heißt das nicht, dass man ihn oder sie ignorieren solle, sondern dass er oder sie um behutsamen Umgang bittet.

Traumata sollten nur in psychotherapeutischer Behandlung bearbeitet werden – dafür gibt es Spezialist/innen – und nicht in so genannten Rückführungen, Rebirthings, Reinkarnationstherapien oder Schamanenreisen (wobei man nicht ausschließen kann, dass bei jemandem, der oder die sich als psychisch unverletzt einschätzt, bei solch einer esoterischen Behandlung unvermutet plötzlich ein verdrängtes Trauma ins Bewusstsein tritt. Stammt die behandelnde Person nun aus einem Arzt- oder Psychotherapieberuf, ist zu hoffen, dass sie weiß, wie mit solch einer →*Krise* fachgerecht umzugehen ist).

Wenn man aber selbst das Trauma bereits kennt oder ahnt, ist jedenfalls zu empfehlen, mit sich selbst so behutsam und liebevoll wie möglich umzugehen und für schützende Abstände zu allem, was einem weh tun könnte, zu sorgen. Meist sagt einem ohnedies die →*Intuition,* wovor man sich in Acht nehmen sollte – und solche körpersprachlichen Warnungen sollten immer ernst genommen werden!

Solch ein →*Schutz* kann folgendermaßen symbolisiert werden:

Körperlich, indem man sich – wie im Märchen – ein Amulett umhängt, einen Schutzgegenstand bei sich trägt (früher gierte man nach Reliquien von Heiligen oder Königen, denen besondere magische Kräfte zugeschrieben wurden) oder einen »Fetisch«[1] von jemandem, der einen liebt (früher gab man Haarlocken als Fetisch).

Mental kann man diesen »Placebo-Effekt« hervorrufen, indem man sich vorstellt,

- dass einen ein Schutzwall aus einem der Elemente (Erde, Feuer, Wind, Wasser) umgibt und das einsinkt, verbrennt, wegweht, untergehen lässt, das einen ängstigt oder
- dass man sich in einem Riesen-Schutz-Ei aus Einwegspiegeln befindet: Alles was auf einen zukommt, wird reflektiert und nur ganz bestimmte Zu-Fälle dürfen herein.

Man schafft sich durch solche Autosuggestionen primär einen kurzfristig anderen Befindlichkeitszustand: weg vom Gefühl der Bedrohung hin zu einem Gefühl von Sicherheit.

1 Von Fetisch spricht man, wenn ein Teil eines Menschen (oder einer Sache) stellvertretend für das Ganze mit besonderer Aufmerksamkeit oder besonderen Zuschreibungen versehen wird.

TRÄUME

Der Traum sei eine Wunscherfüllung, meinte Sigmund Freud. Das ist für viele Menschen kaum nachvollziehbar, leiden sie doch unter Albträumen, Angst- oder Ekelträumen. Hier ist oft schwer zu erkennen, welches Verhalten, das in der Realität vielleicht verboten ist, im Traum ausgelebt wird, welche Seelenlage sich im Traumbild widerspiegelt oder auch, welche Realitäten bildhaft symbolisiert werden. Schlichte Gemüter sehen dann vielleicht im Ägyptischen Traumbuch nach und setzen im Zahlenlotto – eine durchaus →*salutogene,* wenn auch ein wenig realitätsferne Methode zur Angstbewältigung. Zumindest hat man eine Form des Handelns gefunden, die einen vom Grübeln abhält. Dazu neigen eher die Miesmacher und »Negaholiker«, die dadurch länger brauchen, bis dem »Scheinwerfer«, den sie auf ihren Traum gerichtet haben, das Licht ausgeht.

Fast jede Psychotherapiemethode hat ihre eigene Umgangsform zur Bearbeitung von »geheimnisvollen« Träumen. Für den Eigengebrauch hilfreich finde ich eine aus der Gestaltberatung beziehungsweise Gestalttherapie, in der man jedem Detail des Traums eine Stimme verleiht und es einfach reden lässt.

So erinnere ich mich an einen Mann, der immer an das unangenehme Gefühl seines Traumes denken musste, er habe am ganzen Leib Blutegel, die ihm den Lebenssaft aussaugten. Als er die Blutegel nach dieser Methode zu Wort kommen ließ, zischten sie: »Wir wollen mehr von dir!« Er war gerade auf Urlaub – mit Frau und Kindern –, doch seine Freundin, mit der er ebenfalls ein Kind hatte, bedrängte ihn, er solle seinen Urlaub doch teilen, um auch der Zweitfamilie Zeit zu schenken. Ihm fiel ein, dass man Blutegel nur mit Salz loswerden könne, er also aufhören müsse, der »Kümmerer« für alle zu sein und sich auch einmal Zeit für sich selbst zu gestatten.

TYRANNEI

Sich als Tyrann aufzuspielen, gehört zu den traditionellen Strategien von Personen, die aus dem nörgelnden, strafenden, verfolgenden Eltern-Ich heraus agieren: Man bläht sich übergroß auf, damit sich die anderen klein fühlen. Gegenstrategien dazu finden sich unter →*Demütigung,* →*Gewalt,* →*Kommunikationsstörungen,* →*Widerstand* und →*Zorn.*

ÜBERDRUSS siehe →*Burn-out*

UNGEDULD

In den ersten zwölf bis achtzehn Lebensmonaten, der so genannten oralen Phase[1], lernt das Kleinkind Geduld; wo es in den ersten Lebenstagen und -wochen wütend brüllt, wenn der heiße Hunger in seinen Gedärmen brennt, kann es mit zunehmendem Alter und wachsender Aufmerksamkeit gegenüber seiner Umwelt immer längere Zeitspannen auf seine Nahrung warten – besonders wenn es während dieser Geduldproben mit liebevollen Worten erklärt bekommt, dass es noch etwas Zeit braucht, bis sich die Nahrung spendende Person zum Stillen eingerichtet oder das Fläschchen, den Brei zubereitet hat.

Der Entwicklungsweg geht also von der tobenden Ungeduld zur vertrauensvollen Geduld – wenn die Bezugspersonen den Winzling nicht zu Beginn seines Lebens vernachlässigen, sodass er primär Resignation lernt, oder noch zu Ende des ersten Lebensjahrs, wenn das Kind vielleicht schon spricht und herumstapft, immer sofort und hektisch herbeisausen, damit das Kleine nur ja keine Minute warten muss. Und dabei lernt es, dass man nur toben muss und man bekommt, was man will.

Kinder müssen »angesprochen« werden, damit sie aus dem beruhigenden (nicht ärgerlichen!) Klang der Stimme erahnen, dass sie darauf vertrauen können, sicher versorgt zu werden. Damit lernen sie auch, sich auf etwas Zukünftiges zu freuen. Dauert das Warten aber zu lange oder gibt es keine Befriedigung (wie etwa in den Hungerszeiten nach dem Krieg), lernen sie vor allem verzichten; das kann dazu führen, dass sie später nicht so leicht etwas für sich einzufordern wagen und sich vielleicht auch häufig in Situationen wiederfinden, in denen sie »übrig bleiben«.

Im »Hier und Jetzt«, wie es so treffend in der Gestalttherapie heißt, herauszufinden, was gerade angesagt ist, mag nicht für alle so spannend sein, wie es könnte. Doch dieses Gespür zu entwickeln, würde viele Konflikte in Paarbeziehungen, vor allem beim Sex, ersparen.

1 Vom lateinischen Wort für Mund (*os,* 2. Fall *oris*), hergeleitet; der Begriff umschreibt die Zeit, wo das Kleinkind alles mit dem Mund betastet, kostet und allenfalls verschluckt.

Körperlich: Wenn Sie also merken, dass Sie ungeduldig werden, haben Sie eine wunderbare Gelegenheit, Geduld zu üben. Zum Beispiel im frühmorgendlichen Stau auf den Hauptstraßen oder in anderen Warteschlangen oder wenn der Computer mal nicht will – oder der/die Geliebte …

Mental helfen Ihnen dabei alle bildhaften Suggestionen, die »Gleiten statt Hetzen« symbolisieren: auf einem Boot dahinzutreiben oder auf einer Luftmatratze, in der Hängematte zu schaukeln, als Adler durch die Lüfte zu schweben … Sie können aber auch eine schnelle Melodie gedanklich verlangsamen oder überhaupt im Geist eine Schnulze (egal ob von Léhar oder Peter Alexander) summen … Sie merken: Wasser- oder Windsuggestionen sind geeignete Atemhilfen, um vom Hecheln aufs lustvolle Seufzen umzuschalten. Falls Sie nun einwenden, es sei nicht lustvoll, Geduld haben zu sollen, wende ich dagegen: Sie machen Ihre Bewertungen und damit Ihre Unlustgefühle selbst. Also warum nicht das Positive und Lustvolle ins Licht rücken?

UNRUHE

»Meine Ruh ist hin, mein Herz ist schwer«, klagt Gretchen in Goethes »Faust«, und die Sorge, die sie so bedrängt, ist ihre nicht durch Ehe legitimierte Schwangerschaft. Unruhe weist oft auf unerledigte Probleme, fehlende Informationen oder unterdrückte Gefühle hin. Im Zustand der Unruhe gelingt es selten, die richtige Problemlösung zu finden. Daher ist die erste Aufgabe immer, so schnell wie möglich wieder in eine Ruheposition zu finden. Dazu verhilft Gebet oder eine andere Form der Meditation.

Körperlich sind beispielsweise Dehnübungen nützlich. Vielfach bekannt ist die Yoga-Übung »Der Baum«. Sogar pensionsnahe Politiker/innen lassen sich gerne in Wahlkämpfen in dieser Haltung ablichten: auf dem linken Bein stehend, das rechte abgewinkelt und den Fuß sanft auf den linken Oberschenkel gepresst, die Arme über den Kopf erhoben und die Handflächen aneinander gelegt »ruhen«, sich strecken und ruhig atmen (und versuchen, nicht zu wackeln).

Aber auch Stretching-Übungen dienen diesem Ziel wie etwa

- auf dem rechten Bein stehen,

- den Knöchel des linken umfassen,
- das linke Bein nach hinten und oben ziehen,
- versuchen, die Fußsohle des linken Beins möglichst nahe zum Gesäß zu bringen, halten und
- die Sekunden zählen, in denen man diese Position aushält (mindestens bis zwanzig!),
- danach Bein wechseln.

Mental liebe ich folgende Beruhigungssuggestion: Ich lasse vor meinem geistigen Auge eine Wasserfläche erscheinen und stelle mir vor, ich werfe ein Steinchen hinein. Ich sehe zu, wie sich konzentrische Kreise bilden und dann verschwinden – immer weniger werden – immer kleiner – bis gar nichts mehr zu sehen ist … Dazu kann man sich wieder Suggestionen einreden wie: »Wenn der letzte Wasserring verschwunden ist, werde ich wissen, was ich als ersten Schritt zu tun habe« oder: » … wird mir mein Vorgehen klar sein«.

Beachten Sie: Auch Tiere pflegen bei Beunruhigung zuerst still zu halten, die Ohren aufzustellen und zu wittern, ehe sie Aktivitäten setzen. Wir sollten uns daran ein Beispiel nehmen!

Wenn aber jemand anderer in Unruhe gerät, egal weswegen, sollten wir dies als Reaktion auf eine unbewusste oder auch bewusste Wahrnehmung wertschätzen, auch wenn wir sie nicht kennen, und Beistand leisten, statt zu beruhigen versuchen (im Sinne von ausreden). Ganz im Gegenteil: Es hilft der beunruhigten Person, wenn sie über ihre Befürchtungen sprechen kann. Jede/r ist Experte für sich selbst (außer vielleicht, die Person ist augenblicklich »durchgeknallt«, sprich in einem Vergiftungszustand); wenn wir ihn/sie verstehen wollen, müssen wir uns schon auf Expedition in das »weite Land« der Seele begeben. Wenn wir dazu weder Lust noch Zeit (und auch nicht die Begabung) haben, sollten wir's auf jeden Fall bleiben lassen – bedenken Sie, wie weh es tut, wenn einem etwas angeboten und wieder weggenommen wird.

UNTERSTELLUNGEN siehe → *Vorurteile*

URTEILEN

Es gibt Verhaltensweisen, die psychisch Schaden anrichten, auch wenn man das gar nicht bezweckt. Urteile abgeben ist meist solch ein Verhalten – nämlich dann, wenn es ein »objektives« Werturteil wie: »Das ist gut« oder: »Das ist schlecht« beinhaltet. Objektivität gibt es nicht; es ist immer der subjektive Blickwinkel, der misst und der oft gar nicht nachprüft, ob das, was man als Urteil äußert, auch wirklich dem eigenen Empfinden entspricht und nicht nur die vermutete Allgemeinwertung nachplappert. Im Gegensatz dazu stehen subjektive Urteile wie: »Das finde ich gut« oder noch besser: konkret beschreiben, was einem gefällt.

Harald Picker, Psychoanalytiker und legendärer Begründer der ersten therapeutischen Wohngemeinschaften für jugendliche Außenseiter, verkündete einmal in einem Ausbildungsseminar, er habe beschlossen, nicht mehr nach »richtig – falsch« zu bewerten, sondern nur noch nach »angenehm – unangenehm«. Eine hintergründige Geisteshaltung: Werten wir nicht als richtig, was uns gefällt und gut tut? Und was uns stört, als falsch?

Also protestiere ich fast immer, wenn jemand sagt: »Das siehst du nicht richtig.« Es gibt nur ein: »So sehe ich das.« Die ehrliche – auf Manipulation verzichtende – Entgegnung wäre dann: »Ich sehe das anders« oder: »Mich stört/ärgert/nervt, dass du das so siehst.«

Zu den Kriterien gelungener →*Kommunikation* gehört, dass man in Ich-Botschaften spricht, statt sich hinter »man« oder »alle« oder »niemand« zu verstecken. Dass man auf Killerphrasen verzichtet (wie etwa »Jeder, der etwas von Politikwissenschaft versteht, weiß …« und dann die eigene Meinung folgen lässt), ebenso auf ähnliches Imponiergehabe oder protzende Erhabenheitsinszenierungen.

Um Beurteilungen abgeben zu dürfen, bedarf es einer Erlaubnis: Richter/innen, Lehrer/innen, Diagnostiker/innen, Gutachter/innen sind dazu durch Arbeitsverträge oder Lizenzen staatlich ermächtigt. Außerhalb ihrer Berufsbefugnis dürfen sie das nicht und »Laien« schon gar nicht. Daher pflege ich, wenn jemand in meinem Beisein zu jemandem anderen sagt, er oder sie sei »hysterisch« oder »neurotisch«, mehr oder weniger scherzhaft sofort zu warnen: »Achtung – Sie verletzen gerade das Ärztegesetz (oder Psychotherapiegesetz). Das kann Sie bis zu 2500 Euro kosten.« Diagnosen sind eben diesen Berufen vorbehalten. Urteile sind nämlich immer eine subtile Form von Gewalt: Man dringt in das geistige Revier anderer Menschen ein und definiert sie (als schuldig, kriminell, dumm, verrückt, lügnerisch – oder unschuldig, ehrlich, begabt, wahrhaftig; dabei befinden wir uns immer mehr oder weniger auf der Bandbreite zwischen den Gegensatzpolen; zentriert – »in der Mitte« – sein, bedeutet, alles in sich in →*Balance* zu bringen).

Von dem berühmten Soziologen Norbert Elias stammt der Satz: »Gib einer Gruppe einen schlechten Namen, und sie wird ihm nachkommen« (Elias/Scotson 1990). Namensgebung ist ein schöpferischer Akt – Fluch oder Segen –, er schafft Wirklichkeit. Wenn man also eine Verbesserung bezweckt, muss man eine Vision – ein geistiges Bild, wie es sein soll – zeichnen und Anleitung zur Verwirklichung geben.

V

VERGEWALTIGUNG

Wenngleich heute – zu Beginn des 21. Jahrhunderts – in weiten Kreisen der so genannten »Ersten Welt« kein gesellschaftlicher Zwang mehr besteht, die sexuelle Ausbeutung von Kindern zu verschweigen, weil »einem ohnedies keiner glaubt«, stellt Vergewaltigung immer noch ein Tabuthema dar. Das hängt einerseits damit zusammen, dass nur diejenigen, die diese Gewalt am eigenen Leib erfahren haben, wissen, wie furchtbar das ist[1] – nämlich nicht so, wie es in Filmen dargestellt wird: als Rangelei mit Nachgeben der Frau, die damit ihrer »natürlichen Bestimmung folgt« (was noch immer für viele heißt, Kinder zu gebären, egal vom wem). Dass auch Männer vergewaltigt werden, hat in dieser Sichtweise keinen Raum. Früher hieß dieses Kapitalverbrechen ja auch »Notzucht«. Damit wurde jedoch nur der Aspekt der (möglichen) gewaltsamen Schwängerung einer Frau beleuchtet.

Andererseits wurzelt die Tabuisierung in der von vielen Männern beanspruchten Verfügungsmacht über Frau und Kind. »Mit meiner Frau (mit meinem Kind) kann ich tun, was ich will!«, hört man denn auch oft von diesen Gewalttätern, die sich der gesellschaftlichen Zustimmung so sicher sind, dass sie nicht einen Funken Unrechtsbewusstsein verspüren. Es ist ja auch noch nicht einmal tausend Jahre her, dass in unseren Breiten Frauen als Menschen anerkannt wurden und nicht als »Sachen«. Erst zu Beginn des 13. Jahrhunderts wurde Vergewaltigung als Freiheitsberaubung der Frau verstanden und ihr selbst das Entschädigungsgeld zugestanden (das vorher an ihren »Besitzer« ausbezahlt werden musste; Mörth 1994). Und erst seit 1989 wird durch die Strafandrohung gesetzlich anerkannt, dass Vergewaltigung auch innerhalb einer Ehe eine massive Verletzung des Menschenrechts der sexuellen Selbstbestimmung und damit persönlichen Freiheit darstellt.

Damit wird aber noch nicht deutlich genug ins Bewusstsein der Menschen gebracht, dass Vergewaltigung eine massive Verletzung der ganzheitlichen Ge-

1 So schreibt Karin Howard im Vorwort zu Susan Brownmillers Grundsatzstudie »Gegen unseren Willen. Vergewaltigung und Männerherrschaft«, Fischer, Frankfurt/Main 1980/1994: »Bei Vergewaltigung geht es um Brecheisen, Fausthiebe und ein Messer an der Kehle, um Lebensangst, Demütigung und aufgezwungene Schwangerschaft. Nur in den Sexualfantasien geht es um leidenschaftliches Liebesspiel.« Und sie schreibt auch: »Die Verwechslung von Fantasie und Wirklichkeit beflügelt Witzblätter, Büttenredner, Richter, Nachbarn und den so genannten Volksmund und lässt Frauen zögern, gegen das ihnen widerfahrende Unrecht aufzubegehren.«

sundheit bewirkt. Neben körperliche Verletzungen aus dem Prozess der Bedrohung, Schockierung, Fixierung treten Verletzungen im Inneren des Körpers, je nachdem, wo penetriert wurde. Vergewaltigung findet ja oft mit Gegenständen statt (was wiederum beweist, dass es sich nicht um eine sexuelle Handlung, sondern um eine sadistische Gewalttat handelt!). Darüber hinaus bewirkt die andauernde Ausschüttung von Stresshormonen neuronale Signaturen, die zu →*Phobien* (zum Beispiel Berührungsphobien, Kontaktangst, Platzangst, diversen Sozialängsten) beziehungsweise panikabwehrendem Vermeidungsverhalten wie zu Schlafstörungen, zwanghaft wiederkehrenden Erinnerungsbildern, Waschzwängen, aber auch Fühllosigkeit im Bereich der so genannten erogenen Zonen oder zu psychosomatischen Symptomen führen können. Oft merken Opfer von Vergewaltigung eine Art Zeitverzögerung – es fehlen die Minuten der Erstarrung auch späterhin, sodass auch in »ganz gewöhnlichen« Alltagssituationen verspätet reagiert wird. So erinnere ich mich an eine schwerst sexuell traumatisierte Klientin, der ein Arzt, zu dem sie wegen ihrer Schilddrüsenunterfunktion zur Kontrolle gekommen war, ohne Worte überraschend an den Hals griff (ein klassischer »Übergriff«!). Erst als sie die Ordination verlassen hatte, wurde ihr bewusst, dass dieser Übergriff bei ihr Angst, Lähmung, Herzrasen und Übelkeit ausgelöst hatte. Während der Untersuchung war sie nicht »bei sich«, sondern in einem ähnlichen Schockzustand wie während der erlebten Misshandlungen gewesen.

In meinem Vorwort zu Gabriele Mörths Studie über Spätfolgen von Vergewaltigung habe ich die Fehlinterpretationen angeklagt, welche Vergewaltigungsüberlebenden die Selbstwahrnehmung absprechen: » … die Erstarrung wird als Einverständnis gedeutet, die Zerrissenheit als Unglaubwürdigkeit, die Trauer als Schuldbewusstsein … und die Stummheit als mangelnder Widerstand …« (Mörth 1994). Solche »Umdeutungen« entstammen den Verteidigungsstrategien der Täter beziehungsweise ihrer Anwälte und werden oft in der medialen Gerichtssaalberichterstattung – und von all denen, die Täter entschuldigen wollen – unbedacht weitergegeben und so »multipliziert«. Vor allem aber schützen solche Unterstellungen die »Unbetroffenen« vor der Erkenntnis, dass auch sie jederzeit Opfer von Vergewaltigung werden können – egal wie alt, wie respektabel, wie »weiblich« oder auch männlich sie sind. Vergewaltigung zielt auf Demütigung und Zerstörung eines anderen, egal, ob die Person selbst das gemeinte Hassobjekt ist oder nur stellvertretend gewählt wird, wie beispielsweise im Krieg, wo mittels Gewalt an den Frauen die Männer demoralisiert werden sollen.

Strafandrohung stellt hier keine effiziente Verbrechensvorbeugung dar. Stattdessen empfehle ich gezielte Selbstverteidigungsanleitungen für Frauen, und zwar schon im Grundschulunterricht: Gefahren erkennen lernen, die eigene Kraft wahrnehmen und trainieren und: die eigenen Körperwaffen einzusetzen wagen (dazu gehört auch die Stimme). Und ich empfehle Arbeit mit Männern ab der Pubertät und später zumindest im Rahmen des Grundwehrdienstes beziehungsweise auch in der Ehevorbereitung (die es derzeit primär im kirchlichen Bereich gibt, die aber auch im staatlichen dringend nötig wäre; immerhin ist eine Scheidungshäufigkeit von über 50 Prozent in großen Städten vor allem in Hinblick auf die Scheidungswaisen ein Alarmsignal!).

Selbstverteidigung für Frauen bedeutet

- andere Signale von sich zu geben als die der Wehrlosigkeit,
- wissen, wie man klare Grenzen setzt,
- und zu den eigenen Entscheidungen zu stehen, zum Beispiel auch zur Entscheidung, sich in einer Gewaltsituation nicht zu wehren: lieber eine lebende Frau bleiben als eine »anständige« tote.

Leider verlangt die noch immer an Universitäten gelehrte und mangels psychologischen Fachwissens veraltete Männerjustiz von Frauen (nicht aber von Männern; Breiter 1995) – die im Strafprozess, wenn sie sich nicht als Privatbeteiligte anschließen, ja nur Zeuginnenstatus, daher auch keine Akteneinsicht haben –, ihren »ernsthaften Widerstand« nachzuweisen. Frauen besitzen üblicherweise keine Nahkampfausbildung! Und selbst wenn sie eine solche hätten: Wie kommt frau dazu, dass von ihr Kampfmaßnahmen erwartet werden, wenn ihr jemand Gewalt antut?

Auch wenn ich Selbstverteidigungskenntnisse (siehe →*Belästigung*) so wie Führerschein und Erste-Hilfe-Kurs für unabdingbar halte, darf daraus keinesfalls abgeleitet werden, dass die Gesellschaft im Sinne von »selber schuld« beruhigt wegschauen darf, wenn massive Gewalt angewendet wird – von den Verbrechern, aber auch von denen, die Verbrechen abwiegeln oder behübschen wollen. Gewalt ist Gewalt ist Gewalt ist Gewalt … und gehört geächtet, wie sehr sie getarnt werden mag, auch wenn manche verrohte Männer sie als Männerrecht oder Männertugend für sich reklamieren wollen. Deswegen ist Männerarbeit so wichtig: damit sie ihr eigenes Opfersein (zum Beispiel das Geschundenwerden beim Heer oder im Sport) erkennen, ihre echten Gefühle zulassen und in Sprache ausdrücken lernen, anstatt sich auf die Seite der Täter zu schlagen (in der Psychoanalyse nennt man das Identifikation mit dem Aggressor), Gefühle verleugnen oder verdrängen und Fäuste sprechen lassen anstelle des Mundes.

Wenn Sie (Frau oder Mann) also Opfer einer Vergewaltigung wurden, soeben oder vor längerer Zeit, lassen Sie sich bitte von niemandem Schuldgefühle einreden.

Körperlich entscheiden Sie sich, sich in Ihrer vollen Würde aufzurichten, hoch erhobenen Kopfes. Stehen Sie zu sich, zu Ihrem Erleben. Es ist Teil Ihrer höchstpersönlichen Biographie und Teil Ihrer erfolgreich angewandten Überlebensstrategie. Sie haben überlebt, sind jetzt erfahrener, können (und sollen) anderen helfen, die vielleicht noch naiv vertrauen, wo sie misstrauisch sein sollten.

Blicken Sie in die Zukunft: Die Wunden werden heilen, die Narben werden verblassen.

Ob Sie anzeigen wollen, können Sie immer noch mit Fachleuten in Ruhe besprechen (Beweismittel sollten Sie jedenfalls aufbewahren!). Es gibt Notrufe für vergewaltigte Frauen, Kinderschutzzentren, Kummernummern, Kriseninterventionszentren und die Telefonseelsorge. Die dort arbeitenden Sozialarbeiter/innen und Psychotherapeut/innen sind auch in solchen Krisen ansprechbar.

Niemand hat das Recht, Sie dafür zu kritisieren, dass jemand anderer inkorrekt, ja verbrecherisch gehandelt hat!

»Selber schuld!
Als der Bankräuber aussagte,
die Bank habe ihn durch ihr Geld
zum Bankraub gereizt,
wurde seine Strafe selbstverständlich
von den beantragten sechs auf vier Jahre vermindert.
Als er dann noch behauptete,
die Bankangestellten hätten
sich nicht gewehrt, setzte
man die Strafe von vier auf zwei Jahre herab

(er konnte schließlich das stillschweigende
Einverständnis der Angestellten voraussetzen).
Schließlich gab er noch an,
er habe vor der Tat, früher,
mehrmals mit der Bank verkehrt.
Da sprachen ihn die Richter frei.
Warum sollten sie hier auch anders
verfahren als bei Vergewaltigungen?« *(Mörth 1994).*

Mental sollten Sie üben, keinerlei Verletzungen Ihrer körperlichen, seelischen oder geistigen Gesundheit zu dulden. Dazu eine Übung, um Ihr »Revier« besser abzugrenzen:

- Stellen Sie sich vor Ihrem geistigen Auge die Behausung vor, in der Ihre Sensibilität wohnt (ob Palast oder Holzhütte, Zelt, Iglu oder Hausboot; lassen Sie einfach etwas Bewohnbares auftauchen).
- Achten Sie genau auf die Details: Wie ist dieses »Nest« abgeschlossen – oder offen? Wie sind die Türen? Fenster? Gibt es Raum rundherum, einen Garten? Oder mehr an Landschaft? Vielleicht einen See? Einen Wassergraben? Ist es in einen Fels hineingebaut?
- Wie ist der Zugang? Gibt es Grenzen, einen Zaun? Eine Mauer? Oder eine Hecke? Wie hoch? Wie abgesichert? Wie können sich Besucher anmelden? Oder überhaupt nicht?
- Achten Sie bitte genau auf Ihre körperlichen Empfindungen und seelischen Gefühle, während Sie diese Visualisierungen vornehmen. Wann fühlen Sie sich sicher? Und wo ist Verbesserung nötig?
- Wenn Sie spüren, dass Sie mehr Sicherheit/Absicherung brauchen, dann gestalten Sie in Ihrem geistigen Bild die Schutzmaßnahmen, die diesem Bild angemessen sind. Erinnern Sie sich immer wieder: Sie sind der Regisseur Ihrer geistigen Filme, aber auch der Bühnenbildner. Und merken Sie sich, wie sich das Signal »Achtung! Du brauchst eine Grenze« anfühlt, damit es immer wieder aus Ihrem Inneren auftauchen kann und darf, wenn Ihnen jemand zu nahe kommt.

Und weil Grenzen nicht nur mental erspürt und gesetzt werden sollen, sondern auch verbal, bietet sich hier wieder das Modell gelungener →*Kommunikation,* das so genannte Du-Ich-Bitte-Modell an. Als Anti-Gewalt-Hilfe lautet es beispielsweise:

- »Sie haben jetzt Ihre Hand auf mein Knie gelegt!«
- »Ich will das nicht!«
- »Geben Sie sofort Ihre Hand weg!«

Sie können natürlich auch die Hand einfach wegschlagen – und sich, falls Sie das für angebracht halten, für den »Reflex« entschuldigen. Oder Sie können mit Humor (so wie es eine Besucherin des von mir in den Siebzigerjahren des vorigen Jahrhunderts erfundenen und aufgebauten Kommunikations- und Selbsthilfezentrums »Club Bassena« tat) die Hand auf den Schenkel des Täters legen und fragen: »Hast keinen eigenen Schenkel?«

Wehret den Anfängen! So lautet ein Mahnwort der Sozialdemokratischen Freiheitskämpfer. Wohin es führt, wenn man Gewalttäter ungehindert Grenze für Grenze überschreiten lässt (siehe →*Grenzsetzung*), hat uns die Staatsgeschichte Europas überdeutlich vor Augen geführt (aber daraus gelernt haben leider nicht alle ...). Im Privatbereich ist aber ebenso – und im beruflichen auch.

VERLASSEN WERDEN siehe →*Verzweiflung*

VERLEUMDUNG

Wie reagieren Sie, wenn Unwahrheiten über Sie in Umlauf gebracht werden? Wahrscheinlich steigt Ihnen die Röte ins Gesicht, vor →*Zorn* oder →*Scham;* Sie schnappen nach Luft, geben Ihrer Empörung Raum – und verstärken damit die Energie des Gerüchts.

Gerüchte leben ebenso von »Sauerstoff« wie wir: Wenn sie nicht weitererzählt werden, sterben sie. Wir sollten also »die Luft rauslassen« – aus dem Gerücht, nicht aber aus uns, denn sonst »nähren« wir das »Gespenst«.

Körperlich geht es also darum, nicht wild zu werden und »heiß zu laufen«, sondern »cool« zu reagieren.

Üben Sie den »faden Blick«: Schauen Sie gelangweilt und wiegeln Sie ab – das Gerücht, aber auch sich selbst! Etwa mit Sätzen wie »Das habe ich ja fast erwartet, dass meine Feinde solch ein Gerücht in Umlauf setzen …«; langsam, also angewidert, gesprochen. Oder Sie ringen sich ein müdes: »Beteilige dich doch nicht dabei, solchen Unsinn zu verbreiten …« ab. Eventuell passt auch ein eisiges: »Ich erwarte eigentlich von dir, dass du solchen Verleumdern entgegentrittst und sie stoppst.«

Wichtig ist, sich in den körperlichen Zustand einer kraftvollen, aber distanzierten Gleichgültigkeit zu bringen. Das Wort Gleichgültigkeit beinhaltet bereits, dass es sich um eine Haltung der Balance handelt: Ich weiche nicht ängstlich oder resignativ zurück, presche aber auch nicht aggressiv vor. Ich bleibe bei mir, auf meinem Standort, ich lasse mich nicht bewegen. Genau das wollen Verleumder nämlich: einen in Bewegung bringen, damit man sich nach ihnen richtet, seinen Platz aufgibt (damit sie ihn einnehmen können oder irgendein Protegé), sich quasi »über den Tisch ziehen« lässt.

Eben deshalb ist diese Verankerung in sich selbst wichtig. Sie darf aber nicht krampfhaft wirken (und daher auch nicht so durchgeführt werden), das wäre ja bereits Bewegung – eine Reaktion des Widerstands. Die Reaktion muss jedoch überlegen sein, ganz im Sinne des Spruchs: »Was stört's die starke Eiche, wenn sich eine Wildsau an ihr reibt.«

Mental wird bei einer Verleumdung versucht, der verleumdeten Person die Angst einzupflanzen, andere könnten das Gerücht glauben, den Kontakt abbrechen, sie isoliert allein lassen. Das kann natürlich geschehen; es liegt ja außerhalb der eigenen Macht. Ein chinesisches Sprichwort sagt: »Du kannst nicht verhindern, dass Vögel über deinen Kopf hinwegfliegen, aber du kannst verhindern, dass sie in deinem Haar ein Nest bauen.« Gerüchte sind wie Vögel: Sie kommen von irgendwo her, manchmal weiß man, von wo, manchmal merkt man es erst, wenn sie direkt über einem sind – und dann muss man sie weiterziehen lassen. Nur ja nicht einladen, sich im eigenen Kopf häuslich niederzulassen! Das geschähe, wenn man sich unentwegt damit beschäftigte, andere könnten glauben, man sei so, wie der oder die behauptet. Bekanntlich sagt aber ein Bild mehr als tausend Worte – also gilt es, mit dem eigenen Bild die Gerüchte Lügen zu strafen.

Eine meiner Lieblingsszenen stammt aus »Vom Winde verweht«. Scarlett O'Hara hat ihrer unglücklichen Liebe, ihrem Cousin Ashley Wilkes, einen Kuss gegeben und wird von zwei strengen Tanten just in diesem Augenblick ertappt.

Weinerlich weigert sie sich, zur Geburtstagsfeier von Ashleys Gattin Melanie zu gehen. Scarletts unorthodoxer Ehemann Rhett Buttler aber zwingt sie: Er akzeptiert nicht, dass die lebenshungrige Scarlett plötzlich nicht zu ihrem Tun stehen will und auf schüchterne Kleine machen will. Er drängt ihr ein Femme-fatale-Kleid auf, schiebt sie durch Melanies Haustür und lässt sie allein. Scarlett, eben noch voller Angst vor den sehr wahrscheinlichen Fehlinterpretationen dieses Abschiedskusses, gibt sich einen Ruck – und steht als Königin da. Die herzenswarme Melanie rettet vor den entsetzten Augen der schockierten Tanten die Situation, indem sie auf Scarlett zueilt und sie umarmt: »Wie schön, dass du gekommen bist, Scarlett!«

Nur indem man unbeirrt weiter präsent ist und tatkräftig beweist, dass man nicht so ist, wie einen andere sehen, sondern so, wie man selbst gesehen werden will, kann man Gerüchten die Energie nehmen.

Das beginnt mit der Entscheidung dazu!

Entscheiden Sie sich also:

- Wie wollen Sie gesehen werden?
- Wie sieht das in Ihrem eigenen geistigen Bild aus?
- Wie müssen Sie Ihr höchstpersönliches Drehbuch (Ihre Vorbereitung) gestalten, damit Sie so auftreten, wie Sie wollen?

Bedenken Sie: Wie die anderen reagieren, liegt außerhalb Ihrer Macht – wie Sie reagieren aber sehr wohl in Ihrer eigenen!

Als mein jüngerer Sohn noch im Elternhaus lebte und ich ihm gute, vielleicht nicht ganz korrekte, Ratschläge geben wollte, wie er in einer bestimmten Situation den Vorteil auf seine Seite ziehen könne, sah er mich distanziert an und sprach: »Mama – das ist nicht mein Stil.« Das hat mich sehr beeindruckt und stolz gemacht. Ich habe diesen Satz von ihm übernommen.

VERLIEBTHEIT siehe →*Liebe*

VERSAGEN

Es gibt Menschen, denen machen Fehler wenig aus: Sie haben gelernt, dass jeder Fehler eine Gelegenheit zur Verbesserung darstellt. Dann gibt es aber auch die Perfektionisten, deren Selbstwertgefühl an die Illusion von Fehlerlosigkeit gekoppelt ist. Meist hatten sie strenge, leistungsorientierte Eltern, die Zuwendung nur als Folge von guten Noten spendeten (weil sie es wiederum so von ihren Eltern gelernt hatten).

Ich erinnere mich an einen Vater, der mich im Rahmen meiner Sendung im Österreichischen Rundfunk anrief und beklagte, sein zwölfjähriger Sohn sei ein Streber, gönne sich kaum Freizeit, jede Note unter der Höchstbenotung sei ihm eine Katastrophe. Er wisse nicht, von wem er das habe, Vater und Mutter seien nicht so. Im Zuge des Gesprächs stellte sich allerdings heraus, dass beide Eltern jedes Mal mit subtilen Enttäuschungssignalen reagiert hatten, wenn der Junior irgendetwas nicht auf Anhieb geschafft hatte: etwa ein Glas zu füllen oder Schuhbänder zu knüpfen. Dass sie damit einen Stil vorgegeben hatten, der sich im Schulstress noch verstärkte, war ihnen nicht bewusst; dass ein Kind die beiden Welten noch nicht so trennen könnte wie ein Erwachsener, kam ihnen nicht in den Sinn.

Ich empfahl dem Vater die Methode des »lauten Denkens« (und übe diese selbst in Situationen, in denen ich andere »führe«, aber auch in Beratung oder Therapie):

- Ähnlich dem Du-Ich-Bitte-Modell (siehe →*Kommunikation*) beginne ich mit der Feststellung dessen, was für alle objektiv wahrnehmbar ist (zum Beispiel: »Du zeigst mir dein Heft und machst dabei so ein sorgenvolles Gesicht«),
- gehe zu meinen Gedanken weiter (»Wahrscheinlich bist du unzufrieden, weil du dir ein besseres Ergebnis erwartet hast«),
- schalte dann auf »Schulterschluss« um (»Das verstehe ich. Aber jetzt sage ich dir, was ich dazu denke: Ich meine, dass das eigentlich ausreicht. Ich will nicht, dass du dich verkrampfst, die Kreativität leidet darunter und die ist ebenso wichtig wie Perfektion«)
- und ende mit einem vagen Appell (»Vielleicht solltest du dich in Hinkunft mehr entspannen und vertrauen, auf dich und auf uns«, und so weiter).

Wichtig ist in diesem Fall weniger, was gesagt wird, als wie es gesagt wird: langsam, liebevoll, ohne scharfe Artikulationen. Nur so wird die Entspannung möglich, die →*Angst* ausbalanciert! Und um Versagensangst geht es ja auch.

Gegen Versagensangst – wie auch gegen andere Sozialängste – hilft es, sich während des Betens von Psalm 23 dessen Bedeutung innig bewusst zu machen: Er verbindet das individuelle Erleben des Augenblicks mit der Erfahrung von Begleitung, Führung und Unterstützung – etwas, das viele Menschen leider nicht als Erfahrung von Urvertrauen aus ihrer Kindheit ins spätere Leben mitnehmen konnten. (Und außerdem bewirken die Worte – allerdings nur in der Luther-Übersetzung, die von Martin Buber hat nicht die gleiche Wirkung – oft mehr →*Entspannung* als →*autogenes Training.*)

Psalm 23
Ein Psalm Davids.
Der Herr ist mein Hirte; mir wird nichts mangeln.
Er weidet mich auf einer grünen Aue und führet mich zum frischen Wasser.
Er erquicket meine Seele; er führet mich auf rechter Straße um seines Namens willen.
Und ob ich schon wanderte im finstern Tal, fürchte ich kein Unglück; denn du bist bei mir, dein Stecken und Stab trösten mich.
Du bereitest vor mir einen Tisch im Angesicht meiner Feinde. Du salbest mein Haupt mit Öl und schenkest mir voll ein.
Gutes und Barmherzigkeit werden mir folgen mein Leben lang, und ich werde bleiben im Hause des Herrn immerdar.

VERZWEIFLUNG

Im Wort Verzweiflung steckt der Hinweis auf eine Zweiteilung, und wenn man verzweifelt ist, fühlt sich das auch an, als sei einem das Herz entzweigerissen. Die zwei Teile, die da so schmerzlich bewusst werden, können etwa sein:

- ein Zwiespalt zwischen Aggression und Resignation (zum Beispiel wenn man Gewalt erlebt hat und sich entscheiden muss, ob man anzeigt – mit all den kalkulierbaren Negativfolgen – oder diese neuerlichen Stress-Situationen vermeiden will),

- oder zwischen Vergehendem/Vergangenem und Gegenwärtigem/Zukünftigem,
- oder zwischen zwei widersprüchlichen Möglichkeiten, die man schnell entscheiden soll (häufig ist das ein Konflikt zwischen Elternliebe/Kinderliebe und Partnerliebe oder zwischen zwei möglichen Partnerpersonen, aber auch zwischen zwei ethischen Alternativen, beispielsweise bei unerwünschter Schwangerschaft).

Auch wenn der psychische Prozess zur Entscheidungsreife noch Zeit bräuchte, ist die Anstrengung, diese Unsicherheit auszuhalten, oft unerträglich. Da helfen einerseits die Methoden, die ich bei →*Zögern* und →*Zweifeln* anrege.

Körperlich kann man

- zwei Krüge mit Wasser füllen (oder mit unterschiedlichen Flüssigkeiten), einen für jeden der beiden in Konflikt befindlichen Teile. Etwa beim →*Verlassenwerden:* Hier will ein Teil am Vergangenen festhalten, während der andere Teil weiß, dass das alles vorbei ist und man sich neu orientieren muss. Aber man will das nicht oder nicht so schnell oder nicht in dieser Form …
- Bleiben Sie bei der Wasserleitung beziehungsweise der Spüle und verschließen Sie den Abfluss.
- Nehmen Sie je einen Krug in jede Hand
- und lassen Sie langsam gleichzeitig die beiden Flüssigkeiten in das Waschbecken rinnen, während Sie sich vorstellen, es bilde sich jetzt eine gemeinsame Flüssigkeit (die etwa in unserem Beispiel das Vergangene wertschätzend – oder auch befreiend – als Teil der persönlichen Biografie beinhaltet, gleichzeitig aber auch all die positiven Optionen, die die neue Situation bringen wird).
- Wenn beide Krüge leer sind, tauchen Sie die Hände in die neue Flüssigkeit und lassen Sie die Information, die jetzt darin enthalten ist, auf sich einwirken.

Mit der Autosuggestion, dass Sie nun in den Zustand kommen, der Ihnen hilft, die richtigen Entscheidungen zu treffen, lassen Sie die Hände an der Luft trocknen und kümmern sich nicht weiter um die Auslösesituation: Sie lassen jetzt Ihr Unbewusstes weiterarbeiten.

Mental besuchen Sie wieder einmal Ihr geistiges Heimkino:

- Sie haben zwei Filme zur Auswahl, je nach der jeweiligen Konfliktposition, in der Sie sich befinden.
- Sehen Sie zuerst den einen an und fühlen Sie mit, was darin Ihr Wohlgefallen erregt und was nicht (Bitte ehrlich sein! Keine Beschönigungen!).
- Achten Sie dabei auf Ihre Atmung. Sie sollte ruhig und gelassen sein und bleiben – und da die Atmung von Ihrem Willen abhängt, steuern Sie sie.
- Dann machen Sie das Gleiche mit dem anderen Film.
- Jetzt lassen Sie das gesamte Filmprogramm noch einmal ablaufen, aber zappen Sie hin und her,
- bis Sie so verwirrt sind, dass Sie den Bildschirm Ihres geistigen Videorecorders ausschalten. Das Programm wird schon irgendwie zu Ende kommen …
- Nach einiger Zeit sehen Sie nach, wo – bei welcher Szene – es stehen geblieben ist. Es könnte auch auf einen neuen Film umgesprungen sein.

Bedenken Sie: Unser Leben läuft ab wie ein synchroner Film; wir sind einerseits als Hauptdarsteller mitten im Geschehen, andererseits als Zuschauer (und Regisseure, Bühnenbildner, Tonmeister …) zumindest zeitweise Beobachter (der Film läuft ja auch weiter, wenn wir schlafen). Verzweiflung tritt dann auf, wenn wir plötzlich zwei widersprüchliche Drehbücher haben und nicht genügend →*Intuition,* zu wissen, welches das passendere (mehr Erfolg versprechende) ist. Symbolisierende Methoden helfen vor allem, die uns innewohnende (und meist tabuisierte) Intuition verfügbar zu machen.

VORURTEILE

Im Gegensatz zu absichtlicher →*Diskriminierung* sind Vorurteile unvermeidbar: Wir nehmen etwas wahr – oder eigentlich unwahr – und bewerten es je nach bisherigen Erlebnissen und Kenntnissen. Wenn wir nicht neugierig und damit auch offen sind für eine neue Erfahrung, wird es bei diesem Vor-Urteil bleiben.

Deswegen bin ich auch gegen die in Medien so beliebten Typisierungen à la »Erkenne dich selbst« – und dann folgen »die vier Frauentypen« oder »die drei Managertypen« oder ähnliche oberflächliche Klassifikationen. Es liest sich eben leichter, wenn man – am liebsten vier – Typen herausarbeitet. Bei fünf könnte die Leserschaft vielleicht schon überfordert sein …

Hinter dieser Neigung zu schnellem Einteilen liegt das Bedürfnis, Angst vor Fremdem *(→Xenophobie)* schnell in Sicherheit zu verwandeln (einteilen zu können in Freund oder Feind), ohne sich die Mühsal eines Kennenlern- und damit auch Erkenntnisprozesses aufzuerlegen. Wer mit einer solchen »Etikettierung« belegt wird, der hat es schwer, sie wieder loszuwerden.

Wenn Ihnen also Vorurteile begegnen, haben Sie folgende Möglichkeiten:

- Sie bekämpfen das Vorurteil und seine Anhängerschar – das wird Sie weder beliebter machen noch besseres Kennenlernen fördern.
- Sie suchen sich Verbündete, hinter denen es sich gut verstecken lässt, und schicken diese »in den Krieg«.
- Sie ballen empört die Faust in der Tasche – und verstärken die »schweigende Mehrheit«.
- Sie warten auf eine bessere Gelegenheit, Ihre Meinung zu sagen – und warten – und warten …
- Sie resignieren, lassen sich alles gefallen (und finden vielleicht irgendwann Gefallen daran).
- Oder Sie üben Selbstbehauptung: Sie ziehen mit Hilfe von Sprache eine Grenze zwischen sich (und Ihrer ethischen Position) und den anderen (und deren ethischer oder unethischer Position).

Im Sinne von *→Salutogenese* ist immer der Selbstbehauptung der Vorrang zu geben: erkennen, was abläuft, welche Gestaltungsmöglichkeiten sich anbieten, und sich die nötige Motivation organisieren. Zu Letzterem gehört das Einfordern von Respekt und Solidarität. Dafür jedoch fehlt oft ein geeignetes Vorbild.

Wieder bietet sich das Du-Ich-Bitte-Modell gelungener *→Kommunikation* an. Als Beispiel wähle ich etwas, das leider häufig vorkommt: Frauen wird Kompetenz abgesprochen.

- Du: »Sie haben jetzt gesagt, ›man weiß ja, dass Frauen nicht einparken können‹.«
- Ich (subjektive Wahrheit): »Ich weiß aber, dass ich sehr gut einparken kann – vorausgesetzt das Fahrzeug ist meiner Körpergröße angepasst.« (Das ist nämlich der häufigste Grund; manche Großwagen passen nur für mindes-

tens 1,80 Meter große Männer und nicht für 1,60 Meter große Frauen mit Busen und möglicherweise noch Schwangerschaftsbauch).

- Bitte (Appell für künftiges Verhalten): »Bitte unterlassen Sie künftig solche Unterstellungen.«

Als ich bei einer Podiumsdiskussion eine – nicht als solche deklarierte, aber wissenschaftlich fundierte – Aussage über einen Unterschied im männlichen und weiblichen Sozialverhalten traf, rief mir ein Mann aus dem Publikum zu: »Das ist ein Glaubenssatz!«[2] Ich konterte: »Nein, das ist statistischer Durchschnitt.« Darauf schwieg er, aber nach der Veranstaltung kam er zu mir und gestand: »Das war eine ganz blöde Meldung von mir.« Ich lächelte ihn freundlich an (immerhin gefiel mir seine Selbstsicherheit, sein ungeschicktes Dazwischenrufen zuzugeben) und meinte: »War wohl zu schnell – ein Vor-Urteil?«

VORZEITIGER SAMENERGUSS

Dass manche Männer (Experten schätzen zehn bis zwanzig Prozent im geschlechtsaktiven Alter; Pfreunder 2002) unnötigerweise durch den Zeugungsakt[3] hetzen wie ein Hase, geht meist auf die Praktiken der Pubertät zurück, als der masturbierende Jüngling stets mit Ertapptwerden rechnen musste. Er hat eben keine genussvollere Neurosignatur erworben. Vor allem keine kraftbewahrende.

Was im Tierreich instinktiv, daher normal abläuft, weil es rein der Arterhaltung dient und weil eine längere Dauer des Zeugungsaktes keinen zusätzlichen genetischen Nutzen besäße (sondern Verlust an Aufmerksamkeit gegenüber den natürlichen Feinden und damit verlängerte Augenblicke von Schutzlosigkeit), stellt bei Menschenpaaren – zumindest theoretisch – Verlust an höchstmöglichem Genuss dar. (Theoretisch deswegen, weil es ja relativ viele Frauen gibt,

2 Mit Glaubenssatz oder Mythos werden in Systemischen Psychotherapieformen Denkmuster, auch Klischees oder Stereotypen bezeichnet, die ohne kritisches Hinterfragen von »Autoritäten« übernommen werden, zum Beispiel: »Männer weinen nicht« oder »Alle Frauen sehnen sich nach Kindern« oder »Männer wollen immer nur das Eine«. Viele Vorurteile haben den Charakter von Glaubenssätzen. (Das ist ebenfalls ein Glaubenssatz!)

3 Geschlechtsverkehr umfasst bekanntlich viel mehr Handlungsweisen, körperlich alle, bei denen Körpersäfte ausgetauscht werden, mental alle, in denen bewusst Sexualenergie ausgetauscht wird.

die Geschlechtsverkehr »um des Friedens willen« über sich ergehen lassen, ohne den Mann zu begehren, zu lieben oder von seiner sexuellen Selbstdarstellung zumindest nicht abgestoßen zu sein).

In der sexualtherapeutischen Praxis kann man unterschiedliche Ursachen für mangelnde Ejakulationskontrolle feststellen:

- Es gibt Männer, die noch nie davon Kenntnis erlangt oder geübt haben, ihren Samenfluss analog dem Urinfluss abzustoppen (von Pornodarstellern kann man sich das nicht abschauen und andere Vor-Bilder gibt es kaum),
- Männer, die es gewohnt sind, schnell zu ejakulieren,
- Männer, die im Augenblick des Eindringens (oder schon kurz vorher oder kurz nachher) dieser Art von (positivem oder negativem) Stress nicht Paroli bieten können; solcher Stress tritt auch bei längerer Enthaltsamkeit, Verkehr mit einer neuen Partnerin (Leistungsdruck!) oder bei ungewöhnlicher Stimulation auf.
- Männer, die oft von Angstgefühlen übermannt werden
- oder die sich mit Negativsuggestionen daran hindern, neue Erfahrungen zu machen.

  Diese Aufzählung erhebt keinen Anspruch auf Vollständigkeit!

Wenn ein Mann etwas an diesem Speedy-Gonzales-Stil ändern will, muss er es zunächst einmal wirklich wollen. Viele Egozentriker meinen nämlich, genitale Selbstkontrolle sei »nur« ein »Geschenk an die Partnerin«, und vergessen, dass ihre »Jade-Wurzel« auch die Quelle ihrer Vitalität darstellt.

Körperlich ist Beckenbodentraining angesagt. Oft liegt es nämlich daran, dass man(n) über keine bewusste Wahrnehmung des Muskels verfügt, der es erlaubt, den Harnstrahl beim Urinieren zu unterbrechen beziehungsweise noch die letzten Tröpfchen herauszupressen. Er heißt *musculus pubococcygeus* und man(n) sollte ihn regelmäßig (zweimal zwei Minuten täglich) trainieren, indem man(n)

- den Muskel jeweils zwanzigmal anspannt und wieder loslässt (so tut, als wolle man(n) den imaginierten Harnstrahl abstoppen; bei den ersten Malen darf man(n) das auch während des Urinierens tun, um den zitierten PCC-Muskel »ins Gefühl« zu bekommen, dann aber bitte nicht mehr, es tut der Blase nicht gut).

- Keine Bange, wenn es beim ersten oder zweiten Mal noch keinen spürbaren Erfolg gibt, der Muskel muss ja erst geortet werden.
- Wichtig: Nur den PCC-Muskel anspannen, Bauch- und Beinmuskulatur sollen locker entspannt bleiben. Sobald das auf Gedankenbefehl klappt, immer und überall üben, wo Sie sich sonst langweilen würden: in Wartesituationen, in langweiligen Sitzungen, im Aufzug, vor dem Einschlafen ... Mit zunehmender Routine auf vierzig Kontraktionen steigern und die Übung erweitern, indem man die Anspannung des PCC-Muskels zwei bis drei Sekunden (entspricht dem Mitzählen) hält und langsam locker lässt, bis man ganz entspannt ist.
- Während des Lockerlassens hilft es, sich in weiterer Folge gelegentlich vorzustellen, wie langsam Liebe aus einem herausströmt – wie man kurz anhält, um zu genießen – und wieder strömen lässt – und anhält – und strömen lässt ...

Diese Übungen, die nach ihrem Erfinder, dem amerikanischen Urologen Kegel, auch Kegel-Übungen heißen, wurden ursprünglich entwickelt, um harninkontinente Frauen gegen unwillkürlichen Urinverlust (zum Beispiel beim Lachen oder Husten) zu behandeln. Als diese von gesteigerter Empfindungs- und Orgasmusfähigkeit berichteten, wurden die Übungen auch für Orgasmushemmungen empfohlen. Und dann kam die Idee, dass dies auch für Männer hilfreich sein könnte. Das Kontrahieren der Beckenmuskeln verstärkt einerseits die Durchblutung in diesem Bereich, was sich positiv auf die Erektion auswirkt und auch vorbeugende Wirkung auf Prostata-Erkrankungen haben kann. Andererseits erhöht es die Selbstsicherheit, sich auf seinen Körper und seine Kraft verlassen zu können, und wirkt den vielen Geboten und Verboten entgegen, denen Männer in ihrer Biografie immer wieder begegnen, egal ob sie von Eltern ausgesprochen werden oder von Lehrpersonen, aus den Medien stammen oder von boshaften Partner/innen (mehr dazu bei Herriger 1990).

Wenn man(n) aber im Leistungsdruck oder in subtilen Ängsten vor der – als kritisch fantasierten – Frau die Ursache der misslingenden »Zurückhaltung« vermutet, empfiehlt sich Masturbation mit der klassischen Stop-Start-Methode[4]:

4 Von den zahlreichen Büchern, die sich sexuellen Dysfunktionen bei Männern widmen, finde ich das Buch von Michael J. Pfreunder – siehe Literaturverzeichnis – das allgemein verständlichste. Kolleg/innen aus Gesundheitsberufen gebe ich auf Anfrage (iss@perner.info) gerne auch weitere Literatur bekannt.

- Immer wenn man(n) merkt – und genau dieses Merken soll geübt werden –, dass man(n) sich dem »point of no return« (Zeitpunkt, wo kein Zurück mehr möglich ist) nähert, stoppt man(n) jegliche weitere Stimulation und
- spürt in sich hinein, in den Bauch, die Genitalien, das Gesäß: Wie fühlen sie sich an? Entspannt? Verkrampft? Wie geht der Atem?
- Diese »Innenschau« wird so lange fortgesetzt, bis der Ejakulationsdrang abgeklungen ist. Dann darf die Stimulation neu begonnen werden.
- Sollte das eine oder andere Mal das Innehalten vor dem Samenerguss nicht gelingen, sollte man(n) dennoch möglichst entspannt das Sich-Verströmen genießen. Das Ziel ist Abschied vom Leistungsstress. In der Liebe geht es um Hingabe, nicht um Show-Bumsen vor einem unsichtbaren Publikum. (Das gilt auch für Frauen!)

Andro, der Leiter des 1980 gegründeten Antinous-Institut in Berlin, empfiehlt eine Übung, die er »Melken« nennt (Andro 1989). Er schreibt: »Dabei geht es um eine bestimmte Art, den Penis zu stimulieren. Im Prinzip kann man das stundenlang machen, ohne dass es zum Orgasmus führt, und doch ist es sehr lustvoll. Man kann es um seiner selbst willen pflegen oder vor sexuellen Begegnungen, um die Lustbereitschaft zu fördern. Es ist kniend, sitzend oder stehend möglich, eine angenehme Atmosphäre (Musik, Düfte, Wärme, keine Störungen) verschönert das Erlebnis.«

Er empfiehlt,

- es sich nackt gemütlich zu machen und dann
- die Hände auf die Brust zu drücken und mehrmals die Mittellinie herab zur Peniswurzel zu streichen. Dadurch wird Energie »nach unten« gelenkt.
- Dann soll man(n) die Hände mit Massageöl einreiben, den Penis zwischen die Fingerspitzen nehmen und fünfmal nach vorne ausziehen.
- Dann beginnt das eigentliche Melken: Die Hände ziehen abwechselnd von der Peniswurzel zur Penisspitze, sodass eine Hand hinten neu ansetzt, bevor die andere vorne loslässt. Dabei ist darauf zu achten, einen angenehmen Rhythmus zu finden.
- Wenn man zwischendurch die Finger einer Hand unter den Penis legt und mit dem Daumen (oben) vom Ansatz zur Spitze massiert, fördert man die Produktion der Prostataflüssigkeit (des körpereigenen Gleitmittels). Diese ist leicht vom Samen zu unterscheiden, da sie klar ist und Fäden zieht.

Wichtig ist, sich vor der Melkübung klar zu sein, ob man diese Art gesundheitsfördernder Penismassage ausüben – oder sich zum Orgasmus masturbieren will. Das sind zwei verschiedene Handlungen mit unterschiedlichen Zielen (was auch am Atemrhythmus feststellbar ist), die nicht vermischt werden sollten!

Überhaupt ist es vielen Männern dringlich zu empfehlen, ihr Körperbewusstsein durch liebevolle Streicheleinheiten zu verbessern und durch bewusstes »Spielen« mit ihrer Muskulatur ihr Kraftpotenzial und ihre Gesundheit zu pflegen (Eggetsberger 1995, 1996).

Mental hilft eine visuelle Vorstellung,

- man(n) sei die liebende Frau (oder der liebende Mann, wenn man homosexuell orientiert ist), die (der) sich an einem selbst voll Liebe begeistert,
- man stellt sich die geschlechtliche Vereinigung aus der Sicht der/s Geliebten vor – möglichst lange andauernd, möglichst intensiv, möglichst genussvoll,
- wobei der Geliebte im geistigen Film, der man selbst ist, genau die gelassene Ausdauer beweist, die man pflegen möchte.

Das heißt: langsam atmen! Auch in der Realität lenkt die dominantere Person den Atem der anderen mit ihrem Atemrhythmus. Die Lernaufgabe heißt ja unter anderem auch, nicht ins gehetzte Hecheln zu verfallen, sondern kraftvoll sinnlich durchzuatmen (wenn man mitzählt, müsste man ungefähr auf die Abfolge eins bis sechs kommen, also sechs Sekunden) und den Genuss zu dehnen, zu spüren, wie die Energie und Kraft sich im ganzen Körper[5] verteilt.

- Dann wechselt man gedanklich aus dieser Position auf die Gegenseite und ist somit im Mann, der man selbst ist, drinnen, atmet aus dessen Lunge, sieht aus dessen Augen, spürt aus dessen Körper,
- bleibt bei dem langsamen Atemrhythmus und
- verbindet nun die Fantasiebilder mit der Realität, indem man zum bewusst langsamen Atmen die passenden Beckenbewegungen ausführt, ebenso die Muskelkontraktionen wie oben beschrieben.

5 In Tor Noerretranders Anthologie »Hingabe. Über den Orgasmus des Mannes«, Rowohlt, Reinbek 1983/1988, kommen die beitragenden Fachautoren zu der kritischen Ansicht, dass die meisten Männer nur einen »Penisspitzenorgasmus« kennen, den sie durch Anspannung der Gesäß- und Oberschenkelmuskulatur forcieren, aber einen ganzheitlichen Orgasmus vermeiden, weil ihnen dieses »Entgrenzungserleben« (der »kleine Tod«) Angst macht.

Viele Männer kommen sich komisch oder auch »weibisch« vor, wenn sie ihre Sinnlichkeit zulassen. Sie kritisieren sich selbst als »lüstern« und definieren sich nur als »männlich«, wenn sie hart und seelisch gefühllos sind. Damit erreichen sie aber nicht das Glücksgefühl des »Flow«. Dennoch ist ihnen bewusst, dass sie ihre Erlebenshochs (Rossi 1993/94) durch zusätzliche Sinnesreize steigern können, besondere Beleuchtung etwa, Teamaktivität (was auch die Sehnsucht vieler Männer nach Gruppensex erklären könnte) oder Musik. Mental gedachte Musik kann bei vorzeitigem Samenerguss hilfreich sein. So gab ich einmal einem Musiker spontan den Tipp, während seiner Selbststimulationsübungen seine Lieblingsmusik zu denken, sich vorzunehmen, zu welcher Passage er seinen Höhepunkt erleben wolle, und dann immer noch ein paar Takte dazuzugeben (was bedeutet, eine neue Neurosignatur zu »komponieren«). Dieses »neue« Musikstück erwies sich als sehr erfolgreich.

Zuletzt sei nochmals daran erinnert: Ejakulation und Orgasmus sind zwei verschiedene Erlebnisse. Es gibt lustloses »Ausrinnen« ebenso wie »trockene« Orgasmen. In der östlichen Liebeskunst wie in den Formen spiritueller Sexualität ist der Samenerguss nur zur Zeugung eines Kindes vorgesehen. Wenn Sie also nicht immer und überall zeugen wollen, sollten Sie sich doch die Zeit nehmen, voll Lust an der Kultivierung Ihrer Manneskraft zu arbeiten.

WAHRHAFTIGKEIT

Der Holzpuppe Pinocchio wächst die Nase, wenn sie zu lügen beginnt. Aber auch Menschen kann man »an der Nasenspitze« ansehen, wenn sie lügen: Dann wird diese nämlich stärker durchblutet, röter und – minimal – größer. Dennoch geben viele Menschen den Allmachtswahn nicht auf, andere täuschen zu können – und Allmachtswahn spricht auch aus der Überheblichkeit, andere als so dumm, naiv, vertrauensselig oder auch ängstlich einzuschätzen, dass man sie an der Nase herumführen darf. Wenn man das nämlich tut, hält man die Nasenlöcher zu – und es bedarf des »Riechers« der →*Intuition,* die »echte« und die »falsche Braut« voneinander zu unterscheiden. Im Märchen hilft eine Biene, der der Held das Leben gerettet hat, die richtige Braut zu erkennen. Im realen Leben braucht man Gespür (das Erfühlen des jeweiligen Gehirnstrommusters) oder eine feine Nase (die Stresshormonausschüttungen erschnuppern kann wie ein Hund, auch wenn dies beim Menschen meist unbewusst abläuft).

Es ist die Lüge, die Menschen krank macht: Wenn man belogen wird, wird einem die Wahr-Nehmung zerstört, wenn man selbst lügt, steht man unter Stress (zumindest dem, sich alles merken zu müssen). Und wenn man sich selbst belügt, sich »schont«, behindert man seine seelisch-geistige Entwicklung: Man hält dann nicht zu sich, sondern zu den anderen, denen man zu gefallen sucht.

Es ist die Wahrheit, die Menschen wieder gesund macht. Wenn die innere Wahrheit (das, was man weiß, aber vielleicht nicht zuzugeben wagt) und die »äußere Wahrheit« (das, was man lebt, darstellt, sagt) wieder in eins zusammenfallen, gibt es keinen Energieverlust mehr (man braucht ja keine Energie zu verwenden, um sich zu verstecken) und man hat sein volles Kraftpotenzial zur Verfügung. Man ist »kongruent«, mit sich selbst im Einklang.

Wenn Sie an Situationen Ihres Lebens denken, in denen Sie nicht wahrhaftig waren, werden Sie wahrscheinlich erkennen, dass es immer dann der Fall war, wenn Sie sich unzulänglich gefühlt haben, →*Angst* vor Kritik oder Strafe hatten oder kein Modell für →*Selbstbehauptung* hatten.

Üben Sie die körperlichen beziehungsweise mentalen Techniken ein, die ich bei Angst oder Selbstbehauptung angeregt habe, und erarbeiten Sie sich eine Form selbststärkender →*Kommunikation:* Gewöhnen Sie sich an, in der dort empfohlenen Du-Ich-Bitte-Methode zu sprechen. Dieses Aufteilen in kleine Portionen passt immer, wenn es etwas Schwieriges auszusprechen gilt.

Sich jemand zuzumuten erfordert Mut – und den erlangen Sie, wenn Sie es wagen, die Fesseln unechter Höflichkeit zu sprengen und auf ungezügelte Aggression zu verzichten, sich also auf der Bandbreite zwischen Feigheit und Rage in die Mitte begeben. Feigheit ist →*Abwehr* von Rage, Rage ist Abwehr von Feigheit; das eine ist immer im anderen mitenthalten.

Körperlich können Sie sich diese Bandbreite (oder eine andere, Sie werden entsprechende Gegensatzpaare finden) als Band auf dem Boden vorstellen und erst das eine Endstück betreten, dann das andere. Dann bewegen Sie sich langsam (bitte wirklich extrem langsam, sonst könnten Sie schwindlig werden; immerhin gewichten Sie jetzt seelische Kräfte um) der Mitte zu.

Mental erzielen Sie denselben Effekt, indem Sie sich vorstellen, Sie hätten jeweils den einen Teil in der einen Hand und den anderen in der anderen, und brächten jetzt beide ganz langsam (!) zusammen. Achten Sie auf Ihr Herzgefühl. Sie werden voraussichtlich von Rührung übermannt werden, wenn Sie endlich in Ihrer Mitte angekommen sind.

Wenn Sie nun das wunderbare Gefühl erleben, ganz »bei sich« zu sein, geben Sie sich die Achtung und Wertschätzung, die Sie als wahrhaftiger Mensch verdienen. Und lassen Sie sich die Reinheit Ihrer Seele nicht mehr durch irgendwelche →*Kaktusmenschen,* Gewalttäter oder Intriganten vergiften.

WECHSELBESCHWERDEN

Wallungen, Schweißausbrüche, Schlafstörungen, Gewichtszunahme, Depressionen – so erwarten viele Frauen die Zeit rund um das Ausbleiben der Monatsregel. Durch (umfassend beworbene) Hormonsubstitution erhoffen sie sich ein Verschwinden dieser Symptome (weniger freuen sie sich über die Rückkehr der Menstruation) und träumen von ewiger Jugend (samt sturzresistenter Knochendichte).

Dass auch Männer solch ein Klimakterium erleben, spricht sich nur langsam herum; es gibt ja auch erst wenige Männerärzte, und dass Männer ungern über ihre Missempfindungen sprechen und depressive Schübe mit Alkohol bekämpfen, ist bekannt.

Durch die Hormonschwankungen im Wechsel verändert sich nicht nur der Körper, sondern auch die seelische Befindlichkeit. Man hält nicht mehr so viel aus wie vorher, in der Lebensmitte, und das empfinden viele Menschen als Defizit und neuerlichen Grund, depressiv zu reagieren. Dabei lautet die Botschaft des Körpers nur: Gib mehr Acht auf dich, du bist nicht mehr taufrisch!

Auch andere lebensgeschichtliche Veränderungen lösen nun bei zu Depressionen neigenden Menschen massive Stimmungsverschlechterungen aus. Die Kinder gehen aus dem Haus und bauen an ihrem eigenen Leben – und nicht alle Eltern sind so ich-stark, auszuhalten, wenn ihre Kinder nicht quasi als Klons das elterliche Leben nachvollziehen, sondern auf deren Ratschläge mit mehr oder weniger Protest verzichten und auch auf Berichte elterlicher Heldentaten pfeifen (geschweige denn mit eigenen dienen). Da fehlt plötzlich ein wesentlicher Teil sowohl des physischen als auch des Seelenlebens. Und das bewirkt Entzugserscheinungen, Leere, Mangel an Energie. Für viele Frauen ohne Beruf oder mit ungeliebten Berufen Mangel an Lebenssinn.

Früher sprachen manche Sozialforscher auch von der Absenz des Ehemanns, der sich in dieser Altersphase verstärkt dem beruflichen Aufstieg widme, sozusagen zum Schwanengesang vor dem Pensionsantritt ansetze. Heute leiden mehr Menschen am Verlust des Arbeitsplatzes, Männer wie Frauen: zu teuer, zu anspruchsvoll, zu unflexibel. Und wenige finden nach solch einem Dämpfer des Selbstwertgefühls rasch Alternativen an Sinngebung. Sie fühlen sich alt und sie werden auch alt wirken: niedergedrückt, gramgebeugt, eingeschrumpft. Wenn sie dann zwecks Linderung ihrer Not den Arzt aufsuchen, hören sie oft als Diagnose: Das ist »nur« der Wechsel.

Dabei gibt es Kulturen, in denen Wechselbeschwerden unbekannt sind, zitiert Doritt Cadura-Saf (Cadura-Saf 1983/86/90) Untersuchungen an Frauen beispielsweise in Indien, Äthiopien, Südafrika, Süddakota oder Mikronesien. Gemeinsam ist diesen Regionen, dass die älteren Frauen nicht nur vom Zwang des Gebärens befreit sind, sondern auch von der damit kulturell verbundenen »Einsperrung«. Sie verbessern ihre Lage, werden wertvoller, dienen nicht nur zur Fortpflanzung, sondern werden oft »große Mütter«, Heilerinnen oder dürfen auch andere Funktionen in der Gemeinde übernehmen. In westlichen Kulturen hingegen, weiß Cadura-Saf, »musste eine Frau dreißig oder vierzig Jahre lang (und muss es leider heute fast immer noch) ihre sexuelle Attraktivität für alle möglichen lebenswichtigen Dinge einsetzen: um einen Job zu erhalten, um ihn zu halten, um am Arbeitsplatz menschlicher behandelt zu werden, um einen Mann zu bekommen, der ihr mehr Sicherheit und Anerkennung bieten kann, als die Gesellschaft einer alleinstehenden Frau gewährt ... Sie bekommt den Job nicht nur, weil sie tüchtig ist, sie wird nicht nett behandelt, weil sie ein Mensch ist, sie bekommt Anerkennung nicht allein für Leistung oder Menschsein. Zuerst bekommt sie dies alles, weil sie schnuckelig aussieht oder noch knackig ist. Frauen, die dieser Norm nicht entsprechen, haben es immer schwerer als die anderen. Sie leiden, weil sie mehr oder weniger vergeblich den vorgegebenen Idealen nachzueifern versuchen. Und die kosmetische Industrie scheffelt Millionen mit diesem Leiden.«

Bei uns tobt der mediale Jugendkult. In der Fernsehwerbung kommen ältere Menschen nur als Zielobjekte für faltenvermindernde Cremes, Haftpasten für dritte Zähne oder Vitalisierungssäfte vor. Oder als Neidhammel, die dem Sohn das neue Auto oder die bessere Altersvorsorge missgönnen. Viele ich-schwache Männer glauben, sich die Jugend bewahren zu können, wenn sie sich mit einer jungen Frau schmücken. Kurzfristig mag es ja entzückend sein, mit jemandem zu leben, der noch alle Hoffnung auf die Beglückungen der Zukunft in sich trägt. Aber langfristig wird der →*Frust* über die eigene Unfähigkeit, selbst für seine Beglückung sorgen zu können, die Euphorie (auch über den Neid der Konkurrenz) besiegen.

Wechselbeschwerden definiere ich als Stressbeschwerden. Den Stress aber machen andere, wenn sie ältere Menschen abwerten, nicht – mehr – ernst nehmen, zu Wettkämpfen herausfordern und dabei nur austricksen wollen. Und das spürt man. Es kann der eigene Ehemann sein, der die Zeichen des Alters bei seiner Frau verspottet, seine eigene Ungepflegtheit aber ausblendet. Mir fällt ein prominenter Wiener Psychoanalytiker ein, der seiner überschlanken Ehefrau, kurz bevor er sie wegen einer Jüngeren verließ, erklärte: »Frauen werden im Alter entweder Ziegen oder Kühe – du wirst eine Ziege.« Als ich dies erfuhr, konterte ich trocken: »Und deswegen werden die zugehörigen Männer entweder Böcke oder Ochsen.«

Es ist das Problem derer, die kritisieren; so versuchen sie, ihre eigene Angst vor dem Alter zu besiegen, indem sie es bei anderen bekämpfen, oder stellvertretend für den gemeinten Elternteil ihre Vater- oder Mutterkomplexe abzuarbeiten.

Wenn Sie sich also als älter werdender Mensch diskriminiert fühlen oder der entschwindenden Attraktivität der Jugend nachtrauern, schaffen Sie sich Überblick, wer an dieser Spaltung der Gesellschaft verdient. Füllen Sie jede freie Zeit mit →*salutogenen* Aktivitäten, die Sie in Schwung halten, Ihrem Körper gut tun, Ihrer Seele und Ihrem Geist und Sie zu einem bereichernden Mitmenschen wachsen lassen.

Körperlich kommen Sie am besten aus der misslichen Lage, indem Sie

- im körperlichen Ausdruck Ihre Befindlichkeit übertreiben: Lassen Sie die Schultern ganz bewusst hängen, den Kopf sinken, schlurfen Sie mit Zappelschritten durch die Wohnung …
- richten Sie sich dann bewusst mit einem Ruck auf, so hoch es geht, heben Sie den Kopf, gehen Sie zielstrebig, strecken Sie die Oberschenkelmuskulatur durch, das Becken leicht vor, sodass die Wirbelsäule gerade steht, ziehen Sie die Bauchmuskeln an und den Hintern ein und
- spüren Sie die Spannkraft, die in Ihnen steckt!
- Freuen Sie sich darüber!
- Lächeln Sie in sich hinein!

Und das, so oft es Ihnen einfällt, mindestens jedes Mal, wenn Sie mehr als zehn Schritte gehen.

Mental hilft eine kurze Selbstbesinnung:

- Sie haben Ihr höchstpersönliches Leben zu leben, mit der Lebensaufgabe, den Sinn, weswegen Sie auf der Welt sind, herauszufinden.
- Jedes Schielen nach anderen lenkt Sie nur von Ihrem Lebensweg ab. Es hilft Ihnen nur, wenn Sie dabei etwas lernen können.
- Sie verkörpern Ihr Sein. Wenn Sie ein standfester Mensch sind, werden Sie stärkere Beine haben als ein da- und dorthin schwebender. Ihr Nacken wird aufzeigen, wie viel Last Sie zu tragen haben, die Falten in Ihrem Gesicht werden beweisen, welche Gefühle Ihr bisheriges Leben beherrscht haben.
- Wenn Sie daher etwas an Ihrem Äußeren ändern wollen, tun Sie es von innen!
- Sie sind Herrscher/in über Ihre Mimik und Gestik. Sie können auch als Siebzigjährige/r in einen Ballettkurs gehen und schweben lernen oder Ihren Nacken mit Stretching weich dehnen oder Ihre Kummerfalten in Lachfalten verwandeln. Sie brauchen dazu nur die Vision, wie das aussehen wird.

- Erlauben Sie sich also, vor Ihrem geistigen Auge das Erscheinungsbild auftauchen zu lassen, wie Sie schweben, sich dehnen, lachen –
- und warten Sie, bis und wie Ihr Körper reagiert. (Dieses Programm gehört natürlich auch ständig wiederholt – und selbstverständlich können Sie es um weitere Visualisierungen erweitern. Wenn Sie die Technik einmal beherrschen, haben Sie sicherlich auch die Kreativität, weitere Anwendungsgebiete für Ihren Körper zu finden.)

Wenn nun aber der Gedanke auftaucht, Sie hätten eben nichts zu lachen, dann suchen Sie in Ihrem Gedächtnis eine Situation, in der Sie das Gefühl hatten, das Ihnen jetzt so abgeht, und versenken Sie sich mit allen Sinnen in diese Erinnerung: Wie hat das damals ausgesehen, was habe ich gehört, gefühlt, geschmeckt, gerochen, wie habe ich mich gehalten? Genießen Sie das auftauchende Sinneserleben. Sie werden merken, wie Ihre Mundwinkel nach oben wandern.

→*Salutogen* ist, sich selbst glücklich machen zu können, und das gelingt am besten, wenn Sie vom Gefühl der →*Liebe* durchströmt sind. Und zwar ohne →*Abhängigkeit* von irgendetwas anderem. Wenn Sie wollen, werden Sie immer etwas entdecken, das Sie angenehm, schön, begeisternd finden und lieben können (ohne sich in der Erwartung oder Forderung nach Gegenliebe zu verzehren).

WEGSTECKEN

Wenn Sie genau hinhören, welche Empfehlungen Sie von wohlmeinenden Ratgebern erhalten, werden Sie bemerken, dass oft der Satz fällt: »Das musst du einfach wegstecken.« Was mich an diesem Satz stört, ist das Wörtchen »muss«. Ich mag keine Befehle, wo eine Frage, eine Anregung (zum Beispiel »Vielleicht hilft Wegstecken?«) genügen würde. Denn der Rat an und für sich ist nicht schlecht: Was zu nahe bedrohlich wirkt, kann aus der Ferne betrachtet zur Lappalie schrumpfen.

Aber wissen Sie auch, wie man etwas wegsteckt?

Nehmen wir einmal an, Sie kennen jemanden, der oder die keine Gelegenheit vorübergehen lässt, ohne verbale Giftpfeile gegen Sie abzuschießen. Ein

→*Kaktusmensch.* Sie wissen, dass Sie ihm nicht zu nahe kommen dürfen, sonst werden Sie von den Stacheln verletzt werden. Aber was tun Sie, wenn Sie erst bemerken, was der Kaktus anrichtet, wenn Sie die Stacheln schon im Leib beziehungsweise im Herzen spüren?

Körperlich gäbe es die Möglichkeit, diejenige symbolische Geste getarnt zu vollführen, mit der Sie auch unbeobachtet Stacheln herausziehen würden:

- Orten Sie zuerst, an welcher Stelle Ihres Körpers Sie den Stachel spüren.
- Wie groß ist er? Wie tief ist er eingedrungen?
- Bewegen Sie Ihre Haupthand dorthin (und schützen Sie diese eventuell mit der anderen, die Sie davor halten)
- und bewegen Sie die Haupthand unmerklich so, als würden Sie den Stachel herausziehen, herausdrehen, herauspressen, was auch immer passend wäre.
- Dann stecken Sie ihn dorthin, wo Sie mögen. Wählen Sie auch dazu eine »magische Geste«, die Ihnen hilft, das Erlebte in Distanz zu bringen.
- Währenddessen atmen Sie ruhig und lassen mit jedem Atemzug ein wenig vom Gift des Stachels aus sich herausfließen.

Mental haben Sie natürlich noch viel mehr Möglichkeiten, weil Sie jetzt Ihre Fantasie einsetzen, und die ist bekanntlich grenzenlos. (Wenn Ihre das noch nicht ist, dann erweitern Sie Ihr Traumreich! Visualisierungstechniken gehören zum Effizientesten in der Psychotherapie.)

- Visualisiert sehen Sie vor Ihrem geistigen Auge den Stachel und die Stelle, wo er eingedrungen ist.
- Im geistigen Bild können Sie natürlich jedes Werkzeug, jede Helfergestalt einsetzen – von der Pinzette bis zum Staubsauger, vom Blutegel bis zu Dr. Frankenstein, von Rumpelstilzchen bis zu Superman.
- Wichtig ist: Genießen Sie das Gefühl, das Unerwünschte aus sich herauszubekommen.
- Wählen Sie den Ort, wo Sie es deponieren wollen. Vielleicht kommen Sie noch einmal in eine Situation, wo Sie genau diesen Stachel, Giftpfeil, Schierlingstrunk brauchen könnten …

WIDERSTAND

Widerstand macht gesund, predigte einst Robert Jungk. Stimmt, sage ich, wenn er depressive Resignation verhindert. Stimmt nicht, sage ich, wenn er zu →*Burn-out* und →*Frust* und damit Kraftverlust führt.

Widerstand ist dann notwendig, wenn man körperlich, seelisch, geistig – also ganzheitlich – merkt, dass einem etwas nicht gut tut oder täte. Geschlechtsverkehr beispielsweise, wenn man nicht liebt und deutlich spürt, dass der oder die andere nur eine »Bedienerin« oder einen »Bediener« braucht, als Entspannungs- oder Einschlafhilfe oder als Wärmeflasche für kalte Zehen. Viele geben dann »um des Friedens willen« nach und wundern sich, wenn ihr Körper deutlich »Nein« sagt – durch eine »sexuelle Dysfunktion« (→*Erektionsstörungen,* →*Orgasmusstörungen,* →*vorzeitigen Samenerguss,* durch Schmerzen beim Geschlechtsverkehr oder →*Lustmangel).*

- Wenn man geistig oder seelisch bewusst den eigenen Widerwillen nicht wahrnimmt, kann man sich ziemlich sicher auf das Unbewusste verlassen: Es hilft mit einem passenden Symptom aus (oder mit einer →*Fehlleistung* oder überdeutlichen Trauminhalten). Wer sich also Symptombildungen ersparen will, sollte doch einmal in der Tiefe der Seele nachforschen,
- woran man erkennt, ob man etwas wirklich will,
- und ebenso, wie sich Widerstand bemerkbar macht (zum Beispiel durch Anspannung bestimmter Muskelpartien, flaues Gefühl im Magen, Hautrötungen etc.).
- Dann erst gilt es, eine Entscheidung zu treffen: Will ich nachgeben oder will ich vertrösten, verhandeln, ein Gegengeschäft anbieten, ablehnen?

Wichtig ist auf jeden Fall, sich verschiedene Verhaltensalternativen zur Auswahl zu stellen, denn das ist →*salutogen.* Hilflosigkeit – kein geeignetes Verhalten zu wissen – ist hingegen durchaus geeignet, pathogen zu wirken.

Sollten Sie sich also für Widerstand entschieden haben:

Körperlich auf »Sit-in« umschalten!

- Sie machen sich einfach »schwer«, indem Sie
- zuerst Ihre Muskeln entspannen (das geht am leichtesten, wenn Sie sie kurz anspannen und dann sofort die Anspannung wieder loslassen),
- um sie dann ein klein wenig wieder anzuziehen

- und wieder zu entspannen und dabei das Schweregefühl zu verstärken – so wie die Studenten in den rebellischen Sechzigerjahren des vorigen Jahrhunderts, die man aus den Hörsälen davontragen musste, weil sie unbeweglich und schwer wie im Boden verwurzelt saßen.

Mental kann man sich natürlich ebenfalls vorstellen, man wäre ein Dackel. Oder eine Riesenkatze – die tut auch nur, was sie will. Das alles stützt die Selbstbehauptung.

Da sich aber die meisten Widerstände auch in sprachlichen Botschaften äußern sollten, damit das Gegenüber versteht, dass man es ernst meint, und aufhört, einen zu »löchern«, empfiehlt sich die Methode »Schallplatte mit Sprung«:

- Jemand bittet einen um etwas – zum Beispiel auf die Kinder aufzupassen,
- man antwortet üblicherweise, dass man keine Zeit hat,
- die andere Person meckert, ob es nicht doch ginge,
- man wiederholt, dass man keine Zeit hat,
- die andere Person beginnt zu verhandeln,
- man sagt nur, »wie schon gesagt«, dass man keine Zeit hat – und so weiter.
- Irgendwann gibt die andere Person auf – und das Immunsystem kann sich erholen.

WORK-LIFE-BALANCE

Immer mehr Menschen arbeiten immer länger, immer härter, opfern ihre Freizeit der Fortbildung, dem Fitnesstraining oder Vernetzungs-Events – und gewinnen dadurch weder Sicherheit noch Zufriedenheit. Denn um diese Gefühle zu empfinden, braucht man Entspannung; sich zu entspannen, schafft jedoch vielen Menschen ein schlechtes Gewissen. Nur der ist offenbar etwas wert, der etwas schafft, und das muss noch dazu teuer verkäuflich sein, sonst ist es erst recht wieder nichts wert …

W

Der Wert eines Menschenlebens darf aber nicht von Nützlichkeit abhängen oder vom Image, denn damit begibt man sich in →*Abhängigkeit* vom Käufer oder »Lober« – und Abhängigkeit führt leicht zu →*Energieverlust:* Je mehr Macht man den anderen gibt, von denen man →*Energie* (in Form von Geld oder Applaus) bekommen will, desto mehr verliert man selbst Energie. Zuletzt lebt man nicht mehr selbst, sondern lässt sich leben.

Um das Ungleichgewicht zwischen zu viel Arbeit, Beruf, Erfolgshascherei und Liebe, Genuss, Lebenslust in ein gesundes Mittelmaß zu bringen, hilft es, seinen »inneren Glückspunkt« zu orten. Glück ist ein ganzheitliches Erlebnis. Körper, Seele und Geist sind ja aus ganzheitsmedizinischer Sicht eine Einheit; in der Hetzjagd der heutigen Zeit wird vor allem der Körper gefordert und der Geist indoktriniert, doch die Seele vergessen. Aber genau die Seele ist es, die Geist und Körper verbindet und den ganzen Menschen erfüllt. Sie ist auch unser Signalgeber, der mitteilt, ob es uns gut geht oder nicht. Diese Stimme ist leise, man muss sich Zeit nehmen, hinzuhören. Wenn es bereits fünf vor zwölf ist, »brüllt« sie mittels psychosomatischer Symptome, aber dann ist es oft schon zu spät.

Work-Life-Balance (kurz WLB) zielt auf die Herstellung ganzheitlicher Gesundheit und bietet dafür ein Modell: Sechs Bereiche dürfen nicht nur durch den Beruf abgedeckt werden, sondern sollten »von außerhalb« frische Energie zuführen und ausstrahlen. Diese sechs Bereiche sind

- Arbeit und Beruf,
- Sozialkontakte – Freundschaften mit Menschen, die keine Berufskolleg/innen sind, Beziehungen, die sich spontan und ohne »Gewinn« ergeben und weitergeführt werden,
- emotionale Bindungen – Hinwendung zu Menschen, die man liebt, Beziehungen, die gepflegt gehören, damit sie nicht »eingehen«,
- intellektuelle Entwicklung – die Suche nach geistigen Anregungen und Wissenserwerb,
- körperliche Gesundheit – dazu gehören Sport, Gymnastik, aber auch Gartenarbeit und eine bewusst genossene (gesundheitsfördernde) Ernährung, Stress zu vermeiden, zu minimieren, ihm entgegenzuwirken und abzubauen, und
- Spiritualität – die Arbeit an der Erfüllung seines Lebensauftrags: Wozu bin ich auf der Welt? Was sind meine Begabungen und wie soll ich sie zum Wohle anderer verwirklichen?

Diese in der Fachliteratur gängige Liste ergänze ich noch durch einen siebenten Bereich: kulturelle Betätigung.

Ganzheitliche Gesundheit bedeutet aus meiner Sicht, ein Gespür für Stresshormonausschüttung und Veränderungen im Immunsystem zu entwickeln. Dazu braucht es Selbstwahrnehmung – und dafür wiederum Zeit. Nur mit einer

Verlangsamung der Lebensprozesse gelingt es, die feinen Unterschiede in den eigenen Befindlichkeiten zu differenzieren. Tiefenpsychologisch orientierte Psychotherapeut/innen lernen in ihren Ausbildungsschritten, andere Menschen bis in ihre feinsten Regungen zu »erspüren«. Nicht alle wenden diese Fähigkeit auch bei sich selbst an; daher gehören sie auch zu jenen Berufsgruppen, die am meisten durch →*Burn-out* gefährdet sind (wie Ärzt/innen oder Lehrer/innen).

Beruf und Arbeit »fressen« in Zeiten wie diesen, in denen Arbeitsplätze wegrationalisiert werden und ältere Arbeitnehmer/innen durch jüngere, billigere und belastbarere (weil unerfahrenere) ersetzt werden, Dopamin (das Belastbarkeitshormon) und Immunglobulin. Herzliche Sozialkontakte jedoch, Liebesgefühle, Aha-Erlebnisse, Endorphinausschüttung (wie etwa beim Joggen, Walken, Bergsteigen) und spirituelle Ekstasen fördern den Anstieg der Immunwerte im Blut, ebenso künstlerische Betätigungen wie zelebrierter Kunstgenuss.

Wenn man also merkt, wie die Immunkräfte nachlassen (und man krankheitsanfälliger wird, sich nicht erholt, einem das »innere Zittern« in der Kehle sitzt, man nichts mehr aushält), ist es hoch an der Zeit, zu überprüfen, wie die Work-Life-Balance aussieht, was in den letzten Wochen zu kurz gekommen ist – und schnellstens zu ergänzen!

Körperlich hilft es oft schon, zehn Minuten zu flotter Musik zu tanzen, zu singen oder jemandem eine Liebeserklärung (ein Kompliment) zu machen. Wenn man danach sucht, findet man immer etwas, das man loben kann.

Mental kann man das alles natürlich auch gedanklich nachvollziehen – oder sich einfach vorstellen, dass man jemanden, den man mag, umarmt und küsst. Und indem man auf seine Gefühle achtet, wenn man sich erlaubt, in den Zustand der Liebe einzutreten.

WUT siehe →*Zorn*

X

XENOPHOBIE

Wörtlich übersetzt bedeutet das Wort Angst vor fremden Menschen. Man kann es aber auch im weiteren Sinn als Furcht vor allem Unbekannten verstehen. Dass man sich Unbekanntem nicht allzu unbekümmert nähern sollte, lernen wir – hoffentlich – schon als Kinder beim Umgang mit fremden Haustieren. Auch wenn so manches Kind noch nicht glauben will, dass Nachbars Schäferhund nicht Kommissar Rex ist und eine streunende Katze kein müde dahindämmernder Garfield – Tiere reagieren genauso mit Angst wie wir und versuchen zu verscheuchen, was dieses Gefühl bei ihnen ausgelöst hat. Wer dann das feindliche Knurren des Hundes für Katzenschnurren hält und die kratzbereite Katzentatze für die anbiedernd erhobene Spielpfote des Hundes, wird bald eines Besseren belehrt werden …

»Fremdeln« – die erste Form von Fremdenangst – kann man bei Kleinkindern rund um den achten Lebensmonat beobachten: Jetzt beginnt das Kind nämlich, sich nicht mehr als ungetrennter Teil seiner Mutter (oder sonstigen vertrauten Bezugsperson) zu fühlen, sondern erkennt zunehmend Teile der Umwelt als »Nicht-Ich«. Statt vorher zwischen Gefühlen von »angenehm« und »unangenehm« zu schwanken, gewinnt es immer mehr Interesse an allem rund um sich herum. Was ihm schon vertraut ist, begrüßt es – je nach Stimmungslage – eher freundlich, bei Unbekanntem greint oder weint es oder zeigt sonst Zeichen der →*Abwehr.* Falsch wäre es dann, dem Kind zuzuraunen: »Aber das ist doch der liebe Onkel Franz!« und ihm so seine natürliche Vorsicht abzugewöhnen. Hilfreich wäre es hingegen, sein Gefühl zu bestätigen: »Ja, den kennst du noch nicht, das ist der Onkel Franz, nicht wahr, der riecht komisch … der raucht nämlich Zigaretten … den Geruch kennst du noch nicht … und der ist vielen Leuten unangenehm … das darfst du ruhig auch zeigen und den Kopf abwenden … Ich werde ihn bitten, in deiner Gegenwart nicht zu rauchen.« Das Kind versteht die basale Stimulation[1], die beruhigt; weiters wird es in seiner Selbst-Sicherheit bestätigt, was einen wesentlichen Baustein von Gewaltprävention darstellt, und zusätzlich erfährt es vorbildhaft, dass und wie man sich abgrenzen kann.

1 Unter basaler Stimulation versteht man unter anderem auch das sanfte Besprechen von Menschen, die die Grammatik der Sprache noch nicht (Kleinstkinder) oder nicht mehr (zum Beispiel Komapatienten) verstehen, sehr wohl aber den Sinn des Gesprochenen »erspüren«.

Was nämlich viele Erziehungsberechtigte wie -unberechtigte vergessen, ist, dass Lernen weniger auf Horchen und Gehorchen basiert als auf Zuschauen und Abschauen. Zuhören aber gelingt meist nur dann, wenn das, was man hört, als wohlklingend erfahren wird. Und dass Wohlklang anzieht, wissen wir nicht erst seit den Abenteuern des Odysseus, der sich beim Vorbeisegeln an der Insel der Sirenen am Hauptmast festbinden ließ, um nicht ins Wasser zu springen und zu ihnen hin und damit in den Tod zu schwimmen. In Deutschland gibt es eine ähnliche Sage rund um die legendäre Lorelei, die die Schiffer so mit ihrem Gesang betörte, dass sie vergaßen, auf die Strömung zu achten und mit ihren Kähnen an einem Felsen zerschellten.

Ob wir Fremdes als beängstigend oder anziehend erleben, hängt weitgehend davon ab, wie wir gelernt haben, mit Fremdem umzugehen: panisch flüchtend, verächtlich abwehrend, aggressiv bedrohend, rabiat vernichtend – oder neugierig fragend, vorsichtig erforschend, liebesbereit annähernd. Dabei ist es egal, ob »das Fremde«, »das ganz Andere« ein Mensch – einer des Gegengeschlechts, ein Mensch anderer sexueller Orientierung oder mit einer »flexiblen« (ich vermeide das Wort »instabil«, weil es abwertet) Geschlechtsidentität –, eine Kunstform, ein Land, eine Kultur, eine Sprache oder eine Denkweise ist.

Je selbstsicherer ein Mensch ist, desto weniger wird er sich vom »ganz Anderen« bedroht fühlen. Aber verunsichert es uns nicht auf jeden Fall, wenn wir das erste Mal mit etwas »ganz Anderem« konfrontiert sind? Und liegt es nicht an unserer urtümlichsten Kommunikationsform – der Körpersprache –, ob diese Begegnung zu mehr Verstehen, Wissen und damit Bereicherung führt oder zu Unverständnis, Ignoranz und Isolation?

In meinem Buch »Kultur des Teilens« (Perner 2002/a) habe ich aufgezeigt, wie der Gott der Bibel die Welt erschafft, indem er teilt und Namen gibt, und wie in dem – von mir als dem »ersten« bezeichneten – Sündenfall Adam und Eva aus der – unbewussten – Einheit in und mit Gott und der Schöpfung fallen und sich der Welt der Gegensätze, damit auch des Gegensatzpaares Mann und Frau bewusst werden. Wieder in die Einheit in und mit Gott zurückzufinden, entspräche dem »Sakrament der Ehe« (das sich die Eheleute gegenseitig spenden; der Priester vermittelt nur Gottes Segen, und den braucht man auch, wenn man auf Dauer in Liebe verbunden bleiben und nicht aneinander zweifeln oder einander in Opposition bekämpfen will). Aber nicht nur in der Verbindung von Mann und Frau – und in jedem anderen Bündnis, ob zwischen Anrainern, zwischen Firmen oder zwischen Staaten – finden sich Konstellationen, in denen einem das Andere fremd ist oder gar befremdlich. Wenn man sich dessen bewusst ist, ist bereits ein großer Schritt in Richtung friedliche Koexistenz getan. Man muss ja nicht gleich »heiraten« …

Wenn Sie also merken, dass Sie Zielscheibe von Fremdenfeindlichkeit werden, haben Sie folgende Möglichkeiten, schnell zu reagieren:

Körperlich hilft es, die Distanz zu vergrößern:

- Treten Sie langsam ein paar Schritte zurück, oder wenn das nicht geht,
- neigen Sie den Kopf leicht zur Seite (und geben Sie Ihrem Blick einen interessierten Ausdruck. Das machen Sie, indem Sie sich innerlich sagen: »Der/die kennt mich nicht und ich gebe ihm/ihr die Zeit, mich kennen zu lernen, auch wenn der/die andere mich schnell weghaben will«).
- Atmen Sie langsam und spüren Sie in Ihrem Inneren nach, was Sie meinen, was im anderen vorgeht.
- Bestätigen Sie, dass Sie verstanden haben, was der/die andere will; erst dann ist es ratsam, zu informieren, dass man eine andere Position vertritt.

Auch wenn Ihr »innerer Krieger« sich kampfbereit macht und »Attacke!« brüllt: Mit Kampfaktionen definieren Sie sich als Feind und liefern nur die Berechtigung, Sie zu bekriegen. Die Wahrscheinlichkeit, dass Sie dominieren werden, ist aber eher gering einzuschätzen, denn Fremdenfeindlichkeit schützt das eigene Revier und dort ist man meist von Gleichgesinnten umgeben. Daher ist es ja so wichtig, in Kommunikation zu bleiben, damit die »Platzhirsche« erkennen, dass man ihnen nichts wegnehmen will, sondern etwas Neues zum Eigenen dazubringt.

Distanzierung hat aber nicht nur den Effekt eines symbolischen Rückzugsmanövers (auch wenn man mental weiterhin das gleiche Ziel verfolgt), sondern sie hilft auch, die Situation besser zu »sehen«. Was zu nahe ist, sieht man nicht gut, man spürt es nur, angenehm oder unangenehm. Sie brauchen nur Ihre Hand nahe vor Augen zu halten – nun? Deshalb ist es wichtig, schnell vom Fühlen zum Schauen wechseln zu können, beispielsweise, wenn einen die → *Wut* packt oder die → *Trauer* überflutet.

Mental gilt es daher, zu erkennen, zu welchen archaischen Stammhirnreaktionen man neigt: zum Kämpfen, Flüchten oder Totstellen, wie es die Tiere tun, oder zum Verhandeln, Distanzieren oder Abwarten, wie es Großhirnbesitzer und -benutzer tun, die der Sprache mächtig sind und (hoffentlich) auch die Folgen ihres Handelns abschätzen können.

In Sprache gekleidet lauten die hilfreichen autogenen Schnellaufforderungen:

- Was sehe ich, das eben mit mir passiert? (Antwort zum Beispiel: Die wollen mich weghaben.)
- Was bedeutet das für mich? (Antwort zum Beispiel: Aufforderung zum Widerstand. So leicht lasse ich mich nicht vertreiben.)
- Mit welchem Gefühl will ich darauf reagieren? (Jetzt haben Sie die Wahl zwischen Aggression, Resignation und Selbstbehauptung, und die können Sie wiederum auftrumpfend anlegen, verständnisvoll oder gelassen. Suchen Sie die für Sie Kraft spendende, gleichzeitig aber auch Kraft erhaltende Suggestion.)

Zum Auftrumpfen würde ich nicht raten, da dies wiederum eine →*Abwehr*-Reaktion der anderen Seite herausfordert. Gelassenheit hingegen gibt nicht nur Selbstsicherheit, sondern auch Zeit zum Nachdenken.

Mit welcher Handlung? Es kann ein Lächeln sein, ein Vorschlag, eine Zustimmung, ein Hilfsangebot – zumindest aber sollten Sie einen ruhig-friedfertigen Gesichtsausdruck zustande bringen. Und was ist, wenn Sie selbst merken, dass Sie Fremdes nicht mögen?

Körperlich empfiehlt es sich wieder, vorsichtig und respektvoll Abstand zu nehmen und einzuhalten: Sie müssen ja erst die Distanz der Sicherheit ausloten. Das braucht Zeit und daher auch einen langen Atem.

Glauben Sie nicht, dass dies jedermann leicht fällt! Viele Menschen neigen zu unbedachten Schnellreaktionen; sie holen tief Luft und preschen los. Bei Naturkatastrophen oder Begegnungen mit wilden Tieren kann das durchaus sinnvoll sein, in Situationen menschlichen Zusammenlebens jedoch eher selten. Vielleicht noch bei körperlichen Attacken – und die entstehen oft »nur« durch ein spontan hingeworfenes Wort oder einen Blick. Dann lesen wir in der Zeitung, jemand habe »ja nichts getan«, und werden so dazu angeleitet, Tun nur als Handeln sprich Handeinsatz fehlzudeuten. Als Tun kann aber auch jede

Muskelveränderung und eigentlich jede Veränderung im Gehirnstrommuster oder in den Hormonausschüttungen verstanden werden. Sensible – voll wahrnehmungsfähige und nicht abgestumpfte – Menschen registrieren dieses innerkörperliche Geschehen, weil es sich immer auch verkörpert – und wenn es nur die Änderung der Gesichtsfarbe (Verengung oder Erweiterung der Blutgefäße) ist.

Deswegen lohnt es sich, zumindest eine Form von →*autogenem Training* zu beherrschen, womit man auch willentlich diese so genannten Spontanreaktionen steuern kann. Für gut trainierte Menschen genügt oft das Denken eines Wortes – beispielsweise »Gelassenheit« – und der Körper passt sich bereits dem gedachten Zustand an.

Mental haben Sie zuerst eine Entscheidung zu treffen: ob Sie sich nämlich als Fremdenfeind profilieren wollen, als kooperativ aufgeschlossener Weltbürger oder als progressiv versöhnlicher Friedensstifter. Dann gilt es, sich auf die gewählte Geisteshaltung einzustellen (die körperliche folgt dann ohnedies).

- Stellen Sie sich also geistig vor, wie Ihre gewählte Selbstpräsentation aussehen würde.
- Erweitern Sie dieses geistige Bild durch Menschen rundum, Vertraute wie Unvertraute.
- Lassen Sie das Bild »laufen lernen« und
- achten Sie dabei auf Ihre Gefühle und Körperempfindungen.
- Fragen Sie sich, was Ihr Gewinn ist: Sicherheit? Applaus Ihrer Bezugsgruppe? Vermeidung von Konflikten? Lust auf Streit? Identifikation mit einem Ideal? Stolz auf Ihre Ethik?
- Achten Sie weiter auf Ihre Gefühle und Körperempfindungen. Hat sich etwas verändert? Möchten Sie eine Denkweise loswerden? Oder eine neue erwerben? Dann geben Sie Ihrem Abbild im geistigen Bild einfach die Regieanweisung, wie es sich verhalten soll.

Im Endeffekt sind es immer Sie, die Ihre eigene Geistes- wie Körperhaltung gestalten. Das liegt weitgehend in Ihrer Macht – sofern Sie sich nicht mittels Drogen betäuben oder aufputschen –, die Reaktion anderer auf Ihre Bestrebungen aber nicht.

YOGA-ATMUNG

Wenn Sie darauf achten, wie sich Ihr Atemrhythmus in Stress-Situationen verändert, werden Sie merken, dass Sie bei Anstrengungen, die sichere Aussicht auf Erfolg bieten, also bei Eu-Stress (beispielsweise, wenn Sie etwas Schweres heben wollen oder wenn sie etwas nachlaufen), eher regelmäßig tief und kraftvoll zu atmen beginnen und vielleicht mit einem besonders tiefen Atemzug enden. Bei Situationen, in denen Ihre Anstrengung auch von Sorge, es nicht zu schaffen, begleitet ist, also bei Dys-Stress (etwa wenn Sie sich das erste Mal gegen einen ungerechten Chef behaupten wollen), werden Sie beobachten können, dass Ihr Atem unregelmäßig wird, mal hechelnd, mal verhalten bebend, oft auch wieder stockend. Das heißt in Gedankensprache übersetzt, dass Ihr Körper noch nicht sicher ist, ob er kämpfen und sich daher kampfbereit machen will – oder doch lieber flüchten? Oder sich unterwerfen? Tot stellen? Dann fängt meist der Kreislauf an, »verrückt zu spielen«. Das bedeutet aber nichts anderes, als dass er Ihnen mit einer kleinen Ohnmacht helfen möchte, aus der überfordernden Situation auszusteigen.

Im Klartext sagt Ihnen Ihre stammhirngeleitete Körpersprache, dass Sie mehrere Möglichkeiten zur Auswahl haben. Weil wir aber nicht mehr so instinktsicher sind wie die meisten Tiere (immerhin sendet unser Großhirn gleichzeitig Gebote – »Immer schön bescheiden sein ist beliebt bei Groß und Klein«, »Nur keinen Verdruss!« etc. – und Verbote – »Aber das geht doch nicht!« »Das war noch niemals so!« »Da könnte ja jeder kommen!«), reagieren wir verwirrt.

Körperlich hilft es fürs Erste, den Atemrhythmus zu regulieren. Damit wendet man

- einerseits ganz automatisch Aufmerksamkeit von außen nach innen,
- andererseits vergrößert sich dadurch bereits die Distanz zu dem, was bewältigt werden soll: Mit jedem Atemzug gewinnt man mehr Abstand.
- Außerdem kann die bewusste Rhythmik kontrollierter Atemzüge gut mit autosuggestiven Sätzen zu mehr Selbstbewusstheit gekoppelt werden – und
- das verstärkt wiederum den Kraftaufbau.

Da die meisten Menschen in Westeuropa nicht daran gewöhnt sind, bewusstes Atemtraining zu betreiben, beginnt man am besten mit einer einfachen Form von Yoga-Atmung. So empfiehlt der italoamerikanische Psychiater und Hypnotherapeut Ernest L. Rossi (Rossi 1993/94), auf den nasalen Rhythmus – die wechselnde Durchblutung der linken beziehungsweise rechten Nasenseite – zu achten, indem man einen kleinen Taschenspiegel unter die Nase hält, und einige Sekunden durch die Nase auszuatmen. Das so aufgrund der Kondensation entstehende Muster zeigt, welches Nasenloch weiter oder enger geöffnet ist. Dort, wo das Nasenloch enger ist, ist die Gehirnhälfte der gleichen Seite die dominante. Ebenso zeigt der Ton, der entsteht, wenn ein Nasenloch mit dem Daumen zugehalten und durch das andere mit einem kurzen heftigen Stoß ausgeatmet wird, die Enge an: je enger, desto höher der Ton. Sensible Menschen spüren aber auch ohne besondere Übung, welches Nasenloch weiter geöffnet ist und welches eher »verstopft«.

Untersuchungen scheinen zu bestätigen, schreibt Rossi, »dass Menschen zu der Zeit, in der das rechte Nasenloch stärker geöffnet ist (was auf eine Dominanz der linken Gehirnhälfte hinweist), bei solchen Aktivitäten bessere Leistungen erbringen, die die linke Hirnhälfte betreffen, also zum Beispiel bei verbalen Aufgaben. Wenn das linke Nasenloch stärker geöffnet ist (also bei einer Dominanz der rechten Gehirnhälfte), sind die Leistungen besser, die eine Aktivität der rechten Gehirnhälfte erfordern, zum Beispiel Aufgaben, die räumliche Vorstellungsfähigkeit erfordern.«

Sie unterstützen sich daher in sprachlichen, rechnerischen, strukturiert planenden und ordnenden Denkleistungen, wenn Sie das linke Nasenloch verengen – indem Sie beispielsweise den Nacken stark nach links dehnen und den Kopf in eine möglichst waagrechte Position bringen oder sich überhaupt auf die linke Körperseite legen. Umgekehrt fördern Sie Ihre musischen, intuitiven Fähigkeiten, indem Sie Ihr Gleichgewicht stark nach rechts verlagern.

Sollten Sie daher bei sich Überforderung, Blockaden etc. oder auch nur Einseitigkeit bemerken, balancieren Sie Ihre Gehirnhälften, indem Sie Ihr nasales Gleichgewicht aufbauen: Halten Sie einmal das eine, dann das andere Nasenloch zu und atmen Sie einige Atemzüge jeweils nur durch die eine Nasenhälfte. Sie werden merken, wie frisch Sie sich danach fühlen.

Mental erteilen Sie sich dazu einen Auftrag. Solch eine Selbstprogrammierung könnte etwa lauten:

- »Mit jedem Atemzug werde ich … (ruhiger, gelassener, friedlicher, souveräner, selbstsicherer, kreativer, fröhlicher – was auch immer Sie als Idealzustand anpeilen wollen.)«

- Sie können aber auch denken: »Mit jedem Einatmen hole ich mir frische Energie aus dem Kosmos, mit jedem Ausatmen lasse ich los, was ich nicht brauchen kann.«

Sie können aber auch nur kleine Atemzüge in Sekunden zählen – bevorzugt atmen Sie auf sechs oder neun Sekunden – und vor dem Wechsel vom Ein- zum Ausatmen immer eine kleine Pause des Nichtatmens einlegen. Während Sie in dieser Weise (1-2-3-4-5-6-Pause-1-2-3-4-5-6-Pause und wieder von vorne) atmen und mit jedem Sekundenschritt ein wenig mehr Luft einsaugen beziehungsweise loslassen, werden Sie schon merken, wie sich Energie, Kraft, Vertrauen und Vitalität aufbauen. Das Geheimnis dieser Übung liegt darin, das, was wir ohnedies unbewusst und daher achtlos tun, ins Bewusstsein zu heben und zu (be-)achten, nämlich: wie wir uns über den Atem mit Energie versorgen. Oder wie Goethe so trefflich – und brauchbar suggestiv! – formulierte (Goethe 1961):

»Im Atemholen sind zweierlei Gnaden:
Die Luft einziehen, sich ihrer entladen;
Jenes bedrängt, dieses erfrischt;
So wunderbar ist das Leben gemischt.
Du, danke Gott, wenn er dich presst,
Und dank ihm, wenn er dich wieder entlässt.«

Y

Z

ZÖGERN

Wenn Sie sich noch nicht entscheiden können, ob Sie etwas tun sollen oder nicht und womöglich noch Vorwürfe deswegen bekommen, wenn Sie – noch – nicht sicher sind, ob eine Sache entscheidungsreif ist: Vertrauen Sie Ihrem Gefühl, das Sie vor voreiligem Handeln warnt!

Im Gegensatz zum →*Zweifel,* bei dem man sich – noch – nicht zwischen zwei oder mehreren Möglichkeiten entscheiden kann, hat man beim Zögern meist eine klare Vorstellung, was man will, aber man traut sich eben noch nicht. Gewöhnen Sie sich an, bei Gedankengängen wie »Ich kann das nicht« oder »Ich weiß das nicht« immer das Wörtchen »noch« einzufügen; Sie eröffnen sich damit eine Zeitlinie mit Zukunftsvision. Auch wenn Sie etwas noch nicht können, können Sie es ja lernen – gleich, später, irgendwann.

Oft warnt uns unsere →*Intuition,* etwas nicht zu tun – und im Nachhinein stellt sich dann heraus, wie richtig dieses Innehalten war. So beschreibt etwa der amerikanische Sicherheitsberater Gavin de Becker (de Becker 1999) anhand vieler Beispiele, wie häufig »schwarzer Humor« Ankündigungscharakter besitzt. So witzelte etwa der Post sortierende Mitarbeiter des Kalifornischen Waldverbandes, bevor das seltsame, wie sich später herausstellte, Sprengstoff enthaltende Paket des Una-Bombers geöffnet wurde: »Ich geh in mein Büro, bevor die Bombe explodiert« – und das rettete ihm das Leben. De Becker rät, Scherze immer ernst zu nehmen, vor allem die schwarzhumorigen, weil in ihnen oft Vorahnungen laut werden.

Respektieren Sie also Ihr Zögern als Warnung vor vorschnellen Handlungen. Was Sie aber vielleicht brauchen, ist eine wertschätzende Methode, Hetzern gegenüber →*Widerstand* zu leisten. Und wenn die nur darin besteht, in Ruhe zu sagen: »Das möchte ich nicht tun.« (Und bitte denken Sie auch daran: Sie brauchen keine Rechenschaft zu geben, weshalb!)

ZORN

Im Gegensatz zur ungerichteten Wut hat →*Zorn* immer eine Zielscheibe, gegen den er sich richtet. Im Klartext vermittelt Zorn die Botschaft: Ich will nicht, dass du nicht meinen Wünschen folgst. Das »Du« kann auch das Auto sein, der

Computer, das »Blatt«, das man im Kartenspiel zugeteilt bekommen hat, oder das Ausbleiben von Zuwendung.

Zorn kann als demonstrierte Drohung mit Kampfbereitschaft verstanden werden. Und die artet leider oft in Gewalttaten aus. Kleinkinder entwickeln dieses Verhalten etwa gegen Ende des zweiten Lebensjahres. Erst mit zunehmendem Sprachschatz werden sie fähig, den Mund sprechen zu lassen und nicht die Fäuste – wenn sie dazu motiviert werden. Das gelingt leider nicht einmal bei allen Erwachsenen: Manche sind stolz darauf, sich die Privilegien der frühesten Kindheit auf ewige Zeiten gesichert zu haben, eben mittels bedrohlicher Zornausbrüche. Und dann heißt es oft: »Ich bin eben jähzornig« und: »Das hab ich von meinem Vater.«

Jähzorn ist aber kein genetisches Erbe, sondern eine abgeschaute Unterwerfungsstrategie. Manche – vor allem Männer – sind sogar innerlich kalkuliert »cool« und spielen nur den Berserker, andere steigern sich autosuggestiv in Rage (und belasten damit ihre Blutgefäße bis zum Schlaganfall, wie beispielsweise mein Vater). Zornausbrüche sind einfach gesundheitsschädigend: für den, der sie hat, wie für die, die sie aushalten sollen – oder in Wahrheit eben nicht aushalten, sondern nachgeben sollen.

Wütend darf man sein und zornig auch – innerlich. Und man darf und soll auch die Gefühle »äußern«, aber eben in respektvoller Sprache. Andere über innere Zustände zu informieren, nenne ich den »Wetterbericht der Seele«. In meinen Seminaren frage ich oft: »Wie ist heute der seelische Wetterbericht?« Mit Worten bekommt man nämlich bereits eine große Portion der hohen Aggression aus sich heraus – aber eben als Information und nicht als Gewalttat.

»Bist a Mann, hast a Wut«, bekannte einmal einer meiner Studenten als Leitsatz seiner Jugend. Er war am Land aufgewachsen und Raufereien vom Zaun zu brechen, gehörte zum Zeitvertreib und zur Einübung des Männerrollenbildes. Ein Hintergrund für die Formulierung vom »Kind im Manne«?

In der Entwicklung des Kindes zum Erwachsenen hat der mehr oder weniger passiv auf dem Rücken liegende Säugling wenig andere Möglichkeiten, sein Unwohlsein auszudrücken, als durch wütendes Gezappel und Geschrei – ein Verhalten, das man später beispielweise bei Alkoholkranken wiederfindet, wenn sie infolge der Zerstörung von Gehirnzellen auf diese Entwicklungsstufe zurückgefallen sind (und sich »weich gesoffen« auch kaum mehr auf den Beinen halten können). Erst mit erstarkter Muskulatur kann das Kind gezielt hinhauen, kratzen, zwicken, zerreißen – und tut das auch. Mit Wonne. Es begeistert sich an seiner eigenen Zerstörungsmacht und das provoziert oft seine Bezugspersonen zu einem Machtkampf: Sie steigen auf Kleinkindniveau herab, schlagen zurück und verfestigen so eine Neurosignatur der Hilflosigkeit, Hirnlosigkeit und Sprachlosigkeit. Und setzen manchmal Verhaltensweisen, die sie vor den Strafrichter bringen.

Erwachsen zu reagieren bedeutet Selbstbeherrschung (Großhirn); statt blind vor Zorn auf irgendjemanden oder etwas einzudreschen (Stammhirn), sollte man überlegen (Großhirn), was es ist, das einen in Zorn gebracht hat, und wie man das ändern kann (noch einmal Großhirn). Dazu muss man aber vom Stammhirnimpuls aufs cortikale Großhirndenken umschalten können.

Körperlich geht das wieder am besten über gezielte Atemkontrolle:

- Oberkörper aufrichten,
- durchatmen,
- Schultern sinken lassen,
- Hände entspannen,
- ruhig und gleichmäßig atmen und
- nachdenken: Wann genau habe ich begonnen, zornig zu werden?

Meist wird das der Augenblick gewesen sein, in dem Sie Widerspruch verspürt haben: Die andern tun nicht so, wie Sie wollen – und Sie wollen mit Gewalt Ihren Willen durchsetzen. Daher laden Sie sich auf – der Körper macht sich kampfbereit – und versuchen zuerst die andere Person mit Zornesblick und Zornesstimme zu ängstigen und zur Unterwerfung zu motivieren (wenn man überhaupt noch von Motivation sprechen darf). Das ist unwürdig – für Sie! Egal, ob Sie der Zornige sind oder sein potenzielles Opfer.

Daher: Auch wenn Sie mit Zornausbrüchen anderer konfrontiert sind, sollten Sie sich zuerst in den Zustand überlegener Selbstsicherheit bringen, dann erst denken und zuletzt handeln. Wenn man das geübt hat, geht das blitzschnell. Der Adrenalinstoß, der Ihre Kampfkraft verstärken soll und den Sie vor allem im Herzbereich und in den Oberarmen spüren, kann im ganzen Körper verteilt werden und wird dann für andere als souveräne Eigenmacht spürbar.

Mental gilt es, den Film der auslösenden Ereignisse zurückzuspulen:

- Bis wohin waren Sie/die andere Person friedlich?
- Was geschah, woraufhin eine/r der beiden in Zorn geriet?
- Was war das darunter verborgene Ziel?
  Genau dieses gehört jetzt angesprochen; dazu braucht man aber Kompetenz in gewaltverzichtender →*Kommunikation:*
- aus der Sicht der Person, die mit Zorn klein gemacht werden soll: »Habe ich das richtig mitgekriegt – du willst, dass ich dir Geld gebe?« (Der häufigste Grund für Zornausbrüche). »Ich verstehe, dass du mir deutlich machen willst, wie wichtig dir das ist.« (Dolmetschen; →*Borderliner)* »Ich möchte das aber nicht tun.« (Grenzziehung) »Ich sage dir auch, warum« (oder auch nicht; keine Auskunftspflicht, aber eine Form der Respektserweisung).
- Aus der Sicht des Zornigen: »Ich möchte, dass du mir Geld gibst.« (Information.) »Ich sage dir auch, weshalb mir das so wichtig ist.« (Selbstoffenbarung.) »Ich fühle mich von dir nicht verstanden, wenn du das so einfach ablehnst.« (Noch mehr Selbstoffenbarung.) »Ich merke, dass ich zornig werde – es ist wohl besser, wenn wir jetzt abbrechen. Reden wir später noch einmal darüber.«

Jedenfalls ist es sinnlos, mit Zornentbrannten vernünftig reden zu wollen: Auf Stammhirnebene gibt es nur unartikulierte Laute, Gestammel oder eintrainierte Hasstiraden. (Dazu gehört auch, dass man die Zornausbrüche von Alkoholkranken oder anderen Menschen in akuter Psychose als Symptom ihrer Krankheit erkennt und nicht vermeint, man wäre selbst schuld und könne etwas an diesem Verhalten ändern. Das ist Aufgabe der Fachärzte für Psychiatrie und Neurologie.) Es gilt daher, die Situation zu deeskalieren, um später ein respektvolles, partnerschaftliches Gespräch zu versuchen (ein anschauliches Beispiel findet sich in Lambrou 1996).

ZWÄNGE

Nur noch einmal zurückgehen und nachschauen, ob auch alles ausgeschaltet ist: das Licht, der Gasherd, der Fernseher, das Radio ... Das kann Folge von gedankenloser Oberflächlichkeit, Überlastung, Ablenkung durch Störenfriede etc.

sein – und es beruhigt, wenn man nach der Überprüfung weiß, dass alles in Ordnung (gebracht) ist. Drei-, vier-, fünfmal oder noch öfter zu kontrollieren und dann noch immer nicht beruhigt zu sein, deutet jedoch darauf hin, dass es in diesem »Ritual« um etwas ganz anderes geht. Egal ob es sich um einen Putz- oder Waschzwang handelt, um die Herstellung einer bestimmten Ordnung oder um die Wiederkehr bestimmter Gedanken: Es handelt sich immer um einen Selbstheilungsversuch von etwas, das nicht bewusstseinsfähig ist und also symbolisiert werden muss.

Auch wenn ich in meiner jahrzehntelangen Praxis als Psychotherapeutin und Lebensberaterin immer wieder hinter Waschzwängen sexuelle Traumata entdeckt habe oder hinter Zwangsgedanken »verbotene« Aggressionen, heißt das nicht, dass immer genau diese Erlebnisse die Zwangsstörung ausgelöst haben. Was aber auffällt, ist, dass Menschen, die zu Zwangshandlungen neigen, hohe moralische Ansprüche stellen, alles sehr ernst nehmen und wenig flexibel sind. Sie können sich schwer neuen Gegebenheiten anpassen, Wichtiges von Unwichtigem trennen (so habe ich häufig gehört: »Alles ist wichtig!«) und Letzteres einfach loslassen. Wen wundert es also, dass diese Menschen auch auf Ordnung und Sauberkeit großen Wert legen, gut sparen können, aber auch viel Sorge, Anstrengung und Energie auf die Aufrechterhaltung oder Erlangung größtmöglicher Perfektion verwenden.

Hinter diesen Verhaltensweisen steckt meist ein unsichtbarer Peitschenknaller, der nörgelt und schimpft, wenn man seinen/ihren Ansprüchen an Fehlerlosigkeit nicht entspricht. Wieder einmal ein Kopfbewohner (siehe →*Balance*)! Da hilft es meist schon, dessen Schimpftiraden – und der dadurch ausgelösten Angst – zu entkommen, indem man die gehörten Befehle in einer Art Checklist auf Papier bannt und eventuell noch stärker ritualisiert.

Körperlich umgesetzt bedeutet dies konkret,

- zum Beispiel die zu kontrollierenden Haushaltsgeräte in der dem optimalen Rundgang entsprechenden Reihenfolge aufzuschreiben (echte Perfektionist/innen machen das in grafisch ansprechender Form),
- dieses selbst entworfene Formular – eventuell auch handlich verkleinert – zu fotokopieren und die so entstandenen Vorräte an passender Stelle griffbereit abzulegen. Das ist gut so, denn dann muss man nicht mehr permanent daran denken.

- Bei dem üblichen Anlass (fortgehen, verreisen etc.) muss man nur mehr das Formular zur Hand nehmen, durchgehen und Punkt für Punkt abhaken. So wird aus einem quälenden Zwang »nur« eine standardisierte Gewohnheit.

Mental hilft es oft, sich vorzustellen, man sei Pippi Langstrumpf oder Huckleberry Finn: ein quasi »unerzogenes« – weil selbstbestimmtes! – Kind und niemand könne einen kritisieren oder bestrafen, weil man einfach nicht »greifbar« wäre, auf seinem Pferd davonreitet oder sonst wie entfleucht. Wie würde man dann handeln?

Nutzen Sie bitte Ihre →*Fantasie,* um sich einmal auf die heitere Art (und nicht immer auf die dramatische) vorzustellen, was passieren würde, wenn Sie auf jegliche Gehorsamkeit gegenüber den üblichen sozialen Spielregeln verzichten. Sehen Sie sich selbst zu, wenn Sie in Ihrem geistigen Film wie der Bärenhäuter im Märchen ungewaschen mit langem Haar und langen Fingernägeln alles tun, was Ihnen gerade einfällt – und die anderen die Flucht ergreifen, weil sie Sie für gefährlich halten. Achten Sie darauf, wie sich das anfühlt. Lustig? Das wird es jedenfalls, wenn Sie zu sich selbst halten – und bitte nicht zu den anderen!

Auch bei Zwangsgedanken lassen Sie Ihr Heimkino in Aktion treten und den Horrorfilm ablaufen, für den Sie selbst das Drehbuch entworfen haben. Jetzt sind Sie Regisseur und Hauptdarsteller – gefällt Ihnen Ihr Film? Macht er Sie friedlicher, glücklicher? Nein? Dann ändern Sie doch das Drehbuch und geben Sie sich andere Regieanweisungen.

Eine Klientin fällt mir ein, die von ihrem Freund einer anderen wegen verlassen worden war (nachdem diese Krise vorbei war, haben sie übrigens geheiratet). Die Frau sah vor ihrem geistigen Auge stets, wie glücklich der Mann mit der neuen Partnerin war, wie er in deren Küche saß und sie ihm Spiegeleier briet – sein Leibgericht – und sonst noch allerlei Details glückseliger Häuslichkeit wie aus dem Werbefernsehen. Als sie auf meine Anregung hin die Spiegeleier aus der Pfanne zu Boden klatschen und den Mann ärgerlich schnauben ließ, musste sie lachen. Es wurde ihr bewusst, wie sie sich selbst »Anleitung zum Unglücklichsein« gab. Warum also nicht gleich Anleitung zum Amüsement? Oder zur Schadenfreude? (Da es sich um einen innerseelischen Prozess handelt, wird dadurch niemand gedemütigt, und die unausgelebten Aggressionen können abfließen.)

Jenseits solcher Erste-Hilfe-Maßnahmen empfehle ich zumindest bei Zwangshandlungen psychotherapeutische Abklärung beziehungsweise Behandlung. Wenn man nämlich diesen Phänomenen mit Regressionstechniken tiefer nachforscht, stößt man oft auf schwere Traumata. Es braucht eine fachkundige Begleitperson, die einem hilft, diese alten Neurosignaturen zu löschen und durch neue, gesundheitsfördernde zu ersetzen.

ZWANGSGEDANKEN siehe →*Zwänge*

ZWEIFELN

Das Wort Zwei-fel besagt bereits, dass jemand zwischen zwei Möglichkeiten schwankt. Ob man jemandem Glauben schenken darf oder nicht zum Beispiel. Bei tiefen Selbstzweifeln ist jedenfalls Psychotherapie anzuempfehlen, bevorzugt eine person- bzw. klientenzentrierte. Aber oft geht es nur um einen Kauf, die Annahme eines Job- oder Partnerschaftsangebots, das Beziehen einer Wohnung, Familienplanung etc. Da kann lang dauerndes Zweifeln zu Beziehungsabbruch führen, wenn die anderen ungeduldig werden, auf eine Entscheidung drängen. Oft werden solche Einflussnahmen taktisch eingesetzt, damit die bedrängte Person unbedacht – ohne Überprüfung von Vor- und Nachteilen – handeln möge.

In Notlagen, wo schnell entschieden werden muss, hilft Folgendes:

Körperlich

- sucht man sich eine Stelle, in der man mindestens Bewegungsraum von einer Linie in zwei Metern Breite hat.
- Dann stellt man sich an den einen Endpunkt dieser Linie und stellt sich vor, wie es sich anfühlt, wenn man die eine Wahlmöglichkeit bereits verwirklicht hätte.
- Anschließend tritt man von der Linie weg und vollführt ein oder zwei Handlungen, die nichts mit der Fragestellung zu tun haben – schaut in die Zeitung, zieht eine Uhr auf oder Ähnliches.
- Danach tritt man auf den anderen Endpunkt der Linie und stellt sich vor, wie es sich anfühlt, wenn man die andere Wahlmöglichkeit bereits verwirklicht hätte.

- Dann tritt man von der Linie weg und vergleicht die beiden Erfahrungen: Welche hat sich besser angefühlt? Welche war »stimmig«?

Mental stellt man sich die beiden Möglichkeiten als geistige Bilder vor: Man visualisiert zuerst die eine, macht eine Pause, visualisiert nachher die andere Option und vergleicht die jeweils aufgetretenen Gefühle.

Viele Menschen tun das ohnedies unbewusst, weil sie gut »bebildern« können. Aber diejenigen, die allein beim Gedanken, sich zwischen zwei oder gar mehr Möglichkeiten entscheiden zu müssen, Schweißausbrüche, weil →*Stress* bekommen – und dieses Verhalten meist aus früher Kindheit mitschleppen, als sie vielleicht immer wieder mit der diabolischen Frage genervt wurden: »Wen hast du lieber, die Mama oder den Papa?« –, haben so eine Chance, mit einer strukturierten Methode dem erworbenen Gefühlschaos zu entkommen.

ZWIETRACHT

Zwietracht säen heißt, zwei auseinander bringen zu wollen, und das macht denjenigen Angst, denen Harmonie ein hoher Wert oder Lebensnotwendigkeit ist. Viele Menschen, vor allem weibliche, trauen sich nämlich Eigenständigkeit nicht zu und fürchten um ihre Existenzsicherung, wenn sie in Opposition zu denjenigen Personen geraten, von denen sie abhängig sind. Und oft stimmt das auch – vor allem wenn frau Alleinerzieherin ist und der Erzeuger sich von der Unterhaltspflicht für seine Nachkommen drückt (was leider häufig der Fall ist). Dann ist er derjenige, der danach trachtet, nicht mit der Mutter seiner Kinder einig zu sein.

Wenn Sie also in eine Situation geraten, in der jemand »zwieträchtig« agiert, hilft es zur Entspannung der Situation ebenso wie zur Vermeidung unnötigen Energieverlusts, aus der »Schusslinie« zu treten und eine andere als die oppositionelle Position zu wählen.

Körperlich geht das leicht, wenn man versucht, eine Stellung im Raum einzunehmen, die möglichst »Schulter an Schulter« entspricht. Systemische Familientherapeut/innen, die in ihrer Ausbildung die korrekten Methoden der Aufstellungsarbeit[1] erlernt haben, pflegen etwa gerne zerstrittene Paare einzuladen, sich nebeneinander zu setzen – sodass sie den gleichen Blickwinkel bekommen – und in dieser Position die Probleme, die sie miteinander haben, zu besprechen.

Diese Methode macht es nicht nur schwer, einander anzufauchen, also negative Energie entgegenzuschicken, sondern hilft bei der Diagnostik: Wann schaut wer wen an? Ebenso wie bei der Selbsterkenntnis, wie weit man sich schon voneinander entfernt hatte: Üblicherweise sitzt man nebeneinander, wenn man sich in der Anbahnungsphase einer Beziehung befindet und die seitliche Annäherung mit Kuschelabsicht die hoch energetische Konfrontation der Weichteile (Herzen und Bäuche) vermeiden soll.

Mental kann man einen noch besseren Effekt erzielen, wenn man sich bewusst in die andere Person einfühlt, egal, ob es sich um die herzallerliebste Person handelt, um einen Vertragspartner, Wachebeamten oder wen auch immer.

Dazu stellt man sich gedanklich vor, dass man

- zuerst hinter die bewusste Person tritt (man teilt denselben Blickwinkel) und sich langsam vom Herzen her immer mehr in sie hineinfühlt, sodass man zuletzt vermeint, aus ihren Augen zu sehen und mit ihren Ohren zu hören.
- Dann wartet man, welche Gedanken und Gefühle in einem aufsteigen, und nimmt diese respektvoll als Information an, die einem hilft, die andere Person und ihre Ziele besser zu verstehen.
- Jetzt fällt es wahrscheinlich leichter, ein Problemlösungsangebot zu machen, das zu den Zielen der anderen Person passt, aber eine andere Verwirklichung anbietet als jene, die man selbst keinesfalls akzeptieren möchte. Oder man weiß, wo und wie man das eigene Verhalten verändern sollte, um sich nicht allzu weit von der Sichtweise der anderen Person zu entfernen.

Zum Streiten gehören zwei, meint der Volksmund, und: Wenn sich zwei streiten, freut sich der Dritte. Es liegt an Ihrer Entscheidung, ob Sie dem – oder der – Dritten diese Freude schenken wollen – oder vielleicht bessere Beglückungsformen finden.

1 Im Gegensatz dazu die umstrittenen »direktiven« – das heißt, die Eigenmacht der Klientel ausschaltenden – Aufstellungen, wie sie im Gefolge der suggestiven »Ordnungen der Liebe«, nämlich fundamentalistisch-katholischen Familienhierarchien, des ehemaligen Missionsordensmannes Bert Hellinger Mode geworden sind.

Bibliographie

Andro, Männer lernen lieben, Edition Herzschlag Simon + Leutner, Berlin 1989.

Lonnie Barbach, For Yourself, Ullstein, München 1982.

Raymond Battegay, Vom Hintergrund der Süchte, Blaukreuz, Wuppertal 1978.

Gavin de Becker, Mut zur Angst. Wie Intuition uns vor Gewalt schützt, Krüger, Frankfurt/Main 1999.

Cheryl Benard/Edit Schlaffer, »Gewalt gegen Frauen«, in: Gewalt in der Familie, Bundesministerium für Umwelt, Jugend und Familie, Wien 1991.

Herbert Benson, Heilung durch Glauben. Selbstheilung in der neuen Medizin, Heyne, München 1997.

Alexandra Berger/Andrea Ketterer, Warum nur davon träumen? Was Frauen über Sex wissen wollen, dtv, München 1997/98.

Bert Brecht, »Die unwürdige Greisin«, in: Kalendergeschichten, Aufbau, Berlin 1958.

Marion Breiter, Vergewaltigung – Ein Verbrechen ohne Folgen?, Verlag für Gesellschaftskritik, Wien 1995.

Howard Brody/Daralyn Brody, Der Placebo-Effekt. Die Selbstheilungskräfte unseres Körpers, dtv, München 2002.

Elinor Burkett/Frank Bruni, Das Buch der Schande. Kinder und sexueller Missbrauch in der katholischen Kirche, Europa, Wien – München 1995.

Chérie Carter-Scott, Negaholiker: Der Hang zum Negativen. Wege aus der Selbstblockade, Campus, Frankfurt/Main 1990.

Doritt Cadura-Saf, Das unsichtbare Geschlecht. Frauen, Wechseljahre und Älterwerden, Rowohlt, Reinbek 1983/1986/1990.

Leslie Cameron-Bandler/David Gordon/Michael Lebeau, Musterlösungen – Lösungsmuster für alltägliche Probleme, Junfermann, Paderborn 1992.

Lewis Caroll, Alice im Wunderland, Insel, Frankfurt/Main 1963/1973.

Igor Caruso, Die Trennung der Liebenden, Huber, Bern 1968/2004.

Fred Dubitscher, Lebensschwierigkeiten und Selbsttötung. Beratung und Vorbeugung, Georg Thieme, Stuttgart 1971.

Duden, Band 7, Das Herkunftswörterbuch, Duden Verlag, Mannheim 1997.

Karlfried Graf Dürckheim, Meditieren – wozu und wie, Herder, Freiburg/Breisgau 1976.

Gerhard H. Eggetsberger, Power für den ganzen Tag. Sieben Übungen zur Steigerung der Lebensenergie, Orac, Wien 1995; Geheime Lebensenergien. PcE – das Trainingsprogramm für mehr Lebenskraft, Gesundheit und Spiritualität, Orac, Wien 1996.

Norbert Elias/John L. Scotson, Etablierte und Außenseiter, Suhrkamp, Frankfurt/Main 1990.

Fanita Englisch, Es ging doch gut – was ging denn schief? Beziehungen in Partnerschaft, Familie und Beruf, Chr. Kaiser, München 1992.

Caroline Erb/Deborah Klingler, Mysterium Masturbation. Wenn Frauen sich selber lieben, Peter Lang, Frankfurt/Main 2004.
Patricia Evans, Worte, die wie Schläge sind. Verbaler Missbrauch in Beziehungen, Rowohlt, Reinbek 1995.

Barbara Fast, Reiß die Mauern um dich ein. Vom Mut, einander näher zu kommen und Gefühle zu zeigen, Econ, Düsseldorf 1987.
Julius Fast, Körpersprache, Rowohlt, Reinbek 1971/1979.
Milton Fisher, Intuition. Das Geheimnis, in jeder Situation das Richtige zu tun, mvg, Landsberg/Lech 1986.
Luise Francia, Drachenzeit, Verlag Frauenoffensive, München 1987.
Luisa Francia, Spielend scheitern. Leidfaden für Frauen mit 13 Tipps zum Misserfolg, Frauenoffensive, München 1990/91.
Karlhans Frank, Der Phallus. Von der Magie der Männlichkeit im Wandel der Epochen, Eichborn, Frankfurt/Main 1989.
Sigmund Freud, Zur Psychopathologie des Alltagslebens. Über Vergessen, Versprechen, Vergreifen, Aberglaube und Irrtum, Fischer, Frankfurt/Main 1954.

Arnold van Gennep, Übergangsriten, Campus, Frankfurt/Main 1986.
Johann Wolfgang Goethe, West-östlicher Divan, dtv, München 1961.
Mary Goulding, Kopfbewohner oder: Wer bestimmt dein Denken?, Junfermann, Paderborn 1993.
Carol Groneman, Nymphomanie. Die Geschichte einer Obsession, Campus, Frankfurt/Main 2001.
Werner Groß, Hinter jeder Sucht ist eine Sehnsucht. Hilfen für den Umgang mit unseren Alltagsdrogen – Essen, Fernsehen, Musikhören, Arbeiten, Herder, Freiburg/Breisgau 1985/86.
Anselm Grün, 50 Engel für das Jahr. Ein Inspirationsbuch, Herder spektrum, Freiburg/Breisgau 1997/2004.

Judith Lewis Herman, Die Narben der Gewalt. Traumatische Erfahrungen verstehen und überwinden, Kindler, München 1993.
Catherine Herriger, »Männer weinen nicht«, Heyne, München 1990.
Preben Hertoft, »Orgasmus und Nähe«, in: Tor Noerretranders, Hingabe. Über den Orgasmus des Mannes, Rowohlt, Reinbek 1983/1988.
Marie-France Hirigoyen, Die Masken der Niedertracht. Seelische Gewalt im Alltag und wie man sich dagegen wehren kann, dtv, München 2002.
Karin Howard, Vorwort zu Susan Brownmiller, Gegen unseren Willen. Vergewaltigung und Männerherrschaft, Fischer, Frankfurt/Main 1980/1994.
Gerald Hüther, Biologie der Angst – Wie aus Stress Gefühle werden, Sammlung Vandenhoek, Göttingen 2001.

Jolande Jacobi, Die Psychologie von C. G. Jung. Eine Einführung in das Gesamtwerk, Fischer, Frankfurt/Main 1977/1982.

Verena Kast, Neid und Eifersucht – Die Herausforderung durch unangenehme Gefühle, dtv, München 2002.
Karen Kingston, Feng Shui gegen das Gerümpel des Alltags, Rowohlt, Reinbek 2000.
Stefan Klein, Die Glücksformel – oder Wie die guten Gefühle entstehen, Rowohlt, Reinbek 2002.
Choa Kok Sui, Grundlagen des Pranaheilens, Bauer, Freiburg/Breisgau 1999.
Ron Kurtz/Hector Prestera, Botschaften des Körpers. Bodyreading: ein illustrierter Leitfaden, Kösel, München 1979/1991.

Ursula Lambrou, Helfen oder Aufgeben. Ein Ratgeber für Angehörige von Alkoholikern, Rowohlt, Reinbek 1996.
Arnold A. Lazarus/Clifford N. Lazarus, Der kleine Taschentherapeut – In 60 Sekunden wieder O.K., Klett-Cotta, Stuttgart 1999.
Lessings Werke in sechs Bänden, Band II, Reclam, Leipzig o. J.
Hannes Lindemann, Überleben im Stress. Autogenes Training. Der Weg zur Entspannung – Gesundheit – Leistungssteigerung, Heyne, München 1977.
Barry Long, Sexuelle Liebe auf göttliche Weise, mb Verlag, Lörrach 2001.
Alexander u. Leslie Lowen, Bioenergetik für jeden. Das vollständige Übungshandbuch, Peter Kirchheim, München 1979/1985.

Cloé Madanes, Sex, Liebe und Gewalt. Therapeutische Strategien zur Veränderung, Carl-Auer-Systeme, Heidelberg 1997.
Frederick Mayer, Kreativität – Illusion oder Wirklichkeit, Europa Verlag, Wien–München – Zürich 1979.
Alice Miller, Am Anfang war Erziehung, Suhrkamp, Frankfurt/Main 1980/1981.
Gabriele Mörth, Schrei nach innen – Vergewaltigung und das Leben danach, Picus, Wien 1994.

Eckard Nass, »Wege zu mentaler Stärke« in: Knud Eike Buchmann (Hg.), Resilienz, Psychohygiene, Salutogenese. Was hält Menschen trotz hoher Belastungen gesund?, Texte der Fachhochschule Villingen-Schwenningen 2003.
Tor Noerretrander, Hingabe. Über den Orgasmus des Mannes, Rowohlt, Reinbek 1983/1988.
Hans-Peter Nolting, Lernfall Aggression. Wie sie entsteht – wie sie zu vermeiden ist, Rowohlt, Reinbek 1987/1998.

Rotraud A. Perner, Schuld & Unschuld. Täter und Opfer sexueller Misshandlung, aaptos, Wien 1994 (a).
Rotraud A. Perner, Ungeduld des Leibes – Die Zeitrhythmen der Liebe, Orac, Wien 1994 (b).
Rotraud A. Perner, Die Tao-Frau – Der weibliche Weg zur Karriere, C. H. Beck, München 1997 (a).
Rotraud A. Perner, Management macht impotent – Abschied vom Mythos Macher, Orell Füssli, Zürich 1997 (b).
Rotraud A. Perner, Scham macht krank – Sexualpädagogik Sexualberatung Sexualtherapie, aaptos, Wien 1997 (c).

Rotraud A. Perner, Schaff dir einen Friedensgeist! Gewaltprävention im Alltag, aaptos, Wien 2001.
Rotraud A. Perner, Kultur des Teilens – Einladung zu einem dialogischen Leben, Ueberreuter, Wien 2002 (a).
Rotraud A. Perner, Sein wie Gott – Von der Macht der Heiler, Kösel, München 2002 (b).
Rotraud A. Perner, Liebe macht gesund – Salutogenese im Alltag, aaptos, Wien 2004 (a).
Rotraud A. Perner, Wer den Himmel will muss fliegen können – Erfolgsstrategien für Frauen, Herder, Freiburg/Breisgau 2004 (b).
Michael J. Pfreunder, Schon wieder zu früh? Das Drei-Stufen-Programm zur Beseitigung von vorzeitigem Samenerguss, Integrative Weiterbildung Hanel, Stuttgart 2002.
Volker Elis Pilgrim, Der selbstbefriedigte Mensch. Freud und Leid der »Onanie«, Rowohlt, Reinbek 1975/1985.
Volker Elis Pilgrim, Der Vampirmann. Über Schlaf, Depression und die Weiblichkeit. Eine Forschungsnovelle, Claassen, Düsseldorf 1989.
Michael Plesse/Gabrielle St. Clair, Feuer der Sinnlichkeit – Licht des Herzens. Tantrische Selbsterfahrung für einzelne und Paare, Goldmann, München 1992.
Gabriele Pröll, Das Geheimnis der Menstruation. Kraft und Weisheit des Mondzyklus, Goldmann, München 2004.

James Redfield, Die Prophezeiungen von Celestine. Ein Abenteuer, Heyne, München 1994.
Theodor Reik, Hören mit dem dritten Ohr. Die inneren Erfahrungen eines Psychoanalytikers, Fischer, Frankfurt/Main 1983.
Ursula Richter, Die Rache der Frauen. Formen weiblicher Selbstbehauptung, Kreuz, Zürich 1991.
Fritz Riemann, Grundformen der Angst. Eine tiefenpsychologische Studie, Ernst Reinhardt, München 1984.
Ernest L. Rossi/David Nimmons, 20 Minuten Pause. Wie Sie seelischen und körperlichen Zusammenbruch verhindern können, Junfermann, Paderborn 1993/94.

Virginia Satir, Selbstwert und Kommunikation. Familientherapie für Berater und zur Selbsthilfe, J. Pfeiffer, München 1975/1985.
Morton Schatzmann, Die Angst vor dem Vater. Langzeitwirkungen einer Erziehungsmethode, Eine Analyse am Fall Schreber, Rowohlt, Reinbek 1974/1984.
Gary Bruno Schmid, Tod durch Vorstellungskraft – Das Geheimnis psychogener Todesfälle, Springer, Wien 2000.
Helmut Schoeck, »Die Uneingestehbarkeit des Neid Motivs in unserer Gesellschaft«, in: Peter-Michael Pflüger, Neid Eifersucht Rivalität. Vom konstruktiven Umgang mit dem Bösen, Bonz, Fellbach 1982.
Johannes Heinrich Schultz, Das autogene Training. Konzentrative Selbstentspannung. Versuch einer klinisch-praktischen Darstellung, Thieme, Stuttgart 2003.
Friedemann Schultz von Thun, Miteinander reden 1, Rowohlt, Reinbek 1981.
Leo Sillner, Wunderwerk Immunsystem. Wie die körpereigenen Abwehrkräfte wirken und gestärkt werden können, Knaur, München 2003.

Kim da Silva, Gesundheit in unseren Händen – Mudras – die Kommunikation mit unserer Lebenskraft durch Anregung der Fingerreflexzonen, Knaur, München 1991/2000.
Claude Steiner, Emotionale Kompetenz, dtv, München 1999.
Wilhelm Stekel, Die Geschlechtskälte der Frau, Urban & Schwarzenberg, Wien 1920.
»Streit«, Heft 1, 1983, zitiert nach Mörth 1994.
Robert Stoller, Perversion – Die erotische Form von Hass, Psychosozial Verlag, Gießen 1998.
Gerhard Stumm/Beatrix Wirth, Psychotherapie – Schulen und Methoden. Eine Orientierungshilfe für Theorie und Praxis, Falter Verlag, Wien 1991.
Maria Szepes, Magie der Liebe, Aurum im Kamphausen Verlag, Bielefeld 1995.

Irmtraud Tarr Krüger, Lampenfieber – Ursachen. Wirkung. Therapie, Kreuz, Zürich 1993.
Klaus Thiele-Dohrmann, Intuition – Göttlicher Funke oder unbewusster Datenspeicher?, Kabel, Hamburg 1990.
Terry S. Trepper/Mary Jo Barrett, Inzest und Therapie. Ein (system)therapeutisches Handbuch, verlag modernes lernen, Dortmund 1991.
Anna Trökes, Yoga für Rücken, Schulter und Nacken, Gräfe und Unzer, München 2000.

Alice Vachss, Merkt euch ihre Namen – Eine Staatsanwältin im Kampf gegen Vergewaltigung, Pädophilie und ihre Lobby, Eichborn, Frankfurt/Main 1995.

Paul Watzlawick, Wie wirklich ist die Wirklichkeit? Wahn–Täuschung–Verstehen, Serie Piper, München 1976.
Paul Watzlawick, Vom Schlechten des Guten – oder: Hekates Lösungen, Piper, München 1986.
Ursula Wirtz, Seelenmord. Inzest und Therapie, Kreuz, Zürich 1989.
Ray Wyre/Anthony Swift, Und bist du nicht willig … Die Täter, Volksblatt Verlag, Köln 1991.

Traude Zehentner, Bauchgedanken Kopfgefühle, Edition Eff. Eff. (Frischfleisch), Wien o. J.

Stichwortverzeichnis

Abhängigkeit 19
Abwehr 21
Altern 24
Angst 28
Angst vor Nähe *siehe* Einsamkeit
Ärger 31
Autogenes Training 34

Balance 36
Begehren 39
Belästigung 42
Borderliner 45
Bullying *siehe* Mobbing
Burn-out 47

Chakrenreinigung 50
Chancen 52
Chaos 55
Charme 57
Coping 59

Demütigung 61
Depression 64
Diskriminierung 66
Dysmorphophobie 67

Eifersucht 69
Einsamkeit 72
Einschlafstörungen
siehe Schlafstörungen
Emotionale Kompetenz 77
Empörung 79
Energie 80
Energiesauger 82
Entlastung 83
Entsorgung 85
Entspannung
siehe Autogenes Training
Erektionsstörungen 87
Essstörungen 94

Fantasie 95
Fehlleistungen 97
Feigheit 98
Frigidität 100
Frust 107

Gefühlsstürme 110
Gelassenheit 111
Generationenkonflikte *siehe* Altern, Jugendwahn, Konflikte, Mediation
Gewalt 112
Glück 115
Grant 117
Grenzsetzungen 118
Groll 122

Halluzinationen *siehe* Fantasie
Heimweh *siehe* Sehnsucht
Heulendes Elend 124
Hinterlist 125
Humor 127
Hysterie 128

Identifikation 130
Immunkräfte 131
Inneres Kind *siehe* Ohnmachtsgefühle
Intuition 134
Inzest 136

Jagdinstinkt 141
Jugendwahn 142

Kaktusmenschen 145
Klimakterium *siehe* Wechselbeschwerden
Kommunikationsstörungen 148
Konflikte 151
Kotzbrocken 152
Kraftquellen *siehe* Energie
Kreativität 153
Krisen 155

Lachen *siehe* Humor
Lampenfieber 158
Lebensstil 161
Liebe 162
Liebeskummer 165
Loslassen 167
Lügen 168
Lustmangel
siehe Orgasmusstörungen

Machtstreben *siehe* Demütigung, Gewalt, Mediation, Moral
Mediation 171
Menstruationsbeschwerden 172
Midlife-Crisis 173
Miesmacher *siehe* Negaholismus
Missbrauch *siehe* Demütigung, Gewalt, Inzest
Missgunst *siehe* Neid
Mobbing 175
Moral 178
Motivation *siehe* Selbstprogrammierung
Mutlosigkeit 179

Negaholismus 180
Neid 182
Niedertracht 184
Nymphomanie 187

Ohnmachtsgefühle 191
Optimismus 192
Organsprache 193
Orgasmusstörungen 195

Pathogenese 199
Perversion 199
Pessimismus 202
Phobien 202
Pornografie *siehe* Perversion
Posttraumatische Belastungsstörungen 204
Potenzstörungen 204
Psychotherapie 208
Pubertät 209

Quälgeist 210
Quarterlife-Crisis 211

Rache 214
Reue 216
Rivalität 218
Rotwerden 220

Salutogenese 223
Scham 224
Scheidenkrampf 226
Schlafstörungen 228
Schock 230
Schüchternheit 232
Schuldgefühle 235
Schutz *siehe* Kaktusmenschen
Sehnsucht 236
Selbstbefriedigung 237
Selbstbehauptung
siehe Widerstand
Selbstmordgedanken 240
Selbstmotivation
siehe Selbstprogrammierung
Selbstprogrammierung 244
Sexualstörungen
siehe Autogenes Training, Erektionsstörungen, Frigidität, Lustmangel, Potenzstörungen, Scheidenkrampf, Vorzeitiger Samenerguss
Sicherheit 246
Stalking *siehe* Belästigung
Stress 248
Struktur 251
Süchte 252

Trance 254
Trauer 255
Traumata 257
Träume 260
Tyrannei 260

Überdruss *siehe* Burn-out
Ungeduld 261
Unruhe 262

Unterstellungen *siehe* Vorurteile
Urteilen 264

Vergewaltigung 266
Verlassen werden
siehe Verzweiflung
Verleumdung 271
Verliebtheit *siehe* Liebe
Versagen 274
Verzweiflung 275
Vorurteile 277
Vorzeitiger Samenerguss 279

Wahrhaftigkeit 285
Wechselbeschwerden 286
Wegstecken 290
Widerstand 292
Work-Life-Balance 293
Wut *siehe* Zorn

Xenophobie 296

Yoga-Atmung 301

Zögern 304
Zorn 304
Zwänge 307
Zwangsgedanken *siehe* Zwänge
Zweifeln 310
Zwietracht 311

Rotraud A. Perner
geboren 1944, wandte sich nach ihrer Promotion in Rechtswissenschaft dem Studium der Soziologie, Tiefenpsychologie und Sexualwissenschaft zu. Als multidisziplinär ausgebildete Psychotherapeutin und Diplompsychoanalytikerin sowie Diplomerwachsenenbildnerin, strategischer Coach und Supervisorin leitet sie neben ihrer Wiener Praxis das Institut für Stressprophylaxe & Salutogenese (ISS) in Matzen bei Wien (in Kooperation mit der Niederösterreichischen Landesakademie).

Nach Jahren intensiver Gemeinwesenarbeit, Beratungstätigkeit in Familienberatungsstellen, Führungsaufgaben im Verein Jugendzentren der Stadt Wien und drei Mandatsperioden als Kommunalpolitikerin in Wiens einwohnerstärkstem Bezirk lehrt die gerichtlich beeidete Sachverständige als Gastprofessorin bzw. Lehrbeauftragte an zahlreichen österreichischen Universitäten vor allem Gemeinwesenarbeit, Gewaltprävention, Sexualtherapie und Therapeutische Kommunikation. Ihr besonderes Augenmerk gilt dabei Machtungleichgewichten, Umgang mit Stress, Stressprophylaxe und Salutogenese, Genderstrategien und der gesellschaftlichen Konstruktion von Außenseiterproblemen. Damit beschäftigen sich auch ihre bisher fünfundzwanzig Fachbücher, zuletzt »Kultur des Teilens – Einladung zu einem dialogischen Leben« (Ueberreuter 2002), »Sein wie Gott – Von der Macht der Heiler« (Kösel 2002) und »Liebe macht gesund – Salutogenese im Alltag« (Aaptos 2004).

Sie ist seit 1968 verheiratet und Mutter zweier Söhne (geboren 1972 und 1974).
www.perner.info